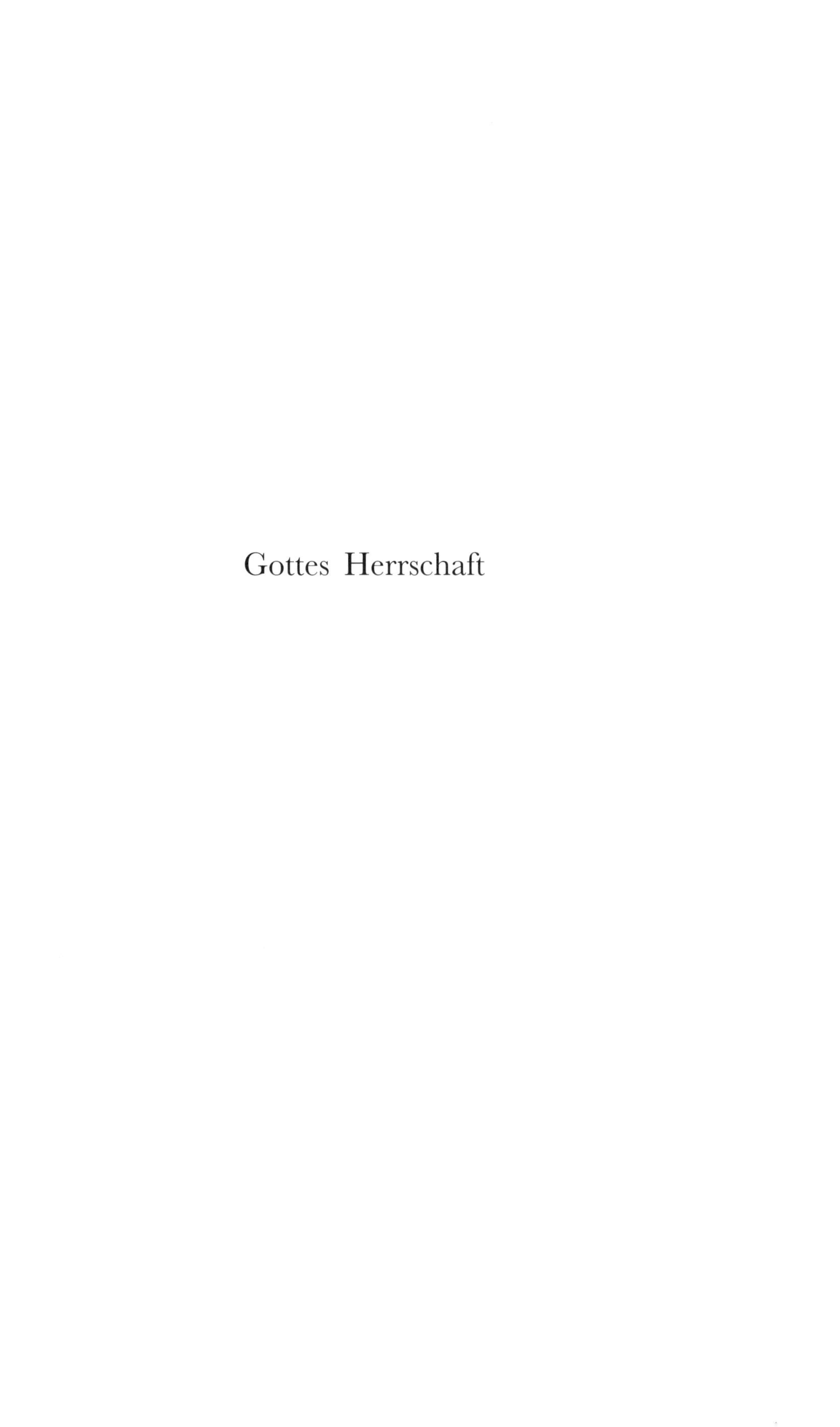

Gottes Herrschaft

Supplements

to

Vetus Testamentum

VOLUME 108

Gottes Herrschaft

Eine Analyses der Denkschrift (Jes 6,1–9,6)

von

Thomas Wagner

BRILL
LEIDEN • BOSTON
2006

This book is printed on acid-free paper.

Library of Congress Cataloging-in-Publication Data

A C.I.P. record for this book is available from the Library of Congress

ISSN 0083-5889
ISBN 90 04 14912 0

PRINTED IN THE NETHERLANDS

Meiner Großmutter Berta Wagner
in liebevoller Erinnerung gewidmet

INHALTSVERZEICHNIS

DANKSAGUNG

Die vorliegende Arbeit wurde im Sommersemester 2003 von der Kirchlichen Hochschule Wuppertal als Dissertation angenommen. Für die Veröffentlichung wurde die Arbeit sorgfältig überarbeitet und um neu erschienene Literatur ergänzt.

Viele Menschen haben mich in dieser Zeit begleitet und bei der Entstehung dieser Arbeit unterstützt. Bei ihnen möchte ich mich namentlich an dieser Stelle bedanken:

Prof. Dr. Siegfried Kreuzer stand mir als Doktorvater fachlich und persönlich jederzeit mit Rat und Tat zur Seite und erstellte das Erstgutachten. Er ließ mir in meinen Jahren als Assistent an seinem Lehrstuhl alle Freiheiten, meine Qualifikationsarbeit abzufassen. Einen Doktorvater wie ihn kann sich ein Doktorand nur wünschen.

Das Zweitgutachten wurde von Herrn Prof. Dr. Hans-Jochen Boecker erstellt. Er ist mir im Laufe des vergangenen Jahres ein geschätzter Kollege an der Bergischen Universität Wuppertal geworden. Eine große Hilfe war mir das Diskussionsforum ‚Sozietät Altes Testament' der Kirchlichen Hochschule Wuppertal, dessen Mitgliedern, allen voran Herrn Prof. Dr. Dr. Dieter Vieweger und Herrn Ephorus Dr. Alexander B. Ernst, ich herzlich danke.

Mit Unterstützung des Deutschen Akademischen Austauschdienstes (DAAD) konnte ich zwei längere Auslandsforschungsaufenthalte durchführen, die sich in Arbeitsmethodik und Literaturauswahl in dieser Arbeit niedergeschlagen haben. Den Sommer 2002 verbrachte ich an der Universität Lund/Schweden, an der mich Prof. Dr. Tryggve N.D. Mettinger, dessen Beiträge mich seit dem Beginn meiner Arbeit am Jesajabuch beeindruckt haben, herzlich aufnahm und in den Monaten meines Aufenthalts fachlich und persönlich betreute. Er gab mir neben den intensiven Fachgesprächen die Möglichkeit, am alttestamentlichen Doktorandenseminar des Teologikum der Universität Lund teilzunehmen und meine Arbeitsergebnisse dort vorzustellen. Die intensive Diskussion im Seminar und die Unterstützung auch der anderen beiden am Seminar beteiligten Professoren, Prof. Dr. Sten Hidal und Prof. Dr. Fredrik Lundberg, hat mir in meiner Auseinandersetzung mit dem Jesajabuch sehr geholfen. Ein besonderes Erlebnis im Rahmen dieses Seminars war für mich die Diskussion mit Prof. Dr. Bo Johansson über seine Thesen zur Herkunft und Bedeutung des Begriffs צדק. Ihm danke ich für seine Kritik und seine Anregungen an meiner Arbeit.

Im Jahr 2003 folgte ich einer Einladung der Claremont School of Theology in Kalifornien/USA zu einem Studienaufenthalt als Visiting Professor. An der Hochschule wurde ich von Prof. Dr. Kristin DeTroyer betreut. Sie unterstützte mich in dieser Zeit mit fachlichem, praktischem und persönlichem Rat und sorgte sich sehr darum, dass ich mich ‚wie zu Hause' fühlte. Zudem nahm sie mich in ihr Esra-Seminar im Rahmen des PhD-Programms der Hochschule auf. Die intensive Arbeit und die lebendige und fundierte Diskussion im Seminar haben meinen Blick auf die exilische und nachexilische Zeit geprägt, was sich vor allem in Kapitel 6 dieser Arbeit niederschlug. Für all dieses möchte ich mich sehr herzlich bei ihr bedanken. Ebenso danke ich ihren Kollegen Prof. Dr. Tammy Schneider und Prof. Dr. Marvin A. Sweeney, an deren Lehrveranstaltungen ich ebenfalls teilnahm. Prof. Dr. Marvin A. Sweeney stand mir als ausgewiesener Jesaja-Fachmann jederzeit mit Rat und Tat zur Seite. Seine Kommentierung des Jesajabuches war für meine Arbeit ein großer Gewinn.

Für die Aufnahme in die Reihe Supplementa to Vetus Testamentum danke ich dem Herausgeber der Reihe, Herrn Prof. Dr. André Lémaire. Herr Prof. Dr. Kurt Erlemann nahm in meinen ersten beiden Semestern als Wissenschaftlicher Assistent an seinem Lehrstuhl sehr große Rücksicht und ließ mir jegliche Freiheit, diese Veröffentlichung vorzubereiten. Ich hoffe, ich kann seinem ‚Vorschuss' in den nächsten Jahren gerecht werden.

Die zur Bewertung durch die Kirchliche Hochschule Wuppertal eingereichte Fassung meiner Arbeit wurde von meiner Kollegin, Bürogenossin und ‚Mitstreiterin' an der Kirchlichen Hochschule Wuppertal Frau Pfr. z.A. Gabriela Köster, Assistentin am Lehrstuhl für Systematische Theologie Dr. Martin Breidert, sorgfältig Korrektur gelesen. Nicht nur dafür, sondern auch für die gemeinsame Zeit, die Freuden über Fortschritte und den Trost nach Rückschlägen, die wir teilten und noch immer teilen, danke ich ihr von ganzem Herzen. Für die Drucklegung wurde die Arbeit von Frau cand.theol. Ines Wermeling und Herrn cand.theol. Jens Blau von der Bergischen Universität Wuppertal sorgfältig gelesen. Beiden gilt mein ganz besonderer Dank.

Neben all diesen zwar nie rein fachlichen, aber doch von der Fachdiskussion geprägten Begegnungen sind in dieser Zeit vier Menschen in mein Leben getreten, die zu sehr engen Freunden geworden sind: Frau Elise Künkel (Lund), Frau Dr. Jayne Svennungsson, Herr Jean-Francoise Melliot (beide Stockholm) und Frau cand.theol. Jessica Cook (Claremont). Alle vier haben jeweils auf ihre Art zum Entstehen dieser Arbeit beigetragen. Die Begegnungen mit ihnen und die Freundschaft zu ihnen sind für mich ein großer Gewinn.

Doch waren es nicht nur mir bisher unbekannte Menschen, die mein Leben und mein Denken in den Jahren der Entstehung dieser Arbeit geprägt haben. Gerade in den persönlich schwierigen Phasen dieser Jahre habe ich den Wert langjähriger Freundschaften erkennen können und habe ihn immer zu schätzen gewusst. Zwei(einhalb) dieser Freunde seien hier namentlich erwähnt, da ihre Hilfe mir immer wieder einen guten Weg gewiesen hat: Frau Dr. Christiane und Herr Arno Geilenbrügge (Hilden). 5 Tage vor der Einreichung dieser Arbeit erblickte ihre Tochter Helen Maria das Licht der Welt. Im Sinne dieser Arbeit wünsche ich ihnen Immanuel – Gott sei mit euch und schütze und behüte euch auf eurem Lebensweg.

Und ‚last but not least' gilt mein Dank natürlich auch meiner Familie, meinen Eltern Frau Anneliese und Herrn Bruno Wagner und meiner Schwester Frau Silvia Wagner, die mich mit familiärer Liebe und finanzieller Unterstützung durch diese für mich auch persönlich sehr prägende Zeit begleitet haben. Mein Dank an sie lässt sich für mich nicht in Worte fassen.

Gewidmet ist diese Arbeit meiner Großmutter Frau Berta Wagner, die im November 1998, kurz vor meinem ersten Theologischen Examen verstorben ist. Für sie war es immer etwas Besonderes, dass ihr Enkel sich für den Weg der Theologie entschieden hat. Gemeinsam mit ihr habe ich als Kind die ersten Gottesdienste erlebt. Mit großer Freude hat sie meine erste Predigt in der Gemarker Kirche in Wuppertal-Barmen noch erleben dürfen. Wie gerne hätte ich sie am Tage meiner Ordination und meiner Promotion nicht nur in Gedanken, sondern auch physisch an meiner Seite gehabt.

Thomas Wagner

KAPITEL 1

EINLEITUNG UND FORSCHUNGSÜBERBLICK

1.1 Einleitung

„Ich sah den Herrn sitzen auf seinem Thron …" Mit diesen Worten leitet der Prophet Jesaja in Jes 6,1 seine Vision Jahwes ein.[1] Die majestätische Beschreibung Jahwes mündet in den Bericht der Beauftragung des Propheten.[2] In Jesajas Vision und der anschließenden Beauftragung fließen göttliche Herrschaft und Wirken am Propheten und damit auch an König und Volk zusammen.

Die Beschreibung der überwältigenden Vision Jahwes leitet das Thema dieser Untersuchung ein: Gottes Herrschaft, wie sie sich in der Darstellung der Denkschrift zeigt. Die Denkschrift, ob man sie als redaktionelle Größe oder als Vermächtnis Jesajas an seine Schüler und das Volk Judas verstehen möchte, ist einer der zentralen Texte des alttestamentlichen Schrifttums, was seine breite Aufnahme in der biblischen, der jüdischen und der christlichen Tradition zeigt.

Mit der Untersuchung von Jes 6,1–9,6 wird das Thema *Herrschaft Gottes* an einem zentralen Textbereich entfaltet. Dieses birgt die

[1] Die Vision in Jes 6 ist in auffälliger Weise als Ich-Bericht formuliert. Diese Gattung legt nahe, den Text als authentisches Zeugnis Jesajas aus dem 8.Jh. v.Chr. zu verstehen, wie dieses weitestgehend in der altestamentlichen Forschung der Fall ist (vgl. z.B. Budde, *Jesajas Erleben*, 1; Procksch, *Jesaja*, 52; Wildberger, *Jesaja I*, 239f.; Fohrer, *Jesaja*, 5; Sweeney, *Isaiah*, 57; Beuken, *Jesaja 1–12*, 163). Eine derartige Zuweisung kann jedoch erst nach der Analyse und der Interpretation des Textes vorgenommen werden. Daher ist hier auf *3.3 Der Ursprung der Vision in Jes 6,1–10bα.11*, 118–122, zu verweisen. Dass an dieser Stelle die Vision Jesaja zugewiesen wird, entspricht hier allein dem Bild, das der Autor von Jes 6 vermitteln möchte: Der Prophet handelt aufgrund der Schau des mächtigen und erhabenen Gottes Jahwe.

[2] Die Beauftragung des Propheten in Jes 6,8–11 ist deutlich als Auftrag zu erkennen. Vieweger, *Berufungsberichte*, 23, weist darauf hin, dass „die Perikope Jes 6 [faktisch] als Anfang der sogenannten Denkschrift nur innerhalb ihres speziellen Kontextes interpretiert werden" kann. Inhalt der Vision ist die Beauftragung Jesajas (vgl. auch Steck, *Bemerkungen*, 203; Beuken, *Jesaja 1–12*, 162f.). Elemente einer Erstberufung sind sowohl in Jes 6, als auch in der parallel konstruierten Vision 1Kön 22,19–22 nicht zu erkennen (24). Daher wird bereits an dieser Stelle von der Beauftragung und nicht von der Berufung Jesajas gesprochen.

Chance, die zumeist gesamtbiblisch oder gesamtalttestamentlich angelegten Beschreibungen[3] weiter zu differenzieren und so zu einer genaueren Beschreibung der Vorstellungen zu kommen, die unter diesem Thema subsumiert werden. Das Bild, das der bzw. die Verfasser des Jesajabuches entwerfen, ist eines von mehreren, die im Alten Testament nebeneinander stehen und sich gegenseitig beeinflusst haben. Mit einem in seinen Grundzügen ins 8.Jh. v.Chr. zurückgehenden Text werden frühe Strukturen dieses theologischen Motivs dargestellt. Ihre Vorgeschichte wird, so weit dies relevant ist, in die Untersuchung eingebracht und in ihren Auswirkungen für die prophetische Botschaft ausgelegt.

Die Untersuchung steht im Kontext der breiten Erforschung des Themas *Gottesherrschaft*, die eines der zentralen Themen alttestamentlicher Theologie im 20. Jahrhundert war. Die Bandbreite, in der sich die Forschung bewegt, wird der folgende Forschungsüberblick zeigen:

1.2 Das Thema Gottesherrschaft in der alttestamentlichen Forschung des 20. Jahrhunderts

Mit Martin Bubers (1922) These der Theokratie[4] Jahwes flossen die zuvor stark religionsgeschichtlich ausgerichtete Forschung und ihre Erkenntnisse in die theologische Betrachtung des Motivs ein. Buber zeigt ausgehend von der westsemitischen Gottheit *Malk*[5], von der er die Königsbezeichnung Jahwes ableitet, die Form der Präsenz Jahwes im Staatssystem auf. Der Sinaibund, der konstitutiv für das Volk ist, wird zum Königsbund.[6] Erst mit dem Königsbund wird die Volkskonstitution abgeschlossen.

[3] Die einzige Ausnahme bilden hier die sich auf den Psalter beziehenden Untersuchungen, wie sie in den vergangenen Jahren von Jeremias, *Königtum Gottes*, und Spieckermann, *Heilsgegenwart*, vorgestellt wurden. Ihre genaue Darstellung erfolgt innerhalb des Forschungsüberblicks.

[4] Buber verwendet in seiner Untersuchung den Begriff ‚Theokratie' im Sinne einer auf Jahwe ausgerichteten Staatsform, bezeichnet aber nicht allein die nachexilische Priesterherrschaft als Theokratie. Vielmehr versteht er schon die vorexilische monarchische Staatsform als solche. Das entscheidende Merkmal der Theokratie ist die direkte Herrschaft Jahwes, die sich in verschiedenen Formen (Königsherrschaft, Priesterherrschaft, Fremdherrschaft) zeigen kann.

[5] Vgl. Buber, *Königtum Gottes*, 55–57.

[6] Vgl. Buber, *Königtum Gottes*, 118.

Mit Sigmund Mowinckels (1922) *Psalmenstudien II* wird die Tradition der religionsgeschichtlichen Erforschung weiter in das Thema eingebracht. Mowinckel rekonstruiert aus den Gott-König-Psalmen ein Thronbesteigungsfest, wie es aus der babylonischen Literatur bekannt ist. Ursprung dieses Fests ist die israelitische Form des gemein-orientalischen Weltschöpfungsmythos.[7] Chaoskampf- und Schöpfungsmythos, Götterkampf, Auszugsmythos und Gerichtsmythos sind Inhalt dieses Fests. Mit dem im Fest gefeierten Bundesschluss wird die Verwirklichung des göttlichen Ziels verheißen: Gottes Herrschaft, die nach der Besiegung aller Feinde eintreten wird.[8] Nach ihrer Überwindung setzt die Weltherrschaft Jahwes ein, da die Völker seine Herrschaft und sein göttliches Königtum anerkennen werden.[9]

Von Mowinckels Untersuchung der Psalmen an bis zur Wiederaufnahme religionsgeschichtlicher Erforschung des Ursprungs des Königtums Jahwes durch Werner H. Schmidt war die Gottesherrschaft Thema der alttestamentlichen Theologien. Während Walther Eichrodt die alttestamentliche Zeit als Geschichte der Offenbarung des Herrschaftsanspruchs Jahwes interpretiert, in der die Herrschaft Jahwes sich als prophetisch-dynamisch erweist und damit im Gegensatz zur priesterlich-statischen Vorstellung steht,[10] wird die Gottesherrschaft in der Konzeption von Ludwig Köhler (1936) zur Voraussetzung der Beziehung zwischen Gott und Mensch. In ihr erweist sich Jahwe durch die Gabe seiner Anordnungen, die durch die Propheten ausgerichtet werden, als König. Teil des göttlichen Königtums ist die Gerichtsfunktion, die auf die Befriedung der Welt und die Schaffung der Möglichkeit ungestörten Gedeihens zielt. Gottes Herrschaft erweist sich, und das gilt auch für die göttliche Kriegsführung, in der Versöhnung.[11]

Ähnlich wie Eichrodt erkennt auch Theodor Christian Vriezen (1953) eine Konkurrenzsituation zwischen Priestern und Propheten, doch bezeichnet er den Kult als kontingente Offenbarung Jahwes, die dem prophetischen Wesen der göttlichen Offenbarung fremd ist.

[7] Vgl. Mowinckel, *Psalmenstudien II*, 45: „Wiederholt heißt es in den Thronbesteigungspsalmen, daß Schöpfung die Grundlage seines Königtums ist. Jahwä ist der Weltkönig, weil er die Welt selbst geschaffen hat."

[8] Vgl. Mowinckel, *Psalmenstudien II*, 164f.

[9] Vgl. Mowinckel, *Psalmenstudien II*, 165–180.

[10] Vgl. Eichrodt, *Theologie*, 165–167.

[11] Vgl. Köhler, *Theologie*, 12–14.49.222.

Ziel der göttlichen Offenbarung ist Gottes Königtum auf Erden, das die ideale Herrschaftsform für Israel, die Theokratie, konstituiert.[12] Die Prophetie erhält dabei die Funktion, diese Staatsform zu verkünden, die sich aber erst in der nachexilischen Theologie des neuen Bundes verwirklicht und mit Jesus Christus seine Erfüllung findet.[13]

In seiner *Theologie des Alten Testaments* nimmt Gerhard von Rad (1960) die Unterscheidung der Erscheinungs- und Präsenz-Theologie[14] auf und ordnet die Tradition des Königtums Gottes der Präsenztheologie zu. Ihr Ort ist Jerusalem; ihren Anknüpfungspunkt hat diese theologische Aussage mit den Thronbesteigungspsalmen. Das Königtum Jahwes wirkt sich in der Besiegung der Chaosmächte und der Völker im politischen Raum aus,[15] hat damit also eine Schöpfungs- und eine Geschichtsdimension. Die Eschatologisierung des göttlichen Königtums setzt schließlich mit dem Verlust der monarchischen Staatsordnung in der Exilszeit ein.

Mit der von Werner H. Schmidt (1961/1968)[16] gebotenen Ableitung des Königtitels aus der ugaritischen Literatur wird die religionsgeschichtliche Betrachtung wieder verstärkt in den Fordergrund gerückt. Schmidt zeigt, dass die Bezeichnung ‚König' für Jahwe aus dem kanaanäischen Kulturraum stammt. Bei der Übernahme des Titels waren das 1. und 2. Gebot die entscheidenden Kriterien.[17] Repräsentiert wird das Königtum Jahwes durch die Kultobjekte Lade und Kerubenthron, sowie durch den mit diesem verbundenen Titel Kerubenthroner.[18] Doch schon vor Einbringung der Lade war die Gott-Königstradition in Jerusalem präsent. In der israelitischen Tradition wurde der Titel ‚König' über das Innenverhältnis des Pantheons, d.h. ein Gott herrscht als König über die anderen Götter, hinaus auf die Geschichte ausgeweitet. Mit der exilischen Prophetie

[12] Vgl. Vriezen, *Theologie*, 301.

[13] Vgl. Vriezen, *Theologie*, 302.308–310.

[14] Mit den beiden Begriffen ‚Erscheinungs- und Präsenztheologie' nimmt vRad die von Eichrodt geprägte Unterscheidung einer prophetisch-dynamischen und einer priesterlich-statischen Theologie wieder auf und ersetzt sie allein durch eine andere Begrifflichkeit.

[15] Vgl. vRad, *Theologie I*, 374.

[16] Vgl. W.H. Schmidt, *Königtum Gottes*, 88–97, und W.H. Schmidt, *Glaube*, 208–212.247–254.284.411–414.

[17] Vgl. W.H. Schmidt, *Königtum Gottes*, 88.

[18] Vgl. W.H. Schmidt, *Königtum Gottes*, 90.

setzt dann die Verbindung von urisraelitischen und kanaanäischen Traditionen ein. Dieses wird schließlich in der nachexilischen Zeit zur Eschatologisierung der Vorstellung von der göttlichen Königsherrschaft, so dass diese nicht mehr Zustand ist, sondern zu Verheißung und Erwartung wird. Ihr Repräsentant ist der erwartete Messias, dessen Machtbereich mit der zunehmenden allgemeinen Apokalyptisierung abnimmt. Damit ist exilisch-nachexilisch eine doppelte Bewegung feststellbar: Während die Herrschaft des Messias abnimmt, wächst der Glaube an die Königsherrschaft Jahwes.[19]

Das Verhältnis von Lade, Zebaoth- und Kerubenthronertitel und ihr ursprünglicher Zusammenhang mit der Vorstellung vom Königtum Jahwes standen in der Folgezeit im Mittelpunkt der Forschung. Walther Zimmerli (1972) bindet Jahwes Herrschaft an die Schöpfung.[20] Repräsentant dieser Tradition ist die Lade. Mit ihrer Überführung nach Jerusalem erhielt der dortige Kult universale Bedeutung. Die Lade wurde als Zeichen der Präsenz Jahwes verstanden, als sein Thron (Jer 3,16f.) oder als Fußschemel (Ps 99,5; 132,7f.; Jes 6). Die Titel Kerubenthroner und Zebaoth waren schon in Silo mit ihr verbunden. Vertreter des göttlichen Königtums auf Erden ist schließlich der König.[21] Exilisch-nachexilisch wird dieses Amt auf verschiedene Personen (fremdländische Herrscher und Priester) übertragen, doch bleibt ihr Sinngehalt derselbe: Den Völkern wird durch sie die Macht Jahwes erkennbar.

Die Bedeutung von Lade, Zebaoth- und Kerubenthronertitel ist ebenfalls Bestandteil der Untersuchungen des schwedischen Forschers Tryggve N.D. Mettinger (1988). Dieser zeigt, dass die Gottesherrschaft vorexilisch in vier Mythenkreisen, die jeweils auf ein Kampfmotiv zurückgehen (Schöpfungs-, Tempel- und Zion-, Exoduskampf und Kampf am Tag des Herrn[22]), begründet wird. Jahwe als König ist eine ‚root metaphor', unter der alle königlichen Attribute subsumiert werden.[23] Zu diesen Attributen gehören auch die beiden Titel König und Zebaoth, die als monarchische Metaphern dienen und

[19] Vgl. W.H. Schmidt, *Königtum Gottes*, 96f.
[20] Vgl. Zimmerli, *Theologie*, 25.
[21] Vgl. Zimmerli, *Theologie*, 78.
[22] Vgl. Mettinger, *In Search*, 97f.
[23] Vgl. Mettinger, *In Search*, 92.

verschiedene Aspekte der Herrschaft Jahwes bezeichnen: „YHWH as *warring deity* and YHWH as *the enthroned and reigning deity*“[24]. Die Bedeutungsbreite der beiden die Gottesherrschaft bestimmenden Traditionen fasst Mettinger folgendermaßen zusammen: „1. When God is described as ‚King‘ (*melek*), the subject is God in confrontation with chaotic power of the ultimative evil. And this confrontation is not once-and-for-all; rather, it stretches from the creation to the completion of all things. The warring King is the world's Creator und Judge. 2. When God is characterized as ‚YHWH Sabaoth‘, it is the enthroned God who reigns and determines the destiny of the world, as in the Book of Isaiah.“[25] Diese von Mettinger als *Zion-Zebaoth*-Theologie bezeichnete Präsenztheologie wird exilisch-nachexilisch in zwei verschiedene Richtungen aufgelöst: die priesterliche *kabod*-Theologie und die deuteronomistische *šem*-Theologie, die beide als Reinterpretation der durch das Exil in die Krise gekommenen Präsenztheologie zu verstehen sind.[26]

Horst-Dietrich Preuß (Bd.1 1991; Bd.2 1992) legt in seiner Studie den entscheidenden Schwerpunkt auf die Differenzierung von Zebaoth- und Kerubenthronertitel. Während der Kerubenthronertitel an die Lade gebunden war, nach deren Überführung nach Jerusalem sich die Zionstheologie ausgebildet hat, ist der Zebaoth-Titel von Anfang an mit der Vorstellung des göttlichen Königtums verbunden. Erst mit der Überführung wird diese Tradition auch auf den Kerubenthronertitel übertragen.[27] In die Zions- bzw. Gott-Königs-Theologie flossen die auf eine majestätische Verehrung hindeutenden Motive ein. Historisch ist dieser Vorgang mit der staatlichen Zeit zu verbinden. Zuvor wurde das Gottesprädikat wohl noch absichtlich vermieden, „denn es ist sehr wahrscheinlich, daß die Erfahrung von Staat, genauer von Monarchie (vgl. die Königspsalmen Ps 2; 45; 72; 110) ein notwendiges Element des Begriffs Gottesreich und Königtum JHWHs ist, wo diese Rede dann sowohl ‚affirmativ-legitimierend als auch kritisch offensiv eingesetzt werden‘ kann“[28]. Der Kerubenthron

[24] Mettinger, *In Search*, 93.

[25] Mettinger, *In Search*, 147f.

[26] Siehe dazu die grundlegende Studie Mettinger, *Dethronement of Sabaoth*, die die Entwicklung der Präsenztheologie in die beiden erwähnten Richtungen nachweist.

[27] Vgl. Preuß, *Theologie 1*, 166.

[28] Preuß, *Theologie 1*, 175.

war ursprünglich von dem Titel Kerubenthroner getrennt, da die Lade nach Num 10,35f.; 1Sam 4–6; 2Sam 6 nicht als ein leerer Gottesthron, sondern als ein Thronschemel oder zumindest als ein „nachhaltiges Unterpfand von Jahwes Gegenwart"[29] verstanden wurde. Mit dem salomonischen Tempelbau wurden kanaanäische Vorstellungen des göttlichen Königtums assimiliert und führten schließlich zur Ausbildung der Zionstheologie.[30] Jahwes Königtum wird im Gegensatz zum Königtum Els vor allem als Herrschaft über die Völker, primär über Israel verstanden. Exilisch-nachexilisch wird die Herrschaft Jahwes zur Hoffnung auf Heil und Überwindung der Krisen. Damit erhält die Vorstellung von Jahwes Königtum zeitlichen und räumlichen Bezug. Eschatologisch wird dieses Königtum sogar zur Zielvorstellung (Obd 19–21).[31]

Einen Sonderzweig der Forschung zum Thema Gottesherrschaft stellen die Psalmenstudien von Jörg Jeremias (1987) und Hermann Spieckermann (1989) dar. Dabei stehen sich methodisch zwei Konzepte gegenüber: zum einen das von Jeremias vertretene entwicklungsgeschichtliche Modell, nach dem er an den Psalmen einzelne Stadien der Entwicklung der Vorstellung feststellt, und zum anderen das themenbezogene Modell von Spieckermann, in dem es – trotz immer wieder vorgenommener Datierungen – hauptsächlich um ein umfassendes Bild der Herrschaft Jahwes nach den Vorstellungen der Psalmen geht. Jeremias sieht den Anfang der Entwicklung des Königtum Jahwes in der nordisraelitischen Auseinandersetzung mit den aus der Umwelt bekannten El- und Ba'al-Traditionen, deren mythischer Gehalt dem geschichtlich orientierten Jahwe-Glauben entsprechend umgedeutet wurde (Ps 29; 93; 104,1–9).[32] Thema dieser frühen Epoche war die Herrschaft Jahwes als Besiegung und Beschränkung chaotischer und damit lebensbedrohlicher Zustände. Die Verbindung von Mythos und Geschichte zeigt sich dann besonders in Ps 47: „Das hier besungene Königtum Jahwes ist also 1) ein von Urzeit her gesetztes und universales Königtum, das sich aber 2) in der Geschichte verwirklicht und 3) im gegenwärtigen Kult neu als Realität erfahren

[29] Preuß, *Theologie 1*, 289.
[30] Vgl. Preuß, *Theologie 2*, 47.
[31] Vgl. Preuß, *Theologie 1*, 182f.
[32] Vgl. Jeremias, *Königtum Gottes*, 26f.44f.

wird."[33] Das Königtum Jahwes wird mit seinem geschichtlichen Eingreifen zugunsten Israels begründet, wobei der Mythos nicht im geschichtlichen Denken aufgeht, sondern in nominalen Zustandsbeschreibungen erhalten bleibt. So hat Israel in seinen Festen niemals die Besiegung des Chaos als Anfang des göttlichen Königtums gefeiert, sondern den Mythos verwendet, um der Gewinnung des Landes und des göttlichen Herrschaftssitzes den entsprechenden Ausdruck zu verleihen.[34]

Diese in die frühe, vorexilische Phase fallenden Themen fanden ihre Interpretation in exilischer resp. nachexilischer Zeit vor allem in zwei Traditionskreisen. Zum einen zeigen die Ps 95; 99 deutlich deuteronomisch-deuteronomistisches Gepräge, zum anderen sind die Ps 96; 98 mit der Prophetie Deuterojesajas verknüpft. Im deuteronomisch-deuteronomistischen Bezugskreis tritt dabei zunächst die Auseinandersetzung mit fremden Gottheiten hervor. Die fremden Götter stellen jedoch keine Gegenspieler für Jahwe dar, sondern sind nur eine „quantité négligeable"[35], auf die nur angespielt wird. „Mit dieser wichtigen Akzentverlagerung verbindet sich eine zweite, Jahwes Überlegenheit über die Götter wird nicht (wie in Ps 47 sein Königtum über die Erde) mit seinen Geschichtstaten begründet, sondern mit seiner alleinigen Verfügungsgewalt über den Kosmos, die wiederum auf der Schöpfung beruht."[36]

Die im Lichte der deuterojesajanischen Theologie stehenden Ps 96; 98 heben gegenüber den deuteronomisch-deuteronomistisch beeinflussten Psalmen das Lob Jahwes als Schöpfer hervor.[37] Zum entscheidenden Erweis göttlicher Herrschaft werden die Befreiung aus dem Exil und die Errichtung der persischen Herrschaft. Im Anschluss an Ps 98 wird das Heil streng geschichtlich verstanden.[38]

Den letzten Teil der historischen Entwicklung der Rede des Psalters über das Königtum Jahwes stellt schließlich der in die hellenistische Zeit zu datierende Ps 97 dar: „Die Erwartung einer linearen Vollendung der Gegenwart, wie wir sie in der Perserzeit kennenlernten,

[33] Jeremias, *Königtum Gottes*, 55f.
[34] Vgl. Jeremias, *Königtum Gottes*, 64f.
[35] Jeremias, *Königtum Gottes*, 110.
[36] Jeremias, *Königtum Gottes*, 110.
[37] Vgl. Jeremias, *Königtum Gottes*, 126f. Dort auch weitere Argumente für die Nähe der Psalmen zur Botschaft Deuterojesajas.
[38] Vgl. Jeremias, *Königtum Gottes*, 136.

macht der Hoffnung auf ein urplötzliches, welterschütterndes Eingreifen Jahwes Platz, bei dem Gottes Recht so zur Geltung kommt, daß die heidnischen, götzendienerischen Mächte für immer gedemütigt werden."[39] Dabei stehen sich erlebte Gegenwart und erwartete Zukunft diametral gegenüber. Der Anbruch dieser Zukunft ist an eine kommende Theophanie gebunden.[40] „Gottes gegenwärtige Fürsorge für seine Gerechten wird als Hoffnungsgrund für die Weltvollendung verkündet."[41] Die Fürsorge Jahwes für sein Volk ist aber noch nicht in jedem historischen Ereignis erkennbar, sondern dient als Idealvorstellung des Gottesverhältnisses, das in der erwarteten Zukunft in allen historischen Gegebenheiten real sein wird.[42] Das Hauptzeichen dieser erwarteten Zeit wird schließlich das Umkehren aller Völker zu Jahwe sein.

Unter dem Thema ‚Jahwe, der Herr seines Heiligtums' beschreibt Spieckermann die Überwindung des kanaanäischen Ba'alglaubens, die sich in einer Überbietung im judäischen Jahwismus ausdrückt (Ps 29; 93).[43] Jahwe wird im Tempelkult zum erfahrbaren *deus praesens*. Mit Ps 48 tritt schließlich das geschichtliche Element der Uneinnehmbarkeit der Gottesstadt hinzu, die sich sowohl gegen Götter, als auch gegen Völker richtet.[44] Zu diesem Komplex kommt zunächst mit Ps 24 der Schöpfungsgedanke hinzu,[45] mit Ps 21 schließlich das irdische Königtum. Der irdische König ist nicht Alleinherrscher, sondern partizipiert an Jahwes Königtum.[46] Durch die Beschränkung der königlichen Macht als Teilhabe an der göttlichen bleibt ein kategorialer Unterschied zwischen göttlichem und irdischem Königtum erhalten.[47]

Eine besondere Ausprägung erhält die Vorstellung vom göttlichen Königtum in der individuellen Perspektive des Beters, wie sie sich in Ps 8; 22 und 30 findet. Mit Ps 8 wird dem Menschen das Königsamt über die Schöpfung übertragen.[48] Die in der Ausübung des Königsamts

[39] Jeremias, *Königtum Gottes*,136f.
[40] Vgl. Jeremias, *Königtum Gottes*, 142.
[41] Jeremias, *Königtum Gottes*, 142.
[42] Vgl. Jeremias, *Königtum Gottes*, 143.
[43] Vgl. Spieckermann, *Heilsgegenwart*, 175ff.
[44] Vgl. Spieckermann, *Heilsgegenwart*, 192ff.
[45] Vgl. Spieckermann, *Heilsgegenwart*, 200ff.
[46] Vgl. Spieckermann, *Heilsgegenwart*, 212ff.
[47] Vgl. Spieckermann, *Heilsgegenwart*, 219.
[48] Vgl. Spieckermann, *Heilsgegenwart*, 234.

über die Schöpfung für das Individuum auftretenden Gefahren werden mit Ps 22 thematisiert. Hier erweist sich Jahwes Königtum in der Bewahrung des Menschen vor feindlichen Mächten. Zu diesen feindlichen Mächten gehört nach Ps 30 auch die Selbstsicherheit des Menschen: „Selbstsicherheit ist eine Form der Selbstherrlichkeit, die den Herrlichkeitsempfang durch Jahwe nicht als die existenzgründende Gabe wahrhaben will und deshalb auch nicht in der Herrlichkeitsrückgabe im Gotteslob ihre Bestimmung erkennen will. Vielmehr sucht sie ihr Ziel in Selbstgründung, eigener Ordnung, Autonomie.“[49] Damit tritt Gott in seiner Herrschaft nach Spieckermann in den Psalmen in einer doppelten, aber voneinander bestimmten Gestalt auf: als Herr über Schöpfung und Götter, also als Weltherrscher, und als die Menschen beherrschender Gott, d.h. als die Gottheit, die das menschliche Leben vor dem Chaos der Gegenwelt schützt, die ihnen dazu aber gewisse Verhaltensregeln gibt, an die die Menschen sich halten müssen, um nicht aus dem Machtbereich Gottes zu fallen.

Mit zwei stärker semantisch ausgerichteten Untersuchungen wird dieser Forschungsüberblick abgeschlossen. In seiner Untersuchung der Metapher ‚God is King‘ konzentriert sich Marc Zvi Brettler (1989) mittels einer Wortfeldanalyse auf dieses Theologumenon. Grundlage seiner Untersuchung ist die Aussage, dass sich das Bild ‚God is King‘ erst mit der Existenz eines irdischen Königtums in Israel ausbilden konnte,[50] denn nur durch das irdische Vorbild wird die Metapher verstehbar.[51] Die Metapher ‚God is King‘ ist nach ihren Bestandteilen Gott und König zu befragen, um die Aussagekraft der Metapher im israelitischen Sprachraum zu eruieren. Für seine Untersuchung kategorisiert Brettler die biblischen Aussagen: 1. königliche Anreden[52]; 2. königliche Attribute; 3. Königsinsignien; 4. der König und die innenpolitischen (‚*domestic*‘) Angelegenheiten; 5. König werden. Aus der Untersuchung der Wortfelder und der Beziehungen zwischen irdi-

[49] Spieckermann, *Heilsgegenwart*, 259.

[50] Brettler, *God is King*, 15, bezieht sich auf die Stellungnahme von Jacobsen, *Image*, 164: “In almost every particular the world of the gods is therefore a projection of terrestial conditions.” Trotzdem rechnet Brettler damit, dass einige Aussagen in die Zeit vor dem Aufkommen des irdischen Königtums in Israel fallen.

[51] Vgl. Brettler, *God is King*, 13f.

[52] Er vermeidet die Bezeichnung ‚Titel‘ und verwendet dafür ‚Anreden‘.

schem und göttlichem König kommt Brettler schließlich zu der Aussage: Gott ist unvergleichbar, aber wir Menschen müssen, um von ihm reden zu können, ein uns bekanntes Vokabular metaphorisch benutzen. Würden wir ihn mit Begriffen beschreiben, die nicht in unsere Erfahrung hineinreichen, dann könnten wir keine Aussagen über Gott treffen, die wir selber verstehen können. So ist die Metapher *die* Sprachform der Bibel, um über Gott zu reden. Voraussetzung ist aber, dass nur eine beschreibende Ähnlichkeit, nicht aber eine Gleichheit/Identität angenommen wird. Die Metapher ‚God is King' ist in Israel eine fundamentale Aussage über Gott, wodurch sowohl Anreden als auch andere Elemente des irdischen Königtums auf ihn übertragen werden. Dass es sich bei dieser Metapher um die grundlegende Möglichkeit, über Gott zu sprechen, handelt, wird mit dem Wort אדני deutlich, das aus dem Wortfeld der Königsanreden stammt und in späterer Zeit anstelle des Jahwenamens gelesen wurde.

Die zweite stärker semantisch geprägte Untersuchung legt Siegfried Kreuzer (1992/1995) vor.[53] Kreuzer zeigt, dass die beiden Vorstellungen vom Königtum und von der Herrschaft Gottes – funktional unterschieden – ursprünglich nebeneinander existiert haben.[54] Zunächst thematisiert er den Traditionsstrang Königtum Gottes. Die Belege, die von einem solchen Königtum sprechen, sind fast ausnahmslos als Texte der späteren Zeit zu betrachten.[55] Schwerpunktmäßig erscheint das Thema in den Psalmen und in der prophetischen Literatur der Exils- und Nachexilszeit. Der früheste Beleg ist die Berufung Jesajas und der Titel מלך in Jes 6,5. Er stellt jedoch fest, dass der Königstitel im Unterschied zu anderen Leitbegriffen der Berufungsvision sonst in den Worten Jesajas nicht vorkommt. Jesaja kannte den Titel wohl aus dem Jerusalemer Tempelkult und hat ihn von dort übernommen.[56] In Jes 6 wird das Königsein Jahwes auf die Geschichte bezogen und im Gegensatz zu den Ansprüchen der irdischen Könige gesehen. Durch den Titel מלך kommt die universale Dimension des Wirkens Jahwes zum Ausdruck. Ursprünglich ist Jahwes Königtum

[53] Diese findet sich in dem 1992 veröffentlichten Aufsatz *Die Verbindung von Gottesherrschaft und Königtum Gottes im Alten Testament* und in seinem 1995 publizierten Vortrag *Gottesherrschaft als Grundthema der alttestamentlichen Theologie*.

[54] Vgl. Kreuzer, *Gottesherrschaft*, 159.

[55] Vgl. Kreuzer, *Grundthema*, 59.

[56] Vgl. Kreuzer, *Gottesherrschaft*, 147.

kein Gegenüber des irdischen Königtums. Vielmehr bezieht sich das Theologumenon auf das Königtum Jahwes über die Götter. Damit erhält die Vorstellung vom göttlichen Königtum vorjesajanisch zwei Funktionen: „Einerseits wird dadurch das Pantheon geordnet, andererseits legitimiert der himmlische König den irdischen König und das himmlische Königtum das irdische Königtum."[57]

Zum Bereich der Herrschaft Gottes gehören die Traditionen vom Thron und vom Thronen des Herrschers, dazu auch die Vorstellung vom Thronrat. Diese werden nicht weiter angesprochen, vielmehr verweist Kreuzer darauf, dass sie auf dem hier zu entwickelnden Hintergrund neu zu bedenken sind. Dieser Hintergrund ergibt sich durch die Untersuchung von drei Begriffen, die sich auf den Vorgang der Huldigung und der Akklamation beziehen. Die Verben השתחוה (Gen 18,2; 19,1; 22,5; Ex 24,8; Dtn 24,10; 1Sam 15,25.30f.; 1Kön 1,47) und משל (Ri 8,22f.), die bei der Beschreibung der Verehrung des irdischen Königs verwendet werden, sowie die Schwurformel חי־יהוה werden in Zusammenhängen für Jahwe gebraucht, in denen der Königstitel nicht erscheint. Sie gehören aber in den Vorstellungsbereich von Herrschaft und Herrscher hinein. Aus der Untersuchung der drei Begriffe wird deutlich, dass sie in der Vorstellung von der Gottesherrschaft in Israels Königszeit sehr wohl eine Rolle spielten, auch wenn der Königstitel für Jahwe nicht verwendet wird. Der Jahwe-Name benötigte keinen Titel, vielmehr ersetzt der Name den Titel. Daneben ist schon in früher Zeit ein Titel für Jahwe belegt: Die Anrede Jahwes als אדון oder אדני.[58] Diese bezeichnet „die Gottheit in ihrem Verhältnis zu einer Menschengruppe"[59].

Die Vorstellungen der Gottesherrschaft und des Königtums Gottes lagen demnach ursprünglich getrennt vor und wurden erst in späterer Zeit verbunden. Dabei ergänzten sie einander in charakteristischer Weise: Jahwe wurde zum König über Israel.[60] Historisch erstmalig findet sich dieses in der Visionsschilderung Jes 6: In ihr werden nicht nur göttliches und irdisches Königtum nebeneinander genannt, sondern auch die אדון- und die מלך-Tradition treten erstmals gemeinsam auf.[61]

---

[57] Kreuzer, *Gottesherrschaft*, 150.
[58] Vgl. Kreuzer, *Grundthema*, 71.
[59] Noth, *Personennamen*, 114.
[60] Vgl. Kreuzer, *Grundthema*, 72.
[61] Vgl. Kreuzer, *Gottesherrschaft*, 147.

1.3 Hinführung: Die Herrschaft Gottes in der Denkschrift

„Weltgeschichte in prophetischer Deutung – das heißt aber nichts anderes als die Frage: Weltmacht oder Gott?“[62] Diese von Herntrich 1950 geäußerte Zuspitzung, das prophetische Wirken Jesajas einzuordnen, zeigt die Spannung, in der das dieser Untersuchung zugrunde liegende Thema *Gottes Herrschaft* zu entfalten ist. Ob bzw. inwiefern es sich dabei tatsächlich um eine Alternative handelt, wird im Laufe dieser Untersuchung immer wieder zu fragen sein.

Die Gottesherrschaft als das entscheidende Kriterium der Botschaft Jesajas spiegelt sich besonders in der Denkschrift Jes 6,1–9,6 wider. In ihr wird die für das alttestamentliche Schrifttum einzigartige Begegnung eines Propheten mit Jahwe im Tempel geschildert (Jes 6), die zum Ausgangspunkt seines Wirkens wird. In der Vision wird Jahwe mit majestätischen Attributen beschrieben, die sich in einer solchen Konzentration an keiner anderen alttestamentlichen Stelle wiederfinden.[63]

Mit der Beauftragung durch Gott, seinem Volk nicht nur den Untergang zu verkünden, sondern diesen sogar mittels Verstockung aktiv zu bewirken, wird der Prophet zum Werkzeug göttlicher Machtausübung erhoben. Die folgende Weltgeschichte steht von nun an unter dem Verdikt der Verstocktheit des Volkes, die zwangsläufig in die Katastrophe führen wird. Ein Stück dieser Weltgeschichte wird in Jes 7 und 8 anhand der Überlieferungen aus der Zeit des syrisch-ephraimitischen Krieges geschildert. Diese Texte zeigen exemplarisch, welche Auswirkung das göttliche Herrschen über die Erde auf die Weltgeschichte hat. Ihr literarisches Ende findet die prophetische Verkündigung des herrschenden Handelns Jahwes an seinem Volk schließlich in der Ankündigung des kommenden Herrschers in Jes 9,1–6.

So zeigt die Denkschrift einen Spannungsbogen von der Vision des majestätisch herrschenden Jahwes über den krisenhaften Verlauf der Weltgeschichte hin zur Verheißung des kommenden Herrschers und seines Friedensreiches.

[62] Herntrich, *Jesaja*, VII.

[63] Vgl. die Vision des Micha ben Jimla, bei der bewusst Herrschaftstitel (מלך und אדון) vermieden werden, die sich hingegen in Jes 6 finden.

Mit dem Ziel, das in der Denkschrift gezeichnete Bild der Herrschaft Jahwes in seiner historischen Entwicklung nachzuzeichnen, steht diese Untersuchung vor zwei Problemfeldern, die sich gegenseitig bedingen. Zum einen gilt es, das literarische Wachstum der Denkschrift zu beschreiben. Schwerpunktmäßig ist hier die Frage zu stellen, ab wann man literarisch überhaupt von einer Denkschrift sprechen kann, die mehr ist als nur eine lose Zusammenstellung prophetischer Worte.[64] Einher geht mit dieser Fragstellung zum anderen die Frage nach der Entwicklung der Herrschaftsbilder. Welche Motive sind dem Propheten bereits vorgegeben, wie interpretiert er die ihm vorliegenden Traditionen, und wie wirkt sich dieses in der weiteren Fortschreibung der Denkschrift aus?[65] Diese Fragen lassen sich nicht von der Beschreibung des literarischen Wachstums der Denkschrift lösen. Daher werden sie in den einzelnen Abschnitten immer gemeinsam behandelt, indem aus dem Textkorpus die für die Beschreibung der Gottesherrschaft entscheidenden Motive verstärkt aufgegriffen werden.

Bevor jedoch der Blick auf die Denkschrift gelenkt wird, werden an dieser Stelle zunächst einige Beobachtungen zur Gesamtkomposition des Jesajabuches ausgeführt: Das Jesajabuch erweist sich bei näherer Betrachtung als eine Sammlung aus Worten verschiedener Zeiten: „Das vielstimmige Jesajabuch ist mit einer mittelalterlichen Kathedrale zu vergleichen, an der man über lange Jahrhunderte hinweg weiterbaute, neue Türme, Fenster, Kapellen und Kreuzgänge anlegte."[66] Über die Kriterien für die Einfügung und Anordnung der Texte wurden im Laufe der Erforschung des Buches verschiedene Vermutungen geäußert.[67] Eine endgültige Antwort steht aber noch aus (, wobei fraglich ist, ob es diese überhaupt geben kann, oder ob es

---

[64] Vgl. hier Becker, *Jesaja*, 24, der bemerkt, dass man die Erstfassung der Denkschrift in der Forschungsgeschichte immer wieder anders bestimmt hat. Dabei wird jedoch die Frage, ob es sich mit den bestimmten Grundschichten bereits um eine geschlossene Schrift gehandelt hat, an vielen Stellen nicht thematisiert. Sweeney, *Isaiah*, 59, äußert in diesem Zusammenhang zu recht die Frage, ob man bei „collections of material relating to different periods" bereits von einem „Book of Isaiah" sprechen kann.

[65] Dass die in Jes 6,1–9,6 vorliegende Denkschrift mehrfach erweitert wurde, ist nach heutiger Forschungslage als sicher anzusehen. An welchen Stellen diese Erweiterungen zu suchen sind und aus welchen Zeiten sie stammen, ist dagegen umstritten. Vgl. zur Forschung die folgende Darstellung der Forschungsgeschichte.

[66] Berges, *Zionstheologie*, 176.

[67] Vgl. im Weiteren *1.4.2 Die neuere Forschung*, 21–33.

nicht unterschiedliche Kriterien für die einzelnen Zufügungen gab, die keinem festen Kompositionsschema entsprechen).

Weitgehend übereinstimmenden werden als größere Einheiten in Jes 1–39 die Abschnitte Jes 1–12; 13–23 und 28–31 (bzw. 32 resp. 35) bestimmt. Diese Einheiten weisen unter kompositionellen Gesichtspunkten verschiedene Charakteristika auf:

Jes 13–23 bietet eine Sammlung von Gerichtsworten, die sich nicht nur gegen Fremdvölker, sondern auch gegen Israel (Jes 17) und gegen das eigene Volk (Jes 22) wenden. Anhand der angesprochenen Nationen wird ersichtlich, dass diese Sammlung aus Texten über das Thema Gericht zusammengestellt wurde, die aus völlig verschiedenen Zeiten stammen. Die Reihenfolge der Gerichtsansagen erscheint eher zufällig, eine bewusste Aneinanderreihung der Texte ist nicht zu erkennen.[68] Markant ist allein die Zuordnung des Gerichtsworts gegen Babylon in Jes 21,1–10, das sich an Weissagungen gegen Ägypten anschließt. Anscheinend hat der Redaktor, der die Babylontexte hinzugefügt hat, Babylon verständlicherweise den großen Reichen und nicht den angrenzenden kleinen Nachbarstaaten zuordnen wollen. Für eine spätere Zufügung der Babylonworte spricht auch die Stellung der ersten Unheilsansage an Babylon in Jes 13f., die den Worten gegen die Feinde früherer Zeiten voransteht. Dieses könnte darauf hinweisen, dass eine bestehende Sammlung erweitert wurde. Als eigenständige Sammlung werden die Texte durch die Überschrift in Jes 13,1 gekennzeichnet, die alle Worte Jesaja zuweist.[69]

Die Kapitel 28–31 (bzw. 32) bilden den sog. Assur-Zyklus. Jes 32[70] ist aufgrund seiner apokalyptischen Thematik als sekundärer Anhang zu beurteilen. Thema der Assur-Sammlung ist die Zeit zwischen 703–701 v.Chr. und die mit ihr verbundenen wundersamen Ereignisse um die Errettung Jerusalems. Diese zeitliche Begrenzung jesajanischer Wirksamkeit, wie man sie aus dem Betrachten dieser Texte

---

[68] So auch Kaiser, *Buch Jesaja II*, 5.

[69] Vgl. Kaiser, *Buch Jesaja II*, 5.

[70] Selbst Kaiser, *Buch Jesaja II*, 187, der im Assur-Zyklus in der vorliegenden Gestalt das Thema des eschatologischen Kampfes entdeckt, erkennt als Grundbestand eine „Sammlung von Jesajaworten aus der Zeit des judäischen, antiassyrischen Aufstandes der Jahre 703–701". Die Komposition dieser Grundschicht, die aus Jes 28,7–12.14–18; 29,9f.13–14.15–16; 30,1–5.6f.8.9–17; 31,1–3 bestanden haben soll, weist er allerdings einem Schülerkreis frühestens ab 597 zu.

gewinnen könnte, wird durch eine redaktionelle Erweiterung aufgehoben, die auf die Zeit vor der assyrischen Invasion hinweist: Jes 28,1–4. Dieser Text führt zeitlich vor die Vernichtung Samarias 722 v.Chr. zurück und wird in die Zeit der Aufstände Hoseas von Ephraim gegen Assur datiert, also ca. 724 v.Chr.[71] Der Redaktor, der diesen Textabschnitt zur Sammlung der Worte aus der Zeit der Bedrohung Jerusalems zwischen 703–701 v.Chr. hinzufügte, signalisiert mit der Voranstellung des Textes das Bewusstsein einer vorherigen Wirksamkeit Jesajas bis zu diesem Zeitpunkt. Jes 1–12 als erster der drei großen Komplexe zeigt sich als Komposition, die literaturgeschichtlich in verschiedenen Zeiten gewachsen ist:

- Jes 12 wurde als jüngerer Text zur Sammlung Jes 1–11 hinzugefügt. Mit ihm erhält die Sammlung eine heilstheologische Perspektive, die in der restlichen Sammlung nicht zu finden ist. Vielmehr nimmt sie die Situation nach dem Ende des babylonischen Exils auf und ist somit als sekundär zu betrachten.[72]
- Das dem gesamten Komplex voranstehende Kapitel 1 ist durch die zweite Überschrift in Jes 2,1 abgehoben. Das Kapitel bietet eine Zusammenfassung der Gerichtsbotschaft des Propheten und ist deutlich redaktionell gestaltet, was aber keinen Schluss über den Ursprung der dort beinhalteten Texte ermöglicht.[73]
- Die Kapitel 2–11 haben einen inneren Kern, um den die weiteren Textanteile gelagert wurden. Diesen inneren Kern bildet die Denkschrift Jes 6,1–9,6.[74]
- Um diesen Kern gelegt sind die Texte Jes 5,8–30 und Jes 9,7–20; 10,1–4, die durch einen Kehrvers miteinander verbunden sind. Diesen Unheilsansagen vorangestellt ist das Weinberglied Jes 5,1–7, das programmatisch den kommenden Untergang Judas vorwegnimmt.[75]

---

[71] Vgl. dazu die Darstellung bei Donner, *Völker*, 77.

[72] Vgl. Kaiser, *Buch Jesaja I*, 254f.

[73] Vgl. dazu die Ausführungen von Fohrer, *Jesaja*, 149, da er die unterschiedlichen Ursprünge der Textanteile betont. So auch Seebass, *Art. Jesaja (Buch)*, Sp.316, der wie Fohrer, *Jesaja*, 148–166, die Echtheit der dort tradierten Worte herausstellt.

[74] Vgl. Berges, *Jesaja*, 91: „Gegenüber der mehrfach vertretenen Meinung, durch die Einfügung der Denkschrift in die anwachsende Jesajarolle seien das Kehrversgedicht und die Weherufe unwillentlich auseinandergerissen worden, besitzt die einer bewussten Rahmung der Denkschrift durch das Refrain-Gedicht und die Weherufe größere Wahrscheinlichkeit: Das Zerbrechen eines bestehenden Zusammenhangs wäre aus Unkenntnis, die Rahmung dagegen, wie gesehen, mit Absicht geschehen."

[75] Vgl. Blum, *Testament*, 552; auf die Intention der Komposition bezogen vgl.

- In Jes 4,2–6; 10,20–33 liegt eine andere historische Situation zugrunde: die Zeit der Belagerung Jerusalems, die auch Gegenstand des Assur-Zyklus' (Jes 28–31) ist.
- Jes 2,1–5; 11,1–16 bilden den äußeren Rahmen der Einheit.[76] In ihnen wird das kommende Friedensreich für alle Völker (Jes 2,1–5) und speziell für Israel (Jes 11,1–16) verheißen. Jes 11,16 weist mit der Thematik des erneuten Exodus – ein Motiv, das sich innerhalb des Protojesajabuches ansonsten nicht findet – über die Kapitel Jes 1–39 hinaus und nimmt ein Motiv auf, das erst in Jes 40–55[77] eine tragende Rolle hat.[78]

Die Komposition von Jes 1–12 weist demnach auf die Denkschrift als den Kern der jesajanischen Botschaft hin. Die Zeit des syrisch-ephraimitischen Krieges, die in der Denkschrift behandelt wird, wird durch die Anordnung der Texte in ihrer Endgestalt zum zentralen Ereignis der Wirksamkeit Jesajas erhoben. Damit ist im Folgenden nach dem Gehalt dieser Botschaft zu fragen.

Da diese Frage aber im Rahmen der alttestamentlichen Forschung an der Denkschrift steht, ist vor der Textanalyse zunächst die Forschungsgeschichte darzustellen. Wie Barthel zurecht bemerkt, ist die Literaturfülle zur Denkschrift gerade in der neueren Forschung überwältigend, so dass im Folgenden lediglich die Hauptlinien der Forschung dargestellt werden. Die Zielsetzung kann dabei nur die sein, die schon Barthel angeführt hat: „Um der Gefahr zu entgehen, daß die Begründung der eigenen Auffassung in der Forschungsdiskussion stecken bleibt, begnügen wir uns mit einer exemplarischen

Berges, *Jesaja*, 88: „Ausgangspunkt dieser Komposition ist das Weinberglied (Jes 5,1–7), das mit seinem letzten Vers zu erkennen gibt, daß Israel *und* Juda unter der Strafe JHWHs stehen."

[76] Vgl. hierzu vor allem die sehr übersichtliche schematische Darstellung von Beuken, *Jesaja 1–12*, 33.

[77] Zu den Exodustexten bei Deuterojesaja siehe die ausführliche Studie von Kiesow, *Exodustexte*.

[78] Möchte man daraus schließen, dass der Redaktor, der diesen Text angeschlossen hat, Deuterojesaja und seine Botschaft kannte, dann muss man dem Redaktor zumindest historisches Bewusstsein zuerkennen, da er immerhin von einer Exiliertengruppe in Assur spricht. Wildberger, *Jesaja I*, 474f., weist den Textabschnitt Jes 11,11–16 einer späteren Zeit zu, da er erkennt, dass das Bild der „festen Straße aus fernem Land" erst durch Deuterojesaja und die zu der Zeit der Perser installierten Routen, die zu Vorläufern des römischen Straßennetzes wurden (dazu vgl. Olmstead, *Persian Empire*, 199ff.), zu verstehen ist. Aus der Exodustradition vor Deuterojesaja ist ein solches Bild jedenfalls nicht verständlich.

Darstellung wichtiger Positionen und Probleme und versuchen dann, aufgrund möglichst unvoreingenommener Beobachtungen an den Texten selbst einen Rahmen für die folgenden Einzeluntersuchungen abzustecken."[79]

1.4 Die Denkschrift als Thema der alttestamentlichen Forschung

1.4.1 *Die Forschung bis zum* ,Jesajakommentar' *von Hans Wildberger*

Die Diskussion um die Denkschrift setzte mit der von Karl Budde (1928) in seinem Werk *Jesajas Erleben. Eine gemeinverständliche Auslegung der Denkschrift des Propheten (Kap. 6,1–9,6)* ein. In seiner Darstellung zeigt er die bis heute diskutierten Probleme seiner These auf, mit Jes 6,1–9,6 liege eine in sich abgeschlossene Sammlung rund um die Ereignisse des syrisch-ephraimitischen Krieges vor, die auf den Propheten selbst zurückgeht. Er behandelt dabei folgende Probleme: die Abgrenzung des Textes, das Phänomen der unterschiedlichen Berichtsform (Jes 6 und 8 Ich-Bericht; Jes 7 Er-Bericht), die Stellung der Denkschrift innerhalb Jes 1–39 und die Authentizität des Verfassers.

Während Otto Procksch (1930) in seinem Jesaja-Kommentar den literarischen Zusammenhang der Denkschrift bestreitet, Jes 6 hinter Jes 2,1 einordnet[80] und den Zyklus rund um den syrisch-ephraimitischen Krieg über Jes 7,1–9,6 hinaus auf Jes 11 erstreckt, behält Aage Bentzen (1944) die von Budde gebotene Einteilung bei und wendet sich gegen Procksch, indem er Jes 6 als Selbstvorstellung des Propheten an seinen Schülerkreis deutet: „Kap. 6 har da været at forstaa som et stykke, i hvilket profeten præsenterede sig for de disciple, som han sammenstillede udsagnene for (jvf. 8,6)."[81]

Volkmar Herntrich (1950) weist in seiner Kommentierung des Jesajabuches die Denkschrift ebenfalls als geschlossenen literarischen Komplex von Jes 6,1–9,6 aus, hält eine redaktionelle Umstellung der Vision in Jes 6 (wie Procksch) durchaus für möglich, ohne diesbezügliche Argumente dafür zu nennen. In seiner Interpretation legt er jedoch einen Schwerpunkt, der in der Forschung bis damals nicht erörtert worden ist: die eschatologische Zielsetzung der in der Prophetie

---

[79] Barthel, *Prophetenwort*, 37.
[80] Vgl. Procksch, *Jesaja*, 20.
[81] Bentzen, *Jesaja*, 45.

gedeuteten Geschichte. Für Herntrich stellt sich die vorgestellte Zeit als Teil der göttlichen Zeit dar, die nur punktuell beschrieben wird. Als Zeichen der endzeitlichen Ausrichtung der geschilderten Geschichte versteht er den Lobgesang der Seraphen im Tempel.[82]

Mit dem Jesaja-Kommentar von Georg Fohrer (1960[83]) wird erstmals in der Kommentarliteratur zum Jesajabuch die Scheidung zwischen der Abfassungszeit einzelner Texte, der Komposition und der literarischen Endgestalt vorgenommen.[84] Die Denkschrift wird dabei als eigenständige Sammlung verstanden, die sich von Jes 6–8 erstreckt und die sukzessive erweitert wurde: „Kap. 6–8 mit dem Berufungsbericht und Worten aus der Zeit des syrisch-ephraimitischen Krieges, abgeschlossen durch die Bruchstücke 8,19–23a und die Verheißung 9,1–6 (mit der Überleitung 8,23b)."[85] Dabei ordnet Fohrer den Berufungsbericht Jes 6,1–11 der Frühzeit des Propheten bis 736 v.Chr. zu,[86] Jes 7 und 8 der Zeit des syrisch-ephraimitischen Krieges, an oder kurz nach dessen Ende auch Jes 6,12–13 verfasst wurden.[87] Die messianische Weissagung in Jes 9,1–6 und die Überleitung in Jes 8,23b[88] hingegen sieht Fohrer als redaktionelle Stücke an, die in nachexilischer Zeit die eschatologische Erwartung unter dem Namen des Propheten an die Ereignisse des syrisch-ephraimitischen Krieges anschließt.[89] Damit wird die Denkschrift in ihrem literarischen Bestand auf Jes 6,1–8,23a begrenzt. Ihr eigentlicher Abschluss ist aber schon mit Jes 8,18 gegeben, was die Abschlussnotiz in Jes 8,16 anzeigt.[90]

Im selben Jahr erschien die Neuauflage des ATD-Kommentars durch Otto Kaiser (1960), der nach dem Tode von Herntrich mit der Kommentierung beauftragt wurde. Kaiser legt in seiner Kommentierung des Jesajabuches dieselbe Unterscheidung wie Fohrer

[82] Vgl. Herntrich, *Jesaja*, XIV.

[83] Für den Forschungsüberblick wird hier die zweite Auflage von 1966 verwendet, da diese wesentlich ausführlicher die für die Fragestellung entscheidenden Argumente ausführt.

[84] Vgl. Fohrer, *Jesaja*, 1: „Nur ein kleiner Teil läßt sich mit Sicherheit auf ihn [Jesaja Anm.d.Verf.] zurückführen; im übrigen ist das Buch ein Sammelbecken von vorwiegend prophetischen Worten aus vielen Jahrhunderten."

[85] Fohrer, *Jesaja*, 4.

[86] Vgl. Fohrer, *Jesaja*, 5.

[87] Vgl. Fohrer, *Jesaja*, 8.

[88] Vgl. Fohrer, *Jesaja*, 136.

[89] Vgl. Fohrer, *Jesaja*, 18f.139–146.

[90] Der von Fohrer eingebrachten Deutung folgt Lescow, *Denkschrift*, 315–331.

zugrunde. Dabei sieht er die Denkschrift als eine geschlossene Sammlung an, deren Kern die Kapitel 7,1–8,22 darstellen und die zweifach um Jes 6 und Jes 8,23–9,6 erweitert wurde.[91] Die Authentizität bleibt von ihm unbezweifelt, was letztlich dazu führt, dass Kaiser die Verwendung der *3.pers.sg.* in Jes 7 tilgt und durch die *1.pers.sg.* ersetzt. Überliefert wurde die Denkschrift auf einer seperaten Rolle. Aufgrund dieser Überlieferungsform steht die Vision Jesajas, in der von seiner prophetischen Berufung und Sendung berichtet wird,[92] nicht am Anfang des Buches, sondern findet sich in der geschlossenen und ursprünglich selbständigen Denkschrift. Mit dem ersten Teil des Jesaja-Kommentars von Hans Wildberger (1972) in der Reihe Biblischer Kommentar liegt das bis heute umfangreichste deutschsprachige Werk zu Jes 1–12 vor. In seiner Darstellung nimmt Wildberger die von Fohrer und Kaiser gebotene Differenzierung zwischen literarischem Zusammenhang und Verfasser auf, bestimmt aber den Umfang der Denkschrift weiterhin von Jes 6,1 bis Jes 9,6,[93] was vor allem kompositionsgeschichtliche Gründe hat. Wildberger zeigt zuvor, dass Jes 9,7–20 und Jes 5,25–30 ursprünglich in Zusammenhang standen und erst durch redaktionelle Tätigkeit und den Einschub der Denkschrift getrennt wurden.[94] Als Verfasser der Denkschrift sieht Wildberger den Propheten selber oder seinen Schülerkreis an.[95] Mit der Annahme, der in Jes 8,16 erwähnte Schülerkreis sei für die redaktionelle Gestaltung der Denkschrift verantwortlich, löst Wildberger gleichzeitig das Problem des Wechsels der Person von der *1.pers.sg.* in Jes 6 und Jes 8 zur *3.pers.sg.* in Jes 7: „Warum sollte von Jesajas Schülern, eventuell sogar von ihm selbst, nicht ein Fremdbericht in diese ‚Denkschrift' aufgenommen worden sein?"[96] Zeitlich fällt die Abfassung der einzelnen Teile der Denkschrift mit den in ihnen

---

[91] Vgl. Kaiser, *Prophet Jesaja*, 53.
[92] Vgl. Kaiser, *Prophet Jesaja*, 59.
[93] Vgl. Wildberger, *Jesaja I*, 234.
[94] Vgl. Wildberger, *Jesaja I*, 207–212, der zeigt, dass Jes 5,24 den Abschluss der Wehe-Worte-Sammlung bildet, an die die Gerichtsansage in Jes 5,25–30 angeschlossen wurde. Diese bildete ursprünglich den Abschluss des Kehrversgedichts Jes 9,7–20, was schon die Verwendung des Kehrverses, der in Jes 5,25 in seiner vollen Form geboten wird, zeigt.
[95] Zu Jes 6 vgl. Wildberger, *Jesaja I*, 239; zu Jes 7 vgl. Wildberger, *Jesaja I*, 273f.; zu Jes 8 vgl. Wildberger, *Jesaja I*, 313.322.331.336.357 und zu Jes 9,1–6 vgl. Wildberger, *Jesaja I*, 368–371.
[96] Wildberger, *Jesaja I*, 270.

geschilderten Ereignissen rund um den syrisch-ephraimitischen Krieg zusammen, so dass schon kurz nach dem Ende der Wirksamkeit Jesajas mit einer literarischen Einheit, die als Denkschrift bezeichnet werden kann, zu rechnen ist.

1.4.2 *Die neuere Forschung*

Während sich für die Darstellung der Forschung bis in die 70er Jahre des 20. Jahrhundert aufgrund der sich ergebenden Deutungszusammenhänge eine chronologische Darstellung anbot, ist in der Zeit nach dem Erscheinen des Kommentars von Wildberger eine thematische Zusammenstellung sinnvoller. Die unterschiedlichen Publikationen gehen verstärkt auf einzelne der oben aufgezeigten Fragen ein.

Der literarische Zusammenhang der Denkschrift wurde seit Fohrer und Kaiser nur noch von John D.W. Watts (1985) bezweifelt, der Jes 1–39 in Form eines antiken Dramas darstellt und Jes 6 als Abschluss dem ersten Akt „Like a Booth in a Vineyard“[97] zuordnet und im Rest der Denkschrift Jes 7,1–9,6 die erste Szene des zweiten Akts entdeckt, die er ihrem Inhalt nach mit „Of Sons and Signs“[98] benennt. Die einzelnen Akte trennt er dabei nach Generationen und rechnet die Zeit des Ahas der zweiten Generation zu, während Jes 6 mit der Erwähnung des Todesjahres Usias noch der ersten Generation angehört.[99]

Redaktionsgeschichtliche Modelle

Mit Herrmann Barths (1977) Untersuchung *Die Jesaja-Worte in der Josia-Zeit* wird erstmals die These eines aus josianischer Zeit stammenden ersten Jesajabuches vorgelegt, die im Folgenden vor allem im Jesaja-Kommentar von Marvin A. Sweeney (1996) aufgenommen wird. Innerhalb der Denkschrift finden sich allerdings nur wenige Erweiterungen, die in diese Zeit zu rechnen sind. Ihr Grundbestand

[97] Watts, *Isaiah I*, 9.

[98] Watts, *Isaiah I*, 83.

[99] Seiner Aufteilung folgt House, *Isaiah's Call*, 209: „Clearly, Isaiah 1–6 introduces the basic themes of the prophetic genre. Isaiah will participate in the main traditions of prophetic preaching.“ Im Folgenden bietet er eine detaillierte Darstellung des Aufbaus von Jes 1–6 (House, *Isaiah's Call*, 211–214).

[100] Vgl. Barth, *Jesaja-Worte*, 152: „Von 6,1 bis 8,18 reicht – abgesehen von späteren Einschüben – die ‚Denkschrift' Jesajas aus dem syrisch-ephraimitischen Krieg.“

stammt aus dem 8.Jh. v.Chr.[100] In der Zeit Josias wurde dieser nur an wenigen Stellen erweitert. Jes 7,20; 8,9f. und 8,23b-9,6 sind zu der von Barth so genannten Assur-Redaktion zu rechnen, die die Denkschrift vorläufig abgeschlossen hat.[101] Der zugrunde liegende Grundbestand in Jes 6–8 geht auf den Propheten und seinen Schülerkreis zurück und fällt damit aus seiner Untersuchung heraus. In der Zeit vor der Assur-Redaktion hat der Schülerkreis Jesajas bereits begonnen, Worte des Propheten nach thematischen und zeitlichen Gesichtspunkten zusammenzustellen.[102] Als einziger größerer Text stammt die Weissagung eines neuen Herrschers in Jes 8,23–9,6 aus der Zeit Josias. In ihr sind die besonderen Kennzeichen der Assur-Redaktion zu Erkennen: Mit der Thronbesteigung Josias kam in Juda die Hoffnung auf eine neue Heilszeit auf. Anlass für diese neue Hoffnung war der Rückzug der assyrischen Truppen aus dem judäischen Gebiet und damit verbunden die Befreiung Judas von der assyrischen Oberherrschaft. So versteht Barth die Assur-Redaktion als „produktive Neuinterpretation prophetischer Überlieferung“[103]. Ziel dieser Neuinterpretation ist die theologische Qualifizierung der veränderten historischen Situation.[104] „Die Bedingung der Möglichkeit solcher Neuinterpretation ist die Überzeugung, daß das prophetische Wort – um es weit zu fassen – mehr enthält, mehr in sich birgt, als es nach seinem strengen Selbstverständnis an seinem spezifischen historischen Ort aussagen will.“[105] Dabei haben die Autoren auch vor einer Veränderung des ursprünglichen Sinns der tradierten Texte nicht halt gemacht. Mit ihrer Arbeit haben sie die Absicht verfolgt, „sich am überlieferten Wort zu orientieren, insofern nämlich, als sie

---

[101] Vgl. Barth, *Jesaja-Worte*, 220f. Den Umfang der Denkschrift bestimmt Barth, *Jesaja-Worte*, 152, von Jes 6,1–8,18, da er in Jes 8,16–18 einen eindeutigen Abschluss erkennt, an den aber weitere Texte angehängt wurden.

[102] Auf den Untersuchungsergebnissen von Barth, *Jesaja-Worte*, basiert die Darstellung der Entstehungsgeschichte von Bosshard-Neptusil (1997), *Rezeptionen von Jesaja 1–39 im Zwölfprophetenbuch*. Dieser erkennt in der Denkschrift, die sich von Jes 6,1–8,18* erstreckt, die aus den Jahren 734/733 v.Chr. stammende Grundschicht des Jesajabuches (252). Da die Untersuchung auf eine mögliche Assur-/Babel-Redaktion ausgerichtet ist, sie jedoch nur streift, wird sie im Forschungsüberblick nicht weiter ausgeführt. Entscheidend für die These von Bosshard-Neptusil ist jedoch, dass die Denkschrift als literarisches Gefüge bereits im 8.Jh. v.Chr. existierte, da sonst die weiteren Redaktionen zeitlich nicht zugeordnet werden könnten.

[103] Barth, *Jesaja-Worte*, 301.

[104] Vgl. Barth, *Jesaja-Worte*, 306.

[105] Barth, *Jesaja-Worte*, 307.

eben an es die Frage richteten, wie die neue geschichtliche Situation ‚denn von Jahwe her zu verstehen, zu beurteilen' ist"[106]. Im Gegensatz zu Barth rechnet Sweeney in der Zeit Josias nicht mit einer redaktionellen Überarbeitung eines vorliegenden Textes, sondern mit einer ersten breit angelegten schriftstellerischen Tätigkeit, deren Ergebnis die „late-7th-century edition of the Book of Isaiah"[107] als erste von drei Editionen des Jesajabuches war. Ziel dieser Edition ist, „to support and legitimaize the Judean king's Joshiah program of national and religious restoration in Jerusalem during the years 639–609"[108]. Grundlage dieser Edition sind Sammlungen jesajanischer Worte aus dem 8.Jh. v.Chr., zu denen auch Jes 6,1–11; 7,2–17*.20; 8,1–15; 8,16–9,6 gehören. Sweeney rechnet hier mit einer Tradierung vor allem des autobiographischen Teils der Denkschrift (Abfassung in *1.pers.sg.*). Zu diesem zählt Sweeney auch Jes 7 hinzu. Doch verändert er den vorliegenden Text nicht mittels einer Textkorrektur, wie sie von Budde vorgeschlagen wurde, sondern er erkennt hier eine Perspektivverschiebung innerhalb der Komposition. In Jes 7 tritt der Prophet anstelle Jahwes auf und spricht für diesen.[109] Der eigentliche Handlungsträger ist in Jes 7 also Jahwe und nicht der Prophet, wie es in Jes 6 und 8 der Fall ist. Trotz dieser Perspektivverschiebung handelt es sich um originär autobiographisches Material. Allein der Gattungsunterschied zwischen Jes 6 *‚comission account'*, Jes 7,1–8,15 *‚autobiographical report'* und Jes 8,16–9,6 *‚prophetic instruction'* lässt für ihn den originären Zusammenhang fraglich erscheinen. Der autobiographische Stil spricht jedoch für eine gemeinsame Überlieferung der Worte innerhalb einer Sammlung. So kann man ohne weiteres mit Sweeney folgern: Selbst wenn der Charakter einer abgeschlossenen Schrift von den Tradenten nicht intendiert wäre, so war diese Sammlung ausschlaggebend für die schließlich in josianischer Zeit abgeschlossene Denkschrift des Propheten.

[106] Barth, *Jesaja-Worte*, 309.
[107] Sweeney, *Isaiah*, 57.
[108] Sweeney, *Isaiah*, 57.
[109] Vgl. Sweeney, *Isaiah*, 146: "YHWH is identified as the speaker in v. 10, but the combination of 1st-person perspective with 3rd-person references to YHWH throughout the so-called YHWH speeches in this passage (vv. 13, 14, 20; cf. vv. 11, 12; 17; 18) demonstrates that Isaiah is here portrayed as speaking on YHWH's behalf."

Die von Herntrich herkommende Idee, Teile der Denkschrift auch auf die nachexilische Zeit zu deuten, wurde in der deutschsprachigen Forschung mit der unter dem Titel *Das Buch des Propheten Jesaja* von Otto Kaiser (1981) veröffentlichten 5. Auflage des ATD-Kommentars weiter entfaltet. Kaiser versteht seine Auslegung als einen „konsequent redaktions- und tendenzkritischen Weg"[110]. Die Denkschrift wird in diesem Zusammenhang als exilisch-nachexilischer Versuch gedeutet, den Untergang Jerusalems zu verarbeiten. Beeinflusst wurden die Verfasser vor allem von deuteronomistischen Kreisen. Aus den Umständen des syrisch-ephraimitischen Krieges zogen die Verfasser der Denkschrift den Schluss, „der Prophet Jesaja habe schon damals versucht, den König vor diesem glaubenslosen Entschluß zu bewahren, und ihm danach den Untergang des Reiches vorausgesagt"[111]. Ziel der Darstellung ist damit der Untergang Jerusalems 587 v.Chr. und die mit ihm verbundene geschichtstheologische Deutung. Grundlage der Darstellung in Jes 6,1–9,6 sind die auf Jesaja zurückgehenden Kapitel Jes 28–31, sowie das Deuteronomistische Geschichtswerk. Aus diesen beiden Textbereichen stammt der für die Denkschrift entscheidende Glaubensbegriff, der die Denkschrift durchgehend prägt.[112] Gerahmt wird die Denkschrift nach ihrer Aufnahme in die Buchrolle durch einen Prolog (Jes 5,1–7.8–24; 10,1–3) und einen Epilog (Jes 9,7–20; 5,26–29), die jedoch sekundär zersplittert und redaktionell in die heutige Form gebracht wurden. Der literarische Zusammenhang der Denkschrift wird von Kaiser nicht bestritten. Ob diese jedoch originär von Jes 6,1–9,6 reicht, oder ob schon Jes 8,18 den Abschluss bildet, bleibt unklar. Neben dem Wechsel von der *1.pers.sg.* in Jes 6; 8 zur *3.pers.sg.* in Jes 7 sieht Kaiser das Problem, dass eine „eigentümliche Spannung [. . .] zwischen der Entscheidungstheologie von 7,1–9 und der Verstockungstheologie von 6,1–11 besteht"[113]. Kaiser löst diese Spannung mit der These, Jes 7,1–9 sei der ursprüngliche Teil, der erst in der Ausdeutung durch Jes 7,10–17 und schließlich durch die Kapitel Jes 6 und 8 erweitert wurde. Ihre Funktion ist die einer „fiktive[n] Rückversetzung in die Zeit Jesajas, um im Spiegel seines Dienstes das Voraussein

[110] Kaiser, *Buch Jesaja I*, 9.
[111] Kaiser, *Buch Jesaja I*, 20.
[112] Vgl. Kaiser, *Buch Jesaja I*, 21.
[113] Kaiser, *Buch Jesaja I*, 117.

Jahwes auch vor der in dem vollständigen Zusammenbruch des Gottesvolkes endenden Unheilsgeschichte aufzuzeigen und mithin seine bleibende Mächtigkeit über die Zukunft dieses Volkes einsichtig und glaubhaft zu machen“[114]. So kommt Kaiser zu einer vierfachen Schichtung der Denkschrift. Um den deuteronomistisch beeinflussten Kern von Jes 7,1–9*.10–17* „legte der eigentliche Schöpfer der Denkschrift den Rahmen von 6,1–11; 7,18–25; 8,1–4. 5–8*.11–15 und 16–18“[115]. Erweitert wurde diese um eine eschatologische Schicht, die auf ein erneutes Gericht Jahwes (Jes 6,13a.bβ; 8,19–23a; evtl. auch Jes 6,12; 7,23b.24b) hinweist. Diese unheilstheologische Redaktionsschicht wurde perspektivisch durch die vierte, die heilstheologische Schicht (Jes 7,14b–16b*.21f.; 8,8b*.9f.; 9,1–6) korrigiert.[116] Die historisierenden Zusätze (Jes 7,1.4b.5b.8b.16bα*.β. 17b.18aβ*.bβ*.20aβ*; 8,7aβ.8aα*) wirken schließlich antieschatologisierend auf die Denkschrift ein, in dem sie auf eine Abfassung in der Zeit Jesajas hindeuten.[117]

Die These der deuteronomistisch beeinflussten Abfassung von Jes 7 nahm im Weiteren Uwe Becker (1997) in seiner Studie *Jesaja – von der Botschaft zum Buch* auf. Auch er versteht die Denkschrift als redaktionelle Einheit, deren Zentrum Jes 7 bildet[118] und deren auf den Propheten zurückgehender Kern sich in Jes 6,1–8 und Jes 8,1–4 findet: „So unterschiedlich die ‚Erstfassung‘ der Denkschrift bestimmt werden kann, so sehr ist man sich darin einig, daß ihr literarischer Kern und sachliches Zentrum in Jes 7* zu suchen ist. Das ist nicht verwunderlich, denn dieses Kapitel stillt mit seiner dramatischen Szenerie wie kaum ein anderes Stück in c.6–8 den Hunger nach zuverlässigen Überlieferungen über das Wirken des Propheten.“[119] Der Darstellung Beckers zufolge trat Jesaja als Heilsprophet auf, der den Untergang der syrisch-ephraimitischen Koalition verkündete.[120] Das Zentrum der Denkschrift in Jes 7 zeigt sich ihm jedoch als von den Jesajalegenden 2Kön 18–20 // Jes 36–38 abhängige literarische

[114] Kaiser, *Buch Jesaja I*, 118.
[115] Kaiser, *Buch Jesaja I*, 119.
[116] Vgl. Kaiser, *Buch Jesaja I*, 119f.
[117] Vgl. Kaiser, *Buch Jesaja I*, 22f.
[118] Vgl. Becker, *Jesaja*, 24.
[119] Becker, *Jesaja*, 24.
[120] Vgl. Becker, *Jesaja*, 89–102.

Konstruktion, deren Ziel die deuteronomistisch geprägte Untergangsansage an die davidische Dynastie ist. „In dieser Perspektive ist die Erzählung zugleich als theologische Vergangenheitsbewältigung zu lesen, und der Glaubensruf gewinnt nun erst seinen Sinn: Ahas hat nicht geglaubt und damit einen entscheidenden Schritt auf dem Weg getan, der schließlich in das Desaster geführt hat."[121] Jes 7 ist in seinem Handlungsablauf parallel zu Jes 8 konstruiert, so dass mit Jes 7 und 8 eine Doppelüberlieferung vorliegt.[122] Die Abfassung von Jes 7 ist erst in der nachexilischen Zeit denkbar, da die literarische Abhängigkeit von den Jesajalegenden Jes 36–38 und von der Nathanweissagung 2Sam 7[123] deutlich zu sehen sind. Die Denkschrift stellt damit einen in nachexilischer Zeit verfassten Textkomplex dar, der redaktionell mit bereits vorliegenden Jesajaüberlieferungen zur vorliegenden Form des Jesajabuches verbunden wurde.

Ebenfalls für eine sukzessive Entstehung der Denkschrift sprechen sich Jesper Høgenhaven (1988)[124] in seinem Werk *Gott und Volk bei Jesaja* und Jörg Barthel (1997) in seiner Dissertation *Prophetenwort und Geschichte* aus, wobei sie einen unterschiedlichen Textbestand annehmen. Während sich nach Høgenhaven die Denkschrift über Jes 6,1–9,6 erstreckt sieht, untersucht Barthel allein den Text Jes 6,1–8,18.

Høgenhaven erkennt als älteste traditionelle Elemente der Denkschrift die drei in ihr enthaltenen Kindernamen שׁאר ישׁוב, עמנו אל und מהר שׁלל חשׁ בז: „Da nun solche Namen und die darin verkörperte Verkündigung schwierig zu ändern sind und gegenüber eventuellen literarischen Umgestaltungen der Texte die größte Widerstandsfähigkeit besitzen, darf angenommen werden, daß die Namen und die darin enthaltene Botschaft die älteste Schicht in 6,1–9,6 darstellen."[125] Damit bleiben die Texte, in denen die Namen enthalten sind, als eigenständige Größen mit ihrer individuellen Aussage erhalten. Diese drei Namen sind durchweg als Heilszeichen zu verstehen, die „mit dem

---

[121] Becker, *Jesaja*, 35.

[122] Vgl. Becker, *Jesaja*, 26.

[123] Vgl. Becker, *Jesaja*, 37.

[124] Vgl. Høgenhaven, *Gott und Volk*, 78: „Sind also in 6,1–9,6 die Merkmale sowohl eines angestrebten Zusammenhangs als einer tatsächlichen Komplexität zu erkennen, liegt es am nächsten, die ‚Denkschrift' als eine aus mehreren Schichten redaktionell hergestellte Einheit aufzufassen."

[125] Høgenhaven, *Gott und Volk*, 79. Vgl. auch die Zusammenfassung seiner These in Høgenhaven, *Die symbolischen Namen*.

Thema ‚Verstockung' wenig zu tun [haben], vielmehr für Juda und die davidische Dynastie Heil"[126] verbürgen. Die redaktionelle Arbeit, die Jes 6 mit der Heilsverkündigung in Jes 7 und Jes 8 zusammenstellt, kann nach Høgenhaven nicht auf Jesaja selber zurückgehen. Sie spiegelt vielmehr eine geschichtstheologische Auffassung, die dem Deuteronomismus nahe steht und das babylonische Exil voraussetzt. So rekonstruiert Høgenhaven schließlich drei redaktionelle Schichten, aus denen sich die Denkschrift zusammensetzt: „1. Die Namenszeichen, die in den teilweise überarbeiteten Berichten Jes 7,1–9.10–17; 8,1–4 enthalten sind, und Jesajas Verkündigung zur Zeit des syrisch-ephraimitischen Krieges darstellen; 2. Die Sprüche 7,18–25; 8,5–8.11–18 und der Auftragsbericht 6,1–13, die ein spätes Stadium in Jesajas Verkündigung (nach 722) widerspiegeln; 3. Der Spruch 8,23b–9,6, der an sich einer frühen Periode in Jesajas Verkündigung (nämlich der Zeit zwischen 732 und 722) angehört, aber von einer späteren Redaktion der ‚Denkschrift' als Schluß angehängt wurde."[127] „Eine Gesamtbetrachtung der drei symbolischen Namen lehrt also, daß Jesaja während des syrisch-ephraimitischen Krieges mit einer Botschaft des Gerichts für Aram und Israel und des Heils für Juda und den König Ahaz auftrat."[128]

Im Gegensatz dazu beschränkt Barthel den Grundbestand der Denkschrift auf Jes 6,1–8,18, der erst sekundär um 8,19–9,6 erweitert wurde. Um die Denkschrift wurde redaktionell ein doppelter Rahmen gelegt: „Um 6,1–9,6 als Zentrum legen sich als äußerer Rahmen die Wehesprüche in 5,8–23 und 10,1–4, als innerer die durch das Motiv der drohend ausgestreckten Hand Jahwes zusammengehaltenen Abschnitte in 5,25.26–29(30) und 9,7–20. Eingeleitet wird der ganze Komplex durch das Weinberglied in 5,1–7."[129] Dabei dienen Jes 5,25–30 und 10,1–4 strukturierend zur Gestaltung eines übergreifenden Zusammenhangs, der auch 10,5–15 umfasst.[130] „Am unkompliziertesten erklärt sich die vorliegende Struktur wohl durch die Annahme, daß eine Reihe von mündlich überlieferten Jesajasprüchen

[126] Høgenhaven, *Gott und Volk*, 79.
[127] Høgenhaven, *Gott und Volk*, 79f.
[128] Høgenhaven, *Die symbolischen Namen*, 234.
[129] Barthel, *Prophetenwort*, 46.
[130] Vgl. Barthel, *Prophetenwort*, 48.

und Spruchgruppen (5,1–7; 5,8–24a*+10,1f.; 5, . . . 25+9, 7–20+5, 26–29; 10,5–15*) im Zuge der schriftlichen Fixierung von vornherein um den bereits vorliegenden Grundbestand von Jes 6,1–9,6 herum angeordnet worden sind. Das Verfahren der Redaktion wäre demnach nicht als Einfügung der Denkschrift in einen gegebenen Zusammenhang, sondern als Rahmung der Denkschrift durch weitere Überlieferungskomplexe zu beschreiben."[131] Die gesamte redaktionelle Arbeit, die Barthel in die Zeit Manasses (696–642 v.Chr.) datiert,[132] umgreift den Grundbestand der Kapitel Jes 2–10. Diese um die Denkschrift geschaffene Komposition ist von den Redaktoren unter dem „Gesichtspunkt der Ankündigung des göttlichen Gerichts über Juda/Jerusalem (und hier vor allem die führenden Kreise), Israel und Assur zusammengefaßt"[133].

Innerhalb der Denkschrift zeigt sich ebenfalls ein konzentrischer Aufbau. So korrespondieren die Verse Jes 8,16–18 mit Jes 6,1f., nehmen aber gleichzeitig Rückbezug auf Jes 7,3; 8,3f.[134] „Jes 6 und 8,11–18 bilden demnach eine Art Rahmen um den großen Mittelteil in 7,1–8,10."[135] Über die Korrespondenz in Jes 6 und Jes 8,11–18 hinweg zeigen die beiden Kapitel formale Übereinstimmungen auf (Abfassung in *1.pers.sg.*), was dafür spricht, „daß wir zumindest in Jes 6+8 eine von Jesaja selbst verfaßte Schrift vor uns haben"[136]. Jes 7,1–17 hebt sich formal (Fremdbericht), inhaltlich (Unheilsansage gegen das Königshaus) und durch einen unterschiedlichen Adressatenkreis (davidische Dynastie) ab. Aufgrund der motivischen und strukturellen Parallelen zu Jes 8 jedoch kommt Barthel zu dem Schluss, „daß 7,1–17 in seiner jetzigen Gestalt integraler Bestandteil der Denkschrift ist"[137]. Jes 7,1–17 stellt demnach nichts anderes als eine „Weiterinterpretation des älteren Bestands der Denkschrift in Jes 6+8 dar, die sich an der Struktur von 8,1–4.5–8 orientiert hat"[138].

Den zeitlich letzten redaktionsgeschichtlichen Ansatz bietet der Jesaja-Kommentar des niederländischen Forschers Willem A.M. Beuken

[131] Barthel, *Prophetenwort*, 50.
[132] Vgl. Barthel, *Prophetenwort*, 64.
[133] Barthel, *Prophetenwort*, 54f.
[134] Vgl. Barthel, *Prophetenwort*, 58f.
[135] Barthel, *Prophetenwort*, 59.
[136] Barthel, *Prophetenwort*, 61.
[137] Barthel, *Prophetenwort*, 62.
[138] Barthel, *Prophetenwort*, 63.

(2003). Er benennt die Denkschrift zunächst neu, indem er sie nach dem in Jes 7,14 angekündigten Kind als Immanuelschrift bezeichnet. Diese setzt sich aus den zunächst voneinander unabhängigen Einzelelementen der beiden Ich-Erzählungen Jes 6,1–13 und Jes 8,1–18 und dem Er-Bericht Jes 7,1–25 zusammen. Die schriftliche Fixierung und Zusammenstellung erfolgte schließlich im Schülerkreis. Der den Abschluss der Denkschrift bildende Teil Jes 8,19–9,6 wurde in einem ersten redaktionellen Durchgang zusammen mit dem Weinberglied Jes 5,1–7 der Immanuelschrift beigefügt. Diese vorliegende Komposition wurde dann um die Wehesprüche Jes 5,8–24 und das Kehrversgedicht Jes 9,7–20 ergänzt. Der Abschluss der Weheworte in Jes 5,25–30 und die Weheworte Jes 10,1–4 wurden abschließend in diesen Zusammenhang eingefügt. Dadurch ergibt sich eine Ringstruktur, die auf die Immanuelschrift bezogen ist.[139] Mittelpunkt der Denkschrift ist nach Beuken demnach die Verkündigung des kommenden Herrschers, der in der Person des Immanuel die eigentliche Botschaft Jesajas ist. Mit ihm und der Erwartung seiner Herrschaft wird die Hoffnung auf eine gelingende Zukunft aufrechterhalten.

Kompositionsgeschichtliche Modelle

Neben diesen redaktionsgeschichtlich orientierten Modellen stehen die im Folgenden vorgestellten vier kompositionsgeschichtlichen Modelle: Die in zwei Beiträgen vorgelegte Darstellung von Erhard Blum (1996/7) *Jesajas prophetisches Testament* steht unter der These: „Der Grundbestand in Jes 1,21–11,5 geht auf eine Komposition zurück, die Jesaja selbst gegen Ende seiner Wirksamkeit und in Erwartung eines unmittelbar bevorstehenden und letzten Gerichts JHWHs für den Kreis seiner Anhänger zusammengestellt hat."[140] Den literarischen Kern dieser Sammlung bildet dabei die Denkschrift mit ihrem Grundbestand in Jes 7,1–8,18*, die als „einziger berichtend-erzählender Abschnitt [. . .] bereits formal herausgehoben"[141] ist. Diese ist von Anfang an kohärent konzipiert, indem die drei Abschnitte Jes 7,1–9*.10–17*; 8,1–8a parallel konstruiert sind: „Jeweils geht es

[139] Vgl. Beuken, *Jesaja 1–12*, 30f. Den Ausdruck ‚Immanuelschrift' verwendeten vor Beuken schon die Jerusalemer Bibel als Überschrift über die Denkschrift und Vermeylen, *Prophète I*, 187–249.

[140] Blum, *Testament I*, 550f.

[141] Blum, *Testament I*, 552.

um den Namen eines Kindes als prophetisches Zeichen eingebunden in die Ansage von Unheil für Aram und Nordisrael und Heil/ Unheil für Juda im Kontext des ‚syrisch-ephraimitischen Krieges', und dies [. . .] in einer Klimax von bedingtem Heil für die davidische Dynastie (7,3–9) über Gericht für das Königshaus (7,*10–17) zur ausdrücklichen Gerichtsansage für das Volk (8,1–8a)."[142] Den geschlossenen Charakter und damit die kompositorische Einheit dokumentieren die „resümierend-appellative Anrede"[143] der Adressaten (Jes 8,11–15) und die Abschlussnotiz in Jes 8,16–18. Der Wechsel in der Berichtsform ist allein aus dem angesprochenen Adressatenkreis heraus zu verstehen und hat literar- oder redaktionskritisch keinen Aussagegehalt. Vielmehr ist die ursprüngliche Denkschrift als ein „im Rückblick auf die syrisch-ephraimitische Krise formulierter Rechenschaftsbericht und Appell für und an einen Kreis von Jesaja-Schülern zu interpretieren"[144]. Der Visionsbericht in Jes 6 gehörte dieser Sammlung ursprünglich nicht an. Vielmehr wurde er in der Ausdeutung von Jes 29,9f. sekundär der Denkschrift vorangestellt und ist auf die Gesamtkomposition Jes 1–11* hin verfasst.[145] Diese Gesamtkomposition steht unter dem Ziel, verlorene Gerechtigkeit mittels göttlichen Gerichts zu rekonstituieren.[146] Die Denkschrift ist demnach der geschichtlicherzählende Kern, um den herum das prophetische Anliegen expliziert wird, dass göttliche Gerechtigkeit wieder hergestellt wird.

Ulrich Berges' (1998) *Das Buch Jesaja* zeigt zunächst auf, dass die Denkschrift dreifach gerahmt ist, was für ihre ursprüngliche Selbständigkeit spricht: „Die Tatsache, daß sich ein dreifacher Rahmen um diese Kapitel legt, bestätigt auch aus kompositorischen Überlegungen die These der ursprünglichen Eigenständigkeit des so gerahmten Texts."[147] Wie schon in der dreifachen Rahmung um die Denkschrift, so zeigt sich auch innerhalb des Textes eine mehrfache Rahmung eines Kerns. „Eine Strukturierung, die sowohl die Bezüge zwischen den Ich-Berichten von 6,1ff. und 8,1ff., als auch die Anordnung der drei ‚Zeichen' berücksichtigt, wird der Komposition am besten gerecht"[148]. So ergibt sich als Zentrum der Komposition

[142] Blum, *Testament I*, 553.
[143] Blum, *Testament I*, 553.
[144] Blum, *Testament I*, 555.
[145] Vgl. Blum, *Testament II*, 24.
[146] Vgl. Blum, *Testament II*, 26.
[147] Berges, *Jesaja*, 91.

der Immanuel-Abschnitt in Jes 7,10–17, um den die beiden Erzählungen Jes 7,1–9[149] und Jes 8,1–4 (die Berges als *Memoire* bezeichnet) über die beiden Kindern Jesajas gelegt sind. Diese bildeten ursprünglich einen durchgängigen Erzählzusammenhang.[150] Um diese beiden Erzählungen ist ein zweiter Rahmen gelegt, dessen Themen die Berufung des Propheten (Jes 6,1–11) und die Berufung seiner Schüler (Jes 8,11–18) sind. Die Schüler sind schließlich auch für die Abfassung der Denkschrift verantwortlich, die in diesem Grundbestand (Jes 6,1–11; 7,1–9; 8,1–4; 8,11–18) in die Zeit Manasses gehört.[151] „Die Denkschrift wäre demnach eine Erzählung gewesen, die dem jungen Manasse dazu dienen sollte, aus den politischen Fehlern seines Großvaters Ahas zu lernen, eine Lektion, die dieser beherzigte, ganz im Gegensatz zu dessen in der Tradition so hochgelobten Sohn Hiskija!“[152] Erst nachexilisch wurden die Zeichenablehnung Jes 7,10–14a.17a,[153] die Immanuelweissagung Jes 7,14b.16a.bα, die *Rest-Schicht* Jes 7,18–25 und die beiden Anschlussdichtungen Jes 8,19–23aα und Jes 9,1–6 ein- bzw. angefügt.[154]

Während die kompositionsgeschichtlichen Entwürfe von Blum und Berges ihren Schwerpunkt auf die Gründe für die Zusammenstellung der Texte legen, nicht aber von einer von Anfang an geschlossenen Komposition ausgehen, interpretiert der Entwurf von Kirsten Nielsen (1986) in dem Aufsatz *Is 6:1–8:18* as Dramatic Writing* die Grundschicht der Denkschrift als von Anfang an kohärente Schrift, die von einem Verfasser stammt. Dabei nimmt sie direkten Bezug auf den Beitrag *Bemerkungen zu Jesaja 6* von Odil Hannes Steck (1972), auf dessen Grundaussagen hier zunächst zurückgegriffen wird.

Nach Steck bietet die Grundschicht der Denkschrift (Jes 6,1–11; 7,1–9.10–17: 8,1–8a.11–15.16–18) drei parallele, sich steigernde

[148] Berges, *Jesaja*, 93.

[149] Für Jes 7,3 nimmt Berges, *Jesaja*, 110, eine Textkorrektur durch die historisierende Bearbeitung an, die zu der Form des Fremdberichts geführt hat.

[150] Vgl. Berges, *Jesaja*, 107.

[151] Vgl. die schematische Darstellung Berges, *Jesaja*, 548.

[152] Berges, *Jesaja*, 93.

[153] Vgl. Berges, *Jesaja*, 113: Mit der Erweiterung wurde dann die Ahas-Hiskija-Typologie, die auf den Hiskija-Legenden basiert, ausgebildet.

[154] Vgl. Berges, *Jesaja*, 111–123.

Redegänge[155] und endet „mit einer Mahnung an die Anhänger Jesajas einzusehen, daß nicht die syrisch-ephraimitische Koalition, sondern Jahwe selbst allein Verschwörer, Furcht und Schrecken ist, weil Israel, Juda und Jerusalem an ihm und niemand anderes zu Fall kommen (8,11–15), und mit einer Schlußnotiz (8,16–18), der zufolge Jesaja seine Niederschrift in Gegenwart seiner Jünger abschließt"[156]. Die Erfüllung seiner Botschaft und damit die Vollstreckung des Gerichts liegt hingegen außerhalb der ursprünglichen Denkschrift. Die Intention der Denkschrift ist nach Steck, den Inhalt des Verstockungsauftrags an der Geschichte zu explizieren: „Die Frage, wo und wie Jesaja den Verstockungsauftrag 6,9f. erfüllt habe, wird von Jesaja gemäß dem nächstgewiesenen Interpretationsrahmen in der von ihm selbst geschaffenen Denkschrift also dergestalt beantwortet, daß nicht auf eine Szene öffentlichen Aussprechens oder gar provokativen Verkündigens von 6,9 verwiesen wird, sondern so, daß die im syrisch-ephraimitischen Krieg zu König und Volk gesprochenen Jahweworte Jesajas in der Einheit von Inhalt und faktischer Wirkung als Erfüllung dieses Auftrags gezeigt werden."[157] Zeitlich ordnet Steck die Abfassung der Denkschrift in das Jahr 733 v.Chr., womit die Beauftragung des Propheten im Todesjahr Ussias erst mit der Abfassung der Texte über den syrisch-ephraimitischen Krieg verschriftlicht wurden. Die Denkschrift zeigt also Jesajas Verständnis, wie er den Auftrag Jahwes verstanden und erlebt hat.

Nielsen weicht von Stecks vorgeschlagener Dreiteilung der Denkschrift ab und zeigt, dass diese aus fünf Teilen aufgebaut ist: „[. . .] an introduction, three parallel middle sections, and a conclusion"[158]. Die Einleitung und den Abschluss bilden die beiden Teile Jes 6,1–11 und 8,11–18, die beide eine Vision schildern. Inhalt der Vision ist die Frage, wie sich Jesaja gegenüber der syrisch-ephraimitischen Koalition verhalten soll.[159] Verbindendes Element der beiden Texte ist das Spiel mit der Wurzel קדשׁ.

Im Mittelteil der dramatischen Beschreibung (‚*dramatic writing*') steht die Darstellung eines Konflikts des Propheten mit König und Volk, wie es in drei Gängen expliziert wird. Ziel des Konflikts ist das

---

[155] Vgl. Steck, *Bemerkungen*, 199.
[156] Steck, *Bemerkungen*, 201.
[157] Steck, *Bemerkungen*, 202f.
[158] Nielsen, *Dramatic Writing*, 1.
[159] Vgl. Nielsen, *Dramatic Writing*, 3.

Verhärten der Herzen, zu dem Jesaja in Jes 6,9f. aufgefordert wird. Dieses ist kein passiver, sondern ein aktiver Vorgang.[160] Dieser Konflikt wird letztlich nicht gelöst: „We must accordingly conclude that the conflict is not resolved in the conclusion of the ‚Denkschrift'; on the contrary, the ‚drama' ends by emphasizing the conflict."[161] Mit dem Ausbleiben der Lösung aber ist der Auftrag Jesajas erfolgreich abgeschlossen, da dieser von Anfang an auf Unverständnis hin angelegt ist. Dieses aber findet auf der literarischen Ebene statt, denn die Intention des Propheten war eine andere: „However, in my opinion, it is characteristic of Isaiah's preaching that he repeatedly attempts to influence his audience to choose Yahweh."[162] So kommt Nielsen zu folgender Schlussfolgerung über den Sinn des Verstockungsauftrags innerhalb der Denkschrift: „We therefore conclude that the connexion between proclamation and hardening in Isaiah's ‚Denkschrift' resides in the fact that the nature of the proclamation is such that its rejection can only be explained by hardening of the heart."[163]

1.4.3 *Kritik an der Denkschrifthypothese*

Mehrere Beiträge der alttestamentlichen Forschung sprechen sich gegen die Existenz einer literarisch eigenständigen Größe aus, die nach Budde als Denkschrift bezeichnet werden kann. Henning Graf Reventlow (1987) wendet sich in einem Kurzreferat auf dem Kongress der Internationalen Gesellschaft für das Studium des Alten Testaments in Jerusalem 1986[164] in einer ersten Kritik an der Denkschrift gegen den Ausdruck Denkschrift, wie ihn Budde geprägt hat. Dieser Begriff impliziere die Abfassung von Jes 6,1–9,6 als Werk des Propheten für seinen Schülerkreis. Budde bildete den Begriff Denkschrift also nach Jes 8,16 aus. „Methodisch wird hier der Fehler gemacht, entgegen der bereits von Gunkel gewonnen Erkenntnis, daß Prophetenworte gewöhnlich kurz sind und aus sich heraus verstanden werden müssen, von vornherein einen kapitelübergreifenden Gesamtzusammenhang als Deutungsprinzip einzuführen."[165] Reventlow reduziert damit den

[160] Vgl. Nielsen, *Dramatic Writing*, 7.
[161] Nielsen, *Dramatic Writing*, 7.
[162] Nielsen, *Dramatic Writing*, 11.
[163] Nielsen, *Dramatic Writing*, 13.
[164] Reventlow, *Denkschrift*.
[165] Reventlow, *Denkschrift*, 66.

Begriff ‚Denkschrift' auf seinen Gehalt als testamentarische Überlieferung des Propheten an seine Schüler. Selber erkennt er, „daß 6,1–9,6 vermutlich einmal eine redaktionelle Einheit gebildet haben"[166]. Damit bildet Jes 6,1–9,6 auch in seiner Perspektive einen Textcorpus, der als eigenständige Größe innerhalb des Jesajabuches zu verstehen ist. Zwar ist Reventlow hinsichtlich seiner Kritik an dem Begriff ‚Denkschrift' Recht zu geben, doch wird der Begriff in dieser Studie aus einem pragmatischen Grund beibehalten: Innerhalb der alttestamentlichen Wissenschaft wird er synonym für den redaktionellen Zusammenhang von Jes 6,1–9,6 verwendet und nicht mehr als Bezeichnung einer Botschaft, die Jesaja seinen Schülern hinterlassen hat. In seinem Aufsatz *The Isaianic Denkschrift: Reconsidering an Old Hypothesis* weitet Stuart A. Irvine (1992) die von Reventlow geübte Kritik aus und zeigt, dass die redaktionsgeschichtlichen Forschungsergebnisse der vergangenen Jahrzehnte fraglich sind. Zunächst hinterfragt er die These, die Denkschrift sei von dem ursprünglich zusammengehörigen Kehrversgedicht gerahmt. Dabei nimmt er die von Kaiser geäußerte Ansicht auf, Jes 5,26–29 gehöre ursprünglich zwischen Jes 9,7–20 und Jes 10,1–4, und zeigt, dass, fügt man die entsprechenden Verse wieder in ihren ursprünglichen Zusammenhang ein, es keinen kohärenten Text ergibt. Auch die in der Forschung mehrfach vorgetragene Auffassung, bei Jes 5,25–29; 9,7–20 (resp. -10,4) handle es sich um ein Gedicht, das durch den Kehrvers verbunden ist, lehnt er mit dem Argument ab, er würde in 5,25–29 nur ein einziges Mal auftreten, so dass man nicht von einem Kehrvers sprechen kann.[167] Vielmehr sieht er aufgrund der sprachlichen Zusammengehörigkeit von Jes 5,25a und Jes 5,25b Jes 5,25–29(30) als Abschluss der Rede, die in Jes 5,1 bzw. Jes 5,8 beginnt. Auch die zweite redaktionsgeschichtliche These, die von einer ursprünglichen Zusammengehörigkeit der Weheworte in Jes 5,8–24; 10,1–4 ausgeht, negiert er mit der Annahme, Jes 10,1–4 wäre auf das Kehrversgedicht Jes 9,7–20 hin verfasst und würde keine Kritik an den Zuständen in Jerusalem üben: „If so, 10,1–4 would smoothly follow the des-

---

[166] Reventlow, *Denkschrift*, 66.

[167] Vgl. Irvine, Denkschrift, 220f. Gegen diese Position spricht sich Anderson, ‚*God with Us*', 237f., aus, der zeigt, dass es in Jes 5,1–7.8–30; 9,7–10,33 ein sichtbares Kompositionsmuster gibt, das auf den endgültigen Untergang Judas zuläuft. Getrennt wird dieser Block durch die sekundär als bereits bestehende Größe eingefügte Denkschrift.

cription of the northern territories, Manasseh and Ephraim, ‚against Judah' in 9,20. The unit, too, would fit into the larger context of a speech that accuses and threatens the Northern Kingdom, and would also articulate the Southern perspective that one would expect from Isaiah."[168] Gestützt sieht er seine These durch eine Beobachtung an Am 4,6–12. Er nimmt die von Wildberger geäußerte Beobachtung auf, Am 4,6–12 sei parallel zu Jes 9,7–10,4, auch wenn die Katastrophe in anderen Bildern geschildert wird. Entscheidend sei aber die Beobachtung, Jes 10,1–4 schildere wie Am 4,12 ein zukünftiges Geschehen, auf das die Gedichte ursprünglich angelegt sind. Dabei ist jedoch sowohl Wildberger als auch Irvine hinsichtlich der ursprünglichen Zusammengehörigkeit von Am 4,6–11.12 zu widersprechen. Am 4,12 ist eher als sekundärer Zusatz zu Am 4,6–11 zu werten (dazu vgl. *Exkurs 1: Jes 9,7–20 d. Die Geschichte Israels als Warnung für Juda*, 182–190). Damit aber ist auch der ursprüngliche Zusammenhang von Jes 9,7–20 und Jes 10,1–4 fraglich. – Im zweiten Teil seines Beitrags beschäftigt sich Irvine mit der Kohärenz der Denkschrift. Dabei beschreibt er die Denkschrift nicht als redaktionelle Größe, sondern „as the autobiographical testimony of Isaiah"[169], wie es zwar der These Buddes entspricht, jedoch nicht seinem zeitaktuellen Forschungsstand. Gegen die Kohärenz der Denkschrift sprechen verschiedene Beobachtungen: der Wechsel vom Ich- zum Fremdbericht und wieder zurück zum Ich-Bericht (Jes 6; 7; 8); Jes 7,18–25; 8,21–9,6 sind keine autobiographischen Abschnitte; Heils- und Unheilsworte stehen unausgeglichen nebeneinander (Gegenüber von Verstockung und Heil für die davidische Dynastie); es werden zwei unterschiedliche Gruppen in den Texten angesprochen (Haus Davids und העם הזה). Aufgrund der genannten Beobachtungen fordert Irvine schließlich: „The Denkschrift hypothesis must be radically rethought, or dropped altogether."[170]

Auf der Linie Irvines liegt die Untersuchung von Hugh G.M. Williamson, *Variations on the Theme. King, Messiah und Servant in the Book of Isaiah* (1998). Auch Williamson spricht sich gegen die von Budde geäußerte These aus, die Denkschrift sei ein vom Propheten hinter-

[168] Irvine, *Denkschrift*, 222.
[169] Irvine, *Denkschrift*, 222.
[170] Irvine, *Denkschrift*, 231.

lassener Bericht (Isaiah Memoir[171]). Er kritisiert Budde vor allem in drei Punkten, mit denen die von Budde geäußerte Hypothese begründet ist: a. Der Wechsel vom Ich-Bericht in Jes 6 zum Er-Bericht in Jes 7 und zurück zum Ich-Bericht in Jes 8 lässt sich nicht durch Textemendationen in Jes 7 überbrücken. Vielmehr sieht er folgende Notwendigkeit gegeben: „Not only is there no proper textual evidence whatsoever in favour of the change, but more positively there is good reason to resist it. If the text has correctly preserved the first person in chapters 6 and 8 there would have been every incentive for scribes to preserve it also in chapter 7, had it ever been present. It is not, therefore, a case of scribes assimilating a passage to what they might have expected, but rather of their resisting precisely that temptation. From a textual point of view this is a standard case where one should prefer the more difficult reading, which in this context is clearly the third person form."[172] Aus dieser Annahme zieht der die Konsequenz, die Kapitel 6 und 8 dem historischen Propheten, Jes 7 jedoch einem späteren Bearbeiter zuzuweisen.[173] b. Williamson weist weiter Buddes Beobachtung zurück, die Denkschrift sei ein ursprünglich eigenständig existierendes Buch, das als Textblock in einen größeren Zusammenhang eingefügt wurde. Die Tatsache, dass das Ende von Jes 5 ursprünglich mit Jes 9,7–10,4 verbunden war, ist für Williamson kein Argument anzunehmen, Jes 6–8 sei als Textblock eingefügt worden.[174] c. Als drittes, zu diskutierendes Argument führt Williamson die Stellung von Jes 6 an. „Budde assumed that this was a description of Isaiah's initial call, and that it therefore must originally have stood at the beginning of this account, rather like the call-visions of Jeremiah and Ezekiel at the beginning of their books."[175] Die Gattung von Jes 6 spreche jedoch gegen diese Annahme, so Williamson weiter. Es handle sich nicht um eine Berufung, sondern um eine Beauftragung, was die formale Übereinstimmung mit 1Kön 22 und der dort geschilderten Vision des Micha ben Jimla zeige: „The significant point for our present purposes, therefore, is to observe that this was clearly not Micaiah's

[171] Vgl. Williamsonon, *Variations*, 80.86 u.ö.
[172] Williamson, *Variations*, 80.
[173] Vgl. Williamson, *Variations*, 80.
[174] Vgl. Williamson, *Variations*, 83.
[175] Williamson, *Variations*, 83.

initial call, but that it is an account of his presence in the divine court during the course of his ministry [. . .] in order to receive a commission for some particular task. If there is validity to the argument from analogy then we may suggest that the same is true of Isaiah 6. That does not, of course, mean that the book of Isaiah has been arranged on strictly chronological grounds [. . .], but it does mean that we cannot argue from chapter 6 in support of the view that chapters 6–8 must once have formed an independent book."[176]

Den aktuellen Zusammenhang von Jes 6–8 sieht Williamson erst redaktionell geschaffen. Er führt an, dass Jes 7,1 in auffälliger Weise mit 2Kön 16,5 identisch ist und dass Jes 36–39 par. 2Kön 18–20 Jes 7 sehr ähnlich sind, auch wenn sich doch markante Unterschiede zeigen.[177] Er zieht daraus folgende Konsequenz: „Originally composed by these Isaianic circles in a shape about which we can only speculate, it was used as a source along with the many others at his disposal by the author of Kings. It was then further reused at a later date by an editor of the book of Isaiah. The thematic and stylistic similarities we have noted between this material and Isaiah 7 lead us to conclude that this latter chapter too was composed as part of the same work sometimes between the lifetime of Isaiah and the composition of the book of Kings."[178] Die Komposition von Jes 6–8

[176] Williamson, *Variations*, 85f.

[177] Als identische Elemente nennt Williamson, *Variations*, 88, die militärische Bedrohung Jerusalems durch ein feindliches Heer, die entstehende Panik, das ‚Fürchte-dich-nicht'-Orakel des Propheten, das Bestätigungszeichen und die Errettung der Stadt. Unterschiedlich ist jedoch, dass Ahas an der Botschaft des Propheten zweifelt, Hesekia ihr vertraut. „On the basis of these, and other such comparisons, we may agree with those who have concluded that there is a concious attempt to contrast the responses of the two kings, one negative and the other positive" (88).

[178] Williamson, *Variations*, 90. Die These Williamson' bleibt letztgültig jedoch nur eine Vermutung. Die Möglichkeit, Jes 7 könne als Vorlage für Jes 36–39 gedient haben und Jes 36–39 könne sekundär nach Jes 7 geschaffen sein, lässt er außen vor. Dabei gibt es für diese Annahme einige Hinweise, die in der Diskussion nicht übersehen werden dürfen: a. Jes 7,1 stimmt nicht mit der folgenden Erzählung überein, wurde also sekundär ergänzt (vgl. *2.4.2 Innere Kohärenz*, 69f.). Im Zusammenhang mit dem Deuteronomistischen Geschichtswerk muss es also zu einer Erweiterung von Jes 7 gekommen sein. b. Jes 36–39 stellt den wesentlich ausführlicheren Text dar. Die Erzählung in Jes 36–39 verfügt über einen Endpunkt. Das Schicksal des Königs und der Stadt werden dem Leser explizit vermittelt. Dieses fehlt in Jes 7. Welches Ende die Erzählung nimmt, bleibt offen; das Ergebnis kann der Leser nur aus seinem historischen Wissen oder aus parallelen Erzählungen hinzufügen. Dieses spricht m.E. für eine frühere Entstehung der Erzählung. Es scheint eher so, als würde der Verfasser von Jes 36–39 bewusst die in Jes 7 fehlenden Elemente ergänzen,

sieht Williamson an Am 7f. und Hos 1–3 angelehnt. Aus Am 7f. entstammt die Wendung von der prophetischen Warnung zur Botschaft des endgültigen und nicht mehr revidierbaren Gerichts: „The most probable explanation for the inclusion here of this story [Am 7,10–17 Anm.d.Verf.], in my view, is to demonstrate that it is the rejection of the prophetic warning which is the final straw that will lead to the inevitability of final judgment, as announced by the fourth vision which now follows.“[179] Diese Abfolge wurde in Jes 6–8 angenommen. Aus Hos 1–3 stammt der Wechsel vom Ich- zum Er-Bericht und wieder zurück zum Ich-Bericht.[180]

Als verbindendes Element in Jes 6 und Jes 8 sieht Williamson schließlich die Formulierung העם הזה, die in Jes 7 fehlt: „This phrase, which does not feature at all in chapter 7, comes three times in chapter 8 – in verses 5, 11 and 12 – so that we may naturally assume that Isaiah wrote that chapter in part to indicate how, despite the promise contained in the name Maher-shalal-hash-baz at the start of the chapter, 'this people' sealed their own fate because they preferred political intrigue to the way of Got as indicated by the prophet; they heard, but did not understand.“[181] Diese auf das Gericht zulaufende Situation sieht Williamson in späterer Zeit durch die

damit die Erzählung für spätere Leser verständlich bleibt. c. Die Stellung innerhalb des Buches der beiden Geschichten spricht für eine spätere Ergänzung von Jes 36–39. Wie Williamson, *Variations*, 86, selber feststellt, ist das Buch Jesaja nicht strikt chronologisch geordnet. Vielmehr scheint es aus verschiedenen geschlossenen Kompositionen zusammengesetzt zu sein (Jes 1–12; 13–23; 24–27; 28–32; 33; 34; 35; 36–39). Es wäre kompositionell zu erklären, warum Jes 7 in Jes 1–12 eingefügt wurde, während Jes 36–39 an die anderen Kompositionen angehängt wurde. Wenn der Ursprung der Ahas-Hiskia-Typologie ihren Ursprung in der positiven Wertung Hiskias hat und Ahas nur als Negativfolie verwendet werden soll, dann ist fraglich, warum die Redaktoren diese beiden Geschichten nicht miteinander verbunden haben, damit es für den Leser deutlich sichtbar wird, was sie mit der Gegenüberstellung intendieren. Die jetzige Stellung lässt sich eher dadurch erklären, dass Jes 7 die zeitlich früher entstandene Erzählung ist, die im Zusammenhang mit dem syrisch-ephraimitischen Krieg überliefert wurde. Jes 36–39 wurde anhand dieser Erzählung geschaffen, um durch das Gegenüber von Ahas und Hiskia die besondere Haltung Hiskias und aus ihr ableitbar der Grund für die wundersame Errettung Jerusalems hervorzuheben.

[179] Williamson, *Variations*, 96f.

[180] Vgl. Williamson, *Variations*, 97. Die Tatsache an sich, dass Jes 6–8 und Hos 1–3 formal übereinstimmen, sagt allerdings noch nichts über den redaktionellen Prozess aus. Es bleibt unklar, warum Williamson der Hosea-Redaktion den zeitlichen Vorrang gegenüber der Jesaja-Redaktion gibt.

[181] Williamson, *Variations*, 98f.

Einfügung von Jes 7 ausgeschmückt. Allerdings hat sich der Fokus des Textes verschoben: Steht in Jes 6 und Jes 8 das Volk im Mittelpunkt, ist es in Jes 7 der König. So folgert Williamson abschließend: „Thus we may conclude that by his placing of Isaiah 7 where it now is our editor has used a much wider concern which developed later on in Isaiah's ministry – and for some considerable time thereafter – in order to add a further dimension to the interpretation of the difficult hardening saying of Isaiah."[182]

Hanna Liss (2003) kommt in ihrer kommunikationstheoretischen Analyse des Jesajabuches[183] zu dem Ergebnis, dass Jes 6 nicht auf die Kapitel 7 und 8 bezogen ist. „Wahrscheinlicher ist daher, dass der Berufungsbericht den gesamten Zeitraum des prophetischen Wirkens Yesha'yahus unter die Struktur der kommunikativen Nicht-Entsprechung und Ablehnung durch seine Zeitgenossen stellen will. Die Aufhebung des Nicht-Verstehen-Könnens (עד מתי–Jes 6,11) als Markierung der Ereignisse um 701 stellt gleichzeitig das Ende von Yesha'yahus prophetischer ‚Dienstzeit' dar."[184] Während sie als ursprünglichen Text aus der Zeit des syrisch-ephraimitischen Krieges den Grundbestand von Jes 8* annimmt, erkennt sie in Jes 7,1–17 „eine interpretative Weiterführung des Motives der kommunikativen Nicht-Entsprechung [. . .], die beide Teilnehmer dieses Diskurses in den Blick nimmt"[185]. Damit wird die Struktur der kommunikativen Nicht-Entsprechung auf den außenpolitischen Kontext hin pointiert. Zeitlich ordnet sie Jes 7,1–17 der Zeit Josias zu, Jes 6 stammt aus der Zeit kurz nach 701 v.Chr. und Jes 8* aus den 30er Jahren des 8.Jh.s v.Chr.[186]

1.5 Überleitung

Die alttestamentliche Forschung an der jesajanischen Denkschrift zeigt – was gerade an der zuletzt dargestellten Kritik an der Denkschrifthypothese sichtbar wird – einen weitestgehenden Konsens, dass eine

[182] Williamson, *Variations*, 100.
[183] Liss, *Unerhörte Prophetie*. Eine kürzere Fassung ihrer Darstellung der nicht gelingenden Kommunikation in Jes 6 bietet der Beitrag Liss, *Undisclosed Speech*. Da diese Darstellung in ihrer breiteren Abhandlung beinhaltet ist, wird im Folgenden auf diese Bezug genommen.
[184] Liss, *Unerhörte Prophetie*, 67.
[185] Liss, *Unerhörte Prophetie*, 68.
[186] Vgl. Liss, *Unerhörte Prophetie*, 71.92.

Denkschrift als zusammenhängende literarische Größe innerhalb des Jesajabuches existiert. Umfang der Denkschrift, ihr Verhältnis zu den sie umgebenden Texten und ihre Abfassungszeit sind jedoch umstritten. Eine bewusste Komposition verschiedener Texte zur Denkschrift scheint wahrscheinlich. Verschiedene Erklärungsmodelle dafür wurden im Forschungsbericht dargestellt. Dabei zeigen vor allem die Modelle von Blum und Berges, dass eine kompositorische Gestaltung und redaktionelle Bearbeitung sich nicht widersprechen, sondern einander bedingen. Während die ersten Untersuchungen, die redaktionelle Erweiterungen aufzeigen (Fohrer, Kaiser[187] und Wildberger), die Erweiterungen noch als späteres Zeugnis nachfolgender Generationen verstanden, die gegenüber der originären Botschaft des Propheten geringere Bedeutung für das Verständnis des Textes haben, zeigen gerade die neueren Studien (vgl. die unter *1.4.2 Die neuere Forschung*, 33–39, dargestellten Entwürfe), dass mit der redaktionellen Gestaltung eine entscheidende (Re)Interpretation der Botschaft stattgefunden hat. Der Zeitpunkt der abschließenden redaktionellen Gestalt und die Intention dieser Komposition sind daher für eine Beurteilung der Denkschrifthypothese und des Textgehaltes entscheidend.

Der Forschungsüberblick über die Gottesherrschaft zeigt, dass auch in der Entwicklung des Gedankens der Herrschaft Jahwes verschiedene Phasen zu erkennen sind. Erst mit den historischen Ereignissen und den sich verändernden politischen und sozialen Gegebenheiten prägte sich das umfassende Bild der Gottesherrschaft im alttestamentlichen Schrifttum aus. Eine Analyse der Denkschrift, die als redaktionelle Größe über mehrere Jahrhunderte gewachsen ist, bietet so die Möglichkeit, an einem zentralen Textbereich die Entwicklung der Vorstellung von Jahwes Herrschaft nachzuvollziehen.

Dazu wird im Folgenden zunächst der Text der Denkschrift analysiert. Nach der Übersetzung des Textes werden anhand einer ausführlichen Gliederung die Makro- und Mikrostrukturen des Textes gezeigt. Diese Gliederung dient bei der Beschreibung des Textes dann zwei Analyseschritten: Zum einen wird die literarkritische Untersuchung von ihr abgeleitet, zum anderen werden die Querbezüge innerhalb des Textes sichtbar. Beide Schritte werden an die Gliederung anschließend ausgeführt.

---

[187] In seiner ersten Kommentierung des Jesajabuches 1960.

Die literarkritische Untersuchung führt schließlich zu einer Trennung von Grund- und Erweiterungsschichten. Die Grundschichten, die die Basis der Denkschrift bilden, werden auf das in ihnen gezeichnete Bild der Gottesherrschaft hin ausgelegt. Die Interpretation der Grundschichten führt schließlich zu einer zeitlichen Einordnung, die wiederum eine erste Komposition der Denkschrift zeigen wird. Mit der Verhältnisbestimmung der Texte wird deutlich, welche theologiegeschichtliche Entwicklung die Vorstellung des Propheten genommen hat. Einen besonderen Stellenwert erhalten dabei die in der alttestamentlichen Forschung diskutierten Probleme der Abgrenzung der Denkschrift, der Authentizität und der Komposition. Im Anschluss an die Interpretation der Texte wird das Bild von Jahwes Herrschaft, das in ihnen enthalten ist, dargestellt.

Mit der Analyse der Erweiterungsschichten wird die Untersuchung der Denkschrift abgeschlossen. Diese werden thematisch nach den in *2.4.2 Querbezüge*, 83–86, gezeigten thematischen Übereinstimmungen zusammengefasst. Durch diese thematische Zusammenfassung werden die Intentionen, die die einzelnen Redaktoren hatten, sichtbar. Wie sich zeigen wird, werden mit den einzelnen Redaktionen elementare theologische Motive in den Text eingetragen. Diese lassen sich nicht einzelnen historischen Situationen zuweisen, sondern treten zu verschiedenen Zeiten auf und werden anschließend mehrfach aufgenommen. Dabei kommt es sowohl zu Ausweitungen, als auch zu Relativierungen einzelner Motive.

Mit der Entwicklung der Denkschrift wurden so verschiedene Motive der Gottesherrschaft in den Text eingetragen. Das Gegenüber von Jahwe und Volk zieht sich durch den gesamten Text, doch wird das Verhältnis unterschiedlich beschrieben. Das abschließende Bild der Gottesherrschaft in der Denkschrift ist daher von der theologiegeschichtlichen Entwicklung geprägt. Erst aus dieser Entwicklung heraus ist verständlich, welche göttlichen Zusagen und Drohungen und welche menschlichen Hoffnungen und Befürchtungen mit der Anerkennung Jahwes als Gott, Herr und König über Juda verbunden sind.

KAPITEL 2

DER TEXT[1]

2.1 Übersetzung des Textes

6 **1**Im Todesjahr des Königs Usia sah ich den Herrn[2] sitzen auf dem
hohen und erhabenen Thron und der Saum seines Mantels[3] füllte
den Tempel aus. **2**Seraphen standen über ihm auf. Sechs Flügel,
sechs Flügel hatte ein jeder. Mit zweien bedeckte er sein Gesicht
und mit zweien bedeckte er seine Füße und mit zweien flog er. **3**Und
einer rief[4] zum anderen: Heilig, heilig, heilig ist Jahwe Zebaoth. Voll

[1] In den folgenden Fußnoten werden textkritische Probleme nur dann besprochen, wenn sie zur Rekonstruktion eines möglichst ursprünglichen Textes dienen. Viele Textvarianten sind offensichtlich sekundär. Zwar lassen sich aus ihnen interessante Aspekte der Wirkungsgeschichte erheben, doch bleiben sie außen vor, da es Ziel dieser Untersuchung ist, die Entwicklungsgeschichte des ursprünglichen hebräischen Textes bis hin zum heutigen Umfang aufzuzeigen.

[2] Wildberger, *Jesaja I*, 231f., vermerkt zu אדני, dass *Mss* an dieser Stelle das Tetragramm lesen, was er für ursprünglicher hält, da sich an manchen Stellen im Jesajabuch die Ersetzung des Tetragramms durch אדני zu beobachten ist (Wildberger, *Jesaja I*, 232). Gegen seine These lässt sich allerdings einwenden, dass אדני an dieser Stelle die *lectio difficilior* ist, da die Verwendung des Tetragramms eine Synchronisierung mit Jes 6,3 darstellen würde. Zudem bieten die wichtigsten Textzeugen (Codize Leningradensis und Aleppo, sowie 1QJes[a] und die LXX) die Lesart אדני. Auch in Jes 6,8 wird אדני in denselben *Mss* durch das Tetragramm ersetzt. Die angeführten Argumente und die aus ihnen resultierende textkritische Entscheidung gelten auch für diese Variante.

[3] Anstelle von שוליו liest die LXX an dieser Stelle τῆς δόξης αὐτοῦ. Wildberger, *Jesaja I*, 232, merkt zu dieser Stelle zu recht an: „Zweifellos hat sie [die LXX Anm.d.Verf.] keinen andern hebräischen Text vor sich gehabt, ihre ‚Übersetzung' ist dogmatische Korrektur des ihr unerträglichen Anthropomorphismus."

Eine interessante Übersetzungsalternative für שוליו hat Eslinger, *Isaiah vi 1–5*, vorgeschlagen. Er versteht unter שול das Geschlechtsteil Jahwes und leitet dieses von der Verwendung des Wortes in Jes 47,2; Jer 13,22.26 und Nah 3,5 ab. Das Füllen des Raumes mit Rauch und das Selbstbedecken der Seraphen sieht er als symbolischen Vorgang des Verbergens der „holy nakedness" (164). Schwierig erscheint nur, dass auf der Motivebene nicht die Nacktheit, sondern die Ungeschütztheit der Seraphen vor der Heiligkeit Jahwes ausgedrückt werden soll. Zudem überragt das majestätische Bild Jahwes die gesamte Vision: היכל, כסא, מלך und, wie sich im Folgenden unter *3.1.2 Das Gottesepitheton צבאות*, 95–99, zeigen wird, auch die Bezeichnung צבאות weisen deutlich auf die Vorstellung eines majestätisch thronenden Gottes hin. Das Bild des Mantelsaums, der die Füße und Knöchel des Thronenden umschließz und den Tempelraum füllt, ist in diesem Kontext verständlicher. Zudem

ist das ganze Land mit seiner Herrlichkeit.[5] **4**Und die Türschwellen[6] wankten durch die Stimme des Rufenden und das Haus war voll von Rauch.

5Und ich sprach: Wehe mir, denn ich werde vernichtet[7], denn ein Mann unreiner Lippen bin ich und inmitten eines Volkes unreiner Lippen lebe ich[8], denn den König Jahwe Zebaoth sehen meine Augen. **6**Und zu mir flog einer der Seraphen. Seine Hand nahm einen

---

spricht gegen Eslinger, dass es altorientalisch kein Vergleichsmaterial gibt, das die Vision einer unbekleideten Gottheit beschreibt oder darstellt.

4 1QJes[a] liest an dieser Stelle den Plural קראים. Die Version rechnet wohl mit einer Mehrzahl an Seraphen, was mit der Darstellung des himmlischen Hofstaates in 1Kön 22,19–22 übereinstimmt. Die Verwendung des Plurals lässt sich also als Verbesserung des MT verstehen.

5 Während die LXX mit πλήρης πᾶσα ἡ γῆ τῆς δόξης αὐτοῦ ein Adjektiv und damit den Verbalsatz מלאה כל־הארץ כבודו übersetzt, bietet der MT den Nominalsatz מלא כל־הארץ כבודו (vgl. Hartenstein, *Unzugänglichkeit Gottes*, 78: „Formal handelt es sich dabei um einen identifizierenden Nominalsatz, der im biblischen Hebräisch dadurch gekennzeichnet ist, daß zwei determinierte Nominalgruppen unverbunden nebeneinanderstehen"). In der BHK wird im Sinne der LXX die Veränderung des Konsonatentextes hin zur Version von 1QJes[a] vorgeschlagen. Dieses ist für ein Verständnis des Satzes im Sinne der LXX nicht zwingend notwendig. Wie Gesenius / Kautzsch / Bergsträsser, *Hebräische Grammatik*, §141*l*, 475f., ausführen, ist zwar die Wortstellung im Nominalsatz Subjekt – Prädikat zu erwarten, doch gilt dieses nur, wenn der Hauptausdruck auf den Gegenstand der Beschreibung fällt. „Sehr häufig findet sich jedoch auch ([...]) die umgekehrte Folge: Prädikat – Subjekt. Letzteres *muss* eintreten, wenn auf dem Prädikat ein besonderer Nachdruck liegt, [...]" (dazu Angabe der Stelle Jes 6,3). מלא כל־הארץ ist demnach als Prädikat des Satzes zu verstehen. מלא ist als *nomen regens* mit dem Genitiv כל־הארץ verbunden und dient in dieser Stellung zur „Umschreibung eines Eigenschaftsbegriffs" (Gesenius / Kautzsch / Bergsträsser, *Hebräische Grammatik*, §128*r*, 436f.). So kommt Gesenius / Donner, *Handwörterbuch[18]*, 678, zu der wörtlichen Übersetzung: „was die ganze Welt füllt, ist seine Herrlichkeit". Die Verwendung von מלא als *nomen regens* stimmt mit der Übersetzung der LXX πλήρης (Adjektiv) überein, so dass die Annahme, die Lesart aus 1QJes[a] habe dem LXX-Übersetzer zu Grunde gelegen, für die Erklärung der LXX-Übersetzung nicht notwendig ist.

6 Die Bedeutung von אמות ist unklar. Entweder beschreibt es die Türangelzapfen oder die Türschwellen. Hartenstein, *Unzugänglichkeit Gottes*, 124f., zeigt Vergleichstexte, die von bebenden Türschwellen bei der Theophanie berichten. Daher liegt es nahe, auch hier die Bedeutung ‚Türschwellen' anzunehmen.

7 נדמיתי wird schon in antiken Übersetzungen als „schweigen, still sein" verstanden, was *Aquilla, Symmachus, Theodosius* und die *Vulgata* zeigen. Die LXX versteht es ähnlich, wenn sie κατανένυγμαι übersetzt. Die Übersetzungen scheinen jedoch „manchmal mehr aus religionsgeschichtlichen als aus lexikalischen Gründen" (Beuken, *Jesaja 1–12*, 161) diese Bedeutung zu lesen. Eine Wurzel דמה II wird in den neueren Lexika nicht mehr ausgewiesen (vgl. Köhler / Baumgartner, *HAL*, 216; Gesenius /Donner, *Handwörterbuch[18]*, 254, und zur Argumentation Beuken, *Jesaja 1–12*, 161).

8 Wörtlich ‚sitze ich'.

Glühstein mit der Zange vom Altar. **7**Und er ließ ihn meinen Mund berühren und sprach: Siehe, dieser berührt deine Lippen und deine Sünden weichen und deine Schuld ist gesühnt.

8Und ich hörte die Stimme des Herrn, die sagte: Wen schicke ich und wer geht für uns? Und ich sagte: Hier bin ich, schicke mich. **9**Und er sprach: Geh und du sollst zum Volk dieses sprechen: Zu hören ist es ganz genau, aber ihr werdet es nicht verstehen; zu sehen ist es ganz genau, aber ihr werdet es nicht erkennen. **10**Überziehe[9] das Herz dieses Volkes mit Fett. Seine Ohren mache schwer und seine Augen verklebe. Es kann mit seinen Augen nicht sehen und mit seinen Ohren nicht hören. Und sein Herz[10] gewinnt keine Einsicht und wenn es umkehrt, wird es heil. **11**Und ich sprach: Bis wann, Herr? Und er sagte: Bis dann, wenn die Städte so verwüstet sind, dass keiner mehr [in ihnen] wohnt, und die Häuser, dass kein Mensch mehr ist, und der Erdboden zur Wüste geworden ist. **12**Und Jahwe wird die Menschen[11] entfernen und die Hauptstadt wird verlassen[12]

---

[9] Dass die Lesung eines *hof'al* anstelle des im MT gebotenen *imp.* sekundär ist, weist Barthélemy, *Critique textuelle*, 40f., nach.

[10] 1QJes[a] und *Mss* lesen an dieser Stelle בלבבו und verstehen לבב damit analog zu den voranstehenden Substantiven (vgl. Wildberger, *Jesaja I*, 233), was eine sekundäre Vereinfachung des MT wäre (vgl. zur Intention in 1QJes[a] [und zur Intention aller Bearbeitungen von Jes 6,9f. in den frühen Texttraditionen] Evans, *Text*, 416–418). Welcher Art die Textvorlage der LXX war, ist an dieser Stelle schwierig zu entscheiden. Die beiden ersten Substantive werden syntaktisch korrekt im *dat.pl.* übersetzt, ἐν, das häufig die Präposition ב wiedergibt, erscheint hier jedoch nicht. לבב übersetzt die LXX wiederum korrekt im *dat.sg.*, verzichtet auch hier auf die Präposition, was wiederum dem MT entspricht. Anstelle einer abweichenden Textversion ist hier mit einer syntaktisch korrekten Übertragung ins Griechische zu rechnen, die den MT zur Vorlage hatte. Damit ist die masoretische Version als die ursprüngliche anzusehen.

[11] Der hebräische Text bietet hier einen Singular, der an dieser Stelle das Kollektiv ausdrückt.

[12] Die LXX übersetzt an dieser Stelle καταλειφθήσεται und setzt damit תשאר als hebräische Textvorlage voraus (vgl. den Apparat der BHS und Darstellung von Wilberger, *Jesaja I*, 233). Dass es sich bei שׁאה *ni* um eine Textkorrektur handelt, ist jedoch äußerst fraglich, da das Wort im *ni* im Sinne von ‚verwüstet werden' nicht belegt ist. Es kann sich demzufolge nur um einen Schreibfehler handeln, der durch die gesamte hebräische Texttradition belegt ist. So ist hier wohl eher anzunehmen, dass der LXX eine Version vorlag, in der das unbekannt Wort תשׁאה *ni* durch das bekannte שׁאר *ni* ersetzt wurde. Interessanterweise wird καταλείπω *pt.pass.*im folgenden V12 als Übersetzung von עזב *pt.pass.* verwendet. Möglich ist also auch, dass die hebräische Vorlage der LXX in V11 nicht שׁאר *ni*, sondern עזב bot. Deutlich wird auf jeden Fall, dass die Lesart des MT als *lectio difficilior* der LXX-Variante vorzuziehen ist (anders Wilberger, *Jesaja I*, 233).

sein mitten im Land. [13]Und noch ist in ihm der zehnte Teil und er wird weggeschafft werden und wird verwüstet sein, wie eine Terebinthe und eine Eiche, die ein Wurzelstock sind, wenn sie gefällt werden[13]. Heiliger Same[14] ist ihr Wurzelstock.

---

[13] 1QJes[a] liest hier anstelle von בשלכת מצבת בם den Text משלכת מצבת במה. Diese Textvarainte hat, wie Wildberger, *Jesaja I*, 233f., vermerkt, zu verschiedenen Neuinterpretationen des Textes geführt, die sich forschungsgeschichtlich jedoch nicht durchgesetzt haben, so dass dieses Phänomen in späteren Kommentierungen nicht mehr aufgenommen wird (vgl. z.B. Beuken, *Jesaja 1–12*, 162, bei dem die Textvariante nicht mehr erwähnt wird). Die Variante aus 1QJes[a] verdeutlicht jedoch, dass diese Stelle bereits in der Antike unverständlich war und durch verschiedene Korrekturen verändert wurde (vgl. die Darstellung bei Barthélemy, *Critique textuelle*, 41–44). Die Version lässt sich als schriftgelehrte Konjektur verstehen, die das unverständliche Bild durch ein bekanntes ersetzt: *‚welche umgestürzt wird wie eine Massebe einer Opferhöhe'*. Die Form משלכת ist als Korrektur des MT zu verstehen (gegen Emerton, *Translation*, 113f.: "Whether the conclusion to be drawn is that the more usual form is more likely to be original, or that the unusual form is more likely to have been changed to the usual form in 1QIsa[a], is impossible to determine." Wie jedoch die grammatisch schwierigere Form in den MT gekommen sein soll, erklärt Emerton nicht. M.E. ist jedoch bei einer bewussten Korrektur eher von einer Vereinfachung der Lesart, als von einer Erschwerung auszugehen. Die Vereinfachung lässt sich ohne weiteres als Korrektur verstehen. Ein weiteres Argument für die Korrektur liefert Beale, *Isaiah vi 9–13*, 262f., der Jes 6,9–13 von Jes 1,29–31 und Ps 85,15–17 her liest und als Strafgrund Götzenverehrung ansieht. Dem Abschreiber in Qumran muss die Textreihenfolge, wie sie sich sowohl in 1QJes[a] als auch im MT findet, bekannt gewesen sein, so dass er aus Jes 1,29–31 das Motiv der Fremdgötterverehrung, das dort auch mit der Terebinthe verbunden ist, übernommen haben. Masseben konnten nicht nur Jahwe, sondern auch Fremdgötter repräsentieren.) Die Form מצבת tritt noch in 2Sam 18,18 auf, wo sie ‚Mahlstein' entsprechend der üblichen Form מצבה bedeutet (vgl. Brownlee, *Meaning*, 239). Gegen dieses Verständnis der Textvariante in 1QJes[a] spricht sich Emerton, *Translation*, 112f., aus, der von einer weiter nicht belegten Wurzel צבת und der enklytischen Präposition מן. So kommt er zu der Übersetzung „which are cast down from their stumps, in them the holy seed comes from its stump" (113). Jedoch merkt er abschließend an: „The theory that the words *maṣṣebet und maṣṣabtāh* have been wrongly vocalized and that the *m* represents the preposition *min*, 'from' (cp. the LXX and the Peshitta) followed by a noun *ṣbt* offers no help in understanding the traditional consonantal text, but may well be right for the text of 1QIsa[a]."

Die Abweichung der LXX ist als *aberratio oculi* zu verstehen, die durch die Doppelung von מצבת bzw. מצבתה hervorgerufen wurde (vgl. Wildberger, *Jesaja I*, 234). Die Variante der Rolle 1QJes[a] ist demnach nicht mehr als ein Zeuge eines schon den antiken Schreibern unverständlichen Textes. Gleichzeitig aber ist er ein Zeuge, dass der MT als ursprünglicher Text anzusehen ist.

[14] Das Fehlen von מצבת בם זרע קדש deutet wohl nicht auf eine hebräische Vorlage hin, in der diese Aussage nicht beinhaltete war, sondern ist eher als *aberratio oculi* zu verstehen Emerton, *Translation*, 89, präzisiert die Auslassung als *homoioarkton*. 1QJes[a] liest anstelle von זרע קדש den Ausdruck erweitert um einen Artikel als זרע הקדש. Damit gleicht 1QJes[a] die Lesung der in Esr 9,2 an und der Artikel ist als sekundäre Ergänzung zu werten.

7[1]Und es geschah in den Tagen Ahas, des Sohnes Jotams, des Sohnes
Usias, des Königs von Juda, da zogen[15] Rezin, der König von Aram,
und Pekach, der Sohn Remaljas, der König von Israel nach Jerusalem
hinauf, um gegen es zu kämpfen, aber er[16] konnte nicht über es siegen.
[2]Und das wurde dem Haus David verkündet: Aram lagerte sich
über Ephraim. Und sein Herz schwankte und das Herz seines Volkes,
wie die Bäume des Waldes vor dem Angesicht des Windes schwanken. [3]Und Jahwe sprach zu Jesaja[17]: Geh hinaus, Ahas entgegen, du
und dein Sohn Schear-Jaschub, zum Ende der Wasserleitung des
oberen Teichs, zum Weg des Walkerfeldes. [4]Und sprich zu ihm:
Hüte dich, aber bleibe ruhig! Fürchte dich nicht und dein Herz soll
nicht verzagen vor diesen beiden Brandscheitstummeln[18], vor der
Glut des Zorns Rezins und Arams und des Sohnes Remaljas. [5]Weil[19]
Aram[20] Böses gegen dich beschlossen hat, Ephraim und der Sohn
Remaljas:
[6]Wir ziehen hinauf nach Juda und erschrecken es und erobern es
für uns und machen in seiner Mitte den Sohn Tabaels[21] zum König,

[15] Auch hier findet sich ein Singular im hebräischen Original.

[16] Das hier gebotene יכל *sg* ist gegenüber dem *pl*, den 1QJes[a], LXX und Peshitta bieten, die originäre Form. יכל *pl* ist entweder als Verbesserung zu verstehen, da von zwei Angreifern berichtet wird, oder als Angleichung an 2Kön 16,5 (vgl. Wildberger, *Jesaja I*, 265; Barthélemy, *Critique textuelle*, 45; Beuken, *Jesaja 1–12*, 185).

[17] Die vom Herausgeber der BHS vorgeschlagene Textänderung אלי ist textkritisch nicht gesichert. Es ist keine Handschrift oder Übersetzung bekannt, in der ein solcher Text geboten wäre.

[18] 1QJes[a] liest gegenüber dem MT das *pt.* und nicht das *adj.* Die Version des MT wird auf diese Weise sprachlich vereinfacht, da das *pt.* deutlicher als das *adj.* den noch andauernden Zustand schildert.

[19] Zum Bezug des יען כי auf die folgenden Vv6f. vgl. Bjørndalen, *Einordnung*, 261–263. Er zeigt in seiner Stellungnahme zu dem Problem, dass der Bezug des Konjunktionals יען כי unklar ist, auf, dass sich das Konjunktional nicht auf die *Vetitive* in V4 beziehen kann: „Anders als Adverbiale v. 4aβ.b, die sich auf ein Satzglied (desselben Satzes) beziehen, isoliert das Konjunktional יען כי kein Satzglied (des übergeordneten Satzes, etwa ein Verbal), auf das es sich bezöge, sondern einen ganzen Satz, den übergeordenten, und ist auf ihn bezogen. Diesen Bezug des Konjunktionals יען כי gibt es aber nicht zu den Satzinhalten der Vetitive v. 4. Diese Satzinhalte lassen es schlechterdings nicht zu, dass sie durch v. 5f. begründet würden." (262). Und weiter: „V. 5f. kann dann nur die Jahwerede v. 7 begründen" (263).

[20] Die LXX lässt ארם an dieser Stelle aus, was als Textkorrektur zu verstehen ist, da im Folgenden nicht nur der Führer der Aramäer, sondern auch der König des Nordreichs Israel erwähnt wird.

[21] LXX, Peschitta und Vulgata lesen, anders als der MT, an dieser Stelle טבאל (Tabael; im MT Tabal). Dieser Name wird in anderem Zusammenhang auch in Esr 4,7 überliefert. Bei ihm dürfte es sich um die originäre Lesart handeln (vgl.

[7]spricht mein Herr Jahwe so: Das wird nicht eintreten und es soll nicht mehr sein, [8]dass das Haupt Arams Damaskus und das Haupt Damaskus' Rezin ist. Und innerhalb von sechs oder fünf Jahren wird Ephraim als Volk zerschlagen sein. [9]Und dass das Haupt von Ephraim Samaria und das Haupt von Samaria der Sohn Remaljas ist. Wenn ihr nicht fest seid, so werdet ihr nicht bleiben.[22]

[10]Und Jahwe fügte ein Wort zu Ahas hinzu: [11]Erbitte dir ein Zeichen von Jahwe, deinem Gott, aus der Tiefe der Scheol[23] oder

dazu im Weiteren die Diskussion um die Identität dieser Person in *4.1.1 Die Ankündigung des Überfalls*, 139f. incl. Anm. 39).

[22] Schon die antiken Texte zeigen eine gewisse Unsicherheit, was die Glaubensforderung betrifft. Im Gegensatz zum MT bietet die Qumranschrift 1QJes^a zwei Mal האמין *hi*. Dass es sich bei dem zweiten האמין um ein *hi* handelt und nicht um eine Plene-Schreibung des *ni*, hat Menzies, *Faith*, 122–126, nachweisen können. Lässt sich bei der Qumranschrift textkritisch noch eine *aberratio oculi* vermuten, die zu einer Doppelung des האמין *hi* geführt hat, so weisen die LXX und die Peschitta auf einen anderen Konsonatenbestand einer möglichen vormasoretischen hebräischen Vorlage hin. Die LXX übersetzt den Text mit καὶ ἐὰν μὴ πιστεύσητε οὐδὲ μὴ συνῆτε, wobei das am Ende stehende συνῆτε im hebräischen Original einem בין *hi* entspricht. (Beuken, Jesaja 1–12, 199, sieht in der Textänderung der LXX, die das hebräische Wortspiel nicht weiter aufnimmt, eine Verschiebung auf einen stärker kognitiven Sinn des Ausspruchs.) Damit wäre der Vers also mit: ‚Glaubst du nicht, so verstehst du nicht', zu übersetzen. Entsprechend auch die Peschitta: *w'l' thymnwn 'p l' tstklwn.* So ist dem Argument von Menzies, *Faith*, 120f., für die textkritische Bestimmung zu folgen: בין wird bereits in Jes 6,9f. verwendet. Der Glaubensruf in Jes 7,9b wäre damit nach Jes 6,9f. verändert worden, um die Kontinuität der Glaubensaussagen und damit der göttlichen Botschaft zu wahren und Jes 7,9b damit in seiner Aussage eindeutig zu machen: ‚Glaubt ihr nicht, so werdet ihr nicht verstehen, warum ihr so handelt, wie ihr handelt', wäre damit im Sinne der LXX und der Peschitta zu formulieren. Dieses aber ist gegenüber dem MT als sekundäre Veränderung zu verstehen und der MT als Grundlage einer Interpretation des Glaubensrufs für die Zeit Jesajas zu verwenden (vgl. Barthel, *Prophetenwort*, 138). Dass Jes 7,9b interpretationsbedürftig ist, darauf verweist auch Beuken, *Jesaja 1–12*, 200, der Jes 7,9b allerdings von Jes 7,7 her verstehen will, da beide Verse „in der Form eines kurzen prophetischen Orakels abgefasst" sind.

[23] Zur Übersetzung von שאלה mit Scheol: Die nach masoretischer Punktuation gebotene Form eines *Adhortativs* der Wurzel שאל ist nach dem vorstehenden *Imperativ* שאל punktiert. Beide Formen drücken dasselbe fordernde Handeln Ahas aus. Gegen die masoretische Punktuation spricht an dieser Stelle die grammatische Konstruktion: העמק שאלה או הגבה למעלה stellen die Form des zu fordernden Zeichens dar. Das או singalisiert eine syntaktische Gleichstellung der Elemente, so dass hier eine Lokalisation vorliegt. Die masoretische Punktuation ist m.E. aus theologischen Gründen erfolgt: Da nach Dtn 18,11ff. Totenbefragung verboten ist und diese hier nicht negativ dargestellt wird, wurde der Text in der masoretischen Tradition von diesem Verbot her gelesen. Die LXX hat die lokale Angabe mit εἰς βάθος erhalten, auch wenn bewusst an dieser Stelle der *terminus technicus* für Unterwelt εἰς ᾅδης, wie ihn die griechischen Übersetzungen von *Aquila*, *Symmachus* und *Theodotion* bieten, vermieden wurde (vgl. auch Procksch, *Jesaja*, 120; Wildberger, *Jesaja I*, 267; Barthélemy, *Critique textuelle*, 47).

von ganz Oben. **12**Und Ahas sprach: Ich verlange es nicht und ich will Jahwe nicht prüfen. **13**Und er sprach: Hört doch, Haus David! Ist es euch nicht genug, Menschen zu ermüden, dass ihr auch noch meinen Gott ermüdet? **14**Darum gibt der Herr selbst euch ein Zeichen. Sehet, die junge Frau[24] wird schwanger und sie wird einen Sohn gebären und ihn Immanuel nennen[25]. **15**Dickmilch und Honig wird er essen, um zu verstehen[26], Schlechtes zu verwerfen und Gutes zu wählen. **16**Denn bevor der Knabe erkannt hat, Schlechtes zu verwerfen und Gutes zu wählen, wird das Land verlassen sein, vor dessen beiden Königen du dich fürchtest. **17**Und Jahwe lässt über dich und über dein Volk und über das Haus deiner Väter Tage kommen, die es nicht gab seit dem Tag, an dem Ephraim sich von Juda trennte[27], den König von Assur.

18Und es wird an diesem Tag sein: Jahwe wird die Fliege [heran]pfeifen, die am Ende der Flüsse Ägyptens ist, und die Biene, die im Land Assur ist. **19**Und sie werden kommen und sich alle in den Schluchten der Hänge und in den Felsspalten und an allen Dornbüschen und an allen Wasserstellen lagern. **20**An diesem Tag wird der Herr mit dem Messer des Lohnarbeiters von der anderen Seite des Flusses, durch den König von Assur, das Haupt und das Schamhaar

[24] Die griechischen Übersetzungen bieten verschiedene Übersetzungen für עלמה. LXX übersetzt es mit ἡ παρθένος, *Aquila*, *Symmachus* und *Theodotion* dagegen mit ἡ νεᾶνις. Die Übersetzung der LXX tendiert stärker dazu, die Tatsache zu betonen, dass die Frau noch nicht verheiratet ist, während ἡ νεᾶνις tendenziell stärker die Jungfräulichkeit in den Fordergrund stellt.

[25] 1QJes[a] und LXX lesen an dieser Stelle das Verb als *2.pers.sg.m.*; dieses setzt voraus, dass das Namensrecht beim König und nicht bei der leiblichen Mutter liegt (dazu vgl. Hubmann, *Randbemerkungen*, 43). Dieses Verständnis ist aber nur dann notwendig, wenn der angekündigte Immanuel als Sohn des Königs verstanden wird. Dass dieses nicht originär der Fall war, wird unter *4.1.3 Das Heilswort Immanuel*, 155–167, gezeigt. Textkritisch scheint die Variante aus 1QJes[a] und der LXX, betrachtet man allein das Satzgefüge in V14, zunächst die *lectio difficilior* darzustellen. Dieses verändert sich, sobald man den Vers in seinen Gesamtkontext setzt. Der Personenwechsel wird in V14 nicht durch ein neues Subjekt begleitet, doch beim Blick in den Kontext wird deutlich, dass dann als Subjekt allein der König in Frage käme. Damit aber wäre es eine Variante, die das Problem behebt, dass nicht der König den Namen seines Thronfolgers bestimmt (vgl. Wildberger, *Jesaja I*, 267; Barthel, *Prophetenwort*, 122; Beuken, *Jesaja 1–12*, 186).

[26] LXX (πρίν) und Tg (עד) versuchen, den *inf.* temporal zu deuten, was wiederum mit der Aussage von V16 übereinstimmt. Die temporale Deutung wird V15 damit sekundär zugetragen, das finale Verständnis, wie es MT bietet, fällt so aus. Im Kontext ist die Lesart des MT die *lectio difficilior*, da sie in Spannung mit der Aussage in V16 steht.

[27] Wörtlich ‚seit dem Tag der Trennung Ephraims von Juda'.

scheren und auch den Bart wird er entfernen. **21**Und an diesem Tag wird es sein, dass ein Mann eine Kuh und zwei Schafe großzieht. **22**Und er wird melken, um Milch zu machen, dass er Dickmilch essen kann, denn[28] Dickmilch und Honig isst jeder, der vor der kriegerischen Zerstörung des Landes bewahrt wurde.[29] **23**Und es wird an diesem Tag sein, dass alle Orte, an denen tausend Weinstöcke bei tausend Silberlingen sind, zu Dornen und Disteln werden. **24**Mit Pfeil und Bogen kommt man dorthin, denn Dornen und Disteln sind im ganzen Land. **25**Und alle Berge, die man mit der Hacke bearbeiten muss, dorthin kommt man nicht aus Furcht vor den Dornen und Disteln; und es werden Rinder [nötig] sein, um sie [darüber] zu treiben, und Schafe, um sie zu zertreten.

8[1]Und Jahwe sprach zu mir: Nimm dir eine große glatte Tafel[30] und schreib auf sie mit einem menschlichen Schreibgriffel: Für Eilebeute-

---

[28] יאכל חמאה כי fehlt in der LXX. Diese Auslassung deutet jedoch nicht auf eine bewusste Änderung in einem der beiden Texte hin, sondern lässt sich durch eine *aberratio oculi* erklären (vgl. Wildberger, *Jesaja I*, 302).

[29] Wörtlich findet sich an dieser Stelle die Formulierung: Dickmilch und Honig isst jeder, der übrig geblieben ist vor dem Schwert des Landes. Unter dem ‚Schwert des Landes' ist im vorliegenden Kontext eine militärische Zerstörung des Landes zu verstehen.

[30] Die Bedeutung von גליון ist unklar. Es erscheint innerhalb des alttestamentlichen Schrifttums an einer einzigen weiteren Stelle (Jes 3,23) und meint dort einen Kleiderstoff (vgl. Wildberger, *Jesaja I*, 311). Die LXX übersetzt τόμον καινοῦ (ein Abgeschnittenes vom Neuen) und scheint damit andeuten zu wollen, dass es sich hier nicht um ein Überschreiben einer bereits vorhandenen Tafel handelt, sondern um einen neu geschnittenen Steinblock. Sie hat also die Tradition des Überschreibens von bereits vorhandenen Inschriften gekannt. Textgeschichtlich handelt es sich um eine sekundäre Entwicklung des Textes, da hier bereits eine deutliche Interpretation des im MT beschriebenen Vorgangs vorliegt. Andere griechische Handschriften bieten abweichende Übersetzungen: *Aquila* schreibt an dieser Stelle διφθερωμα, denkt also nicht an eine Tafel, sondern an eine Lederhaut, die beschriftet werden kann; *Symmachus* übersetzt τευχος (Gefäß, Schale) und denkt damit an einen Haushaltsgegenstand; *Theodotion* wiederum gibt es mit κεφαλιδα (Rolle [eines Buches]) wieder und denkt dabei offensichtlich an eine Überlieferung entsprechend der versiegelten Weisungen nach Jes 8,16. Deutlich wird an dieser Bandbreite der griechischen Übersetzungen, dass der Wortsinn schon in der Antike nicht eindeutig verständlich war. Die Tatsache, dass der aufgeschriebene Name für die judäische Öffentlichkeit bestimmt ist (vgl. dazu *4.2.1 Die Bedeutung des Sohnes als Zeichen*, 167–169) macht die Verwendung von beschreibbarem Material notwendig, dass öffentlich ausgestellt werden konnte. Weiter ist auch das von Wildberger, *Jesaja I*, 311f., erwähnte Argument zu beachten: „Für eine Notiz, deren Sinn es gerade ist, die Botschaft Jesajas über den Tag hinaus festzuhalten, wäre überdies ein Papyrusblatt nicht sonderlich geeignet." Zudem ist es unwahrscheinlich, dass auf Papyrus mit einem Griffel (חרט, die Wurzel hat die Bedeutung ‚eingraben') beschrieben wurde. Dass es sich dabei, wie

Raubebald. **2**Und ich nehme[31] mir zuverlässige Zeugen, Usia, den
Priester, und Secharja, den Sohn Jeberechjas. **3**Und ich näherte mich
der Prophetin und sie wurde schwanger und gebar einen Sohn. Und
Jahwe sprach zu mir: Nenn ihn Eilebeute-Raubebald. **4**Denn bevor
der Knabe gelernt hat, mein Vater und meine Mutter zu rufen, trägt
man den Reichtum Damaskus' und die Beute Samarias vor das
Angesicht des Königs von Assur.

5Und Jahwe sprach noch weiter zu mir: **6**Weil dieses Volk die
sanft plätschernden Wasser Schiloahs verachtet hat, sondern sich
erfreut[32] an Rezin und dem Sohn Remaljas, **7**darum[33] siehe, der Herr
lässt gegen sie die mächtigen und gewaltigen Wasser aufsteigen, den
König von Assur und all seine Herrlichkeit. Und er wird über all
seine Flussbetten aufsteigen und er wird über all seine Ufer gehen.
8Und über Juda wird er dahinziehen, es überfluten und überschwem-
men, bis zum Hals wird er reichen. Und es wird sein, dass die
Spannweite seiner Flügel die Weite deines Landes füllt, Immanuel.

9Völker, kommt zusammen[34] und erschreckt; horcht auf alle Fernen
der Erde, gürtet euch und erschreckt, gürtet euch und erschreckt.
10Fasst einen Plan und er wird zunichte! Redet eine Sache und sie
wird nicht eintreten, denn: Immanuel.

11Denn so sprach Jahwe zu mir, als mich die Hand packte, und
er ließ mich[35] nicht mehr auf dem Weg dieses Volkes gehen: **12**Ihr

die LXX es beschreibt, um eine gebrochene Steintafel handelt, würde den genannten Argumenten entsprechen.

[31] Der im MT gebotene *koh.* ואעידה wird in anderen Handschriften verändert. Während 4QJes[c] mit dem MT identisch ist, liest 1QJes[a] והעד *imp.* und versteht es als Aufforderung an Jesaja, sich Zeugen zu nehmen. LXX liest καὶ μάρτυράς μοι ποίησαν und deutet damit an, Jesaja habe die Zeugen gewählt. Der MT ist als *lectio difficilior* vorzuziehen, wie Barthélemy, *Critique textuelle*, 48, und Beuken, *Jesaja 1–12*, 213, zeigen. Die direkte Rede Gottes wird also über V1 hinaus in V2 fortgesetzt.

[32] Zu מְשׂוֹשׂ vgl. die Argumentation unter *4.2.2 Die Warnung an Juda*, 170–175.

[33] LXX, Peschitta und Vulgata lesen לכן anstelle von ולכן. Als *lectio brevior* ist ihre Lesart als ursprüngliche zu betrachten.

[34] LXX liest an dieser Stelle דעו (von hebr. ידע), während der MT רעו bietet. Ob es sich hier um eine bewusste Veränderung handelt, oder ob ר und ד auf der Vorlage nur schwer auseinander zu halten waren und die Übersetzer sich sinngemäß für die ihnen einfachere Lesart entschieden haben, ist heute kaum mehr zu erklären. Deutlich ist auf jeden Fall, dass dem MT als *lectio difficilior* der Vorzug zu geben ist (vgl. Barthélemy, *Critique textuelle*, 52–54).

Fraglich ist weiterhin die רעו zu Grunde liegende Wurzel. Mit Wildberger, *Jesaja I*, 329, ist aufgrund des im Vers durchgehend verwendeten Motivs der einen gemeinsamen Plan fassenden Völkergemeinschaft eine Ableitung von רעה am wahrscheinlichsten. Im selben Sinne haben *Aquila*, *Symmachus* und *Theodotion* den Text verstanden.

[35] Mit 1QJes[a] ist die masoretische Punktuation zu ändern. An dieser Stelle ist

sollt nicht alles Verschwörung[36] nennen, was dieses Volk Verschwörung nennt. Und vor dem, wovor es sich fürchtet, sollt ihr euch nicht fürchten und sollt nicht erschrecken. **13**Jahwe Zebaoth, ihn sollt ihr heilig halten, er soll eure Furcht und euer Schrecken sein. **14**Und er wird zum Heiligen[37] werden und zum Stein der Plage und zum Fels des Strauchelns für beide Häuser Israels, zur Schlinge und zur Falle für denjenigen, der in Jerusalem sitzt[38]. **15**Und von ihnen werden viele straucheln, fallen, zerbrochen, aufgestellt und gefangen.

16Schnüre das Zeugnis ein, versiegle die Weisung bei meinen Schülern. **17**Ich will warten auf Jahwe, der sein Angesicht vor dem Haus Jakob verbirgt, und auf ihn hoffe ich. **18**Siehe, ich und die

anstelle des vom MT gebotene יסר *kal* das in 1QJes[a] beinhaltete סור *hi* zu lesen (vgl. auch *Aquila*, *Symmachus* und *Theodotion*). Vgl. hierzu auch Barthélemy, *Critique textuelle*, 54–56; Barthel, *Prophetenwort*, 216; Beuken, *Jesaja 1–12*, 214.

[36] Evans, *Interpretation*, 112f., zeigt, dass die in BHK vorgeschlagene Textemendation von קשר zu קדש nicht notwendig ist. Er sieht den eigentlichen Textgehalt nicht im Gegenüber von heilig und unheilig, sondern auf einer politischen Ebene: „What Isaiah has urged Ahaz to do is to have faith in Yahweh's deliverance (cf. 7,9b.16) and, therefore, to refrain from making a new treaty with Assyria, who eventually will become an even worse threat (cf. 7,17). For Isaiah an alliance with a foreign power (and its deities) constituted a violation of God's holiness. For this reason Isaiah is to tell his disciples that they are not to call his policy of isolation and separation קשר as to the 'official' theologians of the king's court" (113).

[37] Die vom Herausgeber der BHS vorgeschlagene Änderung des Textes in תקשירו, die auf der Annahme basiert, die beiden Formen in קדש seien Schreibfehler und ursprünglich würde in Jes 8,13.14 jeweils eine Form von קרש zu lesen sein, wie sie sich in Jes 8,12 findet, ist durch keine Handschrift belegt. Auch die LXX übersetzt an dieser Stelle ἁγίασμα und zeigt damit, dass in ihrer Vorlage die Wurzel קדש zu Grunde gelegen hat. Die Textemendation dient also allein dazu, die Spannung aus Heiligkeit und strafendem Handeln Jahwes aufzulösen. Dieses Phänomen sollte jedoch theologisch erklärt und nicht textkritisch behoben werden (anders dagegen Wildberger, *Jesaja I*, 335; Beuken, *Jesaja 1–12*, 214). In diesem Sinne Berthélemy, *Critique textuell*, 58f.: „En 8,6 nous avions considéré comme préférable de compondre sous העם הזה le royaume du nord les partisans qu'il pouvait avoir en Juda, c'est-à-dire ceux qui plaçaient dans une politique d'alliance régionale leur espérance de résister à l'expansion assyrienne. Il est évident que des oracles comme ceux de 7,18–20 ou bien le nom de Prompt-Butin-Proche-Pillage donné par Isaïe à son fils devaint *être interprétés par ‚ce peuple' comme une collusion avec l'envahisseur assyrien*. On devait donc considérer les interventions d'Isaïe comme une conspiration en faveur de l'Assyrie. Aussi Isaïe précise-t-il que le danger ne réside pas dans cette prétendue conspiration, mais dans le fait que, *si l'on ne sanctifie pas le Seigneur, celui-ci, au lieu d'offrir un sûr refuge, deviendra une pierre d'achoppement* pour Israël et Juda. Et il ajoute (vs 18) que, loin d'être les agents d'une conspiration, lui et les enfants que le Seigneur lui a donnés sont (par leurs noms) des signes et des présages en Israël, de la part du Seigneur Sabaôt qui réside sur le mont Sion."

[38] *Mss*, LXX und *Symmachus* lesen an dieser Stelle den *pl* יושבי, was sich als Verbesserung verstehen lässt, da historisch nicht nur eine Person in Jerusalem gewesen ist.

Kinder, die Jahwe mir gab, sind zu Zeichen und Wundern in Israel geworden von Jahwe Zebaoth, der auf dem Berg Zion wohnt.

19Und darum sprechen sie zu ihnen: Fragt nach den Vätern und den Wahrsagegeistern, die flüstern und murmeln. Warum fragt das Volk nicht nach seinem Gott, anstelle der Lebendigen nach den Toten **20**zur Unterweisung und zur Bestätigung? Stattdessen sprechen sie nach diesem Wort, das ihn nicht sucht[39]. **21**Und man strömt über es[40], ist bedrückt und hungrig. Und es wird geschehen, dass man hungrig ist und zürnt, dann verflucht man seinen König und seinen Gott und wandelt, um hinaufzugehen. **22**Und zum Land blickt man hinauf und siehe, Schmerz und Finsternis, Bedrängnis der Dunkelheit und ins Dunkle verstoßen[41]. **23**Denn man kann die Finsternis, die Bedrängnis ist, nicht verlassen.

Wie die erste Zeit[42] Schmach gebracht hat dem Land[43] Zebulon und dem Land Naphtali, so die spätere die Ehre des Weges am Meer, jenseits des Jordans dem Gilgal der Völker.

---

[39] Eine Ableitung von der Wurzel שחר erscheint am sinnvollsten (vgl. Köhler/Baumgartner, *HAL*, 1362, und Sweeney, *Isaiah 1–39*, 184). Zwar lässt die masoretische Punktuation hier auf das Nomen שַׁחַר *i.p.* schließen, doch scheint diese Deutung eher mit dem nachfolgenden Lichtmotiv begründet zu sein, als dass sie vom ursprünglichen Textsinn herkommt. Die LXX übersetzt δῶρα, was dem syrischen *šḥr* entspricht. Das damit beschriebene Bestechungsgeschenk steht jedoch in keinerlei kontextuellem Zusammenhang, so dass eine solche Interpretation überrascht. Eine Ableitung von der Wurzel שׁחר II scheint aufgrund des Textzusammenhangs am wahrscheinlichsten.

[40] Der Herausgeber der BHS schlägt vor, anstelle von בה an dieser Stelle בארץ zu lesen, da der Bezug des Suffixes unklar ist. Da die Textkorrektur auf keiner Textüberlieferung basiert, ist sie nach der äußeren Textkritik auszuschließen und die vom MT gebotene Lesart zu bevorzugen. Eine mögliche Erklärung für die Entstehung des Suffixes an dieser Stelle ist die formgeschichtliche Beobachtung, bei diesem Wort handle es sich um das Fragment eines Orakels, dessen erster Teil (und damit auch das Subjekt) nicht überliefert ist (vgl. Barthélemy, *Critique textuelle*, 60).

[41] Die LXX liest an dieser Stelle σκότος ὥστε μὴ βλέπειν, was ואפלה מנדה entsprechen würde. Dieser Lesart ist jedoch durch keinen weiteren Text abgedeckt. Dieses ist als Textkorrektur zu verstehen, die die Undurchdringlichkeit der Dunkelheit besonders hervorheben soll. Wie Wildberger, *Jesaja I*, 356, betont, steht מנדה in sematischer Nähe zu Am 5,20, was wiederum dafür spricht, dass es sich um eine Textkorrektur handelt. Der MT bietet damit die *lectio difficilior*.

[42] In der alttestamentlichen Forschung wird seit längerer Zeit diskutiert, in welchem Verhältnis עת und הראשון zueinander stehen. עת ist i.d.R. *f.*, während הראשון eindeutig *m.* ist. Wegner, *Another Look*, 482f., zeigt, es komme innerhalb des alttestamentlichen Schrifttums mehrfach vor, dass Begriffe in beiderlei Geschlecht auftreten können, auch wenn sie lexikalisch ein eindeutiges Genus zu haben scheinen. So verhält es sich nach Wegner auch in diesem Fall, so dass הראשון als nähere Bestimmung von עת anzusehen ist.

[43] ארצה זבלון וארצה נפתלי bietet zweimal ein *he locale*. Dieses bleibt unverständlich,

9[1]Das Volk, das im Dunkeln geht, sie sehen ein großes Licht, die Bewohner im Land[44] der Finsternis, ein Licht strahlt über ihnen. [2]Du vermehrst einen Fremdling nicht[45], du machst die Freude groß, sie freuen sich an deinem Angesicht, so wie Freude bei der Ernte ist, so wie sie beim Teilen der Beute jubeln.

[3]Denn das Joch seiner Last und den Stab seiner Schulter, die Rute dessen, der sich ihm nähert, zertrümmerst du wie am Tag Midians.

[4]Denn jeder Soldatenschuh, der beim Schlachtgetöse auftritt, und [jedes] Gewand, das mit Blut übersudelt ist, wird verbrennen, vom Feuer gefressen werden.

[5]Denn ein Kind ist uns geboren, ein Sohn ist uns gegeben, und die Herrschaft wird auf seinen Schultern sein und man wird ihn nennen Wunderbares planend[46], mächtiger Gott[47], dauerhafter Vater, Fürst des Friedens, [6]groß[48] wird die Herrschaft und der Friede hat kein Ende auf dem Thron Davids und über seinem Königreich, da er es aufrichten und befestigen wird mit Rechtsspruch und geübter Gerechtigkeit von nun bis zur Ewigkeit. Der Eifer Jahwe Zebaoths wird dieses machen.

wie Emerton, *Problems*, 152f., zeigt: „*hēqal* takes the accusative, and the particular use of *he locale* proposed is contrary to Hebrew usage" (152). Er erklärt das Vorkommen damit, dass das *he locale* an verschiedenen Stellen des Alten Testaments seine ursprüngliche Bedeutung verloren hat. Jes 8,23 sei dafür ein typisches Beispiel, so Emerton (153).

[44] 1QJes[a] liest an dieser Stelle ארצה, was als erstarrter *akk.* oder *loc.* zu verstehen ist (vgl. Wildberger, *Jesaja I*, 364). Ob sich hier eine ursprünglichere Form zeigt, ist eher unwahrscheinlich, da die Kasusendungen schon in vorjesajanischer Zeit verschwunden und hier nicht mehr zu erwarten sind. Es scheint sich eher um eine Verschreibung zu handeln.

[45] *Symmachus* und die Vulgata lesen an dieser Stelle לו, was als Verschreibung der Version in 1QJes[a] zu verstehen ist. In 1QJes[a] bietet die Lesart לוא, die als *plene*-Schreibung von לו zu deuten ist. Textkritisch besitzt der MT den Vorrang, da es sich bei der Variante eindeutig um einen Kopierfehler handelt (vgl. Barthélemy, *Critique textuelle*, 61f.).

[46] Zur Übersetzung von פלא יועץ vgl. Barth, *Jesaja-Worte*, 170.

[47] Dass es sich bei גבור um das zu אל gehörige Adjektiv gehört, zeigt Wildberger, *Jesaja I*, 383. Damit aber ist nur die Übersetzung ‚starker Gott' möglich.

[48] Ein besonderes Problem stellt der MT an dieser Stelle dar: in לםרבה ist ein *mem finalis* eingeschlossen, das mitten im Wort nicht erscheinen dürfte. *Mss* lesen daher למרבה, was wiederum der grammatisch korrekten Lesart entspricht. Die wohl sinnvollste Erklärung ist, לם als Dittographie zu streichen und an dieser Stelle רבה zu lesen (so auch Procksch, *Jesaja*, 149). Versuche, hier einen dem ägyptischen Krönungsritual entsprechenden fünften Thronnamen zu rekonstruieren, sind spekulativ (vgl. Beuken, *Jesaja 1–12*, 238). Zum Problem der Anzahl der Thronnamen vgl. *5.1.2 Die Aufrichtung der Herrschaft*, 213–227.

2.2 Gliederung des Textes[49]

2.2.1 *Die Vision Jes 6,1–13*

A. *Theophaniebeschreibung*[50]	6,1–4
1. Zeitangabe	6,1aα
2. Beschreibung der geschauten Personen und Gegenstände	6,1aβ–3
a. Schauen des thronenden Jahwes	6,1aβ
b. Schauen des den Tempel füllenden Gewandsaums	6,1b
c. Schauen der Seraphen	6,2–3
1) Beschreibung der Seraphen	6,2
2) Lobpreis der Seraphen	6,3
a) Einleitung	6,3aα
b) Heiligung Jahwe Zebaoths	6,3aβ–b
3. Auswirkungen der Theophanie auf den Tempel	6,4
B. *Schuldbekenntnis und Reinigung*	6,5–7
1. Weheruf	6,5
a. Wehewort	6,5aα$^{1-3}$
b. Erste Begründung	6,5aα^{4}–β
c. Zweite Begründung[51]	6,5b
2. Reinigung	6,6–7
a. Reinigungsritus	6,6–7aα
b. Reinigungswort	6,7aβ–b

---

[49] Die Versunterteilung erfolgt nach der masoretischen Akzentsetzung bis hin zum Viertelvers. Danach werden gemäß der Kommentarserie FOTL die einzelnen Worte durch hochgestellte Zahlen verzeichnet. Verbindungen mit *Makef* oder Konstruktusverbindungen werden als eine Worteinheit gezählt.

[50] Zur dreigliedrigen Struktur der Vision Jes 6 vgl. Fohrer, *Jesaja*, 94: „Der Bericht gliedert sich in drei Teile: Schau (V.1–4), Entsündigung (V.5–7) und Auftrag mit Einwand und Vergewisserung (V.8–11); er ist durch das Bruchstück eines späteren Drohworts erweitert worden (V.12–13)."

[51] Die in der LXX gebotene Textveränderung, die eine zweite Begründung vermeidet und das zweite כי mit και übersetzt, wird von Budde, *Jesajas Erleben*, 15, besprochen. Die ursprüngliche Textgestalt ist aufgrund der Regel *lectio difficilior* mit der masoretischen Lesart gegeben. Es handelt sich aufgrund der parallelen Konstruktion so um zwei Begründungen.

C. *Verstockungsauftrag*	6,8–11
1. Einleitung der Audition	6,8aα
2. Auswahl	6,8aβ–b
a. Frage Jahwes	6,8aβ
b. Antwort Jesajas	6,8b
3. Sendung	6,9–10
a. Beauftragung	6,9a
b. Inhalt des Auftrags	6,9b–10
1) Botschaft	6,9b
2) Wirkung	6,10
4. Wirkungszeit	6,11–13
a. Frage Jesajas	6,11a
b. Antwort Jahwes	6,11b–13
1) Verwüstung des Landes und Ausrottung der Bewohner	6,11b
2) Deportationen	6,12.13a.bα
3) Restauration	6,13bβ

2.2.2 *Die Worte Jahwes an den König und das Volk Jes 7,1–8,15*

A. *Einleitung*	7,1
1. Zeitangabe	7,1aα$^{1-7}$
2. Bericht über den Kriegszug Rezins und Pekachs	7,1aα^{8}–b
a. Aufzug zum Kampf	7,1aα^{8}–β
b. Kriegsausgang	7,1b
B. *Erstes Wort Jahwes*	7,2–9
1. Einleitung	7,2
a. Nachricht an das Haus Davids	7,2a
b. Reaktion auf die Nachricht	7,2b
2. Auftrag Jahwes an Jesaja	7,3–9
a. Beauftragung Jesajas und seines Sohnes	7,3
b. Inhalt des Auftrags	7,4–9
1) Aufforderung, nicht mutlos zu sein	7,4
2) Der Plan der Koalition	7,5–6
a) Koalitionspartner	7,5
b) Koalitionsplan	7,6
3) Spruch Jahwes	7,7–9
a) Spruchformel	7,7a

b) Abweisung des Koalitionsplans	7,7b
c) Orakel über die Königshäuser Arams und Samarias	7,8–9a
A' Wort über Rezin	7,8a
B' Auflösungsansage an das Nordreichvolk	7,8b
C' Wort über den Sohn Remaljas	7,9a
d) Glaubensruf	7,9b
C. *Zweites Wort Jahwes*	7,10–25
1. Überleitung	7,10
2. Das Bestätigungszeichen: Immanuel	7,11–17
a. Aufforderung zur Zeichenforderung	7,11
b. Ablehnung der Zeichenforderung	7,12
c. Immanuel-Zeichen	7,13–17
1) Frage Jesajas an Ahas	7,13
2) Folge der Frage Jesajas: das Gotteswort	7,14
a) Ankündigung des Wortes	7,14a
b) Schwangerschaft und Geburt Immanuels	7,14b
3) Interpretation des Wortes	7,15–17
a) Dickmilch und Honig als Nahrung	7,15
b) Zeitangabe: bis zum Untergang Arams und Israels	7,16
c) Ankündigung von Folgen	7,17
3. Die Konsequenzen	7,18–25
a. Erstes Wort	7,18–19
1) Einleitende Formel	7,18aα^{1-3}
2) Auftrag Jahwes	7,18aα^{4}–b
3) Ausführung des Auftrags	7,19
b. Zweites Wort	7,20
1) Einleitende Formel	7,20aα^{1-2}
2) Strafansage	7,20aα^{3}–b
c. Drittes Wort	7,21–22
1) Einleitende Formel	7,21aα^{1-3}
2) Wort über eine Kuh und zwei Schafe	7,21aα^{4}–22a
3) Interpretation des Wortes	7,22b
d. Viertes Wort	7,23–25
1) Einleitende Formel	7,23aα
2) Verwüstungsansage	7,23aβ–b
3) Verteidigungsansage	7,24

a) Verteidigung mit Pfeil und Bogen	7,24a
b) Grund: Verwüstung des Landes	7,24b
3) Rekultivierung des Landes	7,25
a) Angst vor der Bearbeitung des Landes	7,25a
b) Rekultivierung mit massiven Mitteln	7,25b
E. *Drittes Wort Jahwes*	8,1–4
1. Einleitung	8,1aα
2. Auftrag Jahwes an Jesaja	8,1aα–b
3. Zeugenwahl	8,2
4. Das Kind als Zeichen	8,3–4
a. Schwangerschaft	8,3a
b. Benennung des Kindes	8,3b
c. Interpretation	8,4
1) Zeitraum	8,4a
2) Untergangsansage	8,4b
F. *Viertes Wort Jahwes*	8,5–8
1. Einleitung	8,5
2. Untergangsansage	8,6–8
a. Begründung	8,6
b. Gerichtsansage	8,7–8
1) Aufsteigen des Flusses über seine Ufer	8,7
2) Überflutung Judas	8,8a
3) Ausspannen der Flügel	8,8b
G. *Fünftes Wort Jahwes*	8,9–15
1. Gegen die Völker	8,9–10
a. Erschrecken	8,9
1) Erschrecken durch Sehen	8,9aα
2) Erschrecken durch Hören	8,9aβ
3) Erschrecken durch Bewaffnen	8,9b
b. Sinnlosigkeit von Aktionen gegen Juda	8,10
1) Sinnlosigkeit von Plänen	8,10a
2) Sinnlosigkeit von Worten	8,10bα
3) Begründung	8,10bβ
2. Gegen Juda	8,11–15
a. Einleitung	8,11
1) Spruchformel	8,11a$^{1-5}$
2) Machtausübung	8,11a$^{6-7}$
3) Warnung	8,11b

b. Wort Jahwes	8,12–16
1) Aufforderung zur Nicht-Identifikation mit dem Volk	8,12
a) Verschwörung	8,12a
b) Furcht	8,12b
2) Aufforderung zur Heiligung Jahwes	8,13
3) Jahwes Stellung zu Israel, Juda und Jerusalem	8,14–15
a) Jahwe als Heiliger, Plagestein und Strauchelfels Israels und Judas	8,14a–bα[6]
b) Jahwe als Schlinge und Falle für Jerusalem	8,14bα[7]–β
c) Unheilsansage an viele in Jerusalem	8,15

2.2.3 *Die Hoffnung auf die Erneuerung der davidischen Herrschaft Jes 8,16–9,6*

Die aktuelle Not und die kommende Heilszeit	8,16–9,6
1. Warten auf die Rückkehr Jahwes	8,16–17
a. Abschluss der Botschaft	8,16
1) Verschnüren der תעודה	8,16a
2) Versiegelung der תורה	8,16b
b. Verharren in der Hoffnung auf die Rückkehr Jahwes	8,17
2. Zeichen in Israel	8,18–20
a. Jesaja und die Kinder als Jahwes Zeichen in Israel	8,18
1) Zeichen	8,18a
2) Herkunft der Zeichen	8,18b
b. Falsche Zeichen	8,19–20
1) Einleitung	8,19aα[1–2]
2) Aufforderung zur Suche nach Vorfahren und Wahrsagegeistern	8,19aα[3]–β
3) Unterweisungsinhalt	8,19b–20
a) Rhetorische Frage: Fehlende Suche nach Gott	8,19bα
b) Befragung der Toten zur Unterweisung	8,19bβ–20a
c) Unterweisung nach der Antwort der Toten	8,20b

3. Wandel in der Finsternis und Hoffnung auf eine neue Zeit	8,21–23
a. Notstand des Volkes	8,21
1) Wirtschaftlicher Notstand	8,21a
2) Beschuldigung des Königs und Gottes	8,21b
b. Zustand des Landes	8,22–23
1) Schmerz und Dunkelheit im Land	8,22–23aα$^{1-6}$
2) Periodisierung	8,23aα^{7}–b
4. Ansage der kommenden Heilszeit	9,1–6
a. Die kommende Freude	9,1–2
1) Ansage des aufstrahlenden Lichts	9,1
2) Ansage der kommenden Freude	9,2
a) Rückgang der Präsenz Fremder	9,2aα–β^{1}
b) Vermehrung der Freude	9,2aβ^{2}–b
A' Großmachen der Freude	9,2aβ$^{2-4}$
B' Freude am Angesicht	9,2b
1) Zustand der Freude	9,2bα$^{1-2}$
2) Erster Vergleich: Ernte	9,2bα$^{3-4}$
3) Zweiter Vergleich: Teilen der Beute	9,2bβ
b. Begründung der Zukunftshoffnung	9,3–6bα
1) Erste Begründung: Befreiung	9,3
a) Zerbrechen von Joch, Stab und Rute	9,3a–b^{1}
b) Vergleich: wie am Tag Midian	9,3b$^{2-3}$
2) Zweite Begründung: Zerbrechen der gegnerischen Kampfkraft	9,4
3) Dritte Begründung: Geburt eines neuen Herrschers	9,5–6bα
a) Geburt des Herrschers	9,5aα
b) Herrschaftsübernahme	9,5aβ$^{1-2}$
c) Herrschernamen	9,5aβ^{3}–b
d) Herrschaftsqualität	9,6a–bα
A' Mächtige Herrschaft	9,6aα$^{1-2}$
B' Dauerhafter Friede	9,6aα^{3}–bα
1) Zielvorgabe	9,6aα$^{3-4}$
2) Ort	9,6aα$^{5-7}$
3) Mittel	9,6aβ–β
4) Dauer	9,6bα
c. Zusageformel	9,6bβ

2.3 Anmerkungen zur sprachlichen Gestaltung der Denkschrift

Die oben gebotene Gliederung nimmt die sprachlichen Signale auf, die sich innerhalb der Denkschrift zeigen. Da die meisten von ihnen eindeutig sind, bleiben sie im Weiteren undiskutiert. An einigen Stellen erscheinen jedoch nähere Erläuterungen notwendig, die nun angeschlossen werden.

Die Denkschrift setzt mit der Zeitangabe und dem *terminus technicus* אראה für die visionäre Schau ein. Die geschaute Situation wird durch den im Folgenden verwendeten Partizipialstil beschrieben (Jes 6,1aβ–3). Erst mit V4 tritt ein durch einen *Narrativ* gekennzeichneter Handlungsfortlauf ein. Gleichzeitig mit der Verbform wechselt das Subjekt. Dabei handelt es sich aber nicht um einen neu einsetzenden Abschnitt, sondern (angezeigt durch das מקול הקורא) um einen kausalen Zusammenhang, der Bezug zu dem in V3 geschilderten Ruf nimmt. Dieser wird in V3aα[1] mit derselben Wurzel eingeleitet (קרא).

Mit V5 beginnt ein neuer Unterabschnitt ein. Eingeleitet durch einen *Narrativ* in *1.pers.sg.*, der sowohl den Handlungsfortlauf, als auch den Subjektwechsel anzeigt, folgt eine wörtliche Rede des Visionärs. Inhalt ist eine Situationsbeschreibung. Diese wird wiederum durch *Partizipien* bezeichnet. Als Folge dieser Rede ist die Handlung in V6 und deren Interpretation in V7 zu verstehen.

Der dritte Unterabschnitt findet sich in den Vv8–11. Das einen weiteren Vorgang einleitende ואשמע in V8aα[1] zeigt an, dass es sich bei dem folgenden Dialog weiterhin um einen Teil der Vision handelt. Das Subjekt des Satzes ist mit dem Subjekt von V5 identisch, was als ein weiteres Indiz für die Zusammengehörigkeit der Unterabschnitte spricht. Die Audition besteht aus einem Dialog zwischen Jahwe und Jesaja, in der der Prophet von Jahwe den Auftrag erhält, das Herz des Volkes zu verstocken. Gekennzeichnet ist der Auftrag durch zwei *Imperative* (Jes 6,9aα[2].10aα[1]). Dabei folgt auf den ersten *Imperativ* ein *perf.consc.*, das in der Zusammenstellung ebenfalls auffordernden Charakter hat. Die Konsequenz der prophetischen Handlung schildert schließlich V10b, der mit der *Konjunktion* פן eingeleitet wird und der durch die folgenden *Imperfekta* futurische Bedeutung hat. Die daran anschließenden *perf.consc.* sind als Explikation der Folgen zu verstehen.[52] Seinen Abschluss findet der Unterabschnitt in der Dauer der Wirksamkeit der Verstockung, die in den Deportationsankündigungen und der Restaurationszusage mündet. Die mit V12 einsetzenden *perf.consc.* nehmen die Zeitstruktur des vorstehenden *Imperfekts* auf und führen die Gerichtsansage Jahwes weiter. Es handelt sich also um einen einzelnen Sprechakt, der die Dauer der Wirksamkeit durch die einsetzenden Gerichtsakte bestimmt.

Einen Neueinsatz bietet anschließend Jes 7,1 mit der die Zeit bestimmenden Formel ויהי בימי אחז בן־יותם בן־עזיהו מלך יהודה. Das *perf.* עלה schildert das mit der genannten Zeit zusammenhängende Ereignis. Auf diese Situationsbeschreibung folgt eine Handlung, die durch einen *Narrativ* (V2aα^1) bezeichnet wird. Unklar bleibt allerdings, wer das Subjekt dieses Satzes ist. Mit dem vorstehenden Subjekt ist der Satz inhaltlich nicht zu verstehen.

Der auf die Einleitung folgende Abschnitt erstreckt sich bis V9. Auf die das Königshaus erreichende Nachricht des Einfalls der Aramäer in Samaria und die Reaktion Ahas folgt ein Auftrag Jahwes an Jesaja. Dieser mündet in einem Gottesspruch (Vv7–9). Dem Gottesspruch voraus geht die Offenlegung der Pläne der aramäisch-israelitischen Koalition (V6). Damit erhält der Gottesspruch innerhalb des Textes die Funktion, die Reaktion Jahwes auf den Plan der Koalition wiederzugeben.[53] Innerhalb des Orakels stellen die in Vv8a.9a gebotenen כי-Sätze Subjektsätze, „die durch das verbindende כי den finiten Verbformen von 7:7b als Subjekt eingefügt werden“[54].

Ein weiteres Gotteswort findet sich ab V10. Eingeleitet durch ויוסף יהוה דבר folgt ein Dialog zwischen Jesaja und König Ahas, dessen Fortlauf durch den Wechsel des Sprechers und durch die bei-

---

[52] Die Entsprechung von Strafe und Wirkung hebt McLaughlin, *Their Hearts Were Hardened*, 5, hervor: „In the second half of the verse the same parts of the body are mentioned in reverse order, forming a concentric A:B:C::C:B:A pattern evident in the citation given above [V10 Anm.d.Verf.]. The last line of the verse stands outside this unifying structural feature as a climactic explanatory phrase; the underlying purpose of the command is so that the people not ‚turn' and receive divine healing.“

[53] Zur Textstruktur und den Funktionen der einzelnen Strukturelemente vgl. Conrad, *Fear Not Warrior*, 53f.

[54] Sæbø, *Erwägungen*, 63f. Zur Funktion der כי-Sätze als Subjektsätze vgl. Steck, *Rettung*, 78–82, der zeigt, dass es sich um ein zweigliedriges Prophetenwort handelt, dessen erster Teil die Vv5–7b^2 und dessen zweiter Teil die Vv7b^3–8a.9a sind. „Dem Plan der Feinde, gegen Juda zu ziehen und in seiner Mitte (d.h. in Jerusalem) einen neuen König einzusetzen, korrespondiert negativ der Nicht-Bestand ihrer Territorien, Hauptstädte und Herrscher“ (Barthel, *Prophetenwort*, 128). Weiter dazu vgl. Grether, *Hebräische Grammatik*, §96n, 236.

den einen Handlungsfortlauf markierenden *Narrative* (Vv12.13) gekennzeichnet ist. Mit V13 folgt dann das Gotteswort. Sein erster Teil ist eine rhetorische Frage (V13aα[5]), die in einem kausalen Zusammenhang mit der folgenden Ansage steht (V14aα[1]).

Mit V18 setzen vier Jesajaworte ein, deren Beginn jeweils mit והיה ביום ההוא gekennzeichnet ist (Vv18.21.23; eine Ausnahme stellt V20 dar, da hier והיה fehlt, die Zeitangabe ביום ההוא aber erhalten bleibt) und die als Konsequenzen des Immanuelorakels zu verstehen sind. Dass der Sprecher dieser Orakel weiterhin der Prophet ist, zeigt sich zum einen daran, dass es keinen Neueinsatz der Rede gibt, und zum anderen an dem *waw consec.*, mit dem V18 angeschlossen ist.[55]

Mit Jes 8,1 ist ein weiteres Jahwewort angefügt. Der Subjektwechsel und die neu einsetzende Rede markieren den Anfang eines neuen Abschnitts. Die Folge der Rede Jahwes ist ab V2 beschrieben, was durch den Subjektwechsel und die wiederum den Handlungsfortlauf bezeichnenden *Narrative* (Vv2.3a) zu erkennen ist. Die Fortsetzung der göttlichen Rede findet sich in V3b, die aus einer Aufforderung (V3b) und einer Begründung (V4) besteht.

V5 bezeichnet wiederum einen Neueinsatz (ויסף יהוה דבר אלי). Zwar bleiben das Subjekt und die angesprochene Person erhalten, doch zeigt der Narrativ ויסף an, dass die folgende direkte Rede anderen Inhalts ist. Die Rede besteht aus der Begründung (V6) und dem Handeln Jahwes (Vv7f.).

Mit den *Imperativen* in den Vv9f. findet sich erneut ein Neueinsatz. Diese sind weder durch eine Konjunktion noch durch ein *waw consec.* mit dem vorherstehenden Wort verbunden, so dass es sich hier um einen neuen Abschnitt handelt. Eine erste Begründung für das Wort findet sich in V10bβ, eingeleitet durch die Konjunktion כי. Der Text gibt keinen Anhalt dafür, wer der Sprecher dieses Wortes ist, da eine einleitende Formulierung fehlt. V11 setzt schließlich mit כי כה אמר יהוה אלי ein, womit die Vv9f. ihren Sprecher erhalten. Syntaktisch bildet V11 eine zweite Begründung zum vorher stehenden Wort. Bestimmt wird die Zusammengehörigkeit der Rede durch die Verbindung mit *waw consec.*, die sich bis V15 ausstreckt.

Mit V16 und den in ihm enthaltenen Imperativen setzt ein neuer Abschnitt ein, da sich keine syntaktische Verbindung zum vorhergehenden V15 findet. Das Subjekt des Satzes wechselt nicht.

---

[55] Vgl. hierzu Sweeney, *Isaiah*, 143ff.

Erst mit V17, der durch ein *perf.consec.* mit V16 verbunden ist, wird ein neues Subjekt eingeführt (*perf.consec. 1.pers.sg.*), das mit dem vorangehenden in V16 nicht identisch ist. Mit der Aufforderung zum Verschluss der Botschaft endet der Abschnitt, der sich inhaltlich aus fünf Jahweworten zusammensetzt.

In V18 wird mit הנה ein neuer Sinnabschnitt eingeleitet. Dieser wird in V19 durch ein *waw consec.* fortgesetzt. In V19 wechselt das Subjekt, was das *imp.3.pl.* anzeigt. In V20 bleibt das Subjekt konstant, d.h. das Verb steht weiterhin in der Form *3.pl.*

V21 wird dann mit einem *waw consec.* angebunden, was die Kontinuität im Erzählzusammenhang anzeigt. Allerdings wechselt das Subjekt, d.h. die Verbform wechselt von der *3.pers.pl.* zur *3.pers.sg.* Dieses deutet auf einen neuen Unterabschnitt hin. Der erneute Subjektwechsel in V22aβ–b bricht den Zusammenhang nicht auf, der Teilvers ist mit *waw consec.* mit V22aα verbunden.

Erst mit Jes 9,1 setzt ein neuer Abschnitt ein, der mit dem Vorherigen unverbunden ist. In diesem wird zunächst eine Situation beschrieben (Verwendung der *Partizipien* in V1aα.bα und der beiden *Perfecta* in V1aβ.bβ). Anschließend wird mit der *2.pers.sg.m* ein neues Subjekt eingeführt (V2aα), das jedoch in Korrespondenz mit dem Verb *3.pers.pl.* in V2bα steht.[56] An die Ansage schließen sich drei Begründungen an, die jeweils mit כי eingeleitet werden (Vv3.4.5).[57] Den Abschluss der Einheit bildet schließlich V6bβ, der unverbunden zu V6bα ist und in dem erneut das Subjekt wechselt.

2.4 Die literarische Schichtung von Jes 6,1–9,6

2.4.1 *Textkohärenz*

„Die Schlußfolgerung aus dieser Betrachtung [der redaktionsgeschichtlichen Anm.d.Verf.] reicht aber noch weiter als zu dem Punkt, daß 6,1–9,6 vermutlich einmal eine redaktionelle Einheit gebildet haben; daß innerhalb dieser Einheit die Unterabschnitte auch hinsichtlich ihrer Herkunft oder im Sinne einer inhaltlichen Zusammengehörigkeit

[56] Vgl. Beuken, *Jesaja 1–12*, 246.

[57] Dass zwischen V4 und V5 kein Sprecherwechsel vorliegt, wie es mehrfach in der alttestamentlichen Forschung vermutet wurde, zeigt Lescow, *Geburtsmotiv*, 184.

etwas miteinander zu tun haben, ist damit keineswegs gesagt."[58] Dieses Zitat Reventlows zeigt die Grenzen der redaktionsgeschichtlichen Untersuchungen des Jesajabuches auf, die in der obigen Forschungsgeschichte ausführlich dargestellt sind. Um von der redaktionsgeschichtlichen Darstellung, die derzeit im Fordergrund der alttestamentlichen Forschung steht, zu einer entstehungsgeschichtlichen Betrachtung der Denkschrift zu kommen, wird hier zunächst die Kohärenz der Denkschrift geprüft. Ziel ist es, anhand der Signale, die der Text Jes 6,1–9,6 bietet, die literarische Schichtung des Textes zu bestimmen, um anschließend die sich ergebenden Grundschichten und ihre Erweiterungen untersuchen zu können.

Abgrenzung

Der Text der Denkschrift erstreckt sich von der Einleitung der Thronvision in Jes 6,1, die mit dem Todesjahr des Königs Usia eine genaue Datierung bietet und die sich nicht auf die vorhergehenden Texte bezieht, bis zur Ankündigung eines neuen Herrschers in Jes 9,1–6.

Die Abgrenzung nach vorne ist durch die bereits erwähnte Datierung in Gestalt der Formel בִּשְׁנַת־מוֹת הַמֶּלֶךְ עֻזִּיָּהוּ eindeutig. Mit ואראה schließt sich der für die visionäre Schau typische *terminus technicus* an,[59] der das Visionsgeschehen einleitet.

Mit Jes 9,7 setzt ein neuer literarischer Kontext ein. Während sich die Botschaft innerhalb von Jes 6,1–9,6 fast durchgehend an das Südreich Juda wendet, spricht der Autor mit Jes 9,7 das Nordreich Israel an: דָּבָר שָׁלַח אֲדֹנָי בְּיַעֲקֹב וְנָפַל בְּיִשְׂרָאֵל. Dass es sich bei dem erwähnten דבר um eine andere Willensäußerung Gottes handelt, die in Jes 6,1–9,6 nicht erwähnt wird, wird aus dem Jes 9,7 folgenden Text ersichtlich. Gegenstand der Betrachtung ist die Geschichte des Nordreichs Israel.

Innere Kohärenz

Jes 6

In der Endgestalt der Vision in Jes 6 sind Spannungen und Brüche erkennbar, die darauf hinweisen, dass der Text mehrfach redaktionell

[58] Reventlow, *Denkschrift*, 64.
[59] Vgl. Jes 1,11.12.13; Ez 1,1.4.15.27f.; 8,2.6.7.10.15; 10,1; 11,1 u.ö.

überarbeitet wurde. Als redaktionelle Texte lassen sich zunächst die Vv10bβ.13bβ ausweisen, die die ihnen vorangehende Unheilsankündigung um die Perspektive neuen Heils nach überstandenem Unheil ergänzen.

Die Heilsansage in Jes 6,10bβ[60] unterbricht den Gerichtskontext der V10.11. Die in V11 geäußerte Frage des Propheten über die Dauer der Verstockung wird nicht, wie es V10bβ nahe legen würde, mit der Rückwendung der Herzen beantwortet, sondern mit der Verwüstung des Landes. Eine Umkehr vor der Verwüstung wäre so folgenlos und würde nicht zu dem in V10bβ verheißenen Heil führen. Die Perspektive des zurückkehrenden Heils ist erst unter der Perspektive des überstandenen Unheils verständlich und spiegelt so eine spätere Entwicklung wider. Sie ist also sekundär zur Unheilsansage der Vv10a.bβ.11.

Die zweite Heilsansage in V13bβ wurde ebenfalls sekundär in den Text eingefügt. Das Abschlagen des Baums und das Ausreißen des Wurzelstocks dienen als Beschreibung der Deportation. Allerdings fährt der Text mit einer anderen Interpretation fort, indem er die Wurzelstöcke der Bäume als die Grundlage der kommenden Restauration versteht. Der Zusatz verdreht so die Aussage des Gleichnisses und intendiert Heil nach geschehenem Gericht. Zwar stimmt dieses mit der Aussage in V11, die Verstockung würde bis zum Ende des Gerichtsschlags dauern, überein, doch weist der Bruch mit dem gebotenen Gleichnis den Zusatz als inkohärent und damit als sekundären Zusatz aus. Das in V13bβ verwendete Motiv des זרע קדש (vgl. zu dazu *6.2.3 Jes 6,13bβ – Der heilige Same*, 261–263) geht davon aus, dass die Wurzelstöcke im Boden verblieben sind und sich aus ihnen ein neuer Spross entwickeln wird resp. entwickelt hat.[61]

Weiterhin auffällig ist der Wechsel vom Dialog zwischen Prophet und Jahwe zur Rede des Propheten über Jahwe in V12.[62] Dieser

[60] Die Abgrenzung von V10bβ ist abhängig vom Verständnis des V10. Während Wildberger, *Jesaja I*, 231, und Kaiser, *Buch Jesaja I*, 121, V10bβ im Anschluss an V10bα durch פן negiert auffassen, wird in der neueren Forschung der Vers als Anschluss der Aufzählung in V10a verstanden. Damit ist die Aussage nicht negiert zu verstehen und steht so im Widerspruch zu V10a.bα. Aufgrund dieser Spannung wird er von Barthel, *Prophetenwort*, 66; Becker, *Jesaja*, 299, einer späteren Redaktion zugewiesen.

[61] Vgl. dazu Wildberger, *Jesaja I*, 258.

[62] Vgl. Werner, *Eschatologische Texte*, 101, der auf den Wechsel von der *1.pers.sg.* zur *3.pers.sg.* als Zeichen für eine vorliegende literarische Schichtung hinweist, und Barthel, *Prophetenwort*, 76.

formale Unterschied wird ergänzt durch die veränderte Strafform: Die Deportationsankündigung in Vv12.13a.bα interpretiert die Verwüstungsankündigung, indem sie diese als Deportation deutet. Dabei ist V13a.bα als sprichwörtliche Steigerung von V12 zu verstehen.[63] Die in V12 getroffene Aussage wird durch V13a.bα überboten. Dieses drückt die Radikalität der Deportationspraxis aus.[64]

Innerhalb des Textes Jes 6,1–10a.bα.11 gibt es eine bisher in der Forschung nicht diskutierte Spannung: In V3a wird über die Seraphen berichtet, sie hätten einander (קרא זה אל־זה) das dann in V3b folgende Trishagion zugerufen. In V4 wird dieses Rufen wieder aufgenommen. Durch die Stimme des Rufers (מקול הקורא) werden die Schwellen des Tempels zum Erbeben gebracht. Es zeigt sich dabei eine Spannung zwischen dem *partz.sg.* הקורא und dem zumindest eine Zweizahl von Rufenden bezeichnenden זה אל־זה.

Die Konstruktion זה אל־זה erscheint im AT nur an einer einzigen weiteren Stelle. In Ex 14,20 wird das ‚sich nicht Annähern' des ägyptischen und des israelitischen Heeres während der Nacht mit dieser Konstruktion ausgedrückt (ולא־קרב זה אל־זה כל־הלילה). Dabei handelt es sich um eine gegenläufige Bewegung. Weder das eine noch das andere Heer ist in der Lage, sich in die Richtung des Gegenübers zu bewegen.[65] In diesem Sinne versteht auch die LXX die Konstruktion, was sich im griechischsprachigen Text im Plural niederschlägt: καὶ οὐνέμιξαν ἀλλήλοις ὅλην τὴν νύκτα. In Jes 6,3 hingegen versucht die LXX die hebräische Konstruktion wörtlich zu übertragen: καὶ ἐκέκραγον ἕτερος πρὸς τὸν ἕτερον. Dieser Wechsel in der Konstruktion ist nur durch die wohl auch von den LXX-Übersetzern

---

[63] Die Anspielung auf das verbleibende Zehntel ist im Sinne eines Sprichwortes zu verstehen. Mit der Deportation auch des zehnten Teils wird die Totalität der kommenden Exilierung angezeigt. Eine vergleichbare Verwendung von Zahlenangaben im sprichwörtlichen Sinne, bei der eine bestimmte Zahl eine Gesamtheit bezeichnet, findet sich in Dtn 28,7.25.

[64] Ob eine literarkritische Abgrenzung der Versteile Vv12.13a.bα.13bβ, die derzeit als *opinio communis* anzusehen ist (vgl. Wildberger, *Jesaja I*, 257f.; Kaiser, *Buch Jesaja I*, 134; Berges, *Jesaja*, 102; Becker, *Jesaja*, 64f.; Barthel, *Prophetenwort*, 75f.) notwendig ist, ist m.E. fraglich. Die beiden Deportationsansagen stehen nicht in Spannung zueinander. Vielmehr wird durch die zweite Deportation die Radikalität der Gerichtsform angesagt, was in Einklang mit der Radikalität der Landeszerstörung in Jes 6,11 steht. Während עד, בית und ארץ die Gesamtheit des Kulturlandes bezeichnen, das zerstört werden wird, beschreibt die Steigerung in V13a.bα die Gesamtheit der Bevölkerung. In dieser Perspektive gehören V12 und V13a.bα originär zusammen.

[65] Vgl. Durham, *Exodus*, 193.

erkannte Spannung zu erklären, dass hier aufgrund des folgenden ἀπὸ τῆς φωνῆς ἧς ἐκέκραγον eine Gegenseitigkeit auszuschließen ist. Dazu lösen sie das hebräische *partz.sg.* in eine Relativkonstruktion auf, was dem Verständnis des hebräischen Textes entspricht. Die LXX-Übersetzung legt demnach nahe, dass nur einer der beiden Seraphen die Stimme zum Ruf erhoben hat.[66]

Zu dieser Beobachtung tritt eine weitere hinzu, die eine literarkritische Trennung nahe legt. Zwischen Jes 6,1 und Jes 6,2 wechselt das Subjekt, das Tempus bleibt jedoch erhalten. Das Auftreten der Seraphen erscheint in der geschilderten Form als statisch, der Handlungsfortlauf setzt erst mit V4 ein: Das Wanken der Schwellen ist die Folge ihres Rufens.

Dabei ist das verwendete Verb נוע *qal* außer in Jes 6,4 nur in zwei Bedeutungszusammenhängen zu finden. Zum einen wird es verwendet, um ein Erschüttern bei der Theophanie Jahwes, die durchaus ein Gerichtshandeln beinhalten kann (Am 4,8), zu beschreiben (Ex 20,18; Jes 19,1; 24,20), zum anderen wird durch נוע *qal* eine Gemütsbewegung ausgedrückt. Darunter ist auch das innerliche Wanken gegenüber dem äußerlichen Schwanken, beides kann durch Alkoholeinfluss hervorgerufen werden, zu fassen (1Sam 1,13; Jes 7,2; 29,9; Am 8,12; Ps 107,27; Hi 28,4; Thr 4,14.15).[67] Deutlich wird, dass eine Objektbewegung, die mit נוע *qal* ausgedrückt wird, nur von Jahwe ausgehen kann. Jes 6,4 ist der einzige Beleg für einen möglichen anderen Urheber.[68] Diese Beobachtung spricht dafür, dass ein traditionelles Theophaniemotiv um die Seraphenszene erweitert wurde.

Nimmt man die Vv2f. aus dem Zusammenhang Vv1–4 heraus, so ergibt sich eine Theophanieschilderung, die an die in Ps 29 geschilderte Darstellung des Auftretens Jahwes erinnert. Die Theophanie

---

[66] Hierzu bereits Budde, *Jesajas Erleben*, 12: „Merkwürdig ist die Beibehaltung der Einzahl des Rufenden: wir würden eher erwarten ‚vom Hall ihres Rufens' [. . .]."

[67] Dazu Hartenstein, *Unzugänglichkeit Gottes*, 125f.: „Die Konnotationen sind vorwiegend negative, denn mit dieser äußeren Form der Bewegung kommen zumeist auch innere Vorgänge in den Blick, die sich mit Koordinierungslosigkeit, Besinnungslosigkeit und mangelnder Orientierung verbinden. Als entsprechende psychische und physische Zustände sind Furcht und Angst, Blindheit, Durst und Trunkenheit belegt. So läßt sich für dieses Verb, anders als bei dem semantisch nahestehenden רעשׁ ‚erbeben, erzittern', deutlich ein Bezug zwischen äußerlich sichtbaren und emotionalen, inneren Regungen herstellen."

[68] Zur Bedeutung der Wurzel innerhalb der sog. Denkschrift vgl. Beuken, *Jesaja 1–12*, 194f., der besonderen Wert auf das Moment der Angst, das in נוע immanent ist, legt.

Jahwes Vv3–9a wird in den Zusammenhang der Verehrung Gottes in seinem Tempel gestellt. Mit der Verehrung im Tempel wird die als Wettertheophanie zu verstehende Gotteserscheinung mit den mythischen Bildern des Thronens über den Urfluten und dem göttlichen Königtum verbunden. Dabei werden die Sturmschäden auf das Rufen der Stimme Jahwes zurückgeführt: Sturm, Erdbeben und Feuersbrunst werden zu den irdisch sichtbaren Zeichen der Theophanie Jahwes. Jedoch werden diese Elemente nicht als Gerichtselemente, sondern vielmehr als Erweis des כבוד Jahwes verstanden (V9). Die Theophanie Jahwes, und dieses zeigt auch die Sinaitheophanie Ex 19,16–20, geht einher mit Sturm- oder vulkanischen Tätigkeiten. Daher konstatiert Keel: „Das Beben und der Rauch sind normale Reaktionen auf eine Theophanie."[69] Die Auswirkung des Auftretens Jahwes in Jes 6,4 ist so als fester Bestandteil der Theophanie Jahwes zu verstehen. Somit ist aus ihr zunächst keine Aussage über das Ziel der Theophanie zu gewinnen.

Trennt man die Vv2f. allerdings literarkritisch aus dem bestehenden Kontext heraus,[70] dann ergibt sich eine Spannung zu den Vv5–7, da in ihnen die Reinigung des Weherufers durch die Seraphen angesprochen wird. Aufgrund der gezeigten Beobachtungen ist es wahrscheinlich, dass der Autor von Jes 6 eine traditionelle Theophaniebeschreibung mit der Seraphenszene verbunden hat.

Die Vision in Jes 6 weist also ein mehrschichtiges literarisches Wachstum auf. Auf vorliterarischer Ebene zeigt sich ein Verschmelzen eines traditionellen Theophaniemotivs, wie es in Ps 29 geboten ist, mit den kultischen Gegebenheiten des Jerusalemer Tempels. Die Seraphen werden als Element dieses Kultes in die Theophanieschilderung integriert. Als kohärenter Text erweisen sich die Vv1–10a.bα.11, die um die Deportationsankündigung in Jes 6,12.13a.bα und den Heilsweissagungen in den Vv10bβ.13bβ erweitert wurden.

Jes 7,1–8,15

Jes 7 ist ein Text mit mehrfachen Erweiterungen, wie es im Weiteren zu sehen ist: Der einleitende V1 nimmt die Ereignisses des im

---

[69] Vgl. Keel, *Jahwe-Visionen und Siegelkunst*, 121. Belege zum Beben und zum Rauch bei Theophanien bietet er a.a.O. Anm.268.

[70] Die Spannung im Text stellt auch Keel, *Jahwe-Visionen und Siegelkunst*, 123, fest.

Folgenden geschilderten Plans zum Angriff auf Jerusalem vorweg und beschreibt den Zug nach Juda als bereits geschehen, was für eine nachträgliche Voranstellung des Verses spricht. „Während V.1 mit dem Hinweis auf den erfolglosen Ausgang der kriegerischen Bemühungen Rezins und Pekachs über den Horizont der folgenden Erzählung hinausgreift, lenkt V.2 den Blick zurück auf die akute Bedrohung und bildet damit den eigentlichen Ausgangspunkt der folgenden Reden Jesajas an Ahas."[71] Zudem wird in Übereinstimmung mit 2Kön 16,5 der Name Pekach für den Sohn Remaljas geboten, der im weiteren Verlauf der Erzählung nicht mehr genannt wird.[72] Ebenso wird die geschilderte Nicht-Einnahme Jerusalems im Folgenden nicht wieder erwähnt. V1 ist insgesamt aus der Retroperspektive formuliert, die über die folgende Erzählung hinausgeht.[73] Aufgrund der erwähnten Spannungen ist V1 als spätere Zufügung zu den Vv2–9 zu werten und als literarische Erweiterung vom Grundbestand der Erzählung zu trennen.[74]

Mit V4b wird eine historisierende Glosse in den Text eingefügt. Mit בחרי־אף רצין וארם ובן־רמליהו wird das vorstehende Bild der beiden rauchenden Brandscheitstummel auf die mit dem syrisch-ephraimitischen Krieg verbundenen Personen bezogen. „1.) V.4b als weiteres indirektes Objekt in V.4 erklärt die Identität der Brandscheitstummeln in V.4a*. 2.) Die abwertende Tendenz der Metapher, die

---

[71] Barthel, *Prophetenwort*, 125.

[72] Vgl. dazu die Untersuchung von Bickert, *König Ahas*, 367–372. Wie Bickert zeigt, sind die Beziehungen zwischen 2Kön 16,5–7.9 und Jes 7,1–9a allein auf 2Kön 16,5 und Jes 7,1 zu beschränken. Jes 7,1 wurde sekundär von einer historisierenden Bearbeitung in Jes 7,1 eingetragen. „Daher dürfen auch der Jes- und der Kön-Text nicht aneinander angeglichen bzw. miteinander ergänzt werden [. . .]" (371). Dieses erkannte bereits Budde, *Jesajas Erleben*, 32f.: „Es ist undenkbar, daß diese beiden Texte unabhängig voneinander wären; die ursprüngliche Stelle wird man im Königsbuch zu suchen haben, wo der Wortlaut für den Zusammenhang unentbehrlich ist."

[73] Irvine, *Isaiah*, 83.137, weist darüber hinausgehend darauf hin, dass ab V2 allein Ahas Ziel der Angriffsbemühungen ist, in V1 aber Jerusalem insgesamt.

[74] Barthel, *Prophetenwort*, 119f.132f., zeigt auf, dass Jes 7,1 und 2Kön 16,5 nicht selben Ursprungs sind, da die inhaltlichen und sprachlichen Differenzen zwischen den beiden Versen zu gravierend sind. Während es in Jes 7 allein um die Tatsache geht, dass der Plan der aramäisch-israelitischen Koalition zur Inthronisation eines neuen Königs scheitern wird, setzt 2Kön 16 die Situation einer Okkupation des Landes durch die Truppen der nördlichen Nachbarn voraus. Damit aber zeigt 2Kön 16 ein späteres Entwicklungsstadium auf, in dem historische Abläufe vorausgesetzt werden, die sich in Jes 7 nicht erkennen lassen.

der Einschätzung Ausdruck gibt, daß die Feinde aktuell noch gefährlich erscheinen, daß diese Gefährlichkeit aber schon im Schwinden begriffen ist, wird nicht durchgehalten. חרי־אף scheint zwar von V.4a* abhängig, qualifiziert aber die Gefahr nicht punktuell. 3.) Die Zusammenstellung von ‚Rezin', ‚Aram' und ‚der Sohn Remaljas' ist befremdlich."[75]

Eine weitere Spannung ist in V8b festzustellen. Die Erwähnung des Untergangs Ephraims in einer bestimmten Anzahl an Jahren zerstört die Gleichstellung Rezins und des Sohnes Remaljas, die jeweils in der Form einer zweifachen Zugehörigkeitsbestimmung gegeben ist. Dabei bezieht sich die in V7bβ gegebene Negation auf den folgenden Objektsatz in den Vv8a.9a.[76] Dieser ist viergliedrig aufgebaut, wobei die ersten beiden Glieder die Stellung Rezins im Aramäerreich beschreiben, die Glieder drei und vier in gleicher Weise die Stellung des Sohnes Remaljas im Nordreich Israel. Dieses Gefüge wird durch die Einfügung von V8b unterbrochen.[77] Wäre diese ursprünglich, würde die in V7bβ gebotene Negation sich allein auf die Zustände im Aramäerreich beziehen. Die Aussage über das Nordreich wäre davon nicht berührt und bliebe im Kontext unverständlich.[78]

---

[75] Werlitz, *Literarkritische Studien*, 146. Das dritte Argument bietet in früherer Zeit auch Procksch, *Jesaja*, 115. Weiter vgl. Barthel, *Prophetenwort*, 133; Beuken, *Jesaja 1–12*, 189.

[76] Vgl. Procksch, *Jesaja*, 116: „V.8b gehört, wenn echt, hinter v.9a, da v.8a.9a ein Paar bildet, und erst mit v.9a wird Ephraim neben Aram eingeführt." Und weiter Hubmann, *Randbemerkungen*, 34: „Hinzu kommt, daß die in V. 8a.9a geradezu monoton formulierte Erläuterung durch V. 8b störend unterbrochen wird. Unter historischen Gesichtspunkten stellt die in diesem Einschub gebotene präzise Angabe des Zeitpunktes, bis zu welchem Efraim vollständig zerschlagen sein wird, ein weiteres Problem dar. Doch wie immer die Angabe im einzelnen zu deuten sein wird, soviel ist ihr mit Sicherheit zu entnehmen, daß sie wiederum offensichtlich in Rückschau auf die Ereignisse in und um den syrisch-efraimitischen Krieg formuliert ist und damit ein weiteres Moment der Zeitverschiebung innerhalb unseres Textes belegt." Einen sehr guten Überblick zum aktuellen Diskussionsstand gibt die ausführliche Darstellung bei Barthel, *Prophetenwort*, 129.

[77] So auch Wildberger, *Jesaja I*, 266.

[78] V8b wird i.d.R. als *vaticinium ex eventu* gedeutet. Vgl. dazu Werlitz, *Literarkritische Studien*, 150–153; Barthel, *Prophetenwort*, 134; Becker, *Jesaja*, 39; Beuken, *Jesaja 1–12*, 189. Ogden, *‚Within sixty-five years . . .'*, 446f., versucht, die originäre Zugehörigkeit von Jes 7,8b zum Gottesspruch mittels einer chiastischen Struktur nachzuweisen. Sein Versuch ist jedoch aus folgenden Gründen problematisch: a. Zur eröffnenden Aussage gibt es kein abschließendes Gegenüber; b. Jes 7,8b stellt, trifft der von ihm aufgezeigte Chiasmus zu, die Klimax des Gotteswortes dar. Das Gotteswort läuft aber auf den Glaubensruf in Jes 7,9b zu. Der Untergang der beiden Staaten dient der Versicherung des Königs, der Glaubensruf als Handlungsanweisung; c. die in

Die Vv10–17 bieten ein zweites Heilswort, das um die Glosse in V17b erweitert ist.[79] Erst durch diese Glosse wird die vorstehende Heilszusage in eine Unheilsansage verändert.[80] Deutlich wird der Heilscharakter des Zeichens durch die Ansage der neuen Heilszeit in V17. Der präpositionale Ausdruck למיום erscheint innerhalb des Alten Testaments außer in Jes 7,17 an zwei weiteren Stellen: Ri 19,30; 2Sam 7,6. Er bezeichnet dort jeweils den anschließend angeführten vergangenen Zeitraum und grenzt diesen von der folgenden Zeit ab, die von dem mit למיום eingeleiteten Ereignis bis zum Abschluss der darauf folgenden Zeitspanne reicht. Die dann folgende Zeit wird in Ri 19,30; 2Sam 7,6 mit עד היום הזה nach hinten begrenzt. Deutlich wird daraus, dass למיום das Ende eines Zeitraums anzeigt, damit gleichzeitig einen neuen Zeitabschnitt einleitet. Die auf למיום folgende Zeitbestimmung ist die der vergangenen Zeit. Damit wird in Jes 7,17 also nicht auf die Tatsache der Trennung von Israel und Juda, sondern auf die vorherige Zeit der staatlichen Union angespielt. Diese wird als Heilszeit verstanden. Erst die Nachinterpretation durch die Anfügung von את מלך אשור legt nahe, dass die Zeitangabe sich auf die Vorgänge bei der Trennung der Reiche bezieht.[81]

den von Ogden als Linien 2 und 4 bezeichneten Textteile (Vv 8a.9a) sind parallel konstruiert, bilden aber keinen Chiasmus. Aus seiner Untersuchung hervorzuheben ist jedoch die von ihm gezeigte Korrespondenz von Jes 7,7b und Jes 7,9b. Sie zeigt, dass Jes 7,7b als Gelenkstelle zwischen der prophetischen Ansage aus Jes 7,4–6, auf die es inhaltlichen Bezug nimmt, und dem sich in Jes 7,7–9 anschließenden Gotteswort dient.

[79] Vorlage der Glossierung ist die Untergangsansage an Damaskus und Samaria, die dem neuassyrischen König unterliegen werden, in Jes 8,4. Weil hier das neuassyrische Reich als Kontrahent genannt wird, konnte die Redaktion genau diese Gegnerschaft auch für Jes 7,17b annehmen (vgl. Wildberger, *Jesaja I*, 318; zur Glossierung vgl. auch Lescow, *Denkschrift*, 323). Bestätigt wird das historische Faktum der Plünderung Samarias durch die Annalen Tiglatpilesers III: „Bît-Humria, all seine Bewohner und all ihre Habe, führte ich nach Assyrien. Sie stürzten ihren König Paqaḫa, und ich setzte Ausiʿ als König über sie" (Annalenfragment aus Pritchard, *ANET*², 284; die Übersetzung des Texts aus Wildberger, *Jesaja I*, 319; vgl. die Übersetzung in *TUAT I/4*, 373f., die die im assyrischen Text gebotenen Namen den bekannten biblischen Namen anpasst).

[80] Vgl. Høgenhaven, *Gott und Volk*, 91: „[. . .] denn der Hinweis auf die Reichstrennung kann ebenso gut als Kontrast wie als Analogie zum Bevorstehenden angeführt sein." Nach Beuken, *Jesaja 1–12*, 188f., wird das Heilszeichen Immanuel in seiner Interpretation durch V17b in seiner Erfüllung zu einem neuen Zeichen, und zwar dann zu einem Unheilszeichen.

[81] Vgl. Wildberger, *Jesaja I*, 297f.; Werlitz, *Literarkritische Studien*, 197f.; Sweeney, *Isaiah*, 155: „Insofar as the Ephraimite revolt introduced a period of decline for Judah and the Davidic dynasty, the 'days that have not come since the departure

Eine weitere Spannung zeigt sich zwischen den Vv15.16. V15 beschreibt die Ernährung des Kindes Immanuel, deren Funktion es ist, zwischen Gut und Böse scheiden zu können. V16 springt zeitlich zurück und bezieht sich auf die Zeit, bevor das Kind dazu in der Lage ist. Die Pointe der Ankündigung wird schließlich mit dieser Zeit bis zur Ausbildung der Fähigkeit verbunden: Noch ehe das Kind in der Lage sein soll, zwischen Gut und Böse zu unterscheiden, werden Damaskus und Israel untergehen. Weiter nimmt die Verheißung der göttlichen Gegenwart, die dem Namen Immanuel implizit ist, und des aus ihr resultierenden Schutzes sowohl für das Königshaus wie auch für den Staat die Tradition der Bindung der davidischen Dynastie an Jahwe auf.[82] Die Anspielung auf den Wohlstand des Landes in V15 Ernährung mit חמאה ודבש lässt sich inhaltlich jedoch nicht mit der Verwüstungsankündigung der Nachbarländer zusammenfügen, da der Wohlstand Judas nicht an die Zerstörung Israels und Damaskus' gebunden ist. Vielmehr scheint das Motiv aus V22b aufgenommen und damit den Zusammenhang zwischen den beiden sich auf Immanuel beziehenden Versen zu bilden, in denen es inhaltlich um die Zeit der Ausbildung des Kindes, und nicht um die Umstände seiner Qualifikation geht.[83] Die Verwüstungsansage der sich am Aufstand gegen das Assyrerreich beteiligenden Nachbarstaaten soll die Sinnlosigkeit des Aufstands anzeigen, dessen schnelles Ende für Jesaja voraussehbar ist. V15 ist also als sekundärer Textteil von den Vv14.16 literarkritisch zu trennen und als redaktioneller Anteil zu bewerten.[84]

So zeigt Jes 7,1–17 eine mehrstufige Entwicklungsgeschichte auf: Die Erzählung in den Vv2–9 (ausgenommen der Glossierungen in den Vv4b.8b) ist um V1 erweitert, der die Erzählung mit der Darstellung in 2Kön 16,5 in Einklang bringt. Der zweite Abschnitt des Kapitels (Vv10–17) ist ebenfalls aus verschiedenen Elementen

---

of Ephraim' refers to the former glorious days of the Davidic dynasty under David and Solomon when the kingdom was united."

[82] Vgl. dazu Barthel, *Prophetenwort*, 140f., der auch die entsprechenden Belegstellen bietet.

[83] Irsigler, *Zeichen*, 82, spricht in diesem Zusammenhang von einer „messianisch orientierte[n] Bearbeitung". Jensen, *Age*, 221f., zeigt, dass es sich in V15 um eine *interpretatio ex eventu* handelt.

[84] Vgl. Werlitz, *Literarkritische Studien*, 182–186; Høgenhaven, *Gott und Volk*, 98; Beuken, *Jesaja 1–12*, 206.

zusammengesetzt. Die Einleitung V10 führt auf redaktioneller Ebene von der vorhergehenden Erzählung zu dieser über und bringt sie als zwei sich aufeinander beziehende Erzählungen in einen Zusammenhang. Die Vv11–14.16.17a bilden zusammen ein Heilswort, das sich an Ahas und die für das davidische Königshaus eintretende Zukunft richtet.[85]

Abgeschlossen wird das Kapitel durch vier Worte, drei Unheils- und eine Heilsansage, die durch historisierende Glossen und Stichwortbezüge mit den voranstehenden Erzählungen verbunden sind. Formkritisch fällt auf, dass es sich hier nicht mehr um ein Gespräch handelt, sondern das an das Gotteswort in Jes 7,14.16f. Prophetenworte angeschlossen sind. Diese Worte sind jeweils mit der prophetischen Verweisformel והיה ביום ההוא eingeleitet (Vv18.21.23, wobei in V20 das einleitende והיה fehlt). Mit der Formel wird auf literarischer Ebene eine zeitliche Identifikation herbeigeführt, die als solche bereits auf eine redaktionelle Schicht hinweist.[86] Zudem stehen die Worte in Spannung mit der Heilsperspektive des göttlichen Zeichens, das Heil ohne Gericht verheißt.

Inhaltlich unterscheiden sich die Worte dahingehend, dass die ersten beiden und das vierte Wort Unheilsansagen sind, das zweite Wort eine Heilszusage darstellt. Die Differenzierung in eine Heilsund drei Unheilsansagen ist für die redaktionelle Gestaltung des Textes

[85] Dadurch, dass er die Spannung zwischen den Vv 14.15.16f. nicht thematisiert, kommt Hubmann, *Bemerkungen*, 41, zu einer anderen literarkritischen Aufteilung. Er unterscheidet eine in die Zeit des syrisch-ephraimitischen Krieges gehörende Grundschicht aus Jes 7,3–7.8b.9a.14b–16 (; warum er V8a und nicht V8b ausgrenzt, ist unverständlich. Vermutlich handelt es sich um einen einfachen Tippfehler;) und eine spätere Schicht aus den Vv 1b.9b.11–14a.17. Die fehlenden Verse und Versanteile sind erst nach dieser Ergänzungsschicht hinzugewachsen. Die Ergänzungsschicht wendet sich, das ist sein entscheidendes Kriterium, an einen ausgeweiteten Adressatenkreis. Doch schon die Spannung zwischen den Vv14.15.16f. zeigt m.E. an, dass die von ihm vorgestellte Genese zumindest überarbeitungswürdig ist.
Ein literarkritisches Modell, das dem oben gezeigten nahezu entspricht, bietet Dohmen, *Immanuelzeichen*, 310f., der jedoch auch V2 der Bearbeitung zuweist. Damit wird die folgende Erzählung unverständlich, da die Einleitung fehlt. Dem Leser wäre so nicht verständlich, warum der Prophet dem König Ahas gegenübertritt. Da Jes 7 von Anfang an als Er- oder Fremdbericht verfasst war, ist der berichtende Stil literarisch bestimmend. Unter diesem Aspekt ist die Einleitung notwendig, da ansonsten der Grund für die folgende Erzählung dem Leser verborgen bleibt.

[86] Vgl. Kaiser, *Buch Jesaja I*, 137; Vargon, *Isaiah 7:18–25*, 109. Dass die Worte in Jes 7,18–25 als Konsequenz der Immanuelsweissagung zu verstehen sind, darauf weisen Sweeney, *Isaiah*, 154; Beuken, *Jesaja 1–12*, 188, hin.

entscheidend. Das Heil in Vv21f. unterscheidet sich grundlegend von dem Heil, das in Vv14.16f. angesagt wird. Nach den Vv21f. gibt es Heil erst nach dem erfolgten Gerichtsschlag (V22). Die dieses Heilswort umgebenden Unheilsansagen zeigen hingegen keine Heilsperspektive auf. Direkt an die Immanuel-Weissagung angeschlossen sind die Vv18–20 mit einem Stichwortbezug zu der Erweiterung in V17 את מלך אשור. Dieser wird als eine der beiden Mächte genannt, die das Gericht in Jerusalem herbeiführen werden (neben Ägypten).[87] V20 bietet das Bild eines Flusses (das sich auch in Jes 8,6.8 findet). Die Vv23–25 nehmen das dem Leser aus Jes 5,1–7 bekannte Motiv des Weinbergs auf. Sie führen das dort gezeichnete Bild weiter, indem sie zeigen, dass eine weitere Bestellung des Weinbergs nicht möglich ist, da sich die Menschen vor den Dornen und Disteln fürchten. So spiegeln sie mit der Metapher des verwüsteten Weinbergs die Situation nach dem Gerichtsschlag wieder. Verbunden sind sie mit den vorhergehenden Erzählungen durch Glossierung (V20) und Stichwortbezug (V22). Damit bilden die Vv18–25 eine die Vv1–17 erweiternde Einheit.[88] Aufgrund der formalen Unterschiede und den daraus resultierenden Spannungen sind die Prophetenworte in den Vv18–25 als sekundärer Anhang an Jes 7,1–17 zu verstehen.

Der Text Jes 8,1–15 zerfällt in vier Teilabschnitte, die in mehr oder minder engem Zusammenhang stehen. Die Vv1–4 sind in sich kohärent und zeigen keine Hinweise auf eine mögliche literarische Erweiterung. Sie sind durch V5 mit dem in den Vv6–8 folgenden Unheilswort verbunden.[89] V5 zeigt sich dabei als eine chronologisierende Überleitung zwischen den beiden Abschnitten Jes 8,1–4 und

[87] Duhm, *Jesaja*, 76f., sieht in der Nennung der Länder Ägypten und Assur eine Glossierung. Eine redaktionelle Erklärung der eindringenden Mächte sei notwendig, weil die beiden genannten Tiere nicht eindeutig mit den Ländern zu identifizieren sind (in seiner Folge auch Marti, *Jesaja*, 79f.; Donner, *Völker*, 140; Barth, *Jesaja-Worte*, 199f.). Gegen die These ist allerdings einzuwenden, dass, wenn die Besatzermächte für den Hörer nicht eindeutig zu erkennen waren, die Explikation von Anfang an notwendig gewesen ist. Daher ist eher anzunehmen, dass der Verfasser ein traditionelles Wort aufgenommen und in den Dienst der Botschaft gestellt hat, indem er dieses mit den beiden Mächten identifiziert hat.

[88] Auszunehmen ist hier allein die Aufnahme von V22 in V15. Hier handelt es sich, wie gezeigt, um eine redaktionelle Bearbeitung von V22 her (vgl. Barthel, *Prophetenwort*, 142).

[89] Vgl. die Gliederung unter *2.2.2 Die Worte Jahwes an den König und das Volk Jes 7,1–8,15*, 56–59.

Jes 8,6–8. Inhaltlich fallen die Prophetenworte Jes 8,1–4 und 8,6f. auseinander. Wie unter *4.2 Jesaja und die Öffentlichkeit*, 167–202, zu sehen sein wird, handelt es sich bei dem ersten Wort Jes 8,1–4 um eine Unheilsansage an das Nordreich Israel und unter den Bedingungen des syrisch-ephraimitischen Konflikts um eine Heilsansage an Juda. Jes 8,6f. jedoch wendet sich als Unheilsansage gegen Juda und droht Juda mit einer Invasion des assyrischen Königs. Ein direkter Zusammenhang zwischen den Worten ist nicht zu erkennen, so dass sie eher redaktionell zusammengefügt wurden.[90]

Jes 8,7 wurde verschiedentlich als Ergänzung zu den Vv.6.8 gedeutet.[91] Als Argument wird angeführt, das Bild der Wasser werde mit der Einfügung des Königs von Assur zerstört. Doch sind die Vv6.8 ohne V7 inhaltlich unverständlich. Eher ist eine Glossierung in V7 anzunehmen ist. Diese würde את־מלך אשור ואת־כל־כבודו umfassen, was auch der Herausgeber der BHS vorschlägt. Der Anmerkung im textkritischen Apparat zufolge sind die Worte aus dem Text zu strei-

[90] Wie zuletzt Becker, *Jesaja*, 26f., hervorhob, stimmen Jes 8,5 und Jes 7,10 terminologisch überein. Für ihn ist dieses ein deutliches Merkmal dafür, dass Jes 7,10 nach Jes 8,5 gebildet ist (vgl. zum Verhältnis der beiden Kapitel Jes 7 und Jes 8 die Diskussion unter *4.2.4 Die Übereinstimmungen und Unterschiede in der Grundschicht Jes 7,1–8,15*, 192–199). Für Jes 7,2–8a.9–14.16f. ist V10 notwendig, da sonst der Textsinn nicht verständlich wäre. Wie Irsigler, *Zeichen*, 77f., aufzeigt, ist Jes 7,10–17 nicht ohne die voranstehenden Vv3–9 denkbar. Jes 7,10–14.16f. ist, wie unter *4.1 Jesajas Auseinandersetzung mit Ahas von Juda*, 125–167, als Bestätigung des ersten Zeichens zu verstehen und damit originär auf das erste Gotteswort in Jes 7,8a.9 bezogen. Jes 8,1–4.6–8 hingegen stehen in keinem derartigen Verhältnis zueinander. Vielmehr weisen die Texte, wie unter *4.2 Jesaja und die Öffentlichkeit*, 167–202, gezeigt wird, unterschiedliche Intentionen auf: Während Jes 8,1–4 der aramäisch-israelitischen Koalition den Untergang ansagt, warnt Jes 8,6–8 die judäische Bevölkerung davor, an dieser Koalition teilhaben zu wollen. Folge einer solchen Teilhabe wäre der Untergang Judas. Die wörtliche Übereinstimmung von Jes 7,10 und Jes 8,5 legt nahe, dass einer der beiden Texte literarisch vom anderen abhängig ist. Die Glossierung von Jes 7,17 in der Zeit Josias (vgl. *6.4 Die historisierende Bearbeitung*, 272–278) zeigt, dass Jes 7,10–14.16f. bereits zu dieser Zeit schriftlich vorgelegen haben muss. Die von Becker, *Jesaja*, 220–222, konstatierte Ahas-Hiskia-Typologie, die er aus den Texten Jes 7 und Jes 36–38 konstruiert, basiert auf der Annahme, Jes 7 sei in Beziehung zu Jes 36–38 verfasst. Da Jes 36–38 deuteronomistischen und damit späteren Ursprungs sind, wäre die Glossierung in Jes 7,17 zeitlich unverständlich. So ist Jes 7,2–8a.9–14.16f. wohl primär aus seiner historischen Situation heraus verständlich.

Wenn Jes 7,10 nur originär zum Textbestand Jes 7,2–8a.9–14.16f. gehören kann, und wenn dieser Text primär aus der in ihm geschilderten Zeit heraus verständlich ist und erst sekundär anders gedeutet wurde, dann deutet der größere inhaltliche Abstand, der zwischen Jes 8,1–4 und Jes 8,6–8 besteht, darauf hin, dass Jes 8,5 nach Jes 7,10 gebildet wurde.

[91] Vgl. Huber, *Völker*, 164, dort auch weitere Literaturhinweise.

chen. Der Gegensatz des plätschernden Kanals und des breiten Stroms, die sich in den Vv6f. finden, wird durch die Bemerkung unterbrochen. Da die Vv6–8 durchgehend in der Flutmetaphorik gestaltet sind, ist zwar dem Vorschlag des Herausgebers der BHS nicht zu folgen, doch erscheint eine literarkritische Ausgrenzung aufgrund des deutlichen Motivbruchs sinnvoll.[92]

Die auf die Vv6–8 folgenden Vv9f. fallen aus dem Duktus von V8b heraus.[93] Während V8b Juda eine bevorstehende Zeit der Belagerung ansagt, zeigen die Vv9f. den Grund dafür auf, warum die Völker nicht gegen Juda agieren können. Juda besitzt eine Person, an die der Schutz des Landes gebunden ist: Immanuel. Obwohl sowohl V8b wie auch die Vv9f. auf Immanuel Bezug nehmen, haben sie unterschiedliche Intentionen. Während V8b als Klageruf seinem

[92] Weiterhin fraglich ist, ob die Vv6–8 sekundär zu Jes 8,1–4 sind. Sie könnten als redaktionell gestaltetes Prophetenwort interpretiert werden und *ex eventu* die assyrische Invasion in Juda angesagt haben. Gegen eine solche Deutung spricht sich aufgrund religionsgeschichtlicher Parallelen vor allem Hartenstein, *Schreckensglanz Assurs*, aus, der zeigt, dass die Motive der Flut und der ausgebreiteten Flügel, wie sie in Jes 8,6–8 verwendet werden, mehrfach in assyrischer Literatur zu finden sind und die Verwendung im alttestamentlichen Schrifttum zeitnah am verständlichsten ist. Allerdings bleibt eine inhaltliche Spannung zu dem Heilswort an Juda, wie es Jes 8,1–4 bietet. Ob diese Spannung jedoch literarkritisch zu erklären ist, oder ob es sich hier um eine Veränderung in der Prophetie Jesajas handelt, ist fraglich. Die motivischen Parallelen in der assyrischen Literatur sprechen m.E. eher für eine Veränderung der Prophetie Jesajas, als für eine literarkritische Scheidung. Zudem würde eine literarkritisch strikte Trennung zwischen Heils- und Unheilsprophetie die Möglichkeit der prophetischen Einsicht in sich verändernde Zeitumstände nicht gerecht werden. Ein Grund für die Veränderung der Heilsbotschaft aus Jes 8,1–4 ist in V6 zu sehen: Teile der Jerusalemer Bevölkerung unterstützen die Pläne der aramäisch-israelitischen Koalition und stellen sich damit gegen die von Jahwe inthronisierte davidische Dynastie. Die Vv6–8 weiten damit die in V4 für Damaskus und Samaria ausgesprochene Untergangsansage auf das Südreich Juda aus (vgl. zu gesamten Zusammenhang *4.2 Jesaja und die Öffentlichkeit*). Deutlich wird auf jeden Fall, dass zwischen den Worten Jes 8,1–4 und Jes 8,6–8 ein gewisser Zeitabschnitt gelegen haben muss und Jes 8,6–8 zeitlich später als Jes 8,1–4 anzusetzen ist. Gegen einen nachjesajanischen und damit einen die jesajanische Prophetie explizierenden Zusatz spricht weiterhin, dass die Ergänzung für den Hörer/Leser nicht zu verstehen ist und erst durch את־מלך אשור ואת־כל־כבודו konkretisiert werden muss. Würde redaktionell eine die historischen Gegebenheiten darstellende Ergänzung eingetragen, wäre mit einer konkreteren Schilderung der Ereignisse zu rechnen. Aufgrund der verwendeten Motive, die in die assyrische Zeit weisen, der Möglichkeit, dass Jesaja zu Lebzeiten den Inhalt seiner Botschaft modifiziert haben kann, und der nicht an historischen Fakten ausgerichteten Darstellung, wird Jes 8,6–8 trotz der inhaltlichen Spannung zu Jes 8,1–4 bis zur Interpretation des Textes unter *4.2.2 Die Warnung an Juda*, zur Grundschicht gerechnet.

[93] Vgl. Beuken, *Jesaja 1–12*, 218.

Land Unheil ankündet, wenden sich die Vv9f. gegen die Juda bedrängenden Völker und bilden somit ein Heilswort für Juda. Dieses aber steht in Spannung zu V8b und ist daher von ihm zu trennen. Als Grund für die Zusammenfügung der beiden Abschnitte ist allein die Erwähnung des Immanuel-Namens anzuführen. Es handelt sich demnach um eine Form des Stichwort-Anschlusses. Die Erwähnung der עמים und die Heilsperspektive für Juda deuten auf eine spätere Entstehung des Abschnitts, als dieses für Jes 8,6–8 anzunehmen ist, hin.[94]

Als an das Völkerwort anschließende Einheit hat sich in der Gliederung Jes 8,11–15 gezeigt.[95] Innerhalb dieses Abschnitts sind keine literarkritisch auffälligen Elemente zu beobachten, so dass die Verse als kohärent angesehen werden können. Getrennt von Jes 8,11–15 sind dann wiederum die Vv16f. Inhaltlich besteht in ihnen eine Spannung zu V14.[96] Während V14 sich mit שׁני בתי ישׂראל sowohl an das Nord-, als auch an das Südreich bezieht, wird in V17 die Bezeichnung בית יעקב, die sich im vorliegenden Kontext an das Südreich wendet (, was wiederum Jes 9,7 widerspricht, denn hier bezieht sich יעקב eindeutig auf das Nordreich). Dieses aber deutet auf eine Aufnahme deuterojesajanischer Terminologie hin (vgl. Jes 40,27; 41,8.14; 42,24 u.ö.), in der die Bezeichnung בית יעקב für die Exilierten verwendet wird. Zudem verändert sich mit V16 die syntaktische Gestaltung des Texts. Die *Imperative* markieren einen Neueinsatz.[97]

Zusammenfassend ist also festzuhalten: Das Heilswort Jes 7,14.16f. wurde mehrfach redaktionell erweitert. Zunächst erhielt es mit der Anfügung der Glosse את מלך אשור einen Unheilscharakter. An diesen wurde die Unheilsansage Vv18–20 angeschlossen. Diese wiederum wurde um die Darstellung der Perspektive nach dem Gerichtsschlag in den Vv23–25 ergänzt. Ausdruck der Überwindung dieser Situation ist die Heilsweissagung der Vv21f., die wiederum mit dem Bild von Milch und Honig auf die Heilsweissagung Jes 7,14.16f. eingewirkt

---

[94] Vgl. dazu die Darstellung bei Kaiser, *Buch Jesaja I*, 182, der in diesem Text denselben Redaktor entdeckt. Dieser habe auch die Heilsperspektive in Jes 6,13bβ; 7,14b–16bα.21f. eingetragen.

[95] Vgl. Beuken, *Jesaja 1–12*, 218.

[96] Vgl. Barthel, *Prophetenwort*, 218–220.

[97] Vgl. Sweeney, *Isaiah*, 114.

hat und zu der Ergänzung V15 geführt hat.[98] Damit wurde die ursprüngliche Heilsperspektive des Gotteswortes erneuert. Durch diese Ergänzung hat sich der Charakter des Heilsworts verändert, was unter *6.3.2 Jes 7,15 – Die Ausweitung des Immanuelorakels*, 266–269, ausgeführt wird.

Jes 7 ist entsprechend der gezeigten Beobachtungen aus verschiedenen Elementen redaktionell zusammengesetzt: Die Gottesworte in Jes 7,2–8a.9–14.16f. wurden durch die Vv1.10 miteinander verbunden. Der Spruch in Jes 7,8a.9a wurde durch die Verbindung des Untergangs Samarias mit einer Zeitangabe um Jes 7,8b erweitert.[99] Abgeschlossen wird der Spruch mit dem Glaubensruf, womit das unbedingte Heilsorakel an eine Voraussetzung gebunden wird.[100]

Das zweite Gotteswort in Jes 7,10–14.16f. wurde um V15 erweitert, der sich als eine Kombination von V16 mit V21 erwiesen hat. Abschließend ergänzt wurden vier Worte, die jeweils durch eine redaktionelle Zeitangabe eingeleitet werden. Dabei handelt es sich um drei Unheilsworte und ein Heilswort (Vv21f.).

Die Analyse von Jes 8,1–15 hat gezeigt, dass der Text aus vier Einheiten besteht. Das erste Wort findet sich in Jes 8,1–4, an das durch die redaktionelle Überleitung in V5 ein zweites Jahwe-Wort in den Vv6–8 angeschlossen ist. Dieses wiederum ist aus verschiedenen Elementen zusammengesetzt. Die ursprüngliche Untergangsansage an das Nordreich V6f. wird in V8 auf das Südreich Juda ausgedehnt. Mit V9f. setzt ein neues Thema ein, das allein durch den Namen Immanuel mit dem voranstehenden V8 verbunden ist. Inhaltlich stellt es eine Heilsansage an das Südreich dar. Den abschließenden Teil bilden die Vv11–15, die eine weitere Unheilsansage an Juda enthalten.

[98] Zur Entstehung von V15 als Kombination aus V16a und V22b vgl. Beuken, *Jesaja 1–12*, 190.

[99] Unklar bleibt die Stellung der Erweiterung in diesem Zusammenhang. Der vom Herausgeber der BHS vorgeschlagene Tausch von V8b mit V9a erscheint wahrscheinlich, ist allerdings durch keine Textzeugnisse gesichert. Eine weitere Möglichkeit wäre, dass der Redaktor den Text bereits anders, d.h. das V8 einleitende כי nicht kausal, sondern demonstrativ verstanden hat. Denn damit wäre lediglich eine Beschränkung der Machtbereiche angezeigt und in der Rückschau würde dann Ephraims Bestand von vornherein auf einen bestimmten Zeitraum festlegt.

[100] Vgl. Dohmen, *Verstockungsvollzug*, 40–42.

Jes 8,16–9,6

Mit V16 verändert sich die grammatische Struktur. Die obige Analyse hat bereits gezeigt, dass ab V16 *Imperative* anstelle der zuvor verwendeten *perf.consec.* stehen. V16 ist syntaktisch nicht mit V15 verbunden und bildet so einen Neueinsatz. Eine Verbindung besteht jedoch zu V17, so dass diese beiden Verse als eine Einheit zu verstehen sind. Mit V18, der nicht durch *waw* mit V17 verbunden ist, setzt zudem ein neues Thema ein: ‚Zeichen Jahwes an Israel'. Jesaja und seine Kinder werden in ihm als die einzigen gültigen Zeichen Jahwes in den Vv18–20 dargestellt. Auffällig ist dabei die verwendete Terminologie לאתות ולמופתים בישראל מעם יהוה צבאות in V18. Mit der Angabe בישראל tritt als Adressat der Zeichen Jahwes ein Terminus auf, der in der Grundschicht für das Nordreich, an die sich die Botschaft Jesajas eben nicht wendete, gebraucht wird. Dieses ist ein deutliches Indiz für die spätere Abfassung dieses Textteils, der damit sekundär im Verhältnis zur Grundschicht ist. Mit dem in den Vv21–23 angeführten Umherirren im Lande wird die Weissagung des kommenden Herrschers in Jes 9,1–6 angebunden. Dass es sich hierbei um eine Fortschreibung der abgeschlossenen Botschaft Jesajas handelt, ist aufgrund des Auftrags zum Abschluss und Versiegelung der Botschaft durch Jahwe in Jes 8,16f. deutlich.[101]

Auch Jes 8,16f. weist einen Terminus auf, der für eine Abfassung in späterer Zeit spricht: בית יעקב. Die Bezeichnung יעקב spielt, wie Jes 9,7 zeigt, auf das Nordreich an. Doch ein Verschließen der Botschaft und ein Verbergen Jahwes vor dem Nordreich Israel würden nicht zu einem Ausharren des Propheten führen. Verständlich ist die Verwendung von בית יעקב hier im Sinne der Botschaft Deuterojesajas. Er bezeichnet das exilische Israel mehrfach mit יעקב (Jes 40,27; 41,8.14.21; 42,24; 43,1.28; 44,1.5 u.ö.). Das häufige Vorkommen des Terminus in der Botschaft Deuterojesajas in dem Sinne, in dem er auch in Jes 8,16f. zu verstehen ist, und die Tatsache, dass er in der Botschaft des 8.Jh.s v.Chr. das Nordreich bezeichnet, legen die Annahme einer redaktionellen Hinzufügung in exilischer Zeit nahe. Mit der Verwendung von בית יעקב für Gesamtisrael stehen die Vv16f. in Spannung zur Grundschicht Jes 7,1–8,15. Aufgrund der Spannung und der Nähe von Jes 8,16f. zur Botschaft Deuterojesajas

[101] Vgl. Sweeney, *Isaiah*, 175ff., der auf den syntaktischen Zusammenhang von Jes 8,16f. mit V18 aufgrund des verwendeten *waw consec.* hinweist.

sind die Vv16f. als sekundär gegenüber der Grundschicht Jes 7,1–8,15 zu sehen.

Die Abgrenzung der Ankündigung des kommenden Herrschers in Jes 9,1–6 ist umstritten. Zwar ist die Abgrenzung nach hinten nicht zu bestreiten, da mit Jes 9,7 das Kehrversgedicht beginnt und damit ein Neueinsatz gegeben ist, doch ist die Abgrenzung nach vorne fraglich. Der Text Jes 9,1–6 ist zunächst unverständlich, da der Bezug zu der mit der *2.pers.sg.* angeredeten Person unklar ist, die im Vorhergehenden nicht auftaucht. Betrachtet man den Text alleine, wäre es möglich, sie auf Jahwe oder den König zu beziehen. Der Gattung nach handelt es sich bei dem Text um ein *Danklied eines Einzelnen für ein zukünftiges Geschehen.*[102] Dieses weist darauf hin, dass der Adressat des Dankes Jahwe ist. Der Subjektwechsel zwischen V1 und V2 ist zunächst ein literarkritisch relevantes Phänomen. Doch auch zwischen Jes 8,23 und Jes 9,1 wechselt das Subjekt, so dass sich keine sichere Zuordnung ergibt. Die Vv18–20.21–23aα^6 bilden eine literarische Brücke zwischen der Abschlussnotiz in Jes 8,16f. und der folgenden Weissagung eines kommenden Herrschers.[103] In ihnen wird das Thema der verschlossenen Offenbarung weiter ausgeführt. Die dabei verwendeten Bilder deuten auf eine spätere Zeit hin, da sowohl in Jes 8,19 das Verbot der Totenbeschwörung aufgenommen,[104] als auch die trotz der Katastrophe bleibende Unbelehrbarkeit des Volkes thematisiert wird. Weiter wird aus Jes 8,23aα^7–9,6 das Bild der Finsternis aufgenommen und die Aussage, dass das Volk im Finstern wandelt, wird inhaltlich vorbereitet und ausgedeutet. So sind die Vv18–23aα^6 als redaktionelle Brücke zwischen der Einheit Jes 8,16f. und Jes 8,23aα^7–9,6 zu verstehen.[105]

---

[102] Siehe die Argumentation von Barth, *Jesaja-Worte*, 148–151, der die von Crüsemann, *Studien*, 210–284, geäußerte These, es handele sich um ein ‚Danklied des Einzelnen‘, ausführt und präzisiert. Als Danklied ohne weitere Charakterisierung bezeichnen Sweeney, *Isaiah*, 179–183; Williamson, *Variations*, 32, Jes 9,1–6.

[103] Vgl. Emerton, *Problems*, 151: „The first six words of the verse probably form a sentence that is complete in itself, or perhaps closely linked to verse 22: כי לא מועף לאשר מועק לה.‘

[104] Zur Totenbeschwörung und dem Verbot dieser in späterer Zeit vgl. *4.1.3 Das Heilswort Immanuel*, 155–167.

[105] Zum literarischen Zusammenhang des Abschnitts von Jes 8,16–9,6 vgl. Sweeney, *Isaiah*, 175ff. Mit nahezu derselben Zuordnung (8,19–21bβ.21bγ–23; 9,1–6) zeigt Beuken, *Jesaja 1–12*, 239, dass es sich hier um eine redaktionelle Gestaltung handelt, die durch drei unterschiedliche literarische Charaktere gekennzeichnet ist. Sein Hauptargument für eine derartige Aufteilung ist das abweichende Versmaß. Für

Weiterhin fraglich ist der originäre Zusammenhang zwischen Jes 8,23aα^{7}–b und Jes 9,1. Jes 8,23aα^{7}–b fällt aus dem Metrum von Jes 9,1–6 heraus. Daher argumentiert Wildberger: „Das bedeutet aber, daß vom Versmaß her die Zusammengehörigkeit mit 91ff. nicht zu beweisen ist. Es ist [. . .] nicht ausgeschlossen, daß das hochpoetische Stück Jes 9,1–6 schon von Haus aus mit einer prosaischen Einleitung versehen war."[106] Dagegen zeigt Barth,[107] dass Jes 8,23aα^{7}–b und Jes 9,1–6 eine sachlich-inhaltliche Einheit bilden. Mit der Aussage, die Herrschaft des kommenden Königs sei ‚groß',[108] verbindet er eine Rückführung der einst zum Thron Davids gehörigen Nordreichgebiete. Gegen diese Argumentation spricht allerdings, dass die Korrespondenz ebenso sekundär herbeigeführt sein kann. Während Barth an dieser Stelle eine Anspielung auf die territorialen Verhältnisse sieht, bezieht sich V6 im Übrigen auf die Form der Machtausübung. Die Herrschaft erweist sich darin als groß und friedvoll, dass der kommende Herrscher צדק durch die Ausübung von צדקה und משפט erreichen wird. Erst die in den Vv3f. gegebene Perspektive der Vertreibung der Besatzungsmacht legt die Vermutung nahe, die kommende Herrschaft könnte zu einer Restauration des davidischen Reiches führen. Hinzu tritt der Wechsel von *2.pers.sg.* zur *3.pers.sg.* Das Argument des Zerbrechens der militärischen Stärke des Gegners ist in der *2.pers.sg.* formuliert. Die Gattung des Textes deutet auf eine Handlung Jahwes hin. Die Machtfülle des kommenden Herrschers hingegen entstammt aus dem Teil des Texts, der in *3.pers.sg.* formuliert ist und bezieht sich auf den Herrscher. Sie ist also aus den weiteren über ihn getroffenen Aussagen abzuleiten. Damit wiederum kann sie sich nur auf den engeren Kontext beziehen und ist so als Charakterisierung der Umsetzung von צדק in Juda zu werten. Groß ist also der Herrscher, der צדק als göttliche Ordnung installiert und aufrechterhält. Da damit ein originärer Bezug von Jes 9,6 zu Jes 8,23aα^{7}–b

---

eine Trennung in diese Einheiten und damit gegen die syntaktische Fügung ist das Argument der Stilistik m.E. nicht schwerwiegend genug.

[106] Wildberger, *Jesaja I*, 365f.

[107] Barth, *Jesaja-Worte*, 142; weiter ist das Argument von Vieweger, *Volk*, 79f., zu beachten, der zeigt, dass es sich in Jes 8,23aα^{7}–b um Nordreichstraditionen handelt, die nicht in Einklang mit dem folgenden Motiv des Jerusalemer Herrschers stehen.

[108] Die von Barth, *Jesaja-Worte*, 143, vorgenommene Textemendation ist nachvollziehbar. Vgl. dazu die Argumentation bei Laato, *Immanuel*, 174, der als plausible Lösung für den bestehenden Konsonantentext לםרבה eine Dittographie annimmt (vgl. aus früherer Zeit dazu auch Zimmerli, *Thronnamen*, 51f.).

nicht gegeben ist, erweist sich Jes 8,23aα^{7}–b als sekundäre Zufügung zu Jes 9,1–6.[109]

Zusammenfassung: Der die Denkschrift abschließende Teil in Jes 8,16–9,6 ist ein Text mit verschiedenen Erweiterungen. Als literarisch frühester Text zeigt sich nach der literarkritischen Analyse Jes 9,1–6, das zunächst um Jes 8,23aα^{7}–b erweitert wurde. Über die Lichtthematik, die sich in Jes 9,1 findet, sind dann Jes 8,21–23aα^{6} angebunden, die ihrerseits sekundär mit der Frage nach den wahren Zeichen in Israel in Jes 8,18–20 zusammengestellt wurden. Als Brückentext zum Text Jes 6,1–8,15 dient schließlich Jes 8,16f. Die sprachliche Gestaltung dieser Verse weist auf die exilische Phase hin, in der die Textblöcke in Zusammenhang gebracht wurden.

2.4.2 *Querbezüge*

Die Prüfung der Textkohärenz hat gezeigt, dass die sog. Denkschrift aus verschiedenen literarischen Elementen zusammengestellt wurde. Als jeweilige Grundschichten haben sich Jes 6,1–10a.bα.11; 7,2–8a.9–14.16f.; 8,1–4.6f.; 9,1–6 ergeben (Glossierungen in Jes 7,4b.17). Als Erweiterungen erwiesen sich Jes 6,10bβ.12.13a.bα.13bβ; 7,1.8b.15.18–20.21f.23–25; 8,5.8.9f.11–16.17f.18–20.21–23, wobei Jes 8,23aα^{7}–b den vorstehenden Vv21–23aα^{6} vorgegeben war. Innerhalb der Erweiterungen findet sich in Jes 7,20 eine weitere Glosse. Da diese Erweiterungen für die Endgestalt des Textes verschiedene Funktionen haben, lassen sie sich nicht nach einem Kriterium gliedern, sondern werden im Folgenden sowohl funktional, als auch thematisch gegliedert.

Ihrer Funktion nach lassen sich die Verse Jes 7,1; 8,5 als redaktionelle Anteile erkennen, denen die Aufgabe der Ein- bzw. Überleitung zufällt. Jes 7,1 dient sowohl als Einleitung der folgenden Begegnung Jesajas mit König Ahas, als auch der Bestimmung des Zeitpunkts, was die Zeitangabe ויהי בימי אחז בן־יותם בן־עזיהו מלך יהודה zeigt. Im Gegensatz zu der vergleichbaren Zeitangabe in Jes 6,1 aber bietet Jes 7,1 im Folgenden nicht den Einstieg in die Erzählung, sondern

[109] Weitere Argumente für eine literarkritische Trennung von Jes 8,23b und Jes 9,1–6 finden sich bei Fohrer, *Jesaja*, 125; Kaiser, *Buch Jesaja I*, 198; Werner, *Eschatologische Texte*, 21f.; Seebass, *Herrscherverheißungen*, 6–9; Berges, *Jesaja*, 123.

nimmt von 2Kön 16,5 her das kommende Ereignis vorweg. Wie die Interpretation der Grundschicht Jes 7,2–9 zeigen wird,[110] geht V1 über die in der Grundschicht geschilderte Situation hinaus, ordnet damit Jes 7,2–9 in einen weiteren Kontext ein. Jes 7,10 nachahmend verbindet Jes 8,5 die vorausgehenden Vv1–4 mit der dann folgenden Ansage in den Vv6–8 und bringt die beiden Sprüche des Propheten in eine chronologische Abfolge. Der Historisierung des Geschilderten dienen die Glossen in Jes 7,4b.8b.17b; 8,7, wobei Jes 7,17b zu einer Negierung der Aussage von Jes 7,17 führt. Dieselbe Glosse findet sich schließlich in Jes 7,20 wieder. Sprachlich lassen sie sich nicht mit den anderen historisierenden Elementen vergleichen, dafür ist der vorliegende Textbestand nicht ausreichend. Da sie ihrer Intention der Historisierung entsprechend auf die Ereignisse zurückblicken, können sie der Arbeit der historisierenden Redaktoren hinzugerechnet werden.

Eine inhaltliche Verbindung ist zwischen Jes 7,15 und Jes 8,8b.9f. gegeben. Gegenstand beider Betrachtungen ist die Person des Immanuel, die in dem Orakel Jes 7,14.16f. angekündigt wird. Jes 7,15 ist, wie bereits oben gezeigt, von V21f. abhängig. Das in V22b gebotene Motiv, das den Wohlstand des Landes zum Ausdruck bringt, wird mit dem im Orakel angekündigten Kind verbunden. Jes 8,9f. weitet den Wirkungsbereich des Immanuels aus. Während in Jes 7,15 sich sein Wirken auf Juda bezieht, richtet es sich in Jes 8,9f. auf die Völker, die von Immanuel in die Flucht geschlagen werden. Dieses Heilsmotiv schließt an das Unheilsmotiv in Jes 8,8b an, das ebenfalls mit Immanuel verbunden ist.

In den Drohworten Jes 7,18f.20.23–25 geht es in unterschiedlichen Motiven um die Belagerung und Zerstörung Judas.[111] Unterbrochen wird die Unheilsperspektive allein durch das Heilswort in den Vv21f. Ebenfalls von dieser Unheilsperspektive geprägt sind die Erweiterungen in Jes 6,12.13a.bα. In Jes 6,12.13a.bα wird der Bevölkerung die Deportation angesagt, wobei in V13a.bα die Deportation mit der Verheerung des Landes verbunden wird.

Jes 6,13bβ verkehrt das Bild aus V13a.bα zu einem Heilsbild, das allerdings nicht als Bild der Bewahrung, sondern des Neuanfangs

[110] Vgl. *4.1.1 Die Ankündigung des Überfalls*, 125–142.

[111] Verständlich ist die Anfügung der Unheilsansagen an die Immanuelweissagung erst nach der Glossierung את מלך אשור in Jes 7,17b, da damit die kommende Heilszeit in eine kommende Unheilszeit verwandelt wird.

zeichnet. Ein inhaltlicher Bezug ist zu Jes 7,21f. zu sehen, da es an beiden Stellen jeweils um den im Land verbliebenen Rest geht, die Heilsperspektive also nicht für die Exilierten gilt. Eine weitere Heilsperspektive ist mit der Erweiterung Jes 6,10bβ gegeben. Aus dieser lässt sich jedoch keine Zielgruppe ableiten. Sie wendet sich an das Volksganze.

Ebenfalls ein Heilsmotiv beinhalten Jes 8,21–23. Zunächst wird der scheinbar hoffnungslose Zustand des Volkes im verwüsteten Land beschrieben, der aber in der Ankündigung kommenden Heils in V23b aufgehoben wird. Gegenstand der Heilshoffnung ist durch die Verbindung der in der Grundschicht Jes 9,1–6 angekündigte Herrscher.

Eine weitere Unheilsansage findet sich in Jes 8,11–15. V11 zeigt eine deutliche inhaltliche Verbindung zu Jes 6,1–11 auf.[112] In beiden Texten geht es um die Begegnung Jesajas mit Jahwe. Die Aussonderung Jesajas aus seinem Volk ist ein weiteres Element, das in beiden Texten auftritt. Schließlich endet die Textstelle mit der Ankündigung der Deportation, was wiederum mit der Erweiterung von Jes 6,1–10a.bα durch Jes 6,12.13a.bα identisch ist.[113]

Mit dem Rekurs auf die Tradition der prophetischen Zeichen Jesajas, indem die Person des Propheten und seiner Kinder als Zeichen gedeutet werden, zeigt der Abschnitt Jes 8,18–20 an, dass die Botschaft Jesajas bereits Traditionsgut ist. Für den sekundären Charakter spricht weiter die oben bereits angeführte Verwendung von בית יעקב für die Gemeinschaft der Exilierten und Nichtexilierten. Sie ist erst unter exilischen Bedingungen zu verstehen.[114]

---

[112] Vgl. Høgenhaven, *Gott und Volk*, 95–98, vor allem aber die Analyse bei Barthel, *Prophetenwort*, 221. Beuken, *Jesaja 1–12*, 228, sieht mit Jes 8,11–15 die Separierung Jesajas vom Volk in Jes 6,5–7 mit Jes 8,11–15 erst als dem Leser endgültig offensichtlich an. Und weiter dazu vgl. Liss, *Unerhörte Prophetie*, 108, nach der die in Jes 8,11ff. geschilderte „gewaltsame Inanspruchnahme Yesha´yahus (ᴾICH) durch YHWH nochmals an den Visionsbericht zurück[gebunden]" ist.

[113] Eine literarische Abhängigkeit zwischen Jes 6,12 und Jes 8,15 ist zu vermuten, wobei es m.W. kein eindeutiges Kriterium gibt, die Richtung der Abhängigkeit zu ermitteln.

[114] Barthel, *Prophetenwort*, 59, sieht auch für Jes 8,17 einen Bezug zur Thronvision in Jes 6: „Wenn der Prophet in der Sprache der Klagepsalmen zum Ausdruck bringt, er wolle ‚warten auf Jahwe, der sein Angesicht verbirgt vor dem Haus Jakob, und auf ihn hoffen' (V.17), so spiegelt sich darin dieselbe Haltung wie in der Frage ‚wie lange?', mit der Jesaja auf den Verstockungsauftrag (6,9f.) reagiert hatte (6,11). Wie 6,11 enthält auch 8,17 einen Hinweis darauf, daß der Prophet angesichts des bereits manifesten Unheils die Hoffnung auf eine neue Zuwendung des verborgenen Gottes bewahrt."

Die literarischen Elemente zeigen verschiedene Querverbindungen innerhalb des Texts auf. Dabei werden unterschiedliche Positionen in den Text eingetragen. Diese nehmen aus verschiedenen Perspektiven Stellung zur Frage nach dem Untergang und dem Fortbestand Judas. Die anschließende Interpretation der Texte nimmt diese Einsicht auf, indem die ermittelten Grundschichten zunächst unabhängig von ihren Fortschreibungen untersucht werden. Die Fortschreibungen werden dann in Relation zu den Grundschichten interpretiert. Diese Interpretation erfolgt unter den thematischen Zuordnungen, wie sie die Querverweise gezeigt haben.

KAPITEL 3

DIE GRUNDSCHICHT IN JES 6

Jes 6 stellt mit der Beschreibung der Vision des Propheten Jesaja den Anfang der Denkschrift dar. Jesaja sieht sich in den Tempel versetzt, in dem er Jahwe und den Seraphen gegenübersteht. Doch nicht in der Beschreibung der göttlichen Sphäre, sondern in dem Auftrag, der in Jes 6,9–11 an Jesaja ergeht, ist der Anlass für die Niederschrift des Textes zu sehen. Die Intention des Autors ist es also nicht, dem Leser einen Eindruck über den Tempel und seinen Innenraum zu vermitteln, sondern ihm nahe zu bringen, warum Jesaja im Weiteren als Prophet aufgetreten ist. Was über den Tempel und über die Herrschaftsform Jahwes aus dem Text zu erfahren ist, ist daher als unabsichtliche Überlieferung zu verstehen. Die Analyse der Grundschicht von Jes 6 nimmt die für die Beschreibung der Herrschaft Jahwes entscheidenden Elemente auf und fragt nach ihrem Ursprung und nach ihrer Funktion für den Text. Dazu werden schwerpunktmäßig in der Reihenfolge, in der sie im Text erscheinen, das Wesen der Seraphen, das Gottesepitheton צבאות und andere im Text enthaltene Herrschaftsmotive (אדני, מלך, קדוש und כבוד) betrachtet. Abschließend kehrt die Darstellung wieder zum eigentlichen Anlass der Überlieferung zurück und wird den Verstockungsauftrag als Teil der Auswirkung göttlicher Herrschaft auf die irdische Sphäre untersuchen.

3.1 Die Vision in Jes 6

3.1.1 *Zum Wesen der Seraphen*

Die in Jes 6,2–4.6f. auftretenden sechs-flügeligen Seraphen sind in dieser Form sowohl im Alten Testaments wie auch in der israelitischen Umwelt singulär. Innerhalb des Alten Testaments werden Seraphen nur an vier weiteren Stellen erwähnt, nämlich in Jes 14,29; 30,6; Num 21,8 und Dtn 8,15.

Eine erste Beschreibung der Seraphen lässt sich aus Jes 14,29 entnehmen, einem Spruch, der die Hoffnung der Philister auf eine

Befreiung von der assyrischen Herrschaft durch den Tod Tiglat-Pileser III. im Jahr 727 v.Chr. zunichte macht (Jes 14,28–32):[1]

> Freue dich nicht, ganz Philistäa, dass der Stab zerbrochen ist, der dich schlug. Denn aus der Wurzel der Schlange geht eine *Sepha*[2] hervor und ihre Frucht ist ein fliegender Seraph.[3]

---

[1] Diese Datierung, wie sie Cazelles, *Jesajas kallelse*, 47; Vermeylen, *Prophète I*, 299f.; Williamson, *Isaian Perspective*, 221–223, und Berges, *Jesaja*, 146, bieten, basiert auf einer vom Hrsg. der BHS vorgeschlagenen Textkorrektur: Anstelle von אחז היה liest er in Jes 14,28 ואחזה. Damit wird die Schwierigkeit getilgt, dass Juda zur Zeit des Ahas nicht die Oberhoheit über die Philisterstädte besaß, sondern dass diese vielmehr von den Assyrern beherrscht wurden.

[2] Bei der *Sepha* handelt es sich vermutlich um eine besonders giftige Schlangenart (vgl. dazu Gesenius, *Handwörterbuch*, 693; Köhler/Baumgartner, *HAL*, 982; weitere Belege für צפע, die die Übersetzung ‚Schlange' nahe legen, finden sich in Jes 11,8; 59,5; Jer 8,17 und Spr 23,32). Zum Auftreten der Seraphen mit einer weiteren Schlangenart vgl. Rollinger, *Herodot*, 7.

[3] Biologisch handelt es sich bei den ägyptischen Uräen um schwarznackige (*naja nigricollis*) oder um rote spuckende (*naja pallida*) Kobras (vgl. Provençal, *Regarding*, 374–377). Nach Keel, *Jahwe-Visionen und Siegelkunst*, 72–74, leben sie häufig auf Bäumen und sind in der Lage, von Baum zu Baum zu springen. Von dieser Bewegung ist die Vorstellung einer fliegenden Schlange zu verstehen. Dagegen spricht sich Provençal, *Regarding*, 372, aus: „It must, however, be borne in mind that flying snakes do not inhabit the Middle East – tree snakes (genus *Chrysopelea*), which may glide from a higher tree branch to a lower one by flattening their whole body, are found only in the tropical rain forest of India and South East Asia." Die Annahme, Kobras würden sich scheinbar fliegend von Baum zu Baum bewegen, scheidet damit aus. Entscheidend für die Identifizierung scheint jedoch, dass sie ihr Gift nicht mittels Giftzähnen applizieren, sondern durch speien. Die hebräische Wurzel שׂרף „verbrennen" weist ebenfalls auf die durch das Gift hervorgerufene Hautreizung hin. Einen weiteren Hinweis auf die Identifizierung der Seraphen mit den ägyptischen Uräen gibt einer der Namen, die den Uräen im Ägyptischen gegeben werden: *ʿh.t* „Flamme" (vgl. Keel, *Jahwe-Visionen und Siegelkunst*, 83). Zur Identifikation der Seraphen mit ägyptischen Uräen vgl. Savignac, *Seraphim*, 320–325; Glazow, *Bridling*, 121; Provençal, *Regarding*, 374. Letzterer nennt, nachdem er die These der fliegenden Schlangen zurückgewiesen hat, das m.E entscheidende Argument für die Beschreibung der Seraphen als fliegend (Jes 14,29) bzw. mit Flügeln (Jes 6,2.6): In Jes 6,2.6; 14,29 treten sie als mythische Wesen auf. Als solche werden tierische Wesen häufig mit Flügeln dargestellt, so dass eine biologische Erklärung für das Fliegen der Wesen weder notwendig, noch möglich ist (vgl. Provençal, *Regarding*, 373).

Eine Ableitung aus einer lokalen ägyptischen Schlangentradition schlägt Rollinger, *Herodot*, vor. Er lokalisiert die geflügelten Schlangen aufgrund der Darstellung in Herodot II 75f. und III 107–109, des Analenfragments des neuassyrischen Königs Asarhaddon *Fragment B (K 3082 + K 3086 + Sm 2027)* und Jes 30,6 in dem südlich von Juda gelegenen Wüstengebiet. In diesem Gebiet lebten nach diesen Texten geflügelte Schlangen, die mit der Göttin Uto verbunden wurden. Diese Schlagen lebten vor allem in den Wipfeln von Bäumen, die wirtschaftlich für die Gewinnung von Harzen genutzt wurden. Um das Harz abzapfen zu können, mussten die Schlangen zunächst mittels Feuer vertrieben werden. Aus diesem Vorgang leitet Röllinger die Verbindung mit dem Feuer ab. Religiös werden die Tiere mit der

Diese auf eine Steigerung hin angelegte dreigliedrige Satzkonstruktion legt nahe, dass es sich bei Seraphen um eine geflügelte Schlangenart handelt,[4] die als Steigerung zu einer besonders giftigen, aber nicht fliegenden Schlangenart zu verstehen ist. Diesem Bild entspricht die Erwähnung von Seraphen in Jes 30,6:

> Das ist die Last der Tiere des Südens, durch das Land der Bedrückung und Bedrängnis der Löwin und des brüllenden Löwens, der Otter und des fliegenden Seraphen. Auf der Schulter tragen Eselsfüllen ihr Vermögen und auf Höckern Kamele ihre Vorräte zu dem Volk, dem sie aber nicht nützen.

Hier werden die Seraphen als fliegende Wesen dem lebensfeindlichen Bereich der Not, der Bedrängnis und der Todesnähe zugeordnet. Dass es sich um eine Schlangenart handelt, legt die Zusammenstellung mit אפעה nahe.[5] Bestätigt werden sowohl die Zuordnung der Seraphen in den lebensfeindlichen Bereich, als auch die Bestimmung als Schlange durch Dtn 8,15. Der Seraph als Element des Feldzeichens Num 21,6.8[6] verdeutlicht darüber hinaus: Die Seraphen treten hier „als von Jahwe gesandte Werkzeuge seines Zorns gegen die Israeliten in Erscheinung“[7]. Die die Erzählung abschließende Schaffung der Standarte jedoch erwirkt eine doppelte Bedeutung der Seraphen. Während sie als Symbol des göttlichen Zorns den Feinden Schaden zufügt, beschützt sie gleichzeitig diejenigen, denen Gott wohl gesonnen ist. Sie dienen zugleich als Unheils-, als auch als Heilszeichen. Die Seraphen haben in den Texten drei Funktionen: Sie bezeichnen den Bereich, in dem sie leben, sie symbolisieren den göttlichen

schlangengestaltigen Göttin Uto verbunden, die wiederum als Uräus dargestellt wird. „Wichtige Eigenschaften bestehen im Schutz- und Abwehrzauber“ (11). Als Uräusschlange trug sie die Bezeichnung *nsrt* „Feurige“ (14). Die mit ihr verbundenen Uräen konnten auch in geflügelter Form erscheinen (11). Dieses entspricht der Darstellung der Seraphen in Jes 6.

[4] Die LXX übersetzt שׂרף mit ὄφις oder ἀσπίδις (vgl. dazu Morenz/Schorch, *Seraph*, 368).

[5] So auch Wildberger, *Jesaja I*, 247: „Dasselbe trifft für 30_{6} zu, wo der fliegende Seraph neben Löwe, Leu und Otter genannt wird, und, wie auch nach 14_{29}, diese andern Tiere an Unheimlichkeit noch übertrifft.“

[6] Zur Funktion von נס als Kriegsstandarte vgl. Fabry, *Art.* נס, Sp.468ff. Desweiteren siehe Keel, *Jahwe-Visionen und Siegelkunst*, 81f. Die Zerstörung der Schlangenstandarte durch Hiskija nach 2Kön 18,4 steht im Zusammenhang mit der Reinigung des Tempels von fremdländischen, d.h. vor allem assyrischen, Einflüssen. Dazu vgl. Görg, *Beziehungen*, 97f.

[7] Hartenstein, *Unzugänglichkeit Gottes*, 195.

Zorn und erhalten mit dem göttlichen Zorn auch eine Schutzfunktion.[8]

Neben den biblischen Textbelegen lassen sich derartige Schlangenwesen für den phönizisch-palästinischen Bereich im 8. Jh. v.Chr. ikonographisch nachweisen.[9] Auf verschiedenen Abbildungen werden geflügelte Schlangen dargestellt, die den Uräen in der ägyptischen Ikonographie entsprechen.[10] Die ägyptischen Darstellungen versinnbildlichen die Funktion, die den Uräen in der ägyptischen Theologie zugewiesen wird.

Uräen als Mischwesen werden in ägyptischen Texten in direkten Zusammenhang mit dem göttlichen Königtum gestellt. Als Teil der ägyptischen Krone[11] sind sie Symbol für die Sonnengottheit *Re*.[12] Der Uräus tritt sowohl in Einzahl, als auch in Mehrzahl auf.[13] Während nur ein Uräus als Krone abgebildet ist, wird die Sonnenbarke von verschiedenen Uräusschlangen umgeben und geleitet. Ägyptische Erwähnungen über das Auftreten von Uräen werden spätestens ab dem Mittleren Reich (2120/2080–1645/1630 v.Chr.[14]) mit der Göttin *mꜣꜥt* verbunden.[15] Die *mꜣꜥt* tritt in der ägyptischen Theologie des Neuen Reiches vor allem als Schutzmacht des Sonnengottes *Re* in Erscheinung, den sie beschützt, indem sie ihn vor den anderen Göttern (Neunheit, d.h. dem Götterrat von Heliopolis) rechtfertigt.[16] Der Name *mꜣꜥt* leitet sich von *mꜣꜥ* „lenken, ausrichten, darbringen"

---

[8] Zur Darstellung der Seraphen im Alten Testament vgl. weiter Glazow, *Bridling*, 132ff., und Beuken, *Jesaja 1–12*, 170.

[9] Vgl. die Abbildung einer phönizischen Elfenbeinschnitzerei aus dem 9./8.Jh. v.Chr. bei Keel, *Jahwe-Visionen und Siegelkunst*, 100. Sie zeigt, dass die Zusammenstellung von Uräen und Sonnenscheibe in der Levante in dieser Zeit bekannt war.

[10] Weitere Abbildungen finden sich bei Keel/Uehlinger, *Göttinnen*, bes. 34.125. 128.136.154. 244.251.286.294.306ff.311ff.316.340.403.

[11] Vgl. die Darstellung Thutmoses III. in Pritchard, *ANEP*, 136, Abb.387.

[12] Zum Verhältnis zwischen *Re* und der Uräusschlange vgl. den *Hymnus an Amun aus der 18. Dynastie* V, Z.3–5 (Beyerlin, *Textbuch*, 41).

[13] Vgl. die Abbildung bei Assmann, *Maat*, 181. Zur Funktion der zwölf die göttliche Sonnenbarke auf der Nachtfahrt begleitenden Uräen vgl. Hornung, *Nachtfahrt*, 190.

[14] Zur Datierung vgl. Veenhof, *Geschichte*, 306.

[15] Hieroglyphisch wird die *mꜣꜥt* entweder als Feder oder als Sockel dargestellt (vgl. Koch, *Ägyptische Religion*, 69.171). Die Uräen werden in der frühen Zeit als Begleiter *Res* verstanden, jedoch nicht mit einer Gottheit identifiziert. Dieses ändert sich ab dem Mittleren Reich. In diese Zeit fällt die Identifizierung der Gottheiten Tefnut, die ursprünglich mit den Uräen verbunden ist, und *mꜣꜥt*. Vgl. dazu Assmann, *Herrschaft und Heil*, 56, und Assmann, *Maat*, 180ff.

[16] Siehe Assmann, *Maat*, 160. Zur Einordnung der *mꜣꜥt* in die ägyptische Theogonie vgl. Brunner, *Weisheitsbücher*, 14f., und Koch, *Ägyptische Religion*, 68–71.

ab. Als Tochter des Sonnengottes ist die *mꜣꜥt* die Kraft, die dem Sonnenlauf seine Richtung gibt. Damit hält sie den kosmischen Prozess in Gang und trägt zu seinem Gelingen bei. „Maʿat ist eine regulative Energie, die das Leben der Menschen zur Eintracht, Gemeinsamkeit und Gerechtigkeit steuert und die kosmischen Kräfte zur Gesetzmäßigkeit ihrer Bahnen, Rhythmen und Wirkungen ausbalanciert."[17] So versinnbildlichen die Uräen innerhalb der ägyptischen Theologie des Neuen Reiches sowohl Schutz für den Herrscher als auch die Durchsetzung von Recht und Gerechtigkeit im Land. Die Durchsetzung von Recht und Gerechtigkeit wird innerhalb der ägyptischen Theologie als solidarisches Handeln verstanden, was die Gedanken über die *mꜣꜥt* zeigen.[18] Sie zielen auf ein gemeinschaftsgerechtes Leben, was sich in Tat, Wort und Gedanken auswirkt. Dabei ist nach der ägyptischen Vorstellung die Herzensintention der Ausgangspunkt solidarischen bzw. unsolidarischen Handelns. Unter den Bedingungen unsolidarischen Handelns wird der Tun-Ergehen-Zusammenhang aufgehoben und seine Wiederherstellung als Tat der Gottheit aufgefasst.

In der Levante lassen sich Uräen, die die mit der Gottheit *mꜣꜥt* verbundene Rechtstradition repräsentieren, an verschiedenen Orten nachweisen. Eine Besonderheit stellt in diesem Zusammenhang die judäische Ikonographie dar. In Juda wurden Siegel und Siegelabdrucke mit Abbildungen von Uräen gefunden, die ins 9. Jh. v.Chr. datiert werden. Mehrere dieser Siegel bzw. Siegelabdrücke weisen vier Flügel auf.[19]

---

[17] Assmann, *Maat*, 163. Vgl. hierzu den von Assmann zitierten Hymnus aus der Ramessidenzeit (164).

[18] Dazu vgl. die ausführliche Untersuchung der Texte von Assmann, *Maat*, 58–91; weiter zum Thema auch Brunner, *Das hörende Herz*, 697–700; Lichtheim, *Maat*; Koch, *Ägyptische Religion*, 284ff.

[19] Vgl. dazu die Abbildungen der Stempelsiegel mit Uräen bei Keel, *Jahwe-Visionen und Siegelkunst*, 104.109. Nach Keel sind die abgebildeten 4-flügeligen Uräen eine judäische Besonderheit. Sie wurden nach Keel (1977) alle zwischen dem 9. und 7. Jh. v.Chr. angefertigt (104 Abb.85–87, und 109 Abb.88f.93). Warum Keel, *Das Land der Kanaanäer*, 258f. (2001), die Herkunftszeit derselben Uräenabbildungen auf das 9. und 8.Jh. v.Chr. einschränkt und damit das 7.Jh. v.Chr. ausschließt, ist nicht zu ersehen. Daher wird hier der früheren Datierung gefolgt.

Gegen die von Keel geäußerte These, die vier-flügeligen Uräen seien eine judäische Besonderheit, spricht sich Sass, *Pre-Exilic Hebrew Seals*, 213, aus. Er zeigt drei Belege, die aus dem nicht-judäischen Bereich stammen und vier-flügelige Uräen zeigen. Das erste Siegel (*BM 102609*) trägt jedoch keine Aufschrift, so dass eine genaue Ortszuweisung nicht möglich ist. Weiter zeigt *Papyrus Layard 1853* vier-flügelige Uräen. Zudem tragen sie eine Doppelkrone, die der ägyptischen Krone entspricht.

Die Siegel und Siegelabdrucke zeigen durchweg einen einheitlichen Aufbau. Zusammen mit der geflügelten Schlange werden Namen genannt, die entweder als theophores Element Jahwe enthalten oder deren Einprägung der Jahweverehrung nicht widerspricht. Die ausgebreiteten Flügel deuten auf einen von ihnen gewährten Schutz hin, der sich auf die auf dem Siegel genannte Person bezieht. Damit wiederum entsprechen sie dem Standbild der ehernen Schlange, die nach dem Bericht von 2Kön 18,4 von Hiskija aus dem Jerusalemer Tempel entfernt wurde.[20] Dieses stimmt zumindest insoweit mit der Ikonographie überein, als dass ab dem 7.Jh. v.Chr. keine Uräen auf Siegeln oder Siegelabdrucken in Palästina mehr nachgewiesen sind.[21] Mit den Siegeln wird deutlich, dass die Uräen als Schutzzeichen ver-

---

Dieses weist darauf hin, dass vier-flügelige Uräen auch außerhalb Judas bekannt waren. Sass erkennt jedoch eine andere Besonderheit der judäischen Uräenabbildungen: „Unlike the S- or Z-shaped bodies on certainly-Hebrew seals, the uraei on the Nineveh and Milkiram examples, as well as the uraeus on BM 102609, have a coiled tail. This could perhaps differentiate between the Hebrew and non-Hebrew renderings.“ Abbildungen von vier-flügeligen Uräen finden sich außerdem in Avigad/Sass, *Corpus of West Semitic Stamp Seals*, 53 Abb.11; 76f. Abb.82; 83 Abb.104 (leicht zerstört, die Namensangabe fehlt); 89f. Abb.127; 109 Abb.194; 113 Abb.206; 133 Abb.284 (anstelle einer zweiten Namenslinie findet sich hier eine geflügelte Sonnenscheibe im dritten Register); 160f. Abb.381; 243 Abb.662 (trägt als Ehrenbezeugung den Titel בן המלך); 253 Abb.689; bei Deutsch/Lemaire, *Biblical Period Personal Seals*, 48 Abb.42 (aus dem 8.Jh. v.Chr. ein vier-flügeliger Uräus im dritten Register; darüber im ersten Register ein liegender Greif und im zweiten Register die Widmung לנדיהו; Greif und Uräus dienen hier sichtbar als mythische Schutzwesen), bei Deutsch, *Messages from the Past*, 102f. Abb.35; 155f. Abb.86 (diese Abbildung zeigt eine Abweichung vom üblichen Aufbau. Im ersten Register steht die Widmung, der Uräus findet sich erst im zweiten Register); 160f. Abb.91; und bei Deutsch, *Biblical Period Hebrew Bullae*, 29–31 Abb.10 (mit dem Aufdruck ל[י]רמיהו המזכר עבד אחז); 92f. Abb.60; 115f. Abb.87; 131f. Abb.107; 211f. Abb.212; 215 Abb.212 (zwei Uräen, einer im ersten, ein zweiter im dritten Register); 222f. Abb.220 (mit der Widmung לישעי[הו], die natürlich auffällig an den Propheten erinnert); 225 Abb.223; 318 Abb.346; 324 Abb.354; 329f. Abb.361.

Die Siegel bzw. Siegelabdrücke zeigen durchgehend identische Elemente: Die vier-flügeligen Uräen und einen mit der Präposition ל versehen Namen, dem der göttliche Schutz gelten soll.

[20] Vgl. Keel/Uehlinger, *Göttinnen*, 319f., und Keel, *Jahwe-Visionen und Siegelkunst*, 103–110. Insbesondere weist Keel, *Jahwe-Visionen und Siegelkunst*, 110, auf eine Überbetonung der Seraphen im Jerusalemer Kult hin: „Auf eine zunehmende Verehrung des (geflügelten) Uräus im Südreich Juda des 8. Jahrhunderts v.Chr. weist neben der genannten Siegelgruppe jedenfalls auch die Reform des Hiskija hin, in der das Sarafbild zerstört wird (2Kön 18,14 [Korrektur: 2Kön 18,4]). Solche drastischen Reformen reagieren in der Regel auf drastische Mißstände.“

[21] Vgl. Keel/Uehlinger, *Göttinnen*, 104; Görg, *Beziehungen*, 98.

standen werden.[22] Da auch die mit dem Uräus geschmückte Standarte Schutz für das ihm folgende Volk bewirkt, ist anzunehmen, diese Funktion der Alltagsreligion sei identisch mit der kultischen Funktion der Seraphen. Dass die Elemente der Alltagsreligion im Gegensatz zum kultischen Verständnis stehen, ist eher unwahrscheinlich.[23]

Zwei dieser Siegel zeigen in auffälliger Weise ägyptische Konnotation. Neben einem zwei- bzw. vierflügeligen Seraphen ist auf zwei Siegeln das ägyptische Anch-Zeichen zu sehen, was auf ägyptischen Einfluss deutet. Ägyptischer Einfluss auf die Levante und speziell auf Jerusalem ist für das 9. und 8.Jh. v.Chr. aufgrund der Quellenlage jedoch kaum nachweisbar, wie der folgende Überblick zeigt:

- Vermittelt durch die phönizischen Hafenstädte gab es ökonomische und kulturelle Kontakte zu Ägypten. Die Phönizier ihrerseits nahmen ägyptische Traditionen in der Epigrahphie und der Architektur auf und verbreiteten sie über die Levante.[24]
- Spätestens ab der 2. Hälfte des 8.Jh.s v.Chr. bestehen direkte Handelsverbindungen zwischen Ägypten und Südpalästina.[25] Diese Kontakte sind jedoch nicht mit einer expansiven Politik Ägyptens verbunden, „sondern diente[n] rein wirtschaftlichen Aspekten“[26].
- Wie Hos 7,11; 12,1; Jes 19,11–24 zeigen, war Ägypten im 8.Jh. v.Chr. – und sehr wahrscheinlich auch schon zuvor – als politisches Großreich anerkannt und stellte einen möglichen Koalitionspartner gegen die heranrückenden neuassyrischen Truppen dar.

[22] Vgl. Sass, *Pre-Exilic Hebrew Seals*, 213: „It looks as if it had been considered inappropriate to have one's name written *above* this symbol; the being was meant to hover over the name, providing divine protection.“

[23] Mit diesem Schutzmotiv in Einklang steht die Füllung des Tempels mit dem Gewandsaum Jahwes. Wie Hartenstein, *Unzugänglichkeit Gottes*, 66–78, aufweist, ist das Motiv der Kleidung als „Symbol für die beschützende Macht der Gottheit“ (zusammenfassende Bemerkung zitiert nach Beuken, *Jesaja 1–12*, 169) zu werten.

[24] Vgl. Redford, *Ancient Times*, 334f.: "The Phoenicians for their part had for centuries absorbed the broad spectrum of Egyptian cultural and religious expression without themselves relinquishing their own creative spirit; and when a new eclectic efflorescence of Phoenician art burst in the eighth century B.C., it is small wonder that exponents of the new forms should have borrowed heavily from Egypt both in motifs and architectural forms." Siehe zu den durch phönizischen Handel verbreiteten Aegyptika Schipper, *Königszeit*, 160ff.

[25] Diese weist Schipper, *Königszeit*, 166–172, nach. Von besonderer Bedeutung ist dabei die Kenntnis ägyptischer Gewichtseinheiten in Juda und im edomitischen Gebiet.

[26] Schipper, *Königszeit*, 169.

> In Texten des 8.Jh.s v.Chr. werden ägyptische Städte mehrfach erwähnt, was Kenntnis ägyptischer Verhältnisse voraussetzt.[27]

Kontakte mit Ägypten sind im 9./8.Jh. v.Chr. vor allem durch Handel und politische Notwendigkeiten geprägt. Trotz dieser Beziehungen bleibt bei den in der Regel über Phönizien vermittelten Einflüssen die Frage, wie weit auch religiöse Vorstellungen übernommen wurden. Zwar ist typisch ägyptische Symbolik in Juda bekannt (Skarabäen, Seraphen), die mit den Symbolen verbundenen theologischen Vorstellungen lassen sich im alttestamentlichen Schrifttum jedoch nur schwer nachweisen.

Innerhalb der Vision Jes 6 treten die Seraphen, die mit der Huldigung Jahwes und der rituellen Reinigung des Propheten kultische Funktion übernehmen, entsprechend ihrer Bedeutung auf den gefundenen Siegeln und Siegelabdrücken auf: Sie schützen den Propheten vor Jahwe.[28] Dieser Schutz wirkt sich darin aus, dass sie mit der von ihnen vorgenommenen Reinigung das Leben Jesajas bewahren. Mit der Reinigung geben sie ihm die Möglichkeit zur Gottesschau, die der Prophet nicht selber angestrebt hat. Die Vision erfolgt unvermittelt, so dass er sich vor der Schau nicht reinigen kann, wie es notwendig gewesen wäre.

Ein direkter Einfluss der ägyptischen Theologie auf Jerusalem im 9./8.Jh. v.Chr. lässt sich jedoch nicht nachweisen. Damit ist eine Verbindung der Seraphen zu der von den Uräen repräsentierten Rechtstradition nicht deutlich. Zumindest ist aber die aus der ägyptischen Konzeption veränderte Perspektive ihres Wirkens auch in Jes 6 sichtbar: Über den schützenden Charakter hinaus haben die Seraphen eine Recht schaffende Funktion. Dass Jesaja aus dem Zustand der Unreinheit in den kultischer Reinheit gehoben wird, bedeutet zugleich, dass Jahwe mit Jesaja in Kontakt treten kann,

[27] Die Städte werden von Redford, *Ancient Times*, 335f., aufgeführt und ausgewertet.

[28] Genau umgekehrt beschreibt Eslinger, *Isaiah vi 1–5*, 155f., die Funktion der Seraphen. Er zeigt innerhalb Jes 6,1–5 das sich wiederholende Schema heilig – kultische Meditation – profan auf und folgert dann: „Such schematization foregrounds the role of the seraphim as another instance of the normal function of cultic barriers and divisions, the purpose of which is to isolate the sacred deity from his profane covenantal partner" (156). Dabei lässt Ellinger jedoch außer Acht, dass die Seraphen in Jes 6 eben nicht die Trennung Jahwes vom Propheten intendieren, sondern vielmehr den Propheten in den Status versetzen, in dem er Jahwe begegnen kann. Sie dienen also hier eben nicht dazu, das Heilige abzuschließen.

ohne dass der Prophet Schaden erleiden wird. Die zur Gottesbegegnung notwendige Reinheit[29] ist ein Kriterium, das nicht nur für den Menschen, sondern auch für Jahwe entscheidend ist. Jahwe kann nur mit dem reinen Menschen in Kontakt treten, ohne dass der Mensch Schaden nimmt.[30]

So haben die Seraphen in der Vision eine doppelte Funktion: Mit ihrem Handeln an Jesaja schützen sie nicht nur den Propheten, sondern stellen den für den Kontakt und die Gottesbegegnung notwendigen Zustand der Gerechtigkeit her. Ohne ihr Recht schaffendes Wirken ist die Begegnung von Jahwe und Prophet nicht möglich. In diesem Sinne formuliert Berges: „Im Erkennen der ‚allerheiligsten Heiligkeit' JHWHs, die alle Vorstellungen übersteigt und nur im Trishagion andeutungsweise zur Sprache kommen kann, bekennt Jesaja seine Sündhaftigkeit, die er mit dem Gottesvolk teilt; werden ihm Schuld und Sünde im wahrsten Sinne des Wortes durch einen Seraph weggebrannt, so wird er damit zum Erstgeborenen derer, die das Gericht JHWHs überstehen."[31]

3.1.2 *Das Gottesepitheton* צבאות

Neben dem auf vorjesajanischer Stufe in den Theophaniebericht eingefügten Seraphenbild fällt ein weiteres Element in der Beschreibung der Vision auf. Das in den Vv3.5 auftretende Epitheton צבאות gehört

---

[29] Vgl. im Folgenden die Untersuchung *3.1.3 Herrschaftsmotive*, 99–109.

[30] Eine Ableitung der Seraphen aus dem kanaanäischen Raum bietet Day, *Baal's seven Thunders*, 149: „Similarly, in my view, the seraphim in Is. vi are to be regarded as personifications of the lightning. This is supported by the fact that when the seraphim called out the foundations of the thresholds shook and the Temple was filled with smoke (v. 4), which suggests that they had thunder-like voices and a fiery nature, as even their name indicates (lif. ‚burning ones')." Zwar spricht die Anzahl und das Gewicht der oben geschilderten Fakten für eine Ableitung der Seraphen aus der Uräentradition, doch bleibt festzuhalten, dass die kulturelle Nähe zum kanaanäischen Raum eine Ableitung alttestamentlicher Motive aus diesem Raum durchaus nahe legt. Gegen Day's These spricht das Fehlen von vergleichbaren Wesen in der kanaanäischen Mythologie. Die motivische Verbindung über das Element Feuer ist für eine Ableitung des Phänomens aus kanaanäischen Traditionen nicht ausreichend.

[31] Berges, *Jesaja*, 96. Im selben Sinne zuvor auch Brueggemann, *Isaiah I*, 59: „The application of live coals to the person of the human speaker is a dangerous, painful, perhaps cultic enterprise (cf. Jer. 1:9). The effect is a complete purgation and rehabilitation, expressed in parallel terms, ‚guilt departed, sin blotted out'. In this act, which overrides human circumstances, the human participant is now qualified with all disability overcome. The rehabilitation permits the human agent a legitimate place in the very presence of God."

zum Jerusalemer Tempelkult, was vor allem die Verwendung bei denjenigen Propheten zeigt, bei denen die Jerusalemer Tempeltradition die geistesgeschichtliche Basis der Verkündigung bildet.[32] Ursprung und Bedeutung des Epithetons sind bisher umstritten.

Zu ihrer Bestimmung wird in der alttestamentlichen Forschung die Frage nach dem Heer, auf das das Epithteon bezogen ist, gestellt.[33] Dabei bieten sich zwei Möglichkeiten an: Entweder wird das Epitheton auf das irdische Heer Israels[34] oder auf ein himmlisches Heer bezogen[35]. Die entscheidende Voraussetzung für eine Identifikation von צבאות-Titel und einem Heer (egal, ob es sich dabei um ein himmlisches oder ein irdisches handelt) ist die Annahme, bei der Konstruktion יהוה צבאות handele es sich um eine Konstruktus-Verbindung.[36] Dass

[32] Mettinger, *In Search*, 125: „However, one should note the frequency of the term in Isaiah 1–39 (56 times), Haggai (14 times), Zechariah (53 times), and Maleachi (24 times). These prophets have one notable feature in common: *they represent a tradition closely associated with the Jerusalem temple.*" (vgl. auch v.d.Woude, *Art.* צבא, Sp.499. Zur genauen Verteilung vgl. die Tabelle bei Mettinger, *Dethronement of Sabaoth*, 12, und Albani, *Der eine Gott*, 212.)

[33] Vgl. Mettinger, *Härskarornas Gud*, 8–10, der vier Interpretationsmöglichkeiten anführt. Dabei wird neben den beiden möglichen Heeren auf die Gesamtheit aller Heere und auf die mit dem Titel verbundene Allmachtsvorstellung, wie sie die LXX bietet, Bezug genommen.

[34] Dabei scheidet aber die Erwähnung in 1Sam 17,45 aus, da hier die Formulierung יהוה צבאות אלהי מערכות ישראל verwendet wird und damit eine wörtliche Identifikation vermieden wird (vgl. Kreuzer, *Der lebendige Gott*, 282f.; Zobel, *Art.* צבאות, Sp.879, der weitere Literaturhinweise gibt.). Die Verbindung mit der Lade als Kriegspalladium aber lässt ein derartiges Verständnis durchaus zu.

[35] Vgl. zu dieser These die Darstellung bei Albani, *Der eine Gott*, 182–195, der den Ursprung des Titels in der mit dem Königtum im palästinischen Kulturraum einhergehenden Ahnenverehrung sucht. Das צבא השמים stellt für ihn das Heer der von der Erde geschiedenen Ahnen dar, die der Sonne auf ihrem täglichen Lauf folgen.

[36] Dieses führt schon v.Rad, *Theologie I*, 32, an. Dort erläutert er ebenfalls, dass die Langform יהוה אלהי צבאות eine sekundäre Erweiterung ist, da sie wesentlich seltener und wenn, dann in jüngeren Texten auftritt.

Eine weitere Möglichkeit, die Konstruktusverbindung zu verstehen, zeigt Emerton, *New Light*, 3–9, auf, der in Anlehnung an die in Kuntillet ʿAjrud gefundenen Inschriften יהוה צבאות als „Yahweh of *ṣĕbaʾôt*" (3) versteht. Inschriftlich sind die Namen *jhwh šmrn* und *jhwh tmn* belegt. Die Konstruktusverbindung setzt sich jeweils als Jahwe + Ortsangabe zusammen und deutet eine lokale Ausprägung an. יהוה צבאות sei parallel zu diesen konstruiert und könne ebenfalls in dieser Weise gelesen werden. Jedoch schränkt er ein,: „The evidence from Kuntillet ʿAjrud does not prove that *jhwh ṣĕbaʾôt* must mean ‚Yaweh of *ṣĕbaʾôt*' or that the second word cannot be in apposition to the first. Nor does it help us to determine the meaning of *Ṣĕbaʾôt* in this context. It does, however, establish the possibility that the phrase means ‚Yahweh of *ṣĕbaʾôt*'" (9). Während der sprachliche Befund ein solches Verständnis durchaus möglich erscheinen lässt, bleibt der inhaltliche Sinn fraglich.

dieses aber nicht zwingend der Fall sein muss, hat bereits Eißfeldt gezeigt.[37] Er versteht die Wortverbindung in attributivem Sinn. Damit wäre das Epitheton als zweiter Name zu deuten, der die umfassende Mächtigkeit Jahwes ausdrückt. Eißfeldt bezeichnet ihn daher seiner Form nach als *pluralis majestatis*.

Der Titel צבאות wird erstmals im Silonischen Kult verwendet (1Sam 1,3).[38] Die Namen der beiden Söhne des dortigen Priesters (חפני und פנחס) weisen auf ägyptischen Einfluss hin. Die Ableitung des Gottesepitheton צבאות von einer ägyptischen Parallele, wie Görg sie aufzeigt,[39] ist aufgrund des möglichen ägyptischen Hintergrunds, auf den die Namen deuten, denkbar.

Dem hebräischen צבא entspricht vom Lautwert her das ägyptische Lexem *ḏbꜥ*. Dieses ist im Ägyptischen als ein semitisches Fremdwort zu verstehen und wird lexikographisch von *ḏbꜣ.t* („Palast", „Schrein", „Sarg" oder auch „Götterschrein") getrennt. Diese Trennung ist nach Görg nicht aufrecht zu halten, beide Worte dürften „einundderselben Basis zugehören, nämlich *ḏbꜥ* "[40]. *ḏbꜣ.t* bezeichnet einen Thronsitz im weiteren Sinne, die Nisbebildung *ḏbꜣ.tj* bildet ein im Neuen Reich und in der Spätzeit belegtes Götterepitheton. Dieses stellt eine Prädikation dessen dar, „der zum oder zu dem der ‚Thronsitz' gehört"[41].

Während die Inschriften Ortsname bzw. Bezeichnung einer Region sind, bezeichnet יהוה צבאות keinen bekannten Ort bzw. eine bekannte Region.

[37] Eißfeldt, *Jahwe Zebaoth*.

[38] Zum Kult in Silo vgl. Kreuzer, *Art. Schilo*, Sp.475.

[39] Görg, *Ṣb'wt – ein Gottestitel*.

[40] Görg, *Ṣb'wt – ein Gottestitel*, 16.

[41] Görg, *Ṣb'wt – ein Gottestitel*, 17. In seinem später erschienenen Beitrag Görg, *Gott als König*, 80, führt Görg weiter aus, dass das ägyptische *ḏbꜣ.t* den Thronsockel bezeichnet. Dieser wird in der Hierographie als Zeichen für die Gottheit *mꜣꜥt* verwendet. Als einen solchen Thronsockel versteht Görg, *Gott als König*, 81–84, die Lade. Er geht aufgrund der Thronbeschreibungen in Jes 6 nicht von einem Kerubenthron, sondern einem Blockthron aus (76), dessen konstitutiver Bestandteil der Thronsockel ist. Verglichen mit der Darstellung in 1Kön 8 kommt Görg, *Gott als König*, 82, schließlich zu dem Schluss: „Die Konstellation im Debir könnte offenbar sowohl Elemente des Sphingenthrons als auch des Blockthrons mit seinem Thronsockel aufgenommen und zu einem Ensemble genuiner Art geformt haben. Des Näheren wird der Sphingenthron zusammen mit der Lade in ein Throngebilde transformiert und integriert, das beide Thronformen (Sphingenthron bzw. Kerubenthron und Sockelthron) vereinigt." Fraglich ist die von Görg beschriebene Funktion der Seraphen in Jes 6. Diese versteht Görg als den Thron umgebende Wesen und merkt an, dass in Jes 6 von Keruben nicht die Rede ist. Die Seraphen gehören aber, wie unter *3.1.1 Zum Wesen der Seraphen*, 87–95 beschrieben, nicht konstitutiv zum Thron hinzu, sondern übernehmen in der Vision die kultische, priesterliche Reinigungsfunktion.

Der Gottesname יהוה צבאות ist eine Verbindung Gottesname + attributiver Beiname, die eine thronende Gottheit bezeichnet, wie sie in Silo verehrt wird. Darauf weist die Bezeichnung היכל[42] für den Silonischen Tempel hin.[43] Das ägyptische Epitheton *ḏbꜣ.tj* ist mit dem hebräischen צבאות gleichzusetzen. Bei der hebräischen Version handelt es sich um eine Übernahme des ägyptischen Epithetons *ḏbꜣ.tj*, dessen Wortsinn in späterer Zeit nicht mehr verstanden wurde: „Der Titel *Ṣb'wt* kann demnach in Abstimmung mit dem biblischen und außerbiblischen Material als übernommenes Gottesepitheton verstanden werden, das mit der israelitischen Vorstellung von dem über den Cheruben thronenden YHWH grundsätzlich kompatibel ist [. . .]."[44]

Jede Interpretation des Epithetons von der Wurzel צבא her ist sekundär und aus der späteren Religionsgeschichte Israels erklärbar. Das übernommene Gottesepitheton aber hat in der Vorstellung des über den Keruben thronenden Jahwe „seine genuine Spezifikation

[42] Das hebräische היכל geht auf das summerische *é-gal* (großes Haus) bzw. auf das daraus gebildete akkadische *êkallu(m)* (Palast) zurück. Diese Bedeutung findet sich in 1Kön 21,1; 2Kön 20,18; Jes 39,7; Jer 7,4 Nah 2,7 u.ö. wieder. Auf die mit dem Titel verbürgte königliche Tradition verweist auch Mettinger, *Härskarornas Gud*, 13: „Beteckningen JHWH *ṣᵉvā'ōt* har sin ursprungliga livsmiljö, sin *Sitz im Leben*, i templets sammanhang." Stärker in kultischen Zusammenhängen sah zuvor Crenshaw, *YHWH Ṣĕva'ôt Šĕmô*, 174f., die Herkunft und die Verwendung des Titels.

[43] Zum Ursprung und der Bedeutung des Silonischen Tempels in vorstaatlicher Zeit siehe Dietrich/Naumann, *Samuelbücher*, 127f. Die archäologischen Funde in Silo werden detailliert beschrieben von Finkelstein, *Shiloh*; einen guten Überblick bieten die Seiten 371–393; den neuesten Forschungsstand stellen Fritz, *Entstehung Israels*, 80f., und Kreuzer, *Art. Schilo*, Sp.474–476, dar.

[44] Görg, *Ṣb'wt – ein Gottestitel*, 17f. Problematisch erscheint die Transliteration des Begriffs *ḏbꜣ.tj* ins Hebräische. Während sich alle Konsonanten nach den geltenden Regeln problemlos übertragen lassen, fällt ein Äquivalent zur Nisbebildung im Hebräischen aus. Die These Görgs ist, um dieses Phänomen zu erklären, um eine sprachgeschichtliche Beobachtung zu erweitern: Am Ende der Bronzezeit verlor die hebräische Sprache ihre Kasusendungen. Die Nisbebildung, wie sie das ägyptische *ḏbꜣ.tj* aufweist, ist im Hebräischen nicht mehr zu hören. Die durch den Verlust der Kasusendung bei צבאות entstehende Doppelkonsonanz der beiden Halbvokale wurde in Richtung des dunklen Vokals aufgelöst, so dass der ursprüngliche a-Laut nicht mehr hörbar ist (vgl. hierzu den bisher noch unveröffentlichten Beitrag von Siegfried Kreuzer, *Zebaoth*, der zunächst in der Freundesgabe für W.H. Schmidt, Bonn 2005 abgedruckt wird).

Zum Titel ישב הכרובים und seiner Bedeutung innerhalb der Jerusalemer Tempeltheologie vgl. die ausgewogene Darstellung von Janowski, *Keruben und Zion*, 241–253. Der Titel wurde erst nachträglich mit dem Silonischen Tempel verbunden und beschreibt die Ausstattung des Jerusalemer Tempels.

erfahren“[45]. Die Verbindung des thronenden Gottes mit dem צבאות-Titel ergibt sich ebenfalls aus Jes 6: Der Prophet leitet seinen Visionsbericht mit den Worten ואראה את־אדני ישב על־כסא רם ונשא ein. Mit der Verbindung zu den Keruben und der Einbringung der Lade in den Tempel zu salomonischer Zeit (vgl. 1Kön 8) wird mit dem Gottesepitheton צבאות die im Tempel auf dem Zion thronende Gottheit Jahwe bezeichnet. Dass die Tradition des kriegsmächtigen Gottes aufgrund der Präsenz der Lade im Jerusalemer Kult des 8.Jh.s v.Chr. mitklingt, entspricht der Unheilsansage in Jes 6,11.[46]

3.1.3 *Herrschaftsmotive*

Die Vision in Jes 6 bietet neben dem Handlungsablauf vier Motive, die die Herrschaft Jahwes beschreiben. Diese bestehen aus den neben dem Epitheton צבאות verwendeten Titeln אדני und מלך, sowie aus den Eigenschaften beschreibenden Worten קדוש und כבוד.

Die beiden Titel werden innerhalb der Vision vom Propheten gebraücht, während die Seraphen Jahwe mit dem bereits beschriebenen Epitheton צבאות bezeichnen. Jesaja hingegen verwendet im Eingangsteil den אדון-Titel im Zusammenhang mit königlichen Insignien (Jes 6,1f.), im zweiten Begründungssatz für den Weheruf folgt dann der מלך-Titel (V5). אדון-Titel und מלך-Titel ergänzen sich gegenseitig. Die mit ihnen ausgesprochenen Traditionen werden auf eine Person bezogen und bereichern sich so. Der damit bestimmte göttliche Machtbereich wird in Jes 6 von den Seraphen wie folgt beschrieben: מלא כל־הארץ כבודו. Bevor jedoch die Auswirkung der göttlichen Königsmacht auf die Erde beschrieben werden kann, sind die traditionellen Inhalte zu erfragen, die dem Text Jes 6 und dem in ihm vertretenen Herrschaftsbild zugrunde liegen.

Die Verwendung des מלך-Titels tritt neben Jes 6,5 vor allem in den Kultliedern auf.[47] Dabei konzentriert sich die Verehrung Jahwes

---

[45] Görg, *Ṣb'wt – ein Gottestitel*, 18; so auch Keel/Uehlinger, *Jahwe und die Sonnengottheit*, 290.

[46] Vgl. Görg, *Gott als König*, 81f.: „Die m.E. gegenüber der ursprünglichen Bedeutung ‚Thronender‘ sekundäre, innerisraelitische Deutung von ‚Zebaot‘ als ‚Heerscharen‘ steht im übrigen nicht im semantischen Widerspruch zum mythischen Bild des ‚Thronenden‘, wozu im übrigen auch die mythische Assoziation der Feindüberwindung bei der Dekoration der Außenseiten des Blockthrons oder des Fußschemels passt.“

[47] Vgl. zur Verwendung des מלך-Titels an dieser Stelle Fohrer, *Jesaja*, 99: „Obwohl

als מלך neben der Überwindung des Schöpfungschaos und der Gründung des Tempels (Ps 93) auf seine Kriegstätigkeit, wie es Ps 24,7–10 zum Ausdruck bringt:

> [7]Hebt auf, Tore, eure Häupter,
> erhebt euch, ewige Pforten,
> denn es kommt der König des כבוד.
> [8]Wer ist dieser, der König des כבוד?
> Jahwe, der Gewaltige und Starke,
> Jahwe, der Starke im Kampf.
> [9]Hebt auf, Tore, eure Häupter,
> erhebt euch, ewige Pforten,
> denn es kommt der König des כבוד.
> [10]Wer ist dieser, der König des כבוד?
> Jahwe Zebaoth, er ist der König des כבוד!

Ps 24,7–10 besteht aus zwei Teilen mit sich wiederholenden Fragen. Auf die Aufforderung an die Tore und Pforten folgt jeweils die Frage nach der Gottheit, für die sie sich erheben sollen.[48] Dabei wird die Kriegstätigkeit Jahwes als das ihn kennzeichnende Merkmal mit dem Kultnamen יהוה צבאות identifiziert.[49] Mit der Verwendung des Namens מלך הכבוד, seiner Identifikation mit יהוה צבאות und der Kriegsmacht Jahwes werden in Ps 24,7–10 drei Traditionen nebeneinander gestellt, die zusammen die umfassende Wirksamkeit Jahwes ausdrücken.[50]

Das Gottesepitheton צבאות bezeichnet, wie oben dargestellt, zunächst einen im Tempel thronenden Gott, der aufgrund der Wortassonanz

---

der Königstitel für Gott im Alten Testament an dieser Stelle geschichtlich zum erstenmal bezeugt ist, wird er ganz selbstverständlich gebraucht und kann nicht erst von Jesaja eingeführt worden sein."

[48] Eine interessante neue Interpretation von Ps 24,7–10 stellt Cooper, *Mythology and Exegesis*, vor, der Ps 24,7–10 als Einzug Gottes in die Unterwelt versteht: „I would suggest that Ps 24:7–10 is a fragment or remnant of a descent myth – a myth in which a high god, forsaking his ordinary domain, descends to the netherworld, where he must confront the demonic forces of the infernal realm. The fragment, because of its brevity, admits of two interpretations. According to the first, the verses describe God's entry into the netherworld to combat the might of death. The second possibility is that the text describes the Lord's victorious emergence from the netherworld where he has subdued that fiendish power. In a sense, even this latter interpretation describes a divine entry, since God's return from the netherworld would be marked by his entry into his sanctuary" (43). Zu dieser Einschätzung kommt Cooper, da er die Tempeltore mit den aus der ägyptischen Mythologie bekannten Tore der Unterwelt gleichsetzt (vgl. Cooper, *Mythology and Exegesis*, 39–42).

[49] Dazu vgl. Cooper, *Mythology and Exegesis*, 52; Jeremias, *Königtum Gottes*, 61f.; Seybold, *Psalmen (1996)*; 105f.

[50] Dazu Cooper, *Mythology and Exegesis*, 52: „We can assume, then, that *melek hakkābôd* is an epithet that has been co-opted for the God of Israel."

schon in früher Zeit als kriegerischer Gott verstanden wurde. Durch die Identifikation von יהוה צבאות und מלך הכבוד wird die Tradition des sich in Naturerscheinungen erweisenden Gottes mit der Kriegsgott-tradition in Einklang gebracht, wie es auch Ps 29 zeigt:

> 1Ein Lied Davids: Gebt Jahwe, Söhne der Götter,
> gebt Jahwe Ehre und Macht.
> 2Gebt Jahwe Ehre seines Namens,
> werft euch nieder vor Jahwe in heiligem Schmuck.
> 3Die Stimme Jahwes ist über den Wassern,
> der Gott des כבוד lässt donnern:
> Jahwe ist über den großen Wassern.
> 4Die Stimme Jahwes mit Kraft,
> die Stimme Jahwes mit Pracht,
> 5die Stimme Jahwes zerbricht Zedern,
> und Jahwe zerbrach die Zedern des Libanon.
> 6Und er ließ sie hüpfen wie ein Kalb den Libanon,
> und den Sirjon wie einen Sohn eines Wildochsen.
> 7Die Stimme Jahwes spaltet mit Flammen des Feuers,
> 8die Stimme Jahwes lässt die Wüste beben,
> es ließ beben Jahwe die Wüste Kadesch.
> 9Die Stimme Jahwes lässt Bäume tanzen,
> und er schält hohe Bäume
> und in seinem Tempel sagen alle: Ehre.
> 10Jahwe, über den Fluten sitzt er,
> und als König sitzt Jahwe für immer.
> 11Jahwe gebe Macht seinem Volk
> Jahwe segne sein Volk mit Frieden.

In enger Entsprechung zu Ps 29 bietet Ps 24,7–10 die Tradition von der Königsherrschaft Jahwes, die die Elemente Naturtheophanie und Tempelpräsenz miteinander verbindet.[51] In den Naturelementen ist die Auswirkung der Herrschaft Jahwes zu spüren. Der Ort der Theophanie aber ist der Tempel, in dem Jahwe über den Chaosfluten thront.[52] So fließen in Ps 24,7–10 durch die Identifikation von יהוה צבאות und מלך הכבוד die wesentlichen Elemente der Jerusalemer Tempeltheologie zusammen: das Thronen Jahwes als König über das Chaos und als Herr über die Götter, die Jahwe-Kriegs-Tradition und die Herrschaft Jahwes im Erweis seines כבוד, der sich nach Ps 29

[51] Zur Einordnung von Ps 29 in die frühe vorexilische Zeit vgl. Zenger, *Psalm 1–50*, 182.
[52] Vgl. Zenger, *Psalm 1–50*, 180–182; Seybold, *Psalmen (1996)*, 121–124.

sowohl in der Theophanie, als auch in den Wohltaten am Volk offenbart.[53]

Durch die Verbindung des mythischen Kampfes mit der irdischen Kriegstradition wird die Einflusssphäre Jahwes universalisiert. So impliziert die Überwindung des Chaos und die damit erlangte Herrschaft über die Götter die Kriegsmächtigkeit Jahwes im Streit gegen andere Völker. Das Königtum Jahwes, das in den Kultliedern besungen wird und das Jesaja in seiner Vision ausdrückt, erstreckt sich über die anderen Gottheiten und die Israel bedrängenden Feinde.

Eine archaische Tradition[54] der Herrschaft Jahwes über die Völker findet sich in Dtn 32,8f.:

> [8]Eljon teilte den Völkern Erbschaft aus, er teilte die Söhne des Menschen, er stellte die Grenzen der Völker nach der Zahl der Söhne der Götter auf.
> [9]Wahrlich, der Anteil Jahwes wurde sein Volk, Jakob sein zugestandenes Erbe.[55]

Mit der in Dtn 32,8 überkommenen alten Tradition der Herrschaft Jahwes über die Völker wird die Vorstellung des göttlichen Königtums ausgeweitet: Weil Jahwe König über die Götter ist und weil diese jeweils über ihr Volk herrschen, ist Jahwe zugleich Herrscher über alle Völker. Damit wird der Raum der Geschichte zum Erweis seiner Herrschaft erhoben.[56] So folgert Gunneweg aus der Analyse von Dtn 32,8f. folgendes: „Hier wird El-eljon, der in Jerusalem verehrte El, deutlich als universaler Großkönig verstanden, der den anderen Göttern ihre Völker und Staaten wie Vasallen zuteilt. Es bekommt Jahwe aber Israel als spezielles Herrschaftsgebiet. [. . .] Der Text setzt

[53] Die These, dass der Psalm die Liturgie bei der Einbringung der Lade darstellt, wurde seit Mowinckel, *Psalmenstudien II*, 107–126, in der Psalmenforschung durchgehend verfolgt. So findet sie sich in der Folge u.a. auch bei Kraus, *Psalmen I*, 194. In der neueren Psalmenexegese vgl. Zenger, *Psalm 1–50*, 160f.; Jeremias, *Königtum Gottes*, 60; anders dagegen Spiekermann, *Heilsgegenwart*, 205, der darauf hinweist, dass der Text Ps 24,7–10 die Lade nicht erwähnt.

[54] Vgl. Gunneweg, *Theologie*, 134.

[55] Die Übersetzung ‚Söhne der Götter' basiert auf einer textkritischen Korrektur des MT. Qumranschriften und die LXX bieten an dieser Stelle die oben gebotene abweichende Lesart. Da die äußere Bezeugung der Variante schwerwiegend ist und die MT Lesart sich als *lectio facilior* zeigt, ist der Textvariante der Vorzug zu geben. Vgl. dazu Gunneweg, *Theologie*, 134; Preuß, *Theologie*, 42.117.

[56] Vgl. Procksch, *Jesaja*, 56: „[. . .] doch ist der Begriff des Weltkönigs angesichts der himmlischen Vision wahrscheinlicher". Und weiter dazu Fohrer, *Jesaja*, 100: „So ist für Jesaja das Erleben der welterhabenen Heiligkeit Gottes mit dem Wissen um seine Königsherrschaft über den Menschen verschmolzen."

schon voraus, daß El-eljon und Jahwe derselbe ist. Er bietet also einen Beleg dafür, daß El-eljon als universaler König verehrt und Jahwe mit ihm identifiziert wurde.“[57] Mit der Identifizierung ist dann auch die universale Herrschaft auf Jahwe übergegangen.

Die Ausweitung des göttlichen Machtanspruchs in den Raum der Geschichte findet sich in Jes 6 in der Abfolge von Vision, Reinigung und Beauftragung zur Botschaft wieder. Als Konsequenz dieser Erfahrung ist die Verwendung des אדון-Titels zu sehen. In der vorjesajanischen Prophetie tritt dieser bereits bei Amos (Am 1,8; 3,7.8; 7,1–8; 8,1; 9,1.5.8) und Hosea (Hos 12,5) in Erscheinung.[58] Damit wird deutlich, dass der Titel ein besonderes Dienstverhältnis des Propheten zu Gott ausdrückt.[59] Jesaja erkennt in dem auf dem Thron sitzenden Gott seinen Dienstherren, dessen Botschaftsempfänger er ist. Jes 6,1f. zeigt, dass Jahwe seinen Herrn als denjenigen erkennt, der im Tempel auf dem Thron sitzend zu erfahren ist. Der gleichwertige Gebrauch der beiden Titel innerhalb der Thronvision zeigt so auf, dass Jesaja sich als von einer universal herrschenden Gottheit in Dienst genommen sieht.[60]

Auf die Weite des göttlichen Machtbereichs verweist auch das von den Seraphen in Jes 6,3 ausgesprochene מלא כל־הארץ כבודו. „Jes 6,3 läßt zuerst erkennen, daß dieser k^{e}bod JHWH an den Jerusalemer Tempel gebunden bzw. dort – sozusagen als die Außenseite der „Heiligkeit“ JHWHs – erfahren wurde und werden konnte.“[61] Die Beschreibung des Machtbereichs weist damit über den Tempel hinaus.[62]

---

[57] Gunneweg, *Theologie*, 134.

[58] Vgl. die grundlegende Untersuchung zu diesem Thema von Rösel, *Adonaj*, 58–77. Für die weiteren Belegstellen in Am 3,11.13; 4,2.5; 5,3.16; 6,8; 8,3.9.11 weist er nach, dass sie textkritisch nicht gesichert sind und deshalb bei einer Beschreibung der Verwendung des Titels beim historischen Amos nicht hinzuzuziehen sind.

[59] Vgl. zu dieser wiederum Rösel, *Adonaj*, 36–55, der aufzeigt, dass es sich beim אדון-Titel um einen einer Gottheit beigelegten Titel handelt, der jeweils das persönliche Verhältnis des die Gottheit verehrenden Menschen zum Ausdruck bringt.

[60] Vgl. Brueggemann, *Isaiah I*, 59f.: „The throne room of God is the policy room of world government. There is business to conduct. There is creation to manage. There are messages to be sent. The government of Yahweh [. . .] needs a carrier.“

[61] Preuß, *Theologie*, 191. Vgl. zuvor Procksch, Jesaja, 55; Herntrich, *Jesaja*, XIV; Fohrer, *Jesaja*, 97. Im Sinne Preuß' ist ebenfalls die Bemerkung von Wildberger, *Jesaja I*, 244, zu verstehen, auch wenn diese negativ formuliert ist: „Vom כבוד ist zwar die Rede, aber gerade nicht, wie man bei einer Vision eigentlich erwarten müßte, davon, daß er von Gott selbst ausstrahlt und den Beschauer blendet.“

[62] In diesem Sinne auch Procksch, *Jesaja*, 54: „Ist so Jahve Zebaoth als קדוש

Jes 8,7 deutet darauf hin, dass כבוד ebenso zum irdischen Königtum gehörig verstanden wird.[63] Weiter in den Bereich der Königsherrschaft weist eine Zusage Jahwes an Salomo in 1Kön 3,13. Mit der Formel גם־עשר גם־כבוד wird dem werdenden König materieller Reichtum und politische Macht zugesagt, die neben der weisheitlichen Gerichtsfähigkeit seine Herrschaftsmacht beschreiben.[64]

Wie die Insignien der königlichen und der gott-königlichen Herrschaft durchweg identisch sind,[65] so wird auch der Machtbereich und die Machtfülle Jahwes mit demselben Wort bezeichnet, mit dem dies für den irdisch-politischen Bereich der Fall ist: כבוד.[66] Dabei kann der

---

seiner innersten Natur nach bezeichnet, so enthält seine ‚Herrlichkeit' die Erscheinungsseite seines Wesens." Die syntaktische Struktur des Nominalsatzes מלא כל־הארץ כבודו betont die an den Anfang gestellte *nomen regens-Genitiv*-Verbindung מלא כל־הארץ (vgl. die Erklärung der Syntax in den Anmerkungen zur Textübersetzung unter *2.1 Übersetzung des Textes*, 44). Die Füllung des ganzen Landes mit dem כבוד Jahwes wird als das Besondere herausgestellt. Dieses weist darauf hin, dass die Vorstellung von der Fülle ursprünglich nicht auf die Erdoberfläche, sondern auf den Tempel bezogen war. Jesaja betont damit, dass die Königsherrschaft Jahwes im Tempel Auswirkung auf das Land hat. Das Nebeneinander von göttlichem und irdischem König führt nicht zu einer Beschränkung der göttlichen Machtsphäre auf den Tempel, sondern wirkt sich direkt auf das Land aus.

[63] Vgl. Wildberger, *Jesaja I*, 250: „כבוד gehört zum Wortfeld des irdischen und göttlichen Königtums." Das hebräische כל־כבודו deutet auf die militärische Stärke des kommenden Gegners und damit auf den von ihm ausgehenden Machtbereich hin.

[64] Auch außerhalb des alttestamentlichen Schrifttums ist die Beschreibung des königlichen Machtbereichs durch einen *terminus*, der im gleichen Maße für göttliche Machtmittel und deren Bereiche verwendet wird, ebenfalls belegt. „Das gleiche ist zu beobachten beim mesopotam. *melammu* und seinen Synonymen." (Weinfeld, *Art.* כבוד, 30; vgl. vSoden, *AHw*, 643.878f.). Die Wendung *puluḫti melammi* (fürchterliche Macht), die in der Nebukadnezar-Inschrift über dem Palast in Babylon zu lesen ist, beschreibt die große Machtfülle des irdischen Königtums. Hartenstein, *Unzugänglichkeit Gottes*, 69–76, und ders., *Schreckensglanz Assurs*, 87f., verbindet aufgrund der in Jes 6,3 geschilderten Begebenheiten den כבוד mit einem aus dem Tempel ausgehenden Glanzphänomen, wie es das akkadische *melammu* ebenfalls beschreibt. Dieses stimmt mit der Darstellung des כבוד Jahwes in Ez 1,13–28 überein. Dort wird der כבוד Jahwes als Edelstein dargestellt, dessen Glanz den Thronwagen hell erstrahlen lässt. In Jes 6–8* wird durch das Gegenüber von כבוד Jahwes und כבוד des assyrischen Königs die Frage nach der wahren Herrschaft über das Land gestellt. Dabei wird aber die Ausbreitung des כבוד des assyrischen Königs auf den Befehl Jahwes erfolgen, so dass Jes 8,6–8 nach den Wirkungen der Machtausübung und nicht nach dem Ursprung der Macht fragt.

[65] Vgl. den in Jes 6,2 erwähnten Mantelsaum und den in Jon 3,6 erwähnten Mantel des irdischen Herrschers (vgl. dazu auch Wildberger, *Jesaja I*, 245).

[66] Zum göttlichen Machtbereich in der irdischen Sphäre vgl. Ps 24,7–10; 26,8; 57,6.12; 63,2ff.; 66,2; 72,19; 96,3; 97,6; 102,16f.; 138,5; 145,5. Liss, *Unerhörte Prophetie*, 48, spricht daher von der entgrenzenden universalen majestätischen Präsenz Jahwes im Tempel.

כבוד nicht nur von Gott ausgehen, sondern ihm auch entgegengebracht werden. Dies zeigen nicht nur alttestamentliche Belege (vgl. 1Sam 2,30; Jes 24,15; 25,3; 29,13; Ps 22,24; 50,15.23 u.ö.), sondern auch die Verwendung der Wurzel *kbd* in der ugaritischen Literatur. In dieser ist *kbd* nur im D-Stamm belegt und bezieht sich durchgehend auf die Verehrung einer Gottheit.[67] In beiden Textbereichen wird mit der Wurzel *kbd* im D-Stamm der Gottheit die ihr gebührende Machtstellung von menschlicher Seite zugesprochen und damit ihr Machtanspruch über die menschliche Sphäre bestätigt. Der in Jes 6,3 von den Seraphen ausgehende Ausruf, die ganze Erde sei mit seinem כבוד gefüllt, deutet damit auf die irdische Herrschaft Jahwes hin.[68]

Als Korrelat zu כבוד erscheint in Jes 6 der Begriff קדוש. Mit ihm wird das Wesen Jahwes im Gegenüber zum Menschen beschrieben wird. Die Bezeichnung Jahwes als קדוש wird zwei Mal wiederholt.[69] Erstmalig findet sie sich innerhalb der Ladeerzählung 1Sam 6,20:

> Und die Männer aus Bet-Schemesch sprachen: Wer kann vor Jahwe, diesem heiligen Gott bestehen, und zu wem zieht er hinauf von uns weg?[70]

Bereits die vorjesajanische Prophetie kennt die Bezeichnung, wie Am 2,7; 4,2; Hos 11,9; 12,1 zeigen. Jahwe wird, wenn auch nur an

[67] Vgl. Loretz, *Ugarit-Texte*, 12.

[68] Ihre Fortschreibung findet das כבוד-Verständnis, wie es sich in Jes 6,3 findet, in der Berufung Deuterojesajas in Jes 40,5. Zu dieser vgl. Wildberger, *Jesaja I*, 250; Hermisson, *Deuterojesaja I*, 20f.

[69] Der Ruf erscheint als Entsprechung des Kehrverses in Ps 99,3.5.9. Kaiser, *Buch Jesaja I*, 128, hält den Psalm für älter als Jes 6,3 und damit Jesaja vorgegeben. Wildberger, *Jesaja I*, 128, sieht so den geistesgeschichtlichen Hintergrund des Rufes der Seraphen im Jerusalemer Tempelkult. Dagegen weist Scoralick, *Trishagion und Gottesherschaft*, 59f., nach, dass Ps 99 von Jes 6 abhängig ist. Gerade die Vv6–8 des Psalms sind als *relecture* des Pentateuchs und der Vorderen Propheten zu lesen und setzten diese als traditionelle Größe voraus. Eine nachexilische Datierung des Psalms ist aufgrund dieser Beziehung wahrscheinlich (113). Im Blick auf Jes 6 formuliert sie: „Die Annahme, dass zwischen beiden Texten tatsächlich eine Beziehung besteht und Ps 99 das serafische Trishagion aufgreift und entfaltet, lässt sich nun noch breiter untermauern als in der exegetischen Literatur üblich. Der Verweis auf Jes 6 legt sich für Ps 99 nicht nur aufgrund des dreimaligen ‚heilig' nahte. Auch das Prädikat *rām* (erhaben) für Jahwe deutet indirekt auf Jes 6 zurück. Und der anschauliche Hintergrund des ganzen Psalms – Jahwe als der erhaben auf dem Zion thronende König – deckt sich mit der Vorstellung Jahwes in Jes 6, wenngleich dieser Zusammenhang nicht exklusiv ist" (60).

[70] Zur Überlieferung des Ausspruches aus früher Zeit vgl. W.H. Schmidt, *Ursprung*, 64, und Müller, *Art.* קדש, Sp.597.

diesen wenigen Stellen, in vorjesajanischer Zeit als קדוש beschrieben. Überkommen scheint die Aussage, die in der Überlieferung bis zur Landnahme unbekannt ist, aus dem kanaanäischen Hintergrund, auf dem sich die israelitische und judäische Gesellschaft etabliert hat.[71] Die Ras-Šhamra-Texte kennen die Titulierung Els als קדוש, wenn auch nur an wenigen Stellen. Innerhalb der *Keret-Epos* findet sich folgender Text:

[I 10]*krt . bnm . il . špḥ*	[I 10]Keret ist ein Sohn Els, ein Spross
[11]*lṭpn . w qdš*[72]	[11]dem gütigen und heiligen.[73]

Der Parallelismus, in dem der Spruch konstruiert ist, deutet zweifellos darauf hin, dass El als קדוש verstanden wurde. Einen vergleichbaren Aussagegehalt hat eine Stelle aus dem *Ba'al-Zyklus* Z. 19–21:

[I 19]*tbʿ. Glmm .*	[I 19]Die jungen Männer brachen auf,
l yṯb .	sie blieben nicht,
i[dk . pnm]	direkt [wandten sie] ihr Gesicht
[20]*ytn . tk . ǵr . ll .*	[21]zur Mitte des Berges Lula,
ʿm . phr . mʿd . ap .	zur Vollversammlung.
ilm . lḥ[m][74]	Die Götter beim Essen,
[21]*yṯb . bn . qdš*[75] *.*	[21]die Söhne des Heiligen saßen
l ṯrm .	beim Verzehr.
bʿl . qm . ʿl . il[76]	Ba'al stand bei El.[77]

Doch bleibt die Prädikation nicht auf El beschränkt, was eine westsemitische Inschrift des *Jeḫimilk von Byblos* aus dem 10.Jh. v.Chr. zeigt, in der die „heiligen Götter von Byblos" erwähnt werden.[78] Neben

[71] Vgl. hierzu die Argumentation von W.H. Schmidt, *Ursprung*, 62–66.

[72] *KTU 1.16 I*, 10f.

[73] Eine weitere Übersetzung findet sich in *TUAT III/4*, 1241.

[74] An dieser Stelle ist der Text ausgefallen, doch ist hier mit hoher Wahrscheinlichkeit mit einem *parallelismus membrorum* zu *ṯrm* zu rechnen, da die Aussage sonst nicht verstehbar wäre.

[75] Die Formulierung *bn qdš* kann auch mit „Söhne des Heiligen" übersetzt werden. Dann wäre die Prädikation *qdš* allein auf El bezogen, was wiederum mit der o.a. Textstelle aus dem *Keret-Epos* übereinstimmt. Entscheidend ist jedoch, dass die Prädikation in der ugaritischen Literatur für einen Gott bzw. für Götter üblich ist.

[76] *KTU 1.2 I*, 19–21.

[77] Eine weitere Übersetzung findet sich in *TUAT III/4*, 1121.

[78] Inschrift des *Jeḫimilk von Byblos*, Z.1.4f.7 (*TUAT II/1*, 584; Hallo, *Context II*, 146), vgl. Dunand, *Nouvelle inscription*. Dort finden sich eine ausführliche Diskussion und weitere Literaturangaben. Nach Hallo, *Context II*, 146, ist die Inschrift unge-

den Erwähnungen der קדוש-Prädikation in der Levante findet sie sich ebenso in Ägypten, worauf ein Textausschnitt aus der *Votivstele des Malers Nebre für Amun-Re* hinweist:

> Amun-Re, der Herr von Karnak, der Große Gott, der Erste von Theben, der heilige Gott, der die Bitten erhört, der auf die Stimme des betrübten Armen hin kommt, der Atemluft gibt dem, der elend ist.[79]

Das im alten Orient umfassende Auftreten der קדוש-Prädikation zeigt, dass diese als gemeinorientalische Tradition anzusehen ist. Beschreiben die Seraphen Jahwe als קדוש, dann zeichnen sie ihn wesensmäßig von den Menschen unterschieden aus. Als Gegensatz dazu ist die Selbstbezeichnung Jesajas als איש טמא־שפתים zu verstehen. Weist also קדוש als Wesensmerkmal in die göttliche Sphäre,[80] so weitet sich mit der Ausbreitung des כבוד der göttliche Wirkungsbereich. Der כבוד trägt die göttliche Präsenz in die irdisch-politischen Zustände hinein.[81] „In Verbindung mit V.3b betont der Heiligkeitsruf den exklusiven Anspruch Jahwes auf universale Königsherrschaft in der Welt: Allein Jahwes Kabod erfüllt die ganze Erde."[82] Im Sinne Herntrichs sind קדוש und כבוד aufeinander bezogen: „Seine Heiligkeit und seine Herrlichkeit können wohl voneinander unterschieden, aber nicht voneinander getrennt werden."[83]

---

fähr in das Jahr 950 v.Chr. zu datieren. Auch im nordsemitischen Raum findet sich eine vergleichbare Aussage, und zwar auf dem *Ersten Amulett aus Arslan Tasch*, das i.d.R. in das 7.Jh. v.Chr. datiert wird (Text in Beyerlin, *Textbuch*, 265).

[79] Text aus Beyerlin, *Textbuch*, 59. Vgl. auch die Übersetzung in *TUAT II/2*, 873–875.

[80] Liss, *Unerhörte Prophetie*, 48, betont, dass die *anadiplosis*, die mit dem zweifach wiederholten קדוש als rhetorischem Stilmittel vorliegt, „der Intensivierung und besonderen Betonung der göttlichen Heiligkeit" dient.

[81] Dieses ist in Ps 29,4, wie auch in Jes 6,3 zu sehen. In der späteren Ausbildung der כבוד-Theologie wird der כבוד Jahwes zur irdisch präsenten göttlichen Seinsweise (so in Ez 1–3; 8–11). Vgl. dazu Mettinger, *Dethronement of Sabaoth*, 80–115, der aufgrund des Untergangs Jerusalems und der damit in die Krise geratenen Zion-Zebaoth-Theologie in der priesterlichen Kabod-Theologie eine Reinterpretation der überkommenen Präsenztheologie sieht. Dem כבוד Jahwes wird damit eine neue Funktion zuteil. Weiter vgl. Preuß, *Theologie*, 191–194, der in Kürze die gesamte Entwicklung der Vorstellung vom כבוד Jahwes prägnant nachzeichnet.

[82] Barthel, *Prophetenwort*, 101. Im selben Sinne zuvor auch Knierim, *Vocation*, 55, der die Ausbreitung der göttlichen Macht auf Natur und Menschheit betont.

[83] Herntrich, *Jesaja*, 100. Auch Hartenstein, *Unzugänglichkeit Gottes*, 82, betont die Relation der beiden Elemente: „Sehr wahrscheinlich entspricht die ‚Erfüllung' des Tempels mit den ‚Gewandsäumen' (V. 1b) der göttlichen ‚Herrlichkeitsfülle' der Welt (V. 3b). Zwischen ‚innen' und ‚außen' besteht ein Entsprechungsverhältnis."

Die hinter der Spanne aus כבוד und קדוש stehende Genese deutet auf ein auf zwei Ebenen basierendes Weltbild hin.[84] Das irdische Geschehen ereignet sich auf der Erdoberfläche.[85] Mittelpunkt dieser ist der aus ihr herausragende Thron Jahwes auf dem Zion. Über dem Thron befindet sich das *Wolkendunkel*, „das in der Wohnvorstellung von 1Kön 8,12f. JHWHs Thronsphäre *umhüllt* und so deren Transzendenz markiert“[86].

In Jes 6 werden beide Dimensionen in den Blick genommen. „Während mit der Proklamation der welterfüllenden Gottesherrlichkeit eine *horizontale Dimension* in den Blick kommt – die ‚ganze Erde‘ ist von der ‚Herrlichkeit’ des ‚heiligen‘ Gottes JHWH Zebaoth erfüllt –

Dieses Entsprechungsverhältnis drückt sich in dem Gegenüber von der Fülle des Tempels durch Jahwes Präsenz und der Fülle der Erde durch seinen כבוד aus. Dieses Verhältnis ist ursprünglich heilvoll, wie Hartenstein, *Unzugänglichkeit Gottes*, 78–109, zeigt: „[. . .] der aus dem Heiligtum nach außen strahlenden ‚Herrlichkeit‘ entspricht die in Gestalt der Lebewesen und ihres Lobpreises Gott zur ‚Ehre‘ gereichende ‚Herrlichkeit‘ der ‚ganzen Erde‘“ (101). Dieses Bild wird durch das dritte in Jes 6 verwendete Fülle-Motiv zerbrochen, wie Hartenstein, *Unzugänglichkeit Gottes*, 109–136, zeigt: „Wenn nämlich die oben für den Torbereich und die Schwellen eines Tempels herausgearbeitete symbolische Signifikanz zutrifft, ist zu fragen, ob nicht das ‚Beben der Schwellen‘ in Jes 6,4a das Ende der durch den Tempelkult normalerweise gewährleisteten heilvollen Kommunikation zwischen der ‚Fülle‘ der ‚ganzen Erde‘ und der ‚Herrlichkeit‘ JHWHs (V. 3b), also das Ende des Gotteskontakts, anzeigt. Denn wo sonst bevorzugt die ‚Erde‘ erbebt, ist es hier in Gestalt von Schwelle und Tor die symbolische Verbindungsstelle zwischen Tempel und Welt“ (135f.).

[84] Die Genese des vorexilischen Tempels wurde in mehreren Beiträgen von Harteinstein ausführlich besprochen (*Unzugänglichkeit Gottes*, und *Wolkendunkel und Himmelsfeste*, 127–136), auf die im Folgenden Bezug genommen wird. Die von Hartenstein in seiner Darstellung vorausgesetzte vorexilische Abfassung der Ps 24,7–10; 29; 48; 104 erscheint zunächst problematisch. Ihre vorexilische Abfassung wird aus ihrer Kosmologie abgeleitet, die es zu erweisen gilt. Überzeugend sind die religionsgeschichtlichen Vergleiche, die eine vorexilische Abfassung nahe legen.

[85] Ob diese Horizontale auf das mythische Urwasser gestellt ist, ist eine Vermutung, die sich aus Jes 6 nicht entnehmen lässt. Folgt man Hartenstein, *Unzugänglichkeit Gottes*, 61f., dann hängt die Beurteilung an Ps 29,10. Ob es sich bei diesem Stück jedoch um ein vorexilisches Traditionsstück handelt, ist fraglich. Schon Kraus, *Psalmen 1*, 234, merkt an, dass der Einsatz in V9b abrupt erscheint. Die Darstellung wechselt von der Naturtheophanie zur kultischen Verehrung Jahwes im Tempel, die unausgeglichen nebeneinander stehen. Kraus’ Vermutung, dass „ein Stück ausgefallen ist“ (234) lässt sich aufgrund des Textbestandes nicht verifizieren.

[86] Hartenstein, *Genese und Kosmologie*, 128. Die in Ps 18,8–16* geschilderte Theophanie verbindet die Traditionen der kämpfenden und der königlichen Gottheit miteinander. Das Bild einer kämpfenden Königsgottheit ist altorientalisch mehrfach belegt (vgl. Hartenstein, *Genese und Kosmologie*, 129). Mit dem Wolkenbild, das im Jesajabuch nicht thematisiert wird, wird eine „*statische* (Tempel) und eine *dynamische* (Theophanie) Seite derselben Wohnvorstellung“ gezeigt (Hartenstein, *Genese und Kosmologie*, 131).

bringt das Motiv des Throns eine *vertikale Dimension* zum Ausdruck."[87] Zwischen den beiden Dimensionen ergibt sich ein Tat-Folge-Zusammenhang in der Art, dass eine vom Thron Jahwes ausgehende Aktion eine direkte Wirkung auf die Erdoberfläche hat.[88] Dieses zeigt in der Vision Jes 6 der Ruf des Seraphen, der das Beben der Schwellen auslöst.[89]

Beschreibt Jesaja nun durch die Worte der Seraphen das ganze Land als vom כבוד Jahwes gefüllt, dann zeigt er damit die dauerhafte Präsenz Jahwes im Tempel an. Diese ist zugleich eine Schutzzusage für Land und Bevölkerung, denn nur durch seine Anwesenheit im Tempel kann Gott Einfluss auf das irdische Geschehen nehmen. Zöge er sich aus dem Tempel zurück, würde dem Erdkreis der כבוד entzogen.[90] Mit ihm gäbe Jahwe seine in Jes 6 zu sehende universale Herrschaft über die Erde auf und griffe nicht mehr lenkend in den Geschichtsverlauf ein. „Die Ballung dieser königlichen Prädikate verweist bereits an dieser Stelle darauf, dass in der Vision (und damit aus der Sicht Yesha'yahus) Gott in seiner Regentenfunktion derjenige ist (und bleibt!), der in (kriegerischen) Auseinandersetzungen mit Fremdmächten ‚den Stab in der Hand' hat (vgl. Jes 10,5) und die Weltordnung etabliert."[91]

---

[87] Janowski, *Heilige Wohnung*, 36. Eine Ausweitung der Darstellung Janowskis bietet der Beitrag von Görg, *Gott als König*, 93f., der anhand dreier ägyptischer Beispiele eine Ausweitung der Thronsphäre in die Totenwelt annimmt: „Die spekulative Vertiefung der Thronvorstellung in die Sphäre der Unterwelt mit ihrer ambivalenten Funktion komplementiert das Modell des in die Höhe des Himmels reichenden Gottesthrons mit dessen Fundierung in der Tiefe des ‚Gegenhimmels'. Die vertikale Orientierung präsentiert so ein Gesamtbild des imaginären Gottesthrons, der die Herrschaft über Leben und Tod symbolisiert."

[88] Dabei ist von einer dauerhaften Präsenz Jahwes im Tempel auszugehen. Jes 6 setzt in seiner Theophanieschilderung einen im Heiligtum präsenten Gott voraus. Nicht das Niederkommen Jahwes zur Theophanie wird geschildert, sondern ein einmaliger Blick in die dauerhaften Zustände im Tempel. Zum in Jes 6 verwendeten Füllemotiv vgl. die zusammenfassende Darstellung bei Hartenstein, *Schreckensglanz Assurs*, 86–89.

[89] Janowski, *Heilige Wohnung*, 36, sieht das Beben der Schwellen durch zwei Faktoren hervorgerufen: durch die Präsenz des thronenden Königsgottes und das Rufen der Seraphen. Dieses entspricht aber nicht dem vorliegenden Text von Jes 6. In ihm ist das Beben allein auf das Rufen der Seraphen zurückzuführen. Erst die vorgeschlagene traditionsgeschichtliche Scheidung der Theophanie- und der Seraphenszene ermöglich das von Janowski gebotene Bild.

[90] Vgl. Hartenstein, *Schreckensglanz Assurs*, 89f.: „Weil JHWH seinen כבוד zurückgezogen hat, indem er sich im Tempel unzugänglich macht, wird das Land zur Verwüstung freigegeben. *An die Stelle der JHWH-‚Herrlichkeit' tritt der ‚Schreckensglanz' Assurs, dem Gott selbst Raum gibt.*"

[91] Liss, *Unerhörte Prophetie*, 45f.

3.1.4 *Der Verstockungsauftrag*

Der Verstockungsauftrag, den der Prophet mit den Vv9f. erhält, ist nicht losgelöst vom Kontext, sondern allein im Zusammenhang mit der vorstehenden Schulderkenntnis und Reinigung zu verstehen.

In V5 betont der Prophet die Unreinheit seiner Lippen und der Lippen seines Volkes.[92] Damit erfüllt er nicht das für den Zugang zum Tempel entscheidende Kriterium,[93] was die Tempeleinlassliturgien in Ps 15; 24,3–6 und Jes 33,14b-16 zeigen.[94] Der Zustand von Ohren und Augen wird in Jes 33,15 besonders hervorgehoben, da mit ihm die Wahrnehmungsfähigkeit des Menschen für geschehendes Unrecht in Einklang steht.[95] Die Bedeutung des Herzens für die Wahrhaftigkeit menschlichen Redens und Handelns betonen sowohl Ps 15,2f., als auch Ps 24,4.

Jes 6,5 zeigt mit der Klage des Propheten die Folgen der Gottesbegegnung im Zustand der Unreinheit: angesichts Gottes wird der schuldige Mensch vergehen. Dem gerechten Menschen hingegen wird der Kontakt mit Gott nicht schaden, wie es Ps 17,15 ausdrückt:

> In Gerechtigkeit sehe ich dein Angesicht, ich werde beim Erwachen von Deinem Bild gesättigt.

„Der Psalmsänger äußert den Wunsch und die Hoffnung, daß er בצדק, als der von Jahwe Begnadigte, Gottes Angesicht schaut."[96] Diese Hoffnung kann der Beter aber nur haben, wenn die Gottesbegegnung ihm überhaupt möglich ist. Der Mensch muss also nicht vergehen, wenn er Gott begegnet, sondern er wird es nur, wenn er sich im Zustand der Ungerechtigkeit befindet. Die Auswirkungen der

---

[92] Vgl. zur ethischen Komponente Budde, *Jesajas Erleben*, 14. Im Folgenden vgl. weiter Landy, *Strategies*, 66: „The lips, like the eyes, mark the boundary between the self and the world."

[93] Vgl. Fohrer, *Jesaja*, 100: „Solange Jesaja unreine Lippen hatte, war Gemeinschaft zwischen Gott und ihm, dem Sünder, nicht möglich."

[94] Vgl. Wildberger, *Jesaja I*, 251, der betont, dass der kultisch Unreine keinen Zutritt zum Heiligtum hat. Jesaja hat, so Wildberger, „bei der Formulierung seines Berufungserlebnisses die Gedankenwelt von Ps 24 präsent" (251).

[95] Vgl. Wildberger, *Jesaja III*, 1307. Dieser betont das Ziel der Besteigung des Zions, wie er in Jes 33,16 zu finden ist: der Zion gewährt denen, die auf ihm wohnen dürfen, Schutz. Damit werden göttliche Schutzzusage und Reinheit des Menschen als voneinander abhängig aneinander gebunden.

[96] Kraus, *Psalmen I*, 134.

Gottesbegegnung ist für den Menschen also nicht *a priori* tödlich, sondern ist an das Kriterium seiner Reinheit gebunden.[97]

Mit der Aussage über die Lippen in Jes 6,5 bzw. über die Zunge in Ps 15,2f. wird die Kommunikationsfähigkeit des Menschen als äußeres Zeichen der falschen Herzensintention herausgestellt. Nur weil der Mensch verstockt ist, ist die Wahrnehmung seiner Sinnesorgane fehlerhaft.[98] Dieser Zusammenhang von Intention – symbolisiert durch das Herz – und Reden, d.h. Zustand der Lippen bzw. der Zunge, wird innerhalb der Weisheit mehrfach angesprochen.[99] In besonderer Weise tritt das Thema in Spr 10[100] auf. Spr 10,8 hebt den direkten Zusammenhang zwischen Denken und Reden hervor:

> Ein weises Herz nimmt Weisungen,
> aber der, der töricht ist mit den Lippen, der kommt zu Fall.[101]

Im Weiteren wird der Zusammenhang zwischen Weisheit und Herzenszustand ausgeführt. So heißt es in Spr 16,23:

> Das Herz des Weisen gibt seinem Mund Einsicht,
> und auf seinen Lippen mehrt sich Belehrung.

Innerhalb der alttestamentlichen Weisheit gilt der Tat-Folge-Zusammenhang, der Teil der göttlichen Schöpfungsordnung ist. Dieser lässt einen Rückschluss von der Folge auf die Tat zu, da an der Folge die der Tat zugrunde liegende Intention ablesbar ist. D.h. für den Zusammenhang von menschlicher Rede und der Intention dieser

---

[97] Vgl. Barthel, *Prophetenwort*, 104, der betont, dass die zweite Begründung zur ersten in einem synthetischen Verhältnis steht: „Weil er als unreiner Mensch den himmlischen König gesehen hat, muß Jesaja sterben." Zur Gottesbegegnung gehört auch die Gottesschau hinzu. Doch sowohl Jesaja in Jes 6 als auch die Ältesten auf dem Sinai in Ex 24,9–11 sehen nur einen kleinen Teil Gottes, der ausreicht, die restliche Gestalt zu erahnen.

[98] Die LXX, die den Verstockungsauftrag in eine Anklage verändert, zeigt, dass dieses Bild schon in der Antike verloren ging. Eine weitere Version bietet 1QJes[a], in der die Tatsache der tauben Ohren und verklebten Augen in der Erkenntnismöglichkeit der eigenen Verstockung aufgehoben wird (vgl. dazu Barthel, *Prophetenwort*, 68; Beuken, *Jesaja 1–12*, 165). Beide Versionen sind textkritisch als spätere Interpretation des MT zu werten.

[99] Vgl. Wildberger, *Jesaja I*, 255, der zwar den weisheitlichen Bezugsrahmen erkennt, daraus aber keine Konsequenzen zieht. Die Beziehungen Jesajas zur Weisheit stellt in besonderem Fichtner, *Jesaja unter den Weisen*, 22–24, heraus.

[100] Zur Datierung der Sammlung und der Einzelsprüche in vorexilischer Zeit vgl. Plöger, *Sprüche*, 119.

[101] Das Zu-Fall-Kommen dessen, der töricht redet, wird in Spr 10,10 wieder aufgenommen.

Rede, dass die gesprochenen Worte in Einklang mit dem stehen, was der Mensch mit seinen Worten bewirken möchte. Die Lippen werden dabei synonym mit dem Reden des Menschen verwendet. Aus den Aussagen des Menschen ist also auf seine Herzenseinstellung zu schließen. Damit ist der Zusammenhang von Herzensintention und Aussagen kausal: Die Intention des Menschen, die ihn zum Handeln anleitet, drückt sich in seinen Äußerungen aus.

Dieser weisheitliche Tat-Folge-Zusammenhang wird durch das Handeln Jahwes aufgehoben, wie es ein Reflex auf den Verstockungsauftrag in Jes 29,13f.[102] zeigt:

> [13]Und mein Herr spricht:
> Weil dieses Volk sich nähert mit seinem Mund
> und mit seinen Lippen mich verehrt,
> sein Herz aber fern von mir ist
> und die Furcht vor mir zu erlernter Menschensatzung geworden ist,
> [14]siehe, darum fahre ich fort, wundersam an diesem Volk zu handeln,
> wundersam und wundersam,
> so dass die Weisheit seiner Weisen vergeht
> und die Klugheit seiner Klugen unentdeckt ist.

Nach Jes 29,13 fallen Rede des Volkes, d.h. die vom Volk praktizierte Gottesverehrung und Intention auseinander. Dieses bedeutet, der in den weisheitlichen Sprüchen gezeigte Zusammenhang von Rede und Intention ist aufgehoben, was zu einer Krise in der Weisheit führt, wie es V14 zeigt.

Der Grund dafür, dass die weisheitlichen Zusammenhänge nicht aufrecht erhalten werden können, ist aber nicht das Auseinanderfallen von Reden und Intention auf menschlicher Seite, sondern das Handeln Jahwes am Volk: לכן הנני יוסף להפליא את־העם־הזה. Die Verwendung von יסף zeigt, dass der in V13 geschilderte Zustand durch göttliches Handeln bewirkt ist und das Andauern dieser Handlung zur Auflösung der menschlichen Interpretation von Ereigniszusammenhängen führt. Dass menschliches Handeln und die Intention dieses Handelns auseinanderfallen, ist göttlich gewirkt und damit für den Menschen irreversibel und nicht verstehbar.

Diese Unverstehbarkeit der göttlichen Handlungen wird im Verstockungsauftrag ausgedrückt.[103] Er beschreibt, dass das Volk in dem

---

[102] Zur zeitlichen Einordnung von Jes 29,13f. vgl. Wildberger, *Jesaja III*, 1119f.; Kaiser, *Buch Jesaja II*, 218.

[103] Vgl. Liss, *Unerhörte Prophetie*, 41: „Der Auftrag besagt also nicht mehr, als dass

Zustand des Unverständnisses fixiert wird und ihm die Möglichkeit der Umkehr damit genommen ist.[104] Selbst wenn das Volk Jahwe verehrt, so bleibt dieses nach Jes 29,13 Menschensatzung, weil es nicht aus wirklicher Gottesfurcht heraus geschieht. Diese ist dem Volk im Zustand der Verstocktheit nicht möglich, da der dazu notwendige Erkenntnisvorgang nicht stattfinden kann.

Die Folge der Verstockung ist das Nicht-Hören und das Nicht-Erkennen.[105] „Der in Jes 6,9 formulierte Rede-Auftrag impliziert somit, dass mit den Aufforderungen zum Hören und Sehen eine (grundsätzlich mögliche) Kommunikationsbereitschaft im Volk ausgelöst und durch die ‚unsinnigen' Aufforderungen zum Nicht-Verstehen und Nicht-Erkennen in ihr Gegenteil verkehrt werden soll."[106] Mit dem Entzug dieser Fähigkeiten ist dem Volk die Möglichkeit genommen, sich zu reinigen, d.h. durch Erkenntnis die eigene Unreinheit festzustellen und sich wieder Jahwe und der von ihm gesetzten

---

YHWH durch seinen Propheten das Volk in den Status des Nicht-Begreifen-Könnens versetzen will."

[104] Unter dieser Perspektive erscheint das Verständnis von Verstockung, wie W. Metzger, *Horizont der Gnade*, 282, es bietet, fraglich zu sein. Er versteht die Verstockung als den Weg der Läuterung durch das Gericht hindurch. Der Läuterungsgedanke ist dabei weniger vorhanden, als die Vorstellung des entfachten und nach dem Gericht abklingenden Zorns Jahwes, wie es der Kehrvers im ersten die Denkschrift umgebenden redaktionellen Rahmen in Jes 5,25–30; 9,7–10,4 schildert.

[105] Wie Hardmeier, *Verstockungsauftrag*, 240, bemerkt, ist in Jes 6 zwischen Intention und Wirkung der Verkündigung Jesajas sorgfältig zu trennen. Dabei stellt er heraus, dass die Wirkungslosigkeit der jesajanischen Botschaft im „Rezeptionsverhalten des Volkes" begründet ist und außerhalb der „Einflußmöglichkeiten" des Propheten liegt (244). Allerdings hält er Augen-, Ohren- und Herzenszustand für Metaphern (ebenso auch Hesse, *Verstockungsproblem*, 23–26; Landy, *Vision and Voice*, 25–31) und erkennt nicht, womit der weisheitlich-anthropologische Zustand als Hintergrund ausscheidet. Zu diesem vgl. vRad, *Weisheit in Israel*, 39ff.75ff.

Verschiedentlich wurde der Versuch unternommen, religionsgeschichtliche Parallelen zur Reinigung der Lippen Jesajas aufzuzeigen. Engnell, *Call of Isaiah*, 40f., verbindet Jes 6 mit dem *mīs pî* des baylonischen Neujahrfestes. Dabei trägt der König symbolisch die Sünden des Volkes, die mit dem Reinigungsritual getilgt werden. Gegen diese Deutung spricht sich Hurowitz, *Isaiah's Impure Lips*, 54, aus, der zeigt, dass die unreinen Lippen als Zeichen kultischer Unreinheit zu verstehen sind und niemand mit nicht gereinigten Lippen vor ein Gottesbild treten konnte. Problematisch an der mesopotamischen Überlieferung ist jedoch, dass, wie Hurowitz, *Isaiah's Impure Lips*, 50, erwähnt, es kein Äquivalent für das hebr. טמא־שׂפתים gibt. Es finden sich in den Texten allein Aussagen über das Reinigen des Mundes. Das von Hurowitz gezeichnete Bild entspricht den Aussagen des alttestamentlichen Schrifttums: Das Reinigen des Mundes bzw. der Lippen dient der kultischen Reinheit und ist damit Voraussetzung für die Gottesbegegnung.

[106] Liss, *Unerhörte Prophetie*, 37.

Ordnung zuzuwenden. Es ist in seinen Wahrnehmungs- und Verstehensfunktionen von Grund auf gelähmt, womit von Jahwe ausgehend der weisheitliche Zusammenhang aufgehoben wird.[107] Das Volk wird, egal was es unternimmt, ein Volk unreiner Lippen bleiben.[108]

Dem Volk wird so mit der Verstockung die Möglichkeit genommen, dem göttlichen Willen zu folgen.[109] Das Volk kann gar nicht Hören und Erkennen. Dieses ist aufgrund seines Herzenszustands ausgeschlossen. Das Herz, das verfettet ist, hat nicht die Fähigkeit, etwas aufzunehmen. Nicht das Nicht-Hören und Nicht-Erkennen führt zur Verfettung des Herzens, sondern der Herzenszustand entscheidet über Kommunikations-, Erkenntnis- und Handlungsvorgang.[110] Das Nicht-Annehmen der prophetischen Botschaft ist also als ein Nachweis dieser Verstocktheit des Volkes zu verstehen.[111] Der Zustand der Verstocktheit ist von Anfang an gegeben und wird durch das Auftreten Jesajas bewirkt, d.h. sichtbar. Dem Volk wird also die Chance genommen, dem göttlichen Gericht zu entgehen. Hardmeier erkennt, dass „ein Ursache-Wirkung-Verhältnis“[112] höchstens darin besteht, dass sich Ablehnung und Unverständnis des Volkes verstärken, je deutlicher der Prophet das Wort ergreift. Nur so ist der Auftrag an den Propheten auf literarischer Ebene verstehbar.[113]

---

[107] Vgl. Steck, *Bemerkungen*, 159 Anm.25: „Jesajas Auftrag ist auf eine radikale Lädierung des weisheitlich-anthropologischen Zusammenhanges ausgerichtet, demzufolge aus der Wahrnehmung in Regelabläufe gebannte Erkenntnis folgt, die wiederum sachgemäßes Verhalten ermöglichen [. . .].“

[108] Vgl. Landy, *Strategies*, 66.

[109] Vgl. Wildberger, *Jesaja I*, 256: „Aber insofern die Gerichtsschläge ihr Ziel nicht erreichten, ist eben doch Jahwe der Urheber der Verhärtung.“

[110] Wildberger, *Jesaja I*, 255, erkennt, dass das Volk sich nicht „zur ‚rechten‘ Glaubens- und Lebenshaltung durchfindet“, was ihm allerdings auch nicht mehr möglich ist.

[111] Vgl. Landy, *Strategies*, 73: „The prophet's journey (‘Go, and say to this people . . .’) is to prevent any reciprocal journey.“

[112] Hardmeier, *Verstockungsauftrag*, 246.

[113] In diesem Sinne schon Herntrich, *Jesaja*, 108: „An dieser Stelle zerbrechen alle unsere landläufigen Vorstellungen vom prophetischen Amt. Jesaja wird nicht berufen, Sittenprediger zu sein. Er soll das Volk in seinem inneren Zustand bessern, es hinaufentwickeln durch seine Predigt – einem hohen Ideal zu. Er soll nicht eine reinere Vorstellung von Gott in diesem Volk zur Geltung und Anerkennung bringen. Ja, er soll das Volk auch nicht in die Buße treiben. Er soll vielmehr den Raum zur Buße eng machen, die Tür zur Buße zuschlagen. Die ‚Losung‘ des Propheten heißt: keine Erlösung, keine Bekehrung, keine Heilung. Diese Losung seinem Volke zu sagen, ist er gesandt.“

3.2 Die Gattung von Jes 6

Die Bestimmung der Gattung von Jes 6 ist in der alttestamentlichen Wissenschaft umstritten. Seit Zimmerlis Untersuchung der Berufung Ezechiels[114] werden in der alttestamentlichen Forschung zwei Formen unterschieden: *Berufungs- resp. Inauguralvision* und *Auftrags- oder Sendungsvision.*

Die Klassifizierung von Jes 6 als *Berufungs- resp. Inauguralvision* beruht auf formalen Parallelen zu Ex 3f.; Ri 6,11–24; 1Sam 9,1–10,16; Jer 1,4–10; Ez 1–3. Die konstitutiven Merkmale dieser Gattung sind die Anrede durch Jahwe und die Vergabe eines Auftrags, das Zögern des Berufenen und sein Widerspruch, das Zureden Gottes und eine Zeichengabe. Seine klassische Ausbildung in der prophetischen Literatur findet dieses Schema in der Berufung Jeremias, geht aber auf die Tradition der Berufung charismatischer Führer (Ex 3f. Mose, Ri 6,11–24 Gideon und 1Sam 9,1–10 Saul) zurück.[115] Jes 6 weicht von diesem Schema ab und „zeigt die gleichen Elemente in merkwürdiger neuartiger Verbindung"[116]. Dabei fällt das Element des Einspruchs aus. Der Ruf des Propheten, ein Mann unreiner Lippen zu sein, der bei der Schau Jahwes vergehen wird, ist nicht als Einspruch zu werten, sondern zeigt an, dass der Prophet der Gottesschau nicht würdig ist. Der Einwand bezieht sich also nicht auf die Sendung, sondern allein auf das Schauen Jahwes. Mit dem Einspruch fallen weiter das Zögern und das bekräftigende Zeichen aus. Die Reinigung der Lippen ist nicht als Zeichen Jahwes zu verstehen, sondern dient allein dazu, Gott und dem Propheten überhaupt die Möglichkeit zu geben, in Kontakt zu treten. Damit bleiben die Anrede durch Jahwe und die Beauftragung als Gattungselemente erhalten.[117]

So wird zur Ermittlung der Gattung von Jes 6 mehrfach auf die einzige direkte Parallele zu Jes 6 hingewiesen: die Vision des Micha ben Jimla in 1Kön 22,19–22.[118] Die Parallelen zwischen den beiden

[114] Vgl. Zimmerli, *Ezechiel I*, 16–21.

[115] Vgl. Zimmerli, *Ezechiel I*, 17, und Wildberger, *Jesaja I*, 235.

[116] Zimmerli, *Ezechiel I*, 19.

[117] Zum Fehlen der Gattungselemente vgl. Steck, *Bemerkungen*, 150–160.

[118] Zum Vergleich mit 1Kön 22,19ff. vgl. Kaiser, *Buch Jesaja I*, 124: „Daß die Episode deutlichere Berührungen als zu den Berufungserzählungen zu der von dem Propheten Micha Ben Jimla belauschten himmlischen Szene 1Kön 22,19ff. besitzt, ist immer wieder beobachtet worden: Hier wie dort stellt Gott die Frage, wer seinen

Texten sind deutlich sichtbar. Neben der Einleitung und der Schau des thronenden Jahwes, der von himmlischen Wesen umgeben wird, bietet 1Kön 22,19–22 ebenfalls einen Dialog, der zu einer Beauftragung führt. Ergeht diese in 1Kön 22,22 an einen Geist, so ist es in Jes 6 der Schauende selbst, der sich zunächst freiwillig meldet und anschließend seinen Auftrag erhält. Dieser Auftrag zielt in beiden Visionen auf einen Zustand, in dem die Erkenntnis der richtigen Entscheidung nicht mehr möglich ist: In 1Kön 22,19–22 wird der König Ahab vom Geist betört, in Jes 6 das Volk vom Propheten verstockt. Die Wirkung aus diesen Handlungen ist jeweils ein falsches, d.h. gegen Jahwe gerichtetes Verhalten.[119] Mit dieser Parallele wird die Vision Jes 6 als *Auftrags- oder Sendungsvision* verstanden. „Genauer wäre zu sagen: Jes 6 ist Jesajas prophetischer Legitimationsausweis."[120]

Wie Becker aufzeigt, ist die in 1Kön 22,19–22 geschilderte Vision jüngeren Datums und literarisch von Jes 6 abhängig: „Diese Möglichkeit wurde freilich noch kaum ernsthaft erwogen. Das hing zum einen Teil mit der traditionellen Deutung der beiden Texte zusammen. Wenn man die Micha-Erzählung (nicht weit von den berichteten Ereignissen entfernt) im 9. Jh. ansetzt, kann eine literarische Abhängigkeit nur auf seiten des Propheten Jesaja liegen. Das aber konnte nicht im Sinne eines persönlichkeitsorientierten Prophetenbildes sein, das in einem Text wie Jes 6 den untrüglichen Beweis für die Originalität der Gotteserfahrung fand: Was Jesaja hier wiedergibt, muß er selbst erlebt haben; es kann unmöglich aus zweiter Hand stammen".[121] Wie aber Würthwein zeigt, ist 1Kön 22,19–22 innerhalb der Erzählung der Entscheidungsfindung des Königs Ahabs sekundär und zeigt deutliche Parallelen zur himmlischen Szene in Hi 1,6–12. Aufgrund der theologischen Reflexionsstufe, die 1Kön 22,19–22 zeigt, ist „wohl doch zu einer Spätdatierung"[122] zu neigen. Die Vision Micha ben Jimlas ist damit als literarisch von Jes 6 abhängig zu werten.[123]

Auftrag auszuführen willen ist, und nimmt dann die spontane Bereitschaftserklärung an." Und weiter vgl. Cazelles, *Jesajas kallelse*, 39: „Seraferna står *mimma'al* Gud, medan det himmelska hovet i 1 Kon. 22 i större respekt för den transcendente Guden står ‚till höger och till vänster'."

[119] Vgl. Wildberger, *Jesaja I*, 235.

[120] Wildberger, *Jesaja I*, 238. Im selben Sinne auch Niehr, *Intention*, 63f.

[121] Becker, *Jesaja*, 66f.

[122] Würthwein, *Könige II*, 254.

[123] Vgl. Becker, *Jesaja*, 67: „Die engen Berührungen zwischen Jes 6 und 1Kön

Hartenstein zieht aus der damit anzunehmenden Singularität von Jes 6 den Schluss, dass es sich um eine Gattung *sui generis* handelt. Sein Votum ist insoweit richtig, als dass es keinen vergleichbaren Text sowohl innerhalb des Alten Testaments, als auch innerhalb der bekannten altorientalischen Literatur gibt.[124] Um zu einer Gattungsbestimmung zu gelangen, ist es notwendig, sowohl nach der Intention des Textes, als auch nach seinen Einzelteilen zu fragen:

Der Text Jes 6 läuft auf die Beauftragung zur Herzensverstockung hin. Sinn des Textes ist die Beantwortung der Frage: Wieso nimmt das Volk die Botschaft des Propheten Jesaja nicht an, sondern wählt einen von dieser abweichenden Weg? Diese Frage wird theologisch mit dem Verstockungsauftrag beantwortet.[125] Dass dieser Verstockungsauftrag über die Denkschrift hinauswirkt, zeigt schon seine Aufnahme in Jes 29,13f. Die Beauftragung des Propheten ist also nicht mit dem syrisch-ephraimitischen Krieg abgeschlossen.[126] Jedoch nennt die Grundschicht in Jes 6 allein eine Unheilsperspektive. Die Frage des Propheten in V11 signalisiert hingegen, dass Jesaja über diese Unheilsperspektive hinaus auch Heil für sein Volk erwartet hat.[127]

22 sind also nicht auf traditionsgeschichtliche Einflüsse, sondern auf literarische Abhängigkeit zurückzuführen."

[124] Der von Hartenstein, *Unzugänglichkeit Gottes*, 205–223, angeführte Text *Unterweltsvision eines assyrischen Prinzen* bietet kein entsprechendes Gegenüber zu Jes 6, da in ihm zwar auch die Vision einer thronenden Gottheit geboten wird, es sich aber bei der Gottheit dieser Vision, Nergal, um den Unterweltgott handelt und das Ziel der geschilderten Vision die Bewahrung des Prinzen vor der Unterwelt, d.h. vor seinem Tod ist. Der Text hat eine deutlich andere Intention als Jes 6.

[125] Dass der Verstockungsauftrag nur als Reflexion bestehender Zustände zu verstehen ist, zeigt auch die Untersuchung von Barton, *Ethics*, 12, der der Kritik Jesajas an seinen Zeitgenossen nachgeht und zu folgender Aussage kommt: „A society which brings about its own downfall by its internal neglect of order and justice and its pursuit of self-interest, and then seeks to protect itself by inventing religious rites that happen to suit its own taste, and relying for aid on other merely human states which are in a condition of mental and moral confusion just as bad as its own, is simply walking in its sleep, and has lost its hold on reality. God can no longer get through to such a people, [. . .]." Der Verstockungsauftrag beantwortet also gerade dieses Element als von Gott gewolltes und als die das Strafgericht einleitende Notwendigkeit. Vgl. auch Knierim, *Vocation*, 47–68; Sweeney, *Isaiah*, 140: „Instead of enthronement, the element of judgement should be emphasized."

[126] Vgl. Becker, *Jesaja*, 68: „[. . .] so ist das Kapitel gar nicht anders als im Sinne einer grundlegenden Berufungsvision zu fassen, die sich auf die Tätigkeit des Propheten insgesamt bezieht."

[127] Anders Niehr, *Intention*, 59f., der davon ausgeht, Jes 6 habe ursprünglich nur aus den Vv1–9 bestanden. Die literarkritische Scheidung zwischen V9 und V10 lies sich jedoch nicht verifizieren (vgl. *2.4.1 Textkohärenz*, 68f.).

Das Unheil ist zeitlich begrenzt und ist nicht der einzige Verkündigungsgegenstand des Propheten.[128]

Dass es sich bei der Art und Weise, wie er diese Frage beantwortet, um eine bewusst gewählte literarische Form handelt, wird anhand der Kombination der Gerichtsbilder, die in Jes 6 verarbeitet sind, deutlich. Hartenstein hat in seiner Untersuchung bereits Einzelelemente in Jes 6,1–4 aufgewiesen, die traditionsgeschichtlich konstitutiv für Gerichtsansagen sind. Diese von ihm angeführten Motive weisen gattungskritisch auf eine Gerichtsansage hin. Daneben enthält Jes 6 zwei Erzählelemente, die zur abschließenden Gerichtsansage führen: 1.Die Reinigung der Lippen Jesajas deutet auf die im Verstockungsauftrag angesagte Kommunikationsunfähigkeit hin, die die Konsequenz der falschen Herzensintention ist. 2. Mit der Reinigung der Lippen wird der Prophet aus der Volksgemeinschaft ausgegliedert.[129] Durch die mit der Reinigung geheilte Gottesbeziehung wird Jesajas Botschaft zur göttlichen Wahrheit und damit zur Offenbarung Jahwes.

Anhand der angeführten Elemente wird ersichtlich, dass der Verfasser des Textes verschiedene Gerichtsbilder kombiniert. Mit jedem einzelnen Bild wird die Gerichtsbotschaft Jesajas vorbereitet. Die Vision steht in allen Einzelelementen unter der Perspektive des göttlichen Gerichts. Da dieses aber nicht der einzige Verkündigungsinhalt Jesajas ist, bezieht sich die Beauftragung auf die Botschaft des Propheten auch außerhalb der Denkschrift, stellt aber nur einen Aspekt seiner Wirksamkeit dar: die Gerichtsbotschaft. Damit ist der Text m.E. als *Gerichtsvision* zutreffend charakterisiert.[130]

3.3 *Der Ursprung der Vision in Jes 6,1–10bα.11*

Die gezeigte literarische Komposition der Gerichtsvision in Jes 6 führt zu den Fragen nach der Entstehungszeit und nach dem Verfasser dieser Visionsschilderung. Dass es sich bei dem Text um eine münd-

[128] Vgl. Liss, *Unerhörte Prophetie*, 42.

[129] Vgl. W.H. Schmidt, *Prophetie und Wirklichkeit*, 349; Barthel, *Prophetenwort*, 86; Liss, *Unerhörte Prophetie*, 54.

[130] Hardmeier, *Verstockungsauftrag*, 240, konstatiert aus den in Jes 6,1–4 geschilderten Elementen, dass noch kein „fest beschlossenes Vernichtungsgericht" gegen das eigene Volk anzunehmen ist. Allerdings erkennt er an, dass die Form der Theophanie eine Gerichtstheophanie ist (241). Zuvor kommen schon Kilian, *Jesaja*, 119; Knierim, *Vocation*, 55f.58, und Steck, *Bemerkungen*, 154f.157, zu demselben Ergebnis.

lich überlieferte Visionsschilderung des Propheten handelt, scheint aufgrund der literarischen Komplexität des Textes unwahrscheinlich.[131] Verschiedene Gründe sprechen jedoch dafür, dass der Text zeitlich nahe der Wirksamkeit Jesajas entstanden ist. Die Argumente dafür werden im Folgenden chronologisch rückwärtsschreitend zusammengestellt:

- Zur Zeit der Abfassung von Jes 41,20 muss der Verstockungsauftrag bekannt gewesen sein, da er dort als Heilsweissagung aufgehoben wird.[132]
- Die Deportationsankündigung in Jes 6,12.13a.bα, die eine redaktionelle Erweiterung darstellt, bedarf einer Grundschicht, in die sie eingefügt wurde. Diese Grundschicht muss älteren, d.h. vorexilischen Datums sein.[133]
- Die theologische Reflexion setzt die Wirksamkeit des Propheten voraus. Die Gerichtsvision schildert nicht die Wirkung der prophetischen Botschaft als deren fiktiver Zweck,[134] sondern fragt nach dem Grund für das Scheitern der Botschaft. Die Botschaft Jesajas steht also nicht von Anfang an unter der Prämisse des Gerichts.[135]

[131] Gerade aufgrund der formalen Übereinstimmungen mit 1Kön 22,19–22 hebt Vieweger, *Berufungsberichte*, 24, hervor, die beiden Texte hätten eine eigenständige formale Gliederung, die das literarische Zeugnis des 9./8.Jh.s v.Chr. sei. „Dabei soll die Möglichkeit unbestritten bleiben, daß Jes 6 auf ein göttliches Widerfahrnis Bezug nehmen kann, in dem der Prophet von Jahwe zu einem bestimmten Dienst verpflichtet wurde" (23).

[132] Vgl. Rendtorff, *Jesaja 6*, 77.

[133] Vgl. Barthel, *Prophetenwort*, 82. Allerdings ist dieses Argument in seiner Darstellung das einzig tragfähige für eine vorexilische Datierung des Textes.

[134] Unter dieser Prämisse beschreibt Barthel, *Prophetenwort*, 92, die Rückprojezierungsthese. Vgl. ebenfalls Blum, *Testament II*, 25, der zeigt, dass die Verstockung im Gegensatz zur Intention der jesajanischen Gerichtspredigt der Wehe-Worte in Jes 5,8–24; 10,1–4 steht. Nach Blum läuft die Verstockungsaufforderung von Anfang an auf das Gericht zu, das mit der neuassyrischen Zerstörung Judas bis 701 v.Chr. verwirklicht wird (26): „Dieses Ende zeichnet gleichwohl nicht das Telos des Gotteshandelns an Juda. Zwingender könnte dies gar nicht zum Ausdruck gebracht sein, als durch die kompositorisch so gewichtige Korrespondenz von Anfang an (1,21–26) und Schluß (11,1–5): Was sich in dem verheerenden Krieg vollzieht, ist danach uneingeschränkt radikales Gericht, das auch vor Jerusalem nicht anhalten wird; doch dieses Gericht hat ein Ziel: die Läuterung und grundlegende Restitution von Gerechtigkeit und Treue" (26). Vgl. auch Nielsen, *Dramatic Writing*, 13, die die Verstockung als nachträgliche Konsequenzen des Scheiterns Jesajas ansieht.

[135] Entsprechend Hardmeier, *Verstockungsauftrag*, 242, der erkennt, dass der Prophet als „solidarisches Glied seines Volkes" in der historischen Situation nur verstanden haben kann, „seinem Volk zur Schuldeinsicht zu verhelfen, damit es wie Jesaja selbst im Schuldbekenntnis Vergebung erfährt und darin vom Frevel abläßt, der

- Das Bild der Seraphen ist ab der Zeit nach Hiskija nur schwer verständlich.[136] Die Uräen sind in der judäischen Ikonographie ab dem 7.Jh. v.Chr. nicht mehr belegt.[137]
- Die Gerichtsvision hat nur bis zur Erwartung kommenden Heils ihren Wert für die Interpretation der prophetischen Botschaft. Die Aussicht auf einen neuen, das davidisch-salomonische Großreich rekonstituierenden König, wie er in Jes 9,1–6 erwartet wird, würde die kurz zuvor getroffene unheilstheologische Aussage negieren.[138]

Aus den angeführten Argumenten ist folgendes Ergebnis festzustellen: Die *Gerichtsvision* in Jes 6 steht in zeitlicher Nähe zur Botschaft des Propheten.[139] Sie reflektiert die Wirkung seiner Botschaft,[140] indem

Jahwe zum richterlichen Einschreiten vor allem gegen die Repräsentanten seines Volkes veranlasst".

[136] Vgl. Wildberger, *Jesaja I*, 247: „Bis zur Zeit Hiskias befand sich dieses Emblem im jerusalemischen Tempel, 2Kön 18_4. Jesaja muß es gekannt und wird gewußt haben, daß man die ‚eherne Schlange' auch שָׂרָף nannte."

[137] Vgl. Keel, *Jahwe-Visionen und Siegelkunst*, 103ff., und Görg, *Beziehungen*, 98, der das Ende des Uräen- bzw. Serafenkults in Jerusalem mit der Wirksamkeit Jesajas in Verbindung bringt: „Vielleicht hat Hiskija auf Initiative Jesajas dem Spiel mit dem Feuer ein Ende bereitet. Die Belegbreite der Serafen und Keruben in der Miniaturkunst nimmt jedenfalls fortan frappierend ab."

[138] Vgl. Barth, *Jesaja-Worte*, 141–177. Ein weiteres Argument nennt Liss, *Unerhörte Prophetie*, 34: „Vv 9ff. schildern den eigentlichen Auftrag. Auch sie sind als (Nach)-Erzählung stilisiert; dies zeigt die narrative Einleitung in v 9a (Imperfekt cons.), durch die alles unmittelbar Nachfolgende als YHWH-Rede gekennzeichnet ist."

[139] Mit dieser Stellungnahme wird nicht ausgeschlossen, dass die Vision von Jesaja selber verschriftlicht wurde. Jedoch gibt der Text abgesehen von der Schilderung in der *1.pers.sg.* keinen Hinweis auf einen möglichen Autor. Die als Variante der Rückprojezierungshypothese zu verstehende nachexilische *relecture* von Jes 6 ist als wirkliche *relecture* zu verstehen und nicht als Ursprung des Textes (vgl. dazu Beuken, *Jesaja 1–12*, 166). Eher ist die Vision im Sinne von Duhm, *Jesaja*, 64, zu betrachten: „Erzählte Visionen sind immer halb unecht, aber darum nicht unwahr oder gar Fiktion." Dass der Visionsbericht zur Zeit der Verkündigung Jesjas jedoch nicht bekannt gewesen sein kann, lässt aus der Beobachtung von Schenker, *Gerichtsverkündigung*, 569, schließen, der in Jes 6 und 2Kön 22,19ff. gemeinsame Absichten der Propheten konstatiert: „[...] die Propheten tun das scheinbar, ohne eine ausdrückliche Ermächtigung JHWHs dafür empfangen zu haben [das Weitergeben der Vision Anm.d.Verf.]. Sie durchkreuzen damit ja auch ihren Desinformationsauftrag; denn nun können ihre Adressaten ihre Botschaft als Täuschungsmanöver durchschauen (1Kön 22,15)." Der Argumentation Schenkers liegt zugrunde, dass er hinter dem absichtlichen Durchkreuzen der Pläne Jahwes eine prophetische Warnungsstrategie sieht. Damit aber würde die folgende Botschaft des Propheten das Volk bewusst desinformieren und so die Politik gewollt in die falsche Richtung führen. Dass dieses aber mit der Botschaft Jesajas in Jes 7,1–9,6* nicht der Fall, wird die Folgende Darstellung zeigen. Schenkers Beobachtung lässt sich aufgrund dessen anders deuten: Gerade weil Jesaja dem Volk nicht signalisieren wollte, dass er es mit seiner Botschaft in die Irre führt, kann der Visionsinhalt zur Zeit seines Auftretens noch

sie nach dem Grund für die Wirkung fragt. „Zu bedenken ist [. . .], daß die Gotteserfahrung Jesajas erst durch ihre literarische Fixierung, mit der sie sich von der einmaligen Situation der Vergangenheit ablöst, eine kommunizierbare und tradierbare Gestalt gewinnt, die den Anschluß neuer Interpretation zugleich ermöglicht und begrenzt. Damit öffnet sie sich auch für den Einfluß zwischenzeitlicher Erfahrungen, die dem vergangenen Ereignis seine aktuelle Bedeutung verleihen. Der Text zeigt also ein differenziertes Zeitprofil, in dem sich die Erinnerungen des vergangenen Geschehens mit seiner Reflexion und Verarbeitung im Licht späterer Folgen verbindet. Er ist weder historischer Bericht noch fiktiv historisierende Theologie."[141] Sie legt den Schwerpunkt auf die Gerichtsbotschaft des Propheten. Die Frage des Propheten nach der Dauer der Wirkung zeigt an, dass dieser sich nicht ausschließlich als Unheilsprophet versteht, jedoch das Scheitern seiner Heilsbotschaft erkennen muss.[142]

Die Entfernung der Seraphenstandarte aus dem Jerusalemer Tempel und das mit ihr zeitgleiche Verschwinden der Uräen aus der

---

nicht bekannt gewesen sein. Plausibler erscheint es, das Scheitern Jesajas als Grund für die Abfassung des Berichts anzusehen: Weil er keinen Erfolg hatte, muss das Volk verstockt bzw. nach Schenker, *Gerichtsverkündigung*, 570f., verblendet gewesen sein. (Die von Schenker geäußerte Unterscheidung zwischen der in Ex 4–14 geschilderten Verstockung des Pharaos und der in Jes 6 geschilderten Verblendung des Volkes beschreibt die unterschiedliche Auswirkung des Handelns Jahwes. Es ist jedoch zu fragen, ob Verstockung nur in der Form, wie sie in Ex 4–14 geschildert wird, als Verstockung zu bezeichnen ist. Immerhin spricht Jes 6,9f. explizit von Verstockung.)

[140] Vgl. Fohrer, *Jesaja*, 92.94, der in den Vv 9f. die Deutung des Misserfolgs Jesajas' prophetischen Auftretens sieht.

[141] Barthel, *Prophetenwort*, 106. Zu einem vergleichbaren Ergebnis kommt auch Joosten, *Vocation*. Er stellt in seiner Untersuchung des Verstockungsauftrags in Jes 6,9f. fest, dass dieser weder wörtlich, noch metaphorisch verstanden werden kann: „Si un texte ne peut être compris au sens obvie on y cherchera un sens figuré. S'il est difficile d'interpréter le discours adressé à Isaïe lors de sa vocation comme un discours réel, le lecteur – s'il est avisé des usages stylistiques de la Bible hébraique – est amené à y reconnaître un discours ficitif" (240). Dieser sei nicht von Jesaja selber, sondern erst von einem Redaktor verfasst. Dass der sog. Verstockungsauftrag in Jes 6,9f. schon in früher Zeit unverständich war, zeigt die Zusammenstellung von vier Interpretationsansätzen der Verstockung in Jes 29,9–16.

[142] Eine Feststellung Kilians, *Verstockungsauftrag*, 217, die zwar aus der Perspektive der Heilsprophetie formuliert wurde, zeigt die Ambivalenz der Tätigkeit Jesajas: „Wo immer Jesaja von einer Heilsmöglichkeit spricht, muß er zugleich feststellen, daß diese Möglichkeit nicht genutzt wurde." Damit erhält der Text eine Funktion, die Beuken, *Jesaja 1–12*, 166f., zeigt: „So verstanden dient der Sendungsbericht nicht eigentlich der Rechtfertigung Jesajas gegenüber dem Volk, wie man für gewöhnlich diese literarische Gattung einschätzt, sondern der Besinnung auf sein prophetisches Amt und dessen Fehlschlag."

Ikonographie führt schließlich zur zeitlichen Einordnung des Textes in die zeitliche Nähe der prophetischen Wirksamkeit. Mit einem größeren zeitlichen Abstand nach der Entfernung des Serafenbilds aus dem Tempel ist nicht zu rechnen, da für den Leser/Hörer das verwendete Motiv kaum mehr verständlich ist. Damit ist eine Datierung der Vision in die erste Hälfte des 7.Jh.s v.Chr. wahrscheinlich.[143]

3.4 Die Aspekte göttlicher Herrschaft in der Grundschicht von Jes 6

Die Interpretation der Vision Jes 6 zeigt verschiedene Herrschaftselemente, die im Text miteinander in Beziehung stehen. Geschildert wird mit der Vision des thronenden Jahwes eine kultische Szene, als deren festes Element die Seraphen zu verstehen sind. Ihr Auftreten entspricht der Funktionsbreite, wie sie die einzelnen Seraphen- bzw. Uräentraditionen bieten: Durch ihre Abbildungen auf den Siegeln sind sie als Schutzmacht zu verstehen, was sich im Text in der Reinigung des Propheten niederschlägt. Die Steigerung der Flügelzahl auf sechs weist auf die besondere Mächtigkeit der auftretenden Gottheit hin.

Das Gottesepithetons צבאות, das im 8. Jh. v.Chr. vor allem von Jesaja und Micha verwendet wird, deutet ebenfalls auf die Verehrung Jahwes als einer thronenden Gottheit im Jerusalemer Kult hin. Das Epitheton ist vom ägyptischen *ḏbꜣ.tj* abzuleiten. Dieses bezeichnet eine zu einem Thronsitz gehörende Gottheit, wie sie in Jes 6 erwähnt wird (אדני ישב על־כסא רם). Bereits im Silonischen Jahwekult wurde die Kriegsgotttradition mit dem Titel verbunden, deren Symbol die erst im Silonischen, später im Jerusalemer Tempel aufgestellte Lade ist. Dieser kriegerische Aspekt drückt sich in der Landeszerstörung Jes 6,11 aus, die als göttliche Strafe gegen das eigene Volk verstanden wird.

[143] Vgl. hierzu Berges, *Jesaja*, 93, der die Komposition der Denkschrift, die anschließend mehrfach literarisch erweitert wurde, in die Zeit des Königs Manasse von Juda (696–642) setzt. In einen vergleichbaren Zeitabschnitt datiert Hirth, *Überlegungen*, 19, Jes 6. Ebenso auch Hartenstein, *Schreckensglanz Assurs*, 98: „Dieses Wort [Jes 8,6–8 Anm.d.Verf.] wäre so zum Schlusspunkt einer ‚Denkschrift' der Manassezeit (der ersten Hälfte des 7. Jh.s v.Chr.) geworden, die Jes 6–8,8* (+ 8,16–18*?) umfaßte." Als sekundäre Einleitung zu Jes 7,1–8,18 versteht Jensen, *The Use of tôrâ*, 108, Jes 6.

Die mit dem Gottesepitheton צבאות angedeutete Verehrung einer thronenden Gottheit wird durch die Verwendung des מלך-Titels bestätigt. Derjenige, den der Prophet in Jes 6,1 als אדון bezeichnet, wird im Kult als Königsgott verehrt. Ps 24 und Ps 93 weisen zwei Bereiche aus, die mit der Kriegsgotttradition verbunden werden: der Kampf gegen die Feinde des Landes und der Schöpfungs- bzw. Chaoskampf. Die besondere Qualität der im Tempelkult verehrten Gottheit wird durch das Attribut קדוש ausgedrückt. Dieses wiederum steht in Korrespondenz mit dem die Erde füllenden כבוד Jahwes. Dieser ist als die irdische Präsenz Jahwes zu verstehen, in der seine Herrschaft ihre Durchsetzung findet. Das geschichtlich wirksame Handeln Jahwes ist als Erweis seines כבוד zu sehen.[144] Identisch mit der von den Seraphen durch die beiden Begriffe קדוש und כבוד ausgerückten Kausalität ist die Verwendung der Titel durch den Propheten: Der אדון, dem sich der Prophet verpflichtet weiß, ist mit der Königsgottheit identisch. Derjenige, der im Tempelkult als מלך verehrt wird, hat als אדון eine persönliche Beziehung zum Propheten. Der Prophet bezeichnet ihn durchgehend mit diesem Titel, womit ein Gegenüber von göttlichem und irdischem König vermieden wird. Dieses ist auch an den Jahwe-Königs-Psalmen (Ps 93; 96–99) und den Königspsalmen (Ps 2; 18; 20; 21; 45; 72; 89; 101; 110; 132; 144) zu beobachten. Dort, wo מלך den irdischen König benennt, wird Jahwe dieses Attribut nicht zugesprochen. Umgekehrt wird der irdische König in den Jahwe-Königs-Psalmen nicht erwähnt.[145]

[144] Dieser Beobachtung entspricht auch das Ergebnis der Untersuchung von Landy, *Strategies*, 61f., der Jes 6 unter dem Gesichtspunkt der textstrukturellen Komposition betrachtet: „In between sight and acknowledgment there is a description of the vision that moves outwards, from the centre to the periphery. From the Lord we go to his train, his retinue, and the world full of his glory."

[145] In diesem Sinne führt auch Harvey, *On seeing*, 98, aus: „We should note, however, that the vision itself is concerned with Israel's failure to acknowledge the rulership of God and thus turn and be healed, just as Isaiah was forgiven after he confessed the LORD as Israel's true King."

Holladay, *Assyrian Statecraft*, 34, leitet das Gegenüber von göttlichem und irdischem König in Israel aus dem assyrischen Modell des Großkönigs und seines lokalen Vasallen ab: „He, and he alone [der Prophet Anm.d.Verf.], represents Yahweh's day-to-day interests in the governance of his vassal kingdom. Exactly as the envoy of the Pharao or the king of Assyria brought the word of the Great King to his vassal rulers in the city-states bordering his empire, so also the prophet was 'sent' with the message of the Lord of Israel – couched in exactly the same form as a written communication from an earthly king: ‚To PN_1 say: thus says PN_2 . . .' or, more simply, the 'address' is omitted and the prophet announces ‚Thus says Yahweh.'"

Die Beauftragung des Propheten ist ein Teil der irdischen Wirksamkeit Jahwes, die sich im Handeln am Volk ausweist. Dieses Handeln ist innerhalb der Gerichtsvision in der Verstockung des Volkes und der daraus resultierenden Strafaktion Jahwes zu suchen. Der Verstockungsauftrag ist auf dem gezeigten weisheitlichen Hintergrund zu verstehen und führt zur Auflösung der weisheitlichen Ordnung.[146] Die äußeren Anzeichen der Verstockung, nämlich der Verlust des Hörens und des Erkennens, sind als Konsequenzen der Verstockung zu deuten. Die in der Weisheit reflektierte Herzensintention, die aufgrund der sehbaren Verhaltensweisen nicht mit der göttlichen Ordnung in Einklang und die mit der Verstockung nicht mehr veränderbar ist, führt zum göttlichen Gericht. Dieses Gericht kann eintreten, weil Jahwe durch die Verstockung dem Volk die Möglichkeit der Umkehr nimmt und es stattdessen im Status der Unreinheit behaftet wird. Dass die Verstockung allerdings nicht von Jahwe, sondern vom Propheten hervorgerufen wird, zeigt, dass der Prophet Werkzeug des göttlichen Gerichts ist.

Das von Holladay entworfene Bild nimmt die politischen Gegebenheiten der assyrischen Phase auf und unterscheidet deutlich zwischen Vorschriftprophetentum und Schriftpropheten. Waren die Vorschriftpropheten allein auf den Königshof bezogen, sieht er mit der Schriftprophetie eine Demokratisierung der Addressaten prophetischer Botschaften und damit auch eine veränderte Bedeutung des Könighofes. Schwierig ist an seiner Darstellung jedoch, dass er das Faktum der deuteronomistischen Überlieferung der Vorschriftprophetie außer Acht lässt. Ob die Propheten nur auf den Königshof bezogen waren, ist aufgrund der theologischen Ausrichtung des Deuteronomistischen Geschichtswerks nicht nachzuvollziehen. Die deuteronomistische Theologie benötigt das Gegenüber von Gott und König, um den Untergang Judas zu erklären. Dass die Propheten als Überbringer göttlicher Botschaften dabei vor dem König aufgetreten sind, ist im Sinne der Darstellung notwendig. Ob es sich dabei aber historisch um eine faktische Beschränkung des Prophetenamtes auf den Königshof handelt, ist aufgrund der Quellenlage nicht nachvollziehbar.

[146] Welch hohe Bedeutung die weisheitliche Interpretation für die Gesellschaft des 8.Jh.s v.Chr. hatte, deutet Beuken, *Jesaja 1–12*, 152, an: „So konnte die politische Meinungsbildung zur Zeit Jesajas nicht ohne ein Wort der Weisheit auskommen, dem modernen Verlangen nach aktuellen sozio-ökonomischen Marktanalysen ähnlich, jedoch mit dem Unterschied, dass damals auch JHWHs Weisheit zur Diskussion stand, auf die sich der Prophet berief [. . .].“

KAPITEL 4

DIE GRUNDSCHICHT IN JES 7,1–8,15

Die Textkohärenzprüfung hat in Jes 7,1–8,15 die Verse Jes 7,2–8a. 9–14.16f., mit der Abtrennung der historisierenden Glosse in V17b, und Jes 8,1–4.6–8 als Grundschicht erwiesen. Für die Untersuchung der Gottesherrschaft in diesen Texten sind die angesagten Zeichen in Jes 7,2–8a.9a.10–14.16f.; 8,1–4.6–8 und der Glaubensruf in Jes 7,9b von Bedeutung. Im Folgenden werden zunächst die vier im Text gebotenen Zeichenworte und der Glaubensruf in ihrer vom Text vorgegebenen Reihenfolge interpretiert. Abschließend wird nach dem in den Texten gebotenen Bild der Gottesherrschaft gefragt.

4.1 Jesajas Auseinandersetzung mit Ahas von Juda

4.1.1 *Die Ankündigung des Überfalls*

Die Grundschicht in Jes 7 setzt mit einem Bericht über König Ahas ein, der aufgrund der Nachricht des breiten Einflusses aramäischer Kreise auf das Nordreich Israel in den Zustand existentieller Angst fällt. Jesaja wird in dieser Situation von Jahwe beauftragt, Ahas ein Gotteswort zu überbringen,[1] das sowohl die Pläne der aramäisch-israelitischen Koalition aufdecken, als auch deren Scheitern zusagen

---

[1] Zur Bedeutung des Namens שְׁאָר יָשׁוּב vgl. vor allem die ausgewogene Darstellung bei Høgenhaven, *Gott und Volk*, 82, der darauf hinweist, dass der Name im vorliegenden Zusammenhang eine Gerichtsansage an Israel ist und erst sekundär durch seine Interpretation in Jes 10,21 zu einer Umkehraufforderung an Juda wurde.

Die Tatsache, dass Jesaja seinen Sohn שְׁאָר יָשׁוּב mitnehmen soll, deutet Rice, *Neglected Interpretation*, 220–227, als Zeichen, dass der Sohn König Ahas durch ein früheres Prophetenwort bekannt sein muss. Aufgrund der Texte, die zur jesajanischen Frühzeitverkündigung gerechnet werden, schließt Rice, es müsse sich um die Botschaft des Gerichts Jahwes („imminent judgement" (221)), das er mit dem Tag Jahwes verbindet, handeln: „In short, if Judah returns *to* YHWH, he will return *from* the Day of YHWY" (221). Den Namen des Prophetensohnes versteht auch Werlitz, *Noch einmal Immanuel*, 255f., als Umkehr eines Teils des Volkes und sieht hierin eine Verbindung zu Mi 5,2 gegeben. Aufgrund weiterer Parallelen sieht er Mi 5,2 als indirektes Zitat von Jes 7,14b, was die hohe Bedeutung des Spruchs für die nachfolgenden Propheten- bzw. Redaktorengenerationen verdeutlicht.

soll.[2] „Der Einfall in Juda [. . .] hat den Sturz der davidischen Dynastie zum Ziel, die durch einen assurfeindlichen Usurpator ersetzt werden soll.“[3]

Die Erzählung von der Ankündigung des geplanten Überfalls, die im Zusammenhang mit der von Damaskus ausgehenden Bemühung steht, der Expansion Tiglat-Pileser III. entgegenzutreten,[4] bietet ein Motiv, das für die Beschreibung des Verständnisses der Gottesherrschaft eine besondere Bedeutung hat.

In V4 fordert der Prophet den König mit den Worten השמר והשקט אל־תירא ולבב אל־ירך auf, in der Situation des Überfalls Rezins auf Samaria die Ruhe zu bewahren. Dabei ist die gesamte Bedeutung des Überfalls für Juda noch nicht zu ersehen, da der mit der Inthronisation Pekachs in Samaria gefasste Plan erst im Folgenden offen gelegt wird. Die Besorgnis Ahas’ resultiert also allein aus dem Wissen um den aramäischen Einfall in Israel.[5]

Anders wird der Name häufig im Rückgriff auf Budde, *Immanuelzeichen*, 34, als Umkehr zu Jahwe interpretiert (vgl. auch Budde, *Jesajas Erleben*, 37). Budde sah in dem Namen bereits einen geschichtlichen Ablauf festgelegt: „Verödung des Bodens, Aussterben der Bewohner bis auf einen zehnten Teil, Rückkehr zur einfachsten Lebensweise, nur aus dem Ertrag der Herde.“ Diese Position ist nur unter dem Einfluss von Jes 10,20–23 möglich (so z.B. Day, *Shear-Jashub*, 76), doch lässt die dortige Verwendung von שׁוב kaum auf die Namengebung zurückschließen.

[2] Zur Formulierung אל־ירך משני זנבות האודים העשנים האלה vgl. Procksch, *Jesaja*, 115: „Die innere Schwäche der Gegner ist von Jesaja erkannt, da er sie zwei rauchende Brandscheitstummel nennt, die im Kriegsbrande der letzten Zeit schon halb verkohlt sind.“ Damit spielt er auf den Kriegszug Tiglat-Pileser III. im Jahre 738 v.Chr. an, durch den sowohl Damaskus, als auch Samaria militärisch geschwächt und tributpflichtig wurden. In Jes 7 und 2Kön 15f. wird der sog. syrisch-ephraimitische Krieg als Bedrohung Judas durch die aramäisch-israelitische Koalition dargestellt. Zu Kampfhandlungen ist es jedoch nach alttestamentlichem Bericht nicht gekommen. Anders deuten dieses die außerbiblischen Belege an. Wie Cazelles, *Guerre syro-ephraimite*, 78*, anhand dieser Quellen zeigt, gab es militärische Aktionen Judas gegen Israel, die im Zusammenhang mit der assyrischen Okkupationen standen: „En 733, il envahit Israël, occupe et annexe Galilée et Gala’ad par lequel il entre en contact avec les tribus arabes de l’Est, dont la reine Samsi qui a succédé à Zabibe. Ascalon se soumet ainsi que Hanun de Gaza. Juda attaque Israël par le Sud. Péqah est renversé et Osée prend sa place.“

[3] Procksch, *Jesaja*, 115; vgl. auch Gonçalves, *Politique internationale*, 283; Williamson, *Variations*, 105.

[4] Vgl. zum Verständnis des syrisch-ephraimitischen Krieges, wie er von der aktuellen Forschung unter Einbezug assyrischer Quellen geboten wird, die Darstellung bei Beuken, *Jesaja 1–12*, 192f. Weiter ist die frühere Darstellung von Kaiser, *Buch Jesaja I*, 148f., zu beachten.

[5] So beurteilt Beuken, *Jesaja 1–12*, 194, V1 als Zeichen dafür, dass die Aramäer Israel in den Konflikt mit Juda hineinziehen. Der vorgelegten Interpretation ent-

Die Vertrauensaufforderung אל־תירא erscheint außer in Jes 7,4 auch in Jes 10,24; 35,4; 37,6[6]; 40,9; 41,10.13.14; 43,1.5; 44,2; 51,7; 54,4. Sie dient durchgehend als Beginn von Heilsorakeln.[7] Dabei fällt auf, dass sie in jüngeren Texten des Buches verwendet wird, sich in älteren Texten hingegen nicht findet. Eine Ableitung der Formel von diesen Texten ist so nicht möglich, da ihnen die Verwendung in Jes 7,4 vorgegeben ist. Darüber hinaus wird sie als Einleitung von Heilszusagen an verschiedenen Stellen innerhalb des alttestamentlichen Schrifttums unterschiedlichen Alters verwendet (z.B. Gen 15,1; 26,24; Ex 14,13; 20,20 u.ö.).[8] Außerdem sind Vertrauensaufforderungen als prophetische Formeln auch außerhalb des Alten Testaments belegt.[9]

Ein Jes 7,2–8a.9a von der in ihr dargestellten historischen Situation ähnliches und chronologisch früher anzusiedelndes Ereignis wird in

sprechend stellt Bickert, *König Ahas*, 381, fest: „Aram [aber] plante, wie V.6 nachholend ausführt, tatsächlich Unheil gegen Juda, nämlich den Einmarsch dort und die Einsetzung eines fremden Königs. Allein vor diesem *Plan* Arams hatte Ahas Furcht, nicht etwa vor einem bereits erfolgten gegnerischen Anmarsch." Vergleichbar auch die Position von Irvine, *She'ar Yashub*, 81f.157. Zu den politischen Hintergründen im Nordreich vgl. Sweeney, *Isaiah*, 137.

[6] Wie Conrad, *Fear Not Warrior*, 52, zeigt, stimmen Jes 7 und Jes 37,6 in der Verwendung der Formel überein. Wie unter *4.2.4 Die Übereinstimmungen und Unterschiede in der Grundschicht 7,1–8,15*, 192–199, gezeigt wird, ist Jes 36–39 auf Jes 7 hin verfasst. Daher ist es verständlich, dass Jes 37,6 eine Jes 7,4 entsprechende Verwendung der Formel bietet.

[7] Vgl. Wildberger, *Jesaja I*, 281; ebenso Bickert, *König Ahas*, 377 (der aufzeigt, dass die Formel אל־תירא vordeuteronomistisch ist), und Irvine, *Isaiah*, 149.

[8] Wie Conrad, *Fear Not Warrior*, 146, zeigt, ist die formgeschichtliche Bestimmung allein nicht ausreichend, um die Aussage der Formel zu bestimmen: „Too often form critical studies have distorted their significance of forms by treating them in isolation from their surrounding contexts and binding them in the strait jacket of a reconstructed *Sitz im Leben*." Dass die im Deuteronomistischen Geschichtswerk, in der nachexilischen Prophetie und in den Erzvätererzählungen auftretende Formel nicht mit der Verwendung in Jes 7 übereinstimmt, zeigt Conrad, *Fear Not Warrior*, im Verlauf seiner Studie.

[9] Auf beide Punkte spielt auch Steck, *Rettung*, 176, an, ohne sie jedoch *in concreto* zu nennen. Wong, *Faith*, 539, weist auf die parallele Aussage in Dtn 20,2–4 hin. Diese Stelle bietet eine aktive Kriegsaufforderung und könnte daher zu der Vermutung verleiten, Jesaja habe König Ahas aufgefordert, in den Krieg gegen die aramäisch-israelitische Koalition zu ziehen. Gegen diese Annahme spricht aber, dass Jes 7,4 literarisch nicht von Dtn 20,2–4 beeinflusst sein kann. Eher ist davon auszugehen, dass in Dtn 20,3 ein wörtliches Zitat aus Jes 7,4 vorliegt. Gegen den möglichen Schluss, Jes 7,4 biete die Kriegsthematik im Stile des Heiligen Krieges spricht, dass verschiedene andere Elemente, die zu dieser gehören, in Jes 7 nicht erscheinen. Die einzelnen Elemente stellt Wong, *Faith*, 539, dar.

der *Inschrift des Königs Zakkur von Hamath* geschildert.[10] Die in aramäisch verfasste Inschrift stammt aus dem frühen 8.Jh. v.Chr.[11] und nimmt auf die Ausdehnung des Aramäerreichs unter Bar-Hadad Bezug. Bei dem in der erwähnten Inschrift genannten Bar-Hadad handelt es sich um Bar-Hadad von Damaskus, den Sohn Hazaels. Dieser gründete im Rahmen des zwischenzeitlichen Rückgangs assyrischer Oberherrschaft über Syrien 797 v.Chr. eine antiassyrische Koalition, die die Assyrer endgültig aus der Levante vertreiben sollte. Folge des Aufstands ist ein erneuter Einfall assyrischer Truppen unter Adadnirari III., der ab 796 v.Chr. seinen Einfluss in der Levante festigen konnte.[12] Nach einer Selbstvorstellung und der Aufzählung der der Koalition angehörenden Könige und ihrer Armeen findet sich im Hauptteil Z.11–15 folgender Text:

[11]Und ich erhob meine Hand zu	[11]ואשא ידי אל בעלשמיען
Beelscha[may]n und Beelschamay[n]	ויענני בעלשמי[ן וי[12]מלל]
antwortete mir . . .	
[12]. . . Beelschamayn [wandte sich] zu mir	בעלשמין אלי [ב]יד חזין
durch die Hand von Sehern	
und durch die Hand von Zeichendeutern	
und [es sprach zu [13]mir]	וביד עדדן[ויאמר א[13]לי]
Beelschamayn: Fürchte dich nicht,	בעלשמין אל תזחל
denn ich [habe dich zum König	כי אנה המל[כתך ואנה]
gemacht und ich][13]	
[14] werde bei dir stehen und ich werde	[14][אק]ם עמך ואנה אחצלך
dich erretten	
von allen diesen Königen, die	מן כל [מלכיא אל זי]
[15] einen Belagerungswall gegen	[16] [15]מחאו עליך מצר ויאמר ל[י בעלשמין
dich errichtet[14]	
haben. Und es spricht zu [mir	
Beelschamayn . . .[15]	

[10] Auf diese Parallele zu Jes 7,2–9 weist Conrad, *Fear Not Warrior*, 56–58, hin: „The situation described here is similar to that of Ahaz in Isa 7 when the kingship of Ahaz was also threatened by a military alliance of enemy kings." Ebenso auch Weippert, *„Ich bin Jahwe"*, 58. Zuvor schon, jedoch mit Einschränkungen, dass das Glaubensmotiv aus Jes 7,9 fehlt, auch Wildberger, *Jesaja I*, 271.

[11] Vgl. W.H. Schmidt, *Glaube*, 303f.; Hallo, *Context II*, 155.

[12] Vgl. Veenhof, *Geschichte*, 241f.

[13] Eine sinnvolle deutsche Wortunterteilung, aus der zu sehen ist, dass die ersten drei Konsonanten von המלכתך erhalten sind, ergibt sich nicht. Daher wird der gesamte Ausdruck in Klammern gesetzt.

[14] Zur Übersetzung von מחא „errichten" vgl. *KAI II*, 208.

[15] Weitere Übersetzungen des Textes finden sich in *KAI II*, 205; *TUAT I/6*, 627; Hallo, *Context II*, 155f.; Lemaire, *Prophètes et rois*, 94.

[16] Aramäischer Text aus *KAI I*, 37.

Sowohl die Situation als auch der Inhalt der Prophetie dieser Inschrift entsprechen der Darstellung in Jes 7,2–8a.9a. Gegenüber der Bedrohung wird dem König der weitere Bestand seines Staates zugesagt, indem der Himmelsgott *Beelschamayn* ihm Schutz vor den Feinden gewährt.[17]

---

[17] Die Inschrift zeigt zwar Parallelen zu Jes 7,2–8a.9a, es bleibt jedoch auch in ihr unklar, ob ein Hilfsgesuch an den neuassyrischen Herrscher gegen die bedrohende Koalition erging, wie es in 2Kön 16,5ff. geschildert wird. Einzig die *Kilamuwa-Inschrift*, die ca. 825 v.Chr. (vgl. Hallo, *Context II*, 147; Tropper, *Inschriften von Zincirli*, 27, zwischen 830 und 820 v.Chr.) verfasst wurde, bietet diese Möglichkeit. Am Ende der siebten und am Anfang der achten Zeile findet sich folgender Text: [7]ואדר עלי מלך ד[נ]נים [8]ושכר אנך עלי מלך אשר (*KAI I* ,5) „[7]Und der König von D[an]una hatte Macht über mich, [8]ich aber [7]verpflichtete [8]gegen ihn den König von Assur" (weitere Übersetzungen in *KAI II*, 31; *TUAT I/6*, 639; Hallo, *Context II*, 147f., dort auch eine Beschreibung der Inschrift und eine Gliederung des Textes, und Tropper, *Inschriften von Zincirli*, 153). Die Textkorrektur in Zeile 8, wie sie in *TUAT I/6*, 639, und Tropper, *Inschriften von Zincirli*, 37 (dort nicht weiter kommentiert) vorgeschlagen wird, von על zu עלי ist unwahrscheinlich, die Inschrift zeigt keine Hinweise auf eine spätere Ergänzung bzw. Verbesserung (vgl. *KAI II*, 33f.). Zu den Ausgrabungsgegenständen aus Karatepe vgl. Çambel/Özyar, *Karatepe – Aslantaş*.

Von besonderer Bedeutung ist die ‚*Inschrift des Königs Zakkur von Hamath*' für die Bestimmung der Gattung in Jes 7,2–8a.9a. Höffken, *Notizen*, 330, ist Recht zugeben, dass die Abfolge Heilsorakel – begründetes Drohwort – samt Bedingung in V9b innerhalb des alttestamentlichen Schrifttums keine Parallele hat. Die ‚*Inschrift des Königs Zakkur von Hamath*' zeigt nach dem Heilsorakel einen Bericht über die Besiegung der Feinde durch die Himmelsgottheit auf. Zusage und Feindesbesiegung sind nach der Erfahrung des Königs Zakkur von Hamath historisch miteinander verbunden. Es ist demnach durchaus denkbar, dass der Prophet aus dem Wissen um die Wirkung der Heilszusage den plausiblen Schritt, nämlich die Besiegung der Feinde, in einem Heilsorakel dem König zugesprochen hat. Mit dem Heilsorakel ist der Tun-Ergehen-Zusammenhang konsequent zu Ende gedacht. Darum ist die Tatsache, dass die Aneinanderreihung der Gattungen Heilsorakel und begründetes Drohwort inneralttestamentlich keine Parallelen haben, nicht ausreichend, an dieser Stelle eine rein literarische Komposition aus ursprünglich getrennten Prophetenworten oder die Fortschreibung der Heilszusage durch die Anhängung der historischen Abläufe zu konstatieren (wobei Höffken über den Ursprung der von ihm festgestellten Gattungen keine Aussage trifft).

Greenfield, *Zakkir Inscription*, 178–184, bringt die *Inschrift des Zakkur von Hamath* mit den Heilsorakeln in Gen 15,1; 26,24; 46,3; Jer 30,10f.; Jes 41,10 in Verbindung und zeigt, dass die Inschrift des Zakkur von Hamath in Form eines Danklieds verfasst ist. Sie setzt sich aus drei Teilen zusammen: *Declaration*, *Narrative* und *Acknowledgement* (vgl. Greenfield, *Zakkir Inscription*, 180). Dieses findet sich auch in den von Greenfield genannten alttestamentlichen Texten wieder. Jes 7,2–9 bietet allein das Element *Narrative*, was aufgrund der in Jes 7,2–9 geschilderten Situation verständlich ist, da die Gefahr noch nicht vorbei ist, sondern es um die Schilderung dieser Situation geht. Wohl aufgrund dieses formalen Unterschieds lässt Greenfield, *Zakkir Inscription*, die Parallele Jes 7,2–9 aus. Verglichen mit den genannten anderen alttestamentlichen Texten ist der Inhalt und der historische Kontext von Jes 7,2–9 dem des narrativen Teils der *Inschrift Zakkur von Hamaths* wesentlich ähnlicher. Dass die Inschrift

Den Zusammenhang von Vertrauensaufforderung und Besiegung der Feinde zeigen ebenso neuassyrische Prophetien, die als Inschriften aus der Zeit des assyrischen Königs Asarhaddon (ca.681–669 v.Chr.) überliefert sind.[18] Zeitgeschichtlich fallen die neuassyrischen Prophezeiungen für Asarhaddon in die Zeit seiner Exilierung und die Herrschaft seiner beiden Halbbrüder über Assyrien um 681 v.Chr.,

---

nach dem überstandenen historischen Ereignis in der Form eines Danklieds abgefasst wurde, ist aufgrund des Endes der Kriegsbedrohung verständlich.

[18] Die ekstatische Prophetie hat in Assyrien erst unter Asarhaddon ihren Aufschwung erlebt. Wie in einer von Assarhaddons Königsinschriften zu sehen ist, wird ihnen in dieser Zeit eine hohe Bedeutung für die königliche Herrschaft zuerkannt: „Botschaft(en) der Ekstatiker wurde(n) mir beständig geschickt. [. . .] günstige ‚Kräfte', (übermittelt) durch Traum und Orakel, für die feste Gründung der Thronstütze (und) für meine Regierung bis ins hohe Alter wurden mir immer wieder zuteil. Als ich diese günstigen Omnia erblickte, faßte ich im Herzen Vertrauen und wurde mein Gemüt froh" (Transliteration und Übersetzung bei Spieckermann, *Juda*, 295f.). Orakelspenderin für die ekstatische Prophetie ist vor allem die Göttin *Ištar von Arbela* (vgl. Nissinen, *Socioreligious Role*, 101: „The reason for the different significance of the goddess in these two corpora may be sought primarily in the spezial role of Ištar in the amalgation of Assyrian imperial ideology with Assyrian religion, which reached a climax in the Sargonid era." Dass es sich bei den Ištar-Prophezeiungen um eine auf Obermesopotamien bezogene Tradition handelt, erwähnt Villard, *Les prophéties à l'époque néo-assyrienne*, 63). Das, was die Ekstatiker(innen) weitergeben, ist zumeist ein empfangenes Wort der Gottheit. Damit ist die Prophetie als Gottesrede qualifiziert. Dabei kam es aber zu keinen direkten Begegnungen zwischen König und Prophet, wie Nissinen, *Socioreligious Role*, 103, zeigt: „In Assyria, prophecies apparently were seldom reported in letters of court officials, but they were transmitted to the king in reports, the contents of which were limited to the oracle proper. In some cases, these reports were deposited in the royal archives. This implies a higher esteem for prophecies, which, in this procedure, were considered on a par with astrological and extispicy reports."

Die Formel *lā tapallaḫ* (hebr. אל־תירא) versichert den König des dauerhaften Beistands der Gottheit. Mit der ekstatischen Prophetie löst sich die Zukunftsansage von den strengen Regeln der Zeicheninterpretation und kann so situativ agieren. Zur Bedeutung der ekstatischen Prophetie in Assyrien ab Asarhaddon vgl. Spieckermann, *Juda*, 295–303, und zur Zielgruppe der neuassyrischen Prophetensprüche vgl. Weippert, *Heilsorakel*, 7.

Ihren traditionsgeschichtlichen Ursprung hat die Formel in der hethitisch-luwischen Kultur, wie Greenfield, *Zakkir Inscription*, 187f., zeigt. Durch die neuhethitischen Nachfolgestaaten (frühe aramäische Kultur) ist die Formel sowohl in den kanaanäisch-alttestamentlichen, als auch in den akkadischen Kulturraum gekommen. Besonders die drei sargonidischen Könige Sennaherib, Assarhaddon und Assurbanipal standen unter aramäischem Einfluss, der sich vor allem in Harran, dem Hauptsitz aramäischer Bevölkerung in Assyrien, bemerkbar macht (vgl. Greenfield, *Zakkir Inscription*, 187f.). Die früheste Form des Orakels findet sich in der hethitischen Literatur mit der Zusage der Göttin Ištar an Hattušiliš, die Greenfield, *Zakir Inscription*, 186, zitiert: „‚Shall I abandon you to a (hostile) deity? *lē nahti* Fear not' Hattushilish goes on to remark: ‚Because the goddess, my lady, held me by the hand, she never abandoned me to a hostile deity (or) an evil judgement'.

also in die Zeit vor dem Amtsantritt Asarhaddons.[19] Der Text, der mit dem Namen *Issār-lā-tašīyaṭ* unterschrieben ist (Z.28f.), wobei es sich hier um den Verfasser der Prophezeiung handelt,[20] bietet nach einer zerstörten Einleitung folgende Worte:

4 *[aššūr-aḫu-]iddina šar mātāti*	4 [Assarh]addon, König der Länder,
5 *[lā t]apallaḫ*[21]	5 fürchte [dich nicht].
6 *[a]yyu šāru ša idibakkāni*	6 Was der Wind aufstellte gegen dich,
7 *aqappušu lā aksupūni*	7 habe ich nicht seine Flügel gebrochen?
8 *nakarūtēka*	8 Deine Feinde
9 *kî šaḫšūri ša simāni*	9 wie Äpfel, deren Zeit erreicht ist,
10 *ina pān šēpēka ittangararrū*	10 zu deinen Füßen rolle ich sie.
11 *bēltu rabītu anāku*	11 Eine grosse Herrin bin ich!
12 *anāku issār ša arbail*	12 Ich bin Ištar von Arbela,
13 *ša nakarūtēka*	13 die deine Feinde
14 *ina pān šēpēka akkarrūni*	14 vor deine Füße gelegt hat.
15 *ayyūte dibbīya ša*	15 Welches sind die Worte, die
16 *aqqabakkanni*	ich zu dir sprach,
17 *ina muḫḫi lā tazzizūni*	17 auf die du dich nicht verlassen konntest?
18 *anāku issār ša arbail*	18 Ich bin Ištar von Arbela,
19 *nakarūtēka ukāṣa*	19 deine Feinde werde ich jagen
20 *addanakka anāku*	20 dir geben werde ich sie.
21 *issār ša arbail*	21 Ištar von Arbela,
22 *ina pānātūka*	22 vor dir,
23 *ina kutallīka*	23 hinter dir
24 *allāka*	24 gehe ich.
lā tapallaḫ	fürchte dich nicht
25 *atta ina libbi muggi*[22]	25 bist du in der Mitte eines
	krampfenden Schmerzes,

[19] Vgl. Parpola, *Assyrian Prophecies*, LXVIII–LXXIII, und Villard, *Les prophéties à l'époque néo-assyrienne*, 68. Weippert, „*Ich bin Jahwe*", 33, zeigt, dass es sich der Gattung nach um Heilsorakel handelt.

[20] Die Zeile wird eingeleitet mit *ša pī* (dessen/deren Mund), was auf den/die Verfasser/in des Textes verweist. Dass es sich dabei um eine Formel handelt, die in verschiedenen neuassyrischen Prophezeiungen zu finden ist, zeigt Huffmon, *Company of Prophets*, 59. Dabei nehmen die Propheten die Persönlichkeit der Göttin an, wie Nissinen, *Socioreligious Role*, 96, hervorhebt: „As proclaimers of the word of Ištar, the prophets acted *as* Ištar. The primary role of the prophets as intermediaries between the divine and the human spheres reflects the role of Ištar/Mullissu as the mediator between the gods and the king, as demonstrated by a prophetic oracle and a letter containing a report of a propehtic utterance [. . .]".

[21] Zu *lā tapallaḫ* als Äquivalent zum hebräischen אל־תירא vgl. Weippert, „*Ich bin Jahwe*", 37. Zu ihrer Funktion für die neuassyrischen Heilsorakel Weippert, „*Ich bin Jahwe*", 41: „Deutlich ist hier, daß die Formel dazu dient, dem Text eine gewisse Struktur zu geben, indem die beiden Hauptthemen der assyrischen Königsorakel, Beistand und Schutz für den König, durch die Aufforderung, sich nicht zu fürchten, sowohl auseinandergehalten als auch verbunden werden."

[22] Zur Wortbedeutung vgl. vSoden, *AHw*, 672.

26*anāku ina libbi ū'a*	26bin ich in der Mitte des Übels,
27*atabbi uššab*	27ich stehe auf, ich sitze nieder.
28*ša pî issār-lā-tašīyaṭ*[23]	28Entsprechend dem Mund des Issār-lā-tašīyaṭ,
29*mār arbail*[24]	29ein Sohn aus Arbela.

Ähnlich wie in diesem Text wird auch in der von *Sinqiša-Amur* (Namensangabe in den Z.9f.) gesprochene Prophezeiung die Vertrauensaufforderung in den Zusammenhang mit der Besiegung der Feinde gestellt:

30*šar māt aššūr lā tapallaḫ*	30König des Landes Assur, fürchte dich nicht.
31*nakru ša šar māt aššūr*	31Die Feinde, die der König des Landes Assur hat,
32*ana tabaḫḫi addana*	32gebe ich zum Schlachter.
33*[ina] bēt rēdūtēka*	33[Durch] das Haus begleite ich dich
34*[utaqq]anka*	34[und] mache dich sicher
35*[urabb]akka*	35[und mache] dich groß.
36*[bēltu rab]ītu anāku*	36Eine große Herrin bin ich.
37*[anāku issār š]a arbail*	37Ich bin Ištar von Arbela.
38*[. . . is]su libbišu*	38[. . .] aus seiner Mitte
39*[. . .]-šu*	39[. . .]-šu
[an dieser Stelle ist der Text für ungefähr sechs Zeilen nicht mehr lesbar]	
II 1*[. . .]*	II 1[. . .]
2*a[yy]u [. . .]*	2W[a]s [. . .]
3*lā ašmāk[a] [nakarūti]*	3Ich habe dich nicht gehört? [Die Feinde]
4*ina sigar[āti salmūti]*	4in Nacken[stöcken, die Vasallen]
5*ina madda[nāti . . .]*	5mit Trib[utleistungen].
6*nakarka ina lib[bi qarābi]*	6Deine Feinde in der Mit[te des Kampfes]
7*ēdānīe akt[ašad]*	7habe ich mit [einem Schlag] zurückgedrängt.
8*utakkilka lā ušbā[ku]*	8Ich habe dir Glauben gegeben, ich habe nicht untätig herumgesessen.

[23] Zum Namen des Propheten vgl. Weippert, *Assyrische Propehetie*, 33–35.

[24] Die Transkription des Textes entstammt Nissinen, *Prophets and Prophecy*, 102f. Sie basiert auf der Transliteration von Parpola, *Assyrian Prophecies*, 4f. Dort und bei Villard, *Les prophéties à l'époque néo-assyrienne*, 73, finden sich Übersetzungen des Textes. Eine ausführliche Besprechung der in Parpola, *Assyrian Prophecies*, dargestellten Thesen über die neuassyrische Religion und die Bedeutung der Prophetensprüche innerhalb dieser findet sich bei Weippert, *Assyrische Prophetie*.

9 *ša pî sinqīša-āmur*	9 Entsprechend dem Mund der Sinqīša-āmur,
10 *mar'at arbail*[25]	10 einer Tochter aus Arbela

Aus der zweiten an Asarhaddon gerichteten Prophezeiung wird der Grund für das geforderte Vertrauen sichtbar. Die Göttin *Ištar* hat ihm Glauben/Vertrauen geschenkt. Worauf dieser Glauben/dieses Vertrauen basiert, wird mit dem folgenden Text, der von einem unbekannten Propheten aus der Zeit Asarhaddons stammt, sichtbar:

III 7 *anāku issār ša [arbail]*	III 7 Ich bin Ištar von [Arbela]
8 *aššūr-aḫu-iddina šar māt a[ššūr]*	8 Assarhaddon, der König des Landes A[ssur]
9 *ina libbi-āli nīnu[a]*	9 In das Innere der Stadt Ninev[e],
10 *kalḫi arbai[l]*	10 Calah und Arbe[la].
11 *ūmē arkūt[e]*	11 Nun, lange
12 *šanāte dārāt[e]*	12 Tage und Jahre
13 *ana aššūr-aḫu-iddina šarrīya*	13 zu Assarhaddon, meinem König,
14 *addanna*	14 gebe ich.
15 *sabsubtak[a]*	15 Deine Hebamme,
16 *rabītu anāku*	16 die große bin ich.
17 *mušēni[q]taka*	17 Deine Amme,
18 *de'iqtu anāka*	18 die hervorragende bin ich,
19 *ša ūmē arkūte*	19 die nun lange
20 *šanāte dārāte*	20 Tage und Jahre
21 *kussīka ina šapal šamê*	21 für deinen Thron unter dem Himmel,
22 *rabûte uktīn*	22 dem großen gründete.
23 *ina massiki ša ḫurāṣi*	23 Auf einem Teppich, der aus Gold ist,
24 *ina qabassi šamê aḫarrīdi*	24 in der Mitte des Himmels gucke ich,
25 *nūr ša elmēši*	25 Licht, das aus Bernstein ist,
26 *ina pān aššur-aḫu-iddina šar māt aššur*	26 vor den Füßen Assarhaddons, des Königs des Landes Assur,
27 *ušanamāra*	27 und die Krone,
28 *kî agê ḫa kaqqidīya*	28 wie auf meinem eigenen Kopf,
29 *aḫarrissu*	29 so sehe ich ihn.
30 *lā tapallaḫ šarru*	30 Fürchte Dich nicht, König!
31 *aqṭibak*	31 Ich habe zu dir gesprochen,
32 *lā aslīk[a]*	32 ich habe dich nicht belogen!
IV 1 *autakki[lka]*	IV 1 Ich habe dir Glauben gegeben,

[25] Die Transkription stammt aus Nissinen, *Prophets and Prophecy*, 103f. Die Transliteration des Texts findet sich bei Parpola, *Assyrian Prophecies*, 5.

2 *lā ubâš[ka]*	2 ich lasse dich nicht zu Schande werden.
3 *nāru ina tuqunni*	3 Über den Fluss
4 *ušēbar[ka]*	4 will ich [dich] sicher geleiten.
5 *aššur-aḫu-iddina aplu*	5 Assarhaddon, rechtmäßiger
6 *kēnu mār mullissi*	6 Erbe, Sohn des Mulissu,
7 *ḫangaru akku*	7 mit einem bösen Dolch
8 *ina qātēya*	8 in meiner Hand
9 *nakarūtēka*	10 werde ich 9 Deine Feinde
10 *uqatta*	10 beenden.
11 *aššur-aḫu-iddina šar māt aššur*	11 Assarhaddon, König des Landes Assur
12 *kāsu ša mallû qīlte*	12 ein Becher, der mit Lauge gefüllt ist,
13 *kalappu ša šinā šiqli*	13 eine Axt von zwei Schekeln,
14 *aššur-aḫu-iddina ina libbi-āli*	14 Assarhaddon, in das Innere der Stadt
15 *ūmē arkūti*	15 nun, lange
16 *šanāti dārāti*	16 Tage und Jahre
17 *addanakk[a]*	17 gebe ich dir,
18 *aššur-aḫu-iddina ina libbi abai[l]*	18 Assarhaddon, inmitten Arbelas,
19 *arītka de'iqtu a[nāku]*	19 dein hervorragendes Schild bin ich.
20 *aššur-aḫu-iddina aplu k[ēnu]*	20 Assarhaddon, rechtmäßiger E[rbe]
21 *mār mul[lissi]*	21 Sohn des Mulissu,
22 *ḫissat[ka]*	22 dir bin ich zugewandt
23 *ḫassā[ku]*	23 in Verständnis,
24 *artāmk[a]*	24 dich liebe ich
25 *adan[niš]*	25 sehr.
26 *ina kizirtīk[a]*	26 An deinen Locken
27 *ina šamê rabûti*	27 im großen Himmel
28 *ukâlka*[26]	28 halte ich dich.

Die Weissagung dieses assyrischen *Ištar*-Propheten bzw. dieser assyrischen *Ištar*-Prophetin zeigt Gründe, auf denen der Glauben/das Vertrauen des Königs basieren soll:

- Die Göttin *Ištar* sagt dem Herrscher eine lang andauernde Regierungszeit zu.
- Für diese hat sie seinen Thron, d.h. sein Königshaus, begründet.[27]
- Diese Zusage ist nicht gelogen. Das Vertrauen, das der König ihr entgegenbringt, wird nicht enttäuscht werden.

[26] Die Transkription stammt wiederum aus Nissinen, *Prophets and Prophecy*, 106f. Die Transliteration des Texts findet sich bei *Parpola, Assyrian Prophecies*, 7f.

[27] Vgl. Villard, *Les prophéties à l'époque néo-assyrienne*, 81: „Du point de vue de l'idéologie royale, les prophéties constituaient un moyen parmi d'autres de révéler la volonté divine, au nom de laquelle le souverain gouvernait."

- Die Göttin *Ištar* zieht für den König in den Krieg und besiegt seine Feinde.[28]

[28] Der Text *'An Oracular Dream concerning Ashurbanipal'* (in: Pritchard, *ANET*², 606) zeigt, dass die Aufforderung *lā tapallaḫ* mit dem kriegerischen Eingreifen der Schutzgottheit und dem Herzensbild, wie es sich auch in Jes 7,2–8a.9a findet, zusammengehören: "The goddess Ishtar heard my anxious sighs and said „Fear not!" and gave me confidence, (saying) „Since you have lifted your hands in prayer and your eyes have filled with tears, I have had mercy." During the night in which I appeared before her, a *šabrû*-priest lay down and had a dream. He awoke with a start and then Ishtar caused him to see a nocturnal vision. He reported to me as follows: "The goddess Ishtar who dwells in Arbela came in. Right and left quivers were suspended from her. She was holding a bow in her hand, and a sharp sword was drawn to do battle. You were standing in front of her and she spoke to you like a real mother. Ishtar called to you, she who is most exalted among the gods, giving you the following instructions: 'Wait with the attack; (for) wherever you intend to go, I am also ready to go.' You said to her, 'Wherever you go, I will go with you, O goddess of goddesses!' She repeated her command to you as follows: 'You shall stay here where you should be. Eat, drink wine, make merry, praise my divinity, while I go and accomplish that work to help you attain your heart's desire. Your face will not be pale, nor your feet shaky, and you need not wipe off your (cold) sweat in the height of battle.' She wrapped you in her lovely babysling, protecting your entire body. Her face shone like fire. Then [she went out in frightening way] to defeat your enemies, against Teuman, king of Elam, with whom she was angry."

Mit der Ableitung der Formel aus der akkadischen Literatur stimmt die von Tångberg, *Prophetische Mahnrede*, 67, angeführte Beobachtung zu dem dem אל־תירא vorausgehenden השקט: „Eine vergleichbare Formel ist im Akkadischen zu finden: *ú-ṣur-mi ra-ma-an-ka* ‚schütze dich selbst' sagt dem bedrängten Vasallen der Pharao, der offensichtlich vertraut oder vertrauen will, daß der Kleinkönig selbst die politischen Unruhen beenden kann. Es ist eine Aufforderung, die der gefährlichen Lage entsprechenden Maßnahmen zu treffen. In einem Maribrief wird dem König mitgeteilt, daß die Göttin Annunitum sagt: ‚Zimrilim, durch einen Aufstand will man dich auf die Probe stellen. Habe acht auf dich! (*pa-ga-ar-ka ú-ṣu-ur*)." Allerdings sind die beiden Belege dieser Formel in ihrem Kontext nicht eindeutig auf eine militärische Vorbereitung bezogen. Während das erste Zitat den Rückzug des Pharaos anzeigt und er den Vasallen mit aufmunternden Worten seinem Schicksal überlässt, ist die Warnung vor dem Aufstand mit polizeilichen Aktionen (Leibgarde des Königs) und nicht mit militärischen verbunden. In beiden Fällen sagt die Aufforderung nicht mehr aus, als in der Situation die notwendigen Schritte einzuleiten. Bezogen auf Jes 7,2–8a.9a heißt dieses, auf das von Jahwe kommende Orakel und der Deutung durch den dazu berufenen Propheten zu vertrauen. Zum Heilsorakel אל־תירא merkt Tångberg, *Prophetische Mahnrede*, 72, an, dass mit einer frühen Demokratisierung des Orakels zu rechnen ist, wie sie von Deuterojesaja verwendet wird, da sich die Aussage in zwei Texten wiederfindet, in denen die Vertrauensaufforderung nicht dem König zugesprochen wird. Für den Zusammenhang in Jes 7,2–8a.9a lässt sich nach Liss, *Unerhörte Prophetie*, 77, aus den neuassyrischen Prophetenorakeln soviel gewinnen: „1. Die Gebundenheit der jeweiligen Gottheit an das Orakel und 2. Die Gebundenheit des Königs an die mit dem Orakel ergehenden (militärisch-politischen) Anweisungen." In diesem Sinne sind auch die drei von Dion, *„Fear Not" Formula*, 566, angeführten Texte zu verstehen, in denen er die religiöse Motivation

Die Besiegung der Feinde wird damit zum Erweis der göttlichen Zusage des dauerhaften Bestehens der irdischen Königsherrschaft.[29] Dieses Element ist nicht nur im mesopotamischen Kulturraum bekannt,[30] sondern sie findet sich auch in der ägyptischen Literatur.

vermisst. Die Formel nimmt im Zusammenhang mit dem Königtum durchgehend Bezug auf die bei der Inthronisation getroffenen Zusagen Gottes an den König. Diese Erinnerung ist durchaus als religiöse Motivation des Textes zu verstehen. So ist auch das אל־תירא in den Kriegstexten zu sehen. Es nimmt Bezug auf die von Gott gegebene Zusage der Feindesbesiegung. Bezogen auf jegliches Vorkommen der Formel in altorientalischer Literatur kommt Greenfield, *Zakkir Inscription*, 183, über die Funktion des Orakels zu einer vergleichbaren Aussage: „For going beyond the אל תירא כי/לא תזחל there is a reference in both to (a) the present interest of the deity expressed in Hebrew by אתך אני/עמך אני and in Aramaic by אנה אקם עמך; and to (b) the future help of deliverance." Auf den gesamten Corpus der neuassyrischen Prophetie bezogen vgl. Weippert, *„Ich bin Jahwe"*, 33: „In ihnen [den neuassyrischen Prophetensprüchen Anm.d.Verf.] wird von den Göttern einem Thronanwärter das Königtum, dem König dann langes Leben, Schutz seiner Person, Beistand gegen innere und äußere Feinde und die Fortdauer seiner Dynastie zugesagt." Im selben Sinne auch Huffmon, *Company of Prophets*, 60: „The inscriptions of Assurbanipal include the often-cited referece to a *šabrû*, a 'visionary, a seer of dreams', who had a revelation from Ištar of Arbela in which he saw and heard her assure the king that she would fight his Battle (aginst Elam), and that the king could relax and await her victory." Zu den unterschiedlichen Prophetentypen im neuassyrischen Kult vgl. Nissinen, *Socioreligious Role*, 90–95. Weiter betont Nissinen, *Socioreligious Role*, 99, dass die Besiegung der Feinde zum mütterlichen Aspekt der Gottheit gehört.

[29] Im phönizischen Kulturraum kann diese Gabe auch als Segen verstanden werden, was die *Inschrift des Azitawadda, Königs der Danunäer* zeigt:

I [1]אנך אזתוד הברך בעל עבד [2]בעל אש אדר אורך מלך דננים [3]פעלן בעל לדננים לאב ולאם

„I [1]Ich bin Azitawadda, Baals Gesegneter, [2]Baals Diener, den zur Macht erhob Awarku, der König der Danunäer. [3]Baal machte mich den Danunäern zum Vater und zur Mutter" (*KAI I*, 5; ; vgl. auch die Erstedition in Çambel, *Corpus of Hieroglyphic Luwian Inscriptions*, 51; eine ausführliche Erklärung der einzelnen Begriffe findet sich bei Bron, *Les inscriptions phéniciennes*, 26–41). Und weiter:

III [2]וברך בעל כר[נ][3]תריש אית אזתוד חים ושלם [4]ועז אדר על כל מלך לתתי בעל צרנתריש
[5]וכל אלן קרת לאזתוד ארך ימם ורב [6]שנת ורשאת נעמת ועז אדר על כל מל[7]ך

„III [2]Und es segne Baal Kr[n][3]trjš Azitawadda mit Leben, Frieden und mächtiger [4]Kraft über jeden König, indem Baal *Krntrjš* und [5]alle Götter der Stadt Azitawadda Länge der Tage, Fülle [6]der Jahre, treuen Besitz und mächtige Kraft über jeden König geben" (*KAI I*, 6; Erstedition in Çambel, *Corpus of Hieroglyphic Luwian Inscriptions*, 53; eine Diskussion der einzelnen Begriffe findet sich wiederum bei Bron, *Les inscriptiones phéniciennes*, 102–106; Übersetzungen sind abgedruckt in *KAI II*, 38, *TUAT I/6*, 641–644, Hallo, *Context II*, 149f.; vgl. zu Tafel III, Z.2–7 auch die neue Textedition von Younger, *Phoenician Inscription*, 19f.).

[30] Zum möglichen Einfluss der neuassyrischen Prophetie auf Juda vgl. Spieckermann, *Juda*, 302f. Weitere neuassyrische Texte, die mit Jes 7,2–9 in Verbindung gebracht werden können, nennt Conrad, *Fear Not Warrior*, 58–61. Durch seinen religionsgeschichtlichen Vergleich kommt Conrad zu dieser Studie vergleichbaren Ergebnissen.

Im Text der *‚Stele Thutmoses III'.* (1468–1438 v.Chr.[31]) wird erwähnt, die Gottheit *Amun-Re* habe dem Pharao den Sieg über die Feinde geschenkt:

> (1) Speech of Amen-Re, Lord of Thrones-of-the-Two-Lands:
> You come to me in joy at seeing my beauty,
> My son, my champion, Menkheperre, everliving! [. . .]
>
> (5) I stretched my own hands out and bound them for you.
> I fettered Nubia`s Bowmen by tenthousand thousands,
> The northerners a hundred thousand captives.
> I made your enemies succumb beneath your soles,
> So that you crushed the rebels and the traitors.
> For I bestowed on you the earth, its length and breadth,
> westerners and easterners are under your command.[32]

Die Besiegung der Feinde wird als Tat der Gottheit für den irdischen Herrscher dargestellt. Der Sieg basiert auf der Zusage der Gottheit, die sie dem Pharao bei dessen Inthronisation gegeben hat. Sichtbar wird dieses auf der in Theben aufgestellten *Stele Amenhotep III.*, der als Pharao der 18. Dynastie zu Beginn des 14.Jh.s v.Chr. über Ägypten herrschte. Der untere Abschnitt der Stele bietet einen Segen *Amun-Res* über den irdischen Herrscher:

> Speech of Amun, King of Gods:
> My son, of my body, my beloved Nebmare,
> My living image, my body´s creation,
> Born me by Mut, Ashru´s Lady in Thebes,
> Mistress of the Nine Bows,
> Who nursed you to be sole lord of peoples!
> My heart is very joyful when I see your beauty,
> I did a wonder for your majesty,
> You repeat your youth,
> For I made you the Sun of the Two Shores.
>
> Turning my face to the south I did a wonder for you,
> I made the chiefs of wretched Kush surround you,
> Carrying all their tribute on their backs.
>
> Turning my face to the north I did a wonder for you,
> I made the countries of the ends of Asia come to you,
> Carrying all their tribute on their backs.

---

[31] Datierung nach Lichtheim, *Ancient Egyptien Literature II*, X.
[32] Lichtheim, *Ancient Egyptian Literature II*, 35f.

They offer you their persons and their children,
Beseeching you to grant them breath of life.

Turning my face to the west I did a wonder for you,
I let you capture Tjehenu, they can't escape!
Built is this fort and named after my majesty,
Enclosed by a great wall that reaches heaven,
And settled with the princes' sons of Nubia's Bowmen.

Turning my face to sunrise I did a wonder for you,
I made the lands of Punt come here to you,
With all the fragrant flowers of their lands.
To beg your peace and breathe the air you give.

The King of Upper and Lower Egypt, Ruler of the Nine Bows, Lord of the Two Lands, Nebmare; the beloved Son of Re, Amenhotep, Lord of Thebes, who contents the heart of the gods with his monuments; may he be given life, stability, dominion, health, and joy, like Re forever.[33]

Anhand dieses Segens wird deutlich, dass der Sieg über die Feinde eine Gabe der Gottheit ist, da der Sieg als Wundertat *Amun-Res* gepriesen wird. Von besonderer Bedeutung ist die Herrschaft über die neun Bogenvölker.[34] Mit ihnen wird die Gesamtheit aller Feinde angesprochen, die in den Königsinschriften Ägyptens mehrfach genannt werden und jeweils als besonders hartnäckige Gegner erscheinen. Die anhaltende Übermacht über sie sichert dem Pharao den dauerhaften Bestand seiner Herrschaft. Erneuert wird diese Zusage an den Pharao im Sed-Fest,[35] das als ägyptische Version des Thronbesteigungsfestes Teile der Inthronisationsfeiern wiederholt und zu besonderen Jubiläen des Pharao gefeiert wird.[36]

[33] Lichtheim, *Ancient Egyptian Literature II*, 46f.

[34] Vgl. zur Herrschaft über die Neun-Bogen-Völker auch Z. 20 der ‚*Inthronisation des Hor-emheb*'. In dieser Inthronisationsschilderung wird dem neuen Pharao ebenfalls die Herrschaft über diese Feinde zugesagt. Ausführlich besprochen wird dieser Text in *5.1.2 Die Aufrichtung der Herrschaft*, 219–222.

[35] Zur Bedeutung des Sed-Fests für die Zusage der Feindesbesiegung ist auf die bisher noch nicht publizierte Untersuchung von Erik Schumacher, *Die Fremdvölkersprüche bei den vorexilischen Propheten Amos und Zephanja*, zu verweisen, dem ich für den Hinweis auf die sich mit diesem Fest befassende Literatur danke.

[36] Zum Sed-Fest vgl. Frankfort, *Kingship*, 79–88; Koch, *Ägyptische Religion*, 67f. Im Hintergrund der Zusage der Besiegung der Feinde ist mit Huber, *Völker*, 69ff., und Lutz, *Völker*, 155, das Völkerkampfmotiv zu erkennen, das einen bedingungslosen Schutz der Gottheit für das Land und damit auch für die Dynastie aussagt.

Mit der Bindung der Vertrauensaufforderung an die Bestandsgarantie des Könighauses steht Jes 7,4 in Beziehung zur Nathanweissagung in 2Sam 7.[37] In 2Sam 7,16 wird dem davidischen Königshaus der dauerhafte Bestand zugesagt, der in der Erwählung des Königs durch Jahwe begründet ist.[38] Dieser dauerhafte Bestand wird durch die Umsturzpläne Rezins und Pekachs in Frage gestellt. Sie wollen den Sohn des Tabeels[39]

---

[37] Zum Bezug von Jes 7,4 zu 2Sam 7,16 vgl. Kaiser, *Buch Jesaja I*, 145–147; Conrad, *Fear Not Warrior*, 57; Barthel, *Prophetenwort*, 169; Becker, *Jesaja*, 37. Außerdem vgl. Wildberger, *Jesaja I*, 271, der jedoch auch das תאמנו aus Jes 7,9b mit der Überlieferung vom Davidbund in Verbindung bringen möchte, ohne dafür einen Grund zu liefern. Allein eine Textemendation in 2Sam 7,16 wird als Hinweis angeführt. Wie sich unten zeigt, sind die Traditionen jedoch getrennt zu behandeln und erst durch die Redaktion des vorliegenden Textes zusammengeflossen (vgl. auch Becker, *Jesaja*, 37). Zu weiteren Bezügen zwischen Jes 7 und 2Sam 7 vgl. den kritischen Forschungsüberblick bei Werlitz, *Literarkritische Studien*, 166–169. Zur Bedeutung der Nathanweissagung für die Gestaltung von Jes 1–12 vgl. Beuken, *Jesaja 1–12*, 49f. Zur Datierung von 2Sam 7 vgl. Laato, *Immanuel*, 61: „Both these Hittite and Mari texts are a good indication that contentually 2Sam 7 may reflect a very old tradition about Yahweh's promise to David of an eternal dynasty. Time-historically speaking, there is no need to doubt that 2Sam 7 can[not] be dated to early times as far as its content is concerned." Und weiter: „[. . .] I regard it as reasonable that the idea of the eternal dynasty of David arouse about at the time of Solomo" (63) (vgl. zu dieser These auch Mettinger, *King and Messiah*, 62f.).

[38] Vgl. Beuken, *Jesaja 1–12*, 203: „Sehr wohl zeigt die Natanweissagung, was die Erwählung Davids und seines Hauses eigentlich bringen sollte: eine sichere Existenz für das Volk Gottes durch ein Königtum, das sich auf Gerechtigkeit stützt (2Sam 7,10–16)."

[39] Dass es sich bei dem Sohn Tabeels um einen Aramäer handelt, darauf weist Wildberger, *Jesaja I*, 274, hin. Der Name ist eindeutig dem aramäischen Sprachraum zuzuordnen. Daher liegt die Identifizierung mit dem auf der von Levine, *Menahem*, 40–42, erwähnten *Stele Tiglat-Pileser III.* nahe. Die Stele bietet den Namen Tubail von Tyrus, dessen Nachfolger Hiram von Tyrus war (Übersetzung bei Pritchard, *ANET*[2], 283; *TUAT I/4*, 378). Vanel, *Le roi Tubail*, 15–24, versucht dessen Identität mit dem in Jes 7,6 erwähnten Vater des erdachten Jerusalemer Throninhabers zu zeigen. Daraus würde folgen, dass der Sohn Tabeels mit dem in der *Inschrift Tiglat-Pileser III.* erwähnten Hiram von Tyrus identisch ist. Dieses aber würde auf eine phönizische, und nicht eine aramäische Abstammung hindeuten. Wie Sweeney, *Isaiah*, 160f., nachweist, waren die Phönizier nicht in die aramäisch-israelitischen Koalitionsbestrebungen involviert. Daher ist eine derartige Identifizierung eher unwahrscheinlich. (Vgl. auch Dearman, *The Son of Tabeel*, 43: „It is widely agreed, however, that the Phoenician equivalent of Tu-ba-il is most probably 'Ittobaʿl/Tobaʿl, a well-attested proper name and royal name.") Trotzdem ist deutlich, dass es sich bei dem gewünschten Throninhaber um keinen Davididen handelt: „Regardless of ben Tabeel's origin, it is clear that he is not of the ‚house of David' and that he therefore represents a threat to the continuation of the Davidic dynasty" (Sweeney, *Isaiah*, 161).

Der Name טבאל ist neben Jes 7,6 mehrfach belegt: 1. In Esr 4,7 heißt der Anführer der Feinde so, ohne dass sich ein inhaltlicher Bezug zwischen den beiden Personen feststellbar ware. 2. Auf einem hebräischen Siegelabdruck (zwei-reihig, an Stelle Ahas inthronisieren (Jes 7,6).[40] Damit wird der dauerhafte Bestand des davidischen Königshauses in Frage gestellt.[41]

Durch Jesajas Vertrauensaufforderung wird der weitere Bestand des Königshauses zugesagt.[42] In der aus einer ähnlichen Situation stammenden *‚Inschrift des Zakkur von Hamath‘* wird die Vertrauensaufforderung mit der Zusage der Vertreibung der Feinde durch die Gottheit verbunden. Begründet wird das eingeforderte Vertrauen mit der Erfahrung der Inthronisation durch die Gottheit. Wie die neuassyrischen Texte zeigen, sind Propheten in Krisenzeit mit eben die-

ohne Trennlinie) findet sich die Namenangabe לטבאל פדי (Avigad/Sass, *Corpus of West Semitic Stamp Seals*, 102, Abb. 171). 3. Auf einem weiteren Siegel findet sich die Aufschrift לטבאל [י]הוקם (Deutsch, *Biblical Period Hebrew Bullae*, 184 Abb.176). 4. Ein drittes Siegel belegt den Namen טבא (Deutsch, *Biblical Period Hebrew Bullae*, 358 Abb.397). Zwar wird hier ein anderes theophores Element verwendet, doch zeigt auch dieses Siegel, dass die Zusammensetzung טוב plus theophores Element geläufig war. Alle vier Belege zeigen, dass טבאל ein in Juda bekannter Name war, der sich aus Prädikation und theophorem Element zusammensetzt. Damit entspricht er bekannten hebräischen Namen. Es kann sich folglich ebenso um eine Person aus Juda gehandelt haben, die von der aramäisch-israelitischen Koalition als König in Juda installiert werden sollte. Entscheidend für ihre Auswahl scheint ihre Unterstützung der anti-assyrischen Politik gewesen zu sein. Wie sich unter *4.2 Jesaja und die Öffentlichkeit* zeigen wird, gab es innerhalb Judas Strömungen, die die Politik des Königs Ahas, 167–192, ablehnten und einer anti-assyrischen Koalition zustimmten. Aus diesem Kreis kann der erwähnte טבאל ohne weiteres stammen.

[40] Vgl. Barthel, *Prophetenwort*, 167.

[41] Die Inthronisation eines neuen Herrschers, der dem feindlichen König loyal ist, ist im 8.Jh. v.Chr. gängige Praxis, was die *‚Inschrift des Königs Barrakib von Sam`al I.’* (Z. 4–7) zeigt:

בצדק אבי ובצדקי הושבני מראי רכבאל ומראי תגלתפליסר על כסא אבי ובית אבי (*KAI I*, 40)

„Aufgrund der Gerechtigkeit meines Vaters und aufgrund meiner Gerechtigkeit haben mich mein Herr Rakib`el und mein Herr Tiglatpileser auf den Thron meines Vaters gesetzt“ (vgl. die Übersetzung in *TUAT I/6*, 631). An diesem Text zeigt sich eine doppelte Rückführung des Königtums zum einen auf die Dynastiegottheit *Rakib’el* (vgl. zur Herkunft des Namens und zur Bedeutung der Gottheit innerhalb des aramäischen Pantheons Kreuzer, *Religion der Aramäer*, 105ff.), zum anderen auf den neuassyrischen König, der realpolitisch den nordsyrischen Bereich, aus dem die Inschrift stammt, beherrschte.

[42] So auch Steck, *Rettung*, 172f.: „Demnach soll Jesaja Ahas hier die Gerichtsankündigung Jahwes gegen Aram und Israel kundtun, die den Untergang dieser beiden Staaten, begründet in deren freventlichem Vorgehen gegen das Reich Juda, gegen Jerusalem und die Davidsdynastie, zum Ziel hat; dieser Untergang ist so gefaßt, daß Damaskus und Samaria ihre Stellung als Hauptstädte von Reichen und die regierenden Könige ihre Stellung als Herren dieser Hauptstädte verlieren.“ Stärker den Zusagencharakter betont Wong, *Faith*, 542: „At the very least, then, we can conclude that faith here involves trusting in the promise of Yhwh spoken through his prophet.“

sem Heilsorakel aufgetreten, um die von der Gottheit bei der Inthronisation gegebene Zusage des Sieges über die Feinde zu erneuern. Damit wird der Sieg über die Feinde zum Erweis der göttlichen Zusage des (Fort-)Bestands der Dynastie.[43]

Innerhalb des alttestamentlichen Schrifttums findet sich eine entsprechende Aussage in Ps 2,1–6, mit der Jahwe den Bestand des Königtums beim Ansturm der Völker mit der Inthronisation seines Königs verkündet. Ebenso weist die Negativformulierung in 1Kön 3,11 darauf hin, dass die Bitte um die Besiegung der Feinde und mit ihr auch die Zusage der Besiegung zum Krönungsritual gehören. Dieses entspricht sowohl dem assyrischen als auch dem ägyptischen Krönungsritual, da in beiden die Gottheit dem Inthronisierten den Sieg über die Feinde zusagt.[44]

Die Vertrauensaufforderung des Propheten nimmt die Bindung des Jerusalemer Königtums an Jahwe auf, der hier als Schutzgottheit der Dynastie fungiert. Der dem König bei seiner Inthronisation zugesprochene Schutz wird in der Krisenphase erneuert. Damit tritt Jahwe als kriegerische Gottheit in Erscheinung. Seine Aufgabe ist es, die Feinde zu besiegen.[45] Mit dem Sieg über die Feinde demonstriert Jahwe seine Mächtigkeit.[46]

---

[43] Vgl. Conrad, *Fear Not Warrior*, 55: „Whereas in the royal traditions in the Hebrew Scriptures, the king will be punished if he does not obey the conditions of the covenant (see Pss 89:31ff.; 132:11–12 and 2Sam 7:14–16), the promise is that the line of the king will endure."

[44] So schätzt Steck, *Rettung*, 180, den Aussagegehalt von Jes 7,3–9 m.E. richtig ein: „[. . .] es sagt dem König bedingungslos Vernichtung seiner Feinde zu. Verschweigt aber auch nicht, daß der Untergang seiner Dynastie ebenso unausweichlich ist, wenn sich seine Angst nicht in Auswirkung seiner ausschließlichen Bindung an Jahwe und dessen Angst wendender Zusage wandelt in die Festigkeit vertrauensvoller Haltung." Zum Bild שְׁני זנבות האודים vgl. auch Beuken, *Jesaja 1–12*, 196.

[45] In diesem Sinn ist auch der Name des in Jes 7,3 erwähnten Sohnes שְׁאר ישוב zu verstehen. Sein Name zeigt an, dass von den Feinden nur wenige aus den Kriegshandlungen zurückkehren werden. Irvine, *She'ar Yashub*, 79, entdeckt in der nachexilischen Heilsweissagung Jes 10, 20ff. eine Interpretation des Namens. Da der Name dort nicht erwähnt wird, kann es sich allein um die Perspektive der Umkehr handeln, die mit der Wurzel שׁוב gegeben ist. Die Wurzel kann jedoch sowohl die innere, moralische wie auch die äußere, lokale Rückkehr bezeichnen (vgl. Gesenius, *Handwörterbuch*, 810f.; Soggin, *Art.* שׁוב, Sp.884–891; Fabry, *Art.* שׁוב, Sp.1118–1176).

[46] Die Bedeutung des Schutzes durch Jahwe für Jerusalem und das judäische Königshaus stellt Beuken, *Jesaja 1–12*, 197, heraus: „Falls Juda und das königliche Haus auf JHWH vertrauen, leben sie in Sicherheit." Barthel, *Prophetenwort*, 170, wertet das vom Propheten gesprochene Vertrauenswort als Aktualisierung der Bestandszusage an die davidische Dynastie.

Entsprechend der uneingeschränkten Bestandszusage ist das in den Vv8a.9a folgende Gotteswort zu deuten: Nachdem Ahas in V6 der Plan der aramäisch-israelitischen Koalition angesagt wird, dessen Scheitern in V7 mit der Zusage לא תקום vorhergesagt wird,[47] wird den die Inthronisation Tabeels betreibenden Machthabern Rezin und Pekach der Untergang angesagt.[48] Die parallele Formulierung deutet daraufhin, dass sie ihre führende Stellung über den Staat verlieren werden, bevor sie Juda angreifen können. Mit diesem Spruch wird wiederum auf bestehende Dynastien, nämlich die aramäische in Damaskus und die israelitische in Samaria, angespielt. So steht das Gotteswort motivisch mit der vorstehenden Vertrauensaufforderung in Einklang, da der Bestand der Dynastien Inhalt sowohl der Vertrauensaufforderung, als auch des Gotteswortes ist.[49] Auf welche Weise der Untergang der Königshäuser geschehen soll, wird aus dem Gotteswort nicht sichtbar.[50]

Die Ergebnisse der vorliegenden Untersuchung werden durch die Beobachtungen von Bickert, *König Ahas*, 380, auf anderem Wege bestätigt: „So ist also auch in der inneren Struktur Jes 7,1–9 *nicht* mehrdeutig, sondern ganz klar: es geht eindeutig allein um die äußere Bedrohung und Gefährdung der *Dynastie*."

[47] Liss, *Unerhörte Prophetie*, 78f., zeigt, dass die beiden Formeln אל־תירא und לא תקום einen sprachlichen Zusammenhang bilden und לא תקום als Konsequenz des אל־תירא zu verstehen ist.

[48] Vgl. Budde, *Jesajas Erleben*, 42: „Die Verse enthalten die eigentliche Botschaft Jesaja's an Ahas: alles, was die Gegner gegen ihn geplant haben (V.6), [. . .] wird nicht zu Stande kommen [. . .]".

[49] Nach Holladay, *Assyrian Statecraft*, 34, drückt die Prophetenformel כה אמר אדני nicht nur die Legitimation des Propheten aus, man kann auch auf den Absender und dessen Stellung schließen: „Exactly as the envoy of the Pharao or the king of Assyria brought the word of the Great King to his vassal rulers in the city-states bordering his empire, so also the prophet was ‚sent' with the message of the Lord of Israel – couched in exactly the same form as a written communication from an earthly king: ‚To PN_1, say: thus says PN_2 . . .' or more simply, the ‚adress' is omitted and the prophet announces ‚Thus says Yahweh.'" Holladay folgend steht Jesaja vor Ahas in Konkurrenz zu assyrischen Boten, wie sie z.B. in der Person des Rabschake in Jerusalem (Jes 36,12–20) auftraten. Durch die Botschaft und den Boten hindurch kann der Adressat den königlichen Absender erkennen. So ist also die Prophetenformel nichts anderes als der Ausdruck der majestätischen Macht Jahwes.

[50] Wildberger, *Jesaja I*, 282f., sieht den Sturz der beiden Herrscher in ihrer unrechtmäßigen Herrschaft begründet. Ihnen fehlt die göttliche Legitimation, da sie als Usurpatoren an die Macht gekommen sind. Damit aber fehlt ihnen die mit der Erwählung gegebene göttliche Bestandszusage für ihre Dynastie.

4.1.2 *Der Glaubensruf*

Der König Ahas zugesagte Bestand der Jerusalemer Dynastie gilt uneingeschränkt. Trotzdem wird seine Regentschaft mit dem Glaubensruf Jes 7,9b an eine Bedingung gebunden. Damit ist also das vorstehende Heilswort in seiner Wirkung für seine Königsherrschaft an diese Voraussetzung geknüpft.[51] An der negativen Formulierung der Aussage ist zu erkennen, dass sowohl Ahas, als auch dem Leser – immerhin ist der Glaubensruf entgegen der Geschichte in der *2.pers.pl.* formuliert – das Kriterium ‚Glauben/Vertrauen' bekannt sein muss.[52]

Wie die obige Untersuchung von Jes 7,2–8a.9a bereits gezeigt hat, erscheint das Glaubenskriterium dem Auftreten Jesajas zeitnah innerhalb der angeführten neuassyrischen Prophetentexte. In ihnen ist es das entscheidende Merkmal für die Annahme der prophetischen Botschaft durch den König. Eine Formulierung aus dem letzten der oben gebotenen Texte, einer Prophezeiung der Göttin *Ištar* durch einen unbekannten Propheten, verdeutlicht dieses:

III 30*lā tapallaḫ šarru*	III 30Fürchte nicht, König!
31*aqṭibak*	31Ich habe zu dir gesprochen,
32*lā aslīk[a]*	32ich habe dich nicht belogen!
IV 1*autakki[lka]*	IV 1Ich habe dir Glauben gegeben,
2*lā ubâš[ka]*	2ich lasse dich nicht zu Schande werden.
3*nāru ina tuqunni*	3Über den Fluss
4*ušēbar[ka]*[53]	4will ich [dich] sicher geleiten.

Wie der Text zeigt, ist die Gabe des Glaubens/Vertrauens das Mittel der Gottheit, den König von der Wahrhaftigkeit der Botschaft zu überzeugen.[54] Mit dem Glauben nimmt der Machthaber die göttliche Erwählung an, versteht sein Königtum als von dieser Gottheit

[51] Die Spanne, in der die Zusage und die Glaubensforderung stehen, zeigt Procksch, *Jesaja*, 116f. auf:, „Der Gottesspruch gilt unter allen Umständen, unabhängig von Achaz' Verhalten. Aber freilich wird Achaz' Schicksal von seiner Stellung zum Gottesspruch abhängig gemacht, indem die Glaubensfrage als Existenzfrage gestellt wird."

[52] Vgl. Menzies, *Faith*, 114, der zeigt, dass gerade die Voraussetzungslosigkeit des Glaubens textimmanent nur dann gegeben sein kann, wenn die Voraussetzung dem Leser bekannt ist. Weiter dazu vgl. Janthial, *L'oracle de Nathan*, 100–102.

[53] Transkription aus Nissinen, *Prophets und Prophecy*, 107; dort findet sich auch eine Übersetzung des Texts. Die Transkription folgt der Transliteration von Parpola, *Assyrian Prophecies*, 8.

[54] Vgl. Weippert, *„Ich bin Jahwe"*, 50: „Die wesentlichen Konstituenten des assyrischen Königsorakels sind die Ermutigungsformel, die Selbstvorstellung und/oder

begründet und bindet damit seinen Herrschaftsanspruch an den Schutz und die Zusagen der Gottheit. „האמין ist hier das Ernstnehmen eines ganz konkreten Gotteswortes; an diesem Ernstnehmen hängt die Existenz.“[55]

Mit der Erinnerung an die Inthronisation nimmt der negativ formulierte Glaubensruf eine Situation auf, die König und Lesern durchaus bekannt ist. Der Glaube ist an die Schutzzusagen bei der Inthronisation gebunden. Eine solche Schutzzusage findet sich in Ps 2,6: „Und ich habe meinen König eingesetzt auf dem Zion, meinem heiligen Berg.“

Nach Ps 2,6 ist das von Jahwe gegebene Königtum direkt mit dem Zion verbunden. Dieser ist der Ort der Königsherrschaft des davidischen Herrschers. Intention der mit der göttlichen Einsetzung gegebenen Zusage ist der Schutz vor Feinden, die das davidische Königtum stürzen wollen (Ps 2,1–5). Zwei Gründe aber führt Jahwe mit Ps 2,6 an, warum dieser Plan scheitern wird: Er hat das Königtum begründet und der Zion ist sein heiliger Berg. Die Verbindung zwischen dem Glauben und dem heiligen Ort Jahwes nimmt ein weiteres Wort Jesajas auf: Jes 28,16. Dort wird die Wurzel אמן *ni* wie in Jes 7,9b absolut gebraucht, doch erscheint sie hier in positivem Sinne und gibt den Grund für den Glauben an.

Jes 28,16 wird i.d.R. als Einleitung zu dem Drohwort in Jes 28,17 gesehen.[56] Dabei fällt jedoch die eigentümliche Zusammenstellung des Wortes auf. Die Gerichtsansage beginnt bereits mit לכן in Jes 28,14, so dass eine Heilsansage, wie Jes 28,16 sie darstellt, nicht zu erwarten ist. Um diesem Umstand gerecht zu werden, wird V17a als Unheilsansage zu V16 hinzugerechnet und nach hinten von V17b abgegrenzt. Damit aber wird die innere Struktur der Vv15.17 zerstört. Die Vv15.17 zeigen einen kompositorischen Zusammenhang auf: V15a korrespondiert mit V17b, das verbindende Thema ist der Bund mit dem Tod, der als Schutz vor der Urflut dienen soll (V15a).

Selbstprädikation der redenden Gottheit, Zusagen von Beistand und Schutz (manchmal in der Nuance der Fürsorge) und Rückblicke auf das frühere Handeln der Gottheit am König, meist unter dem Aspekt der Glaubwürdigkeit ihrer neuen Verheißungen.“ Deutlich wird an den Beobachtungen Weipperts, dass Glaube/ Vertrauen auf positiven Erfahrungen mit der Gottheit beruht und so dem Glauben/ Vertrauen des Königs die Tat der Gottheit vorausgeht.

[55] Jepsen, *Art.* אמן, Sp.329.

[56] Vgl. Wildberger, *Jesaja III*, 1075f.; Kaiser, *Buch Jesaja II*, 201f.; Sweeney; *Isaiah*, 361ff.

Dieser Bund wird durch Hagel zerstört, so dass der Schutz vor dem Wasser genommen wird (V17b). In diesen Rahmen ist das Thema Lüge/Trug (V15b) – Recht/Gerechtigkeit (V17a) gefügt. Der Lüge und dem Trug treten das Recht und die Gerechtigkeit entgegen und decken die unaufrichtigen Verhaltensweisen auf, was die Bilder der Messschnur und der Waage anzeigen. Dem כי אמרתם in V15 entspricht das לכן כה אמר אדני יהוה. Die Einleitung in V16aα nimmt den Gesprächsfortlauf von V15 auf und führt diesen mit V17a fort. So bildet V16aβ.b einen Einschub in die begründete Unheilsansage in den Vv15.16aα.17–19. Das Heilswort in V16aβ.b ist demnach isoliert zu betrachten.[57]

In Jes 28,16aβ.b wird der Grund für das Bestehen in der Gründung eines geprüften Steins in Zion gesehen.[58] Der dort gelegte Stein soll als Erweis der Gegenwart Jahwes und damit seines Schutzes dienen. Syntaktisch weist das einleitende Verb יסד *3.pf. pi* auf einen bestehenden Status und nicht auf ein zukünftiges Geschehen hin.[59] Der Stein, der in Zion liegt, ist also als göttliche Gabe bekannt und erfüllt eine bestimmte Funktion.

Mit dem Ausdruck אבן בחן ist an verschiedene Funktionen zu denken. בחן kann entweder als ‚geprüfter' oder aber als ‚prüfender' Stein verstanden werden. Der prüfende Stein wurde als Messinstrument für eine Strichprobe verwendet, mit der der Goldgehalt geprüft werden kann. Zwar zeigt Tsevat auf, dass die Verwendung dieser Technik zur Zeit Jesajas nicht belegt ist. Erst ab dem 6.Jh. v.Chr. und dann im griechischen Kulturraum sind Hinweise auf die Verwendung zu finden.[60] Hinzu kommt nach Tsevat, dass in Juda eine andere Technik angewendet wird: „Im alten, auch nachexilischen Israel wurde Gold auf Feingehalt durch Ausschmelzen geprüft (Spr 17,3 = 27,21

[57] Vgl. zur literarkritischen Trennung Childs, *Assyrian Crisis*, 30f.

[58] Dazu Wildberger, *Jesaja III*, 1062–1083, und ihm folgend Mettinger, *In Search*, 145: „But Isaiah does not regard the Zion promise, either, as an unconditional guarantee. A close reading of the ‚cornerstone pericope' (Isa 28:14–22). Here it is clear that for Isaiah the word of promise to Zion had no inherent automatic quality; it, too, was conditional in nature."

[59] Dass die Konstruktion in diesem Sinne zu verstehen ist, darauf weist schon die Übersetzung der LXX hin, die an Stelle des *pf.pi.* ein *ptz.* verwendet, was sich in den Qumrantexten wiederfindet. Textkritisch ist diese Variante als Korrektur zu werten, da sie den gewöhnlichen Sprachgebrauch nachahmen (vgl. zur Problematik der Übersetzung Kaiser, *Buch Jesaja II*, 201).

[60] Vgl. Tsevat, *Art.* בחן, Sp.591.

[typisierend!]; vgl. Sach 13,9), und es ist aus nahe liegenden Gründen unwahrscheinlich, daß man sich dieses Verfahrens nach Bekanntschaft mit der Strichprobe weiter bedient hätte."[61] Jedoch schließt die Schmelztechnik die Strichprobe nicht aus, da ihre Funktion eine andere ist. Mit der Strichprobe wird geprüft, ob es sich um Gold handelt, die Schmelztechnik jedoch extrahiert das vorhandene Gold aus dem Gestein.

Gegen diese Ableitung sprechen allerdings zwei Dinge: der Kontext des Steinwortes in Jes 28,16aβ.b und ein phönizischer Basaltstein aus dem 8.Jh. v.Chr., der als ein derartiger Stein gedient haben dürfte.[62] Der Glaube, der sich an diesem Stein fest macht, bewahrt diejenigen, die diesen Glauben haben, vor der Flucht. Entgegen der Übersetzung der LXX, die mit ὁ πιστεύων ἐπ' αὐτῷ οὐ μὴ καταισχυνθῇ auf eine Glaubensprüfung anspielt, legt der MT das Verständnis eines Steines nahe, der Glauben/Vertrauen vermittelt.[63] Fliehen wird der, der nicht an die Festigkeit des Steins glaubt. So ist אבן בחן treffend mit ‚geprüfter bzw. erprobter Stein' zu übersetzen.

Diese Bedeutung ist im alttestamentlichen Schrifttum jedoch singulär, so dass eine Ableitung aus Parallelstellen nicht möglich ist. Eine Annäherung kann daher nur über die Wurzel בחן geschehen. Die Nominalbildung der Wurzel deutet auf ein Gebäude hin (vgl. Jes 23,13; 32,14). Etymologisch ist sie wohl mit dem ägyptischen *bḫnt* Turm und *bḫn* Schloss, Villa zu verbinden.[64] Damit ist אבן בחן als

[61] Tsevat, *Art.* בחן, Sp.591. Vgl. auch Jenni, *Art.* בחן, Sp.272–275.

[62] Vgl. die Abbildung des Steins und den Kommentar dazu in Bordreuil, *Sceaux ouest-sémitiques inscrits*, 21f. Abb. 4. Der Stein zeigt eine Inschrift, die aus unterschiedlichen Zeiten stammt. Während die Endform der Inschrift sich in das 6.Jh. v.Chr. datieren lässt, stammen aus dem 8.Jh. v.Chr. die beiden die Inschrift beendenden Buchstaben מ und ן, die mit der hebräischen Wurzel אמן übereinstimmen. Dass das im 6.Jh. v.Chr. hinzugefügte ח einen anderen Buchstaben überschreibt, ist auf der Abbildung eindeutig zu sehen.

[63] Vgl. Roberts, *Yahweh's Foundation in Zion*, 29.

[64] Vgl. Gesenius, *Handwörterbuch*, 91; Gesenius/Donner, *Handwörterbuch*[18], 136f. Roberts, *Yahweh's Foundation in Zion*, 30–34, hat diese These weiter ausgeführt. *bḫn* erscheint mehrfach in der Qumran-Literatur: „The connection with *baḫan* is suggested also by the three occurences of *bḫn*, so written, in the Qumran literature in passages dependent on Isa 28:16: (1) 1QS 8:7b–8a; (2) 1QH 6:25d–27a; and (3) 1QH 7:8–9. [...] Both 1QS and 1QH consistently write 'o'-class segholates with a *mater*, so if they had read *bōḫan* with the MT, they would have written *bwḫn*" (31f.). Die Belege der Qumran-Literatur zeigen, dass אבן בחן bereits in der frühen Deutung nicht als „prüfender" oder „geprüfter" Stein, sondern als Gebäude verstanden wurde. Dass durch die Lokalisierung בציון eine Identifizierung mit dem salomonischen Tempel gegeben ist, ist aufgrund der hohen Bedeutung des Tempels

Bestandteil eines Gebäudes zu verstehen, das bei der Abfassung des Textes auf dem Zion zu finden war. Da Tempel und Palast im 8.Jh. v.Chr. einen Komplex auf dem Zion gebildet haben und das Nebeneinander der beiden Gebäude das Nebeneinander von irdischem und göttlichem König widerspiegelt, ist eine genaue Festlegung, um welches Gebäude es sich handelt, für die Interpretation des Glaubensrufs nicht notwendig. Entscheidend ist hingegen, dass der Glaube an die göttliche Schutzzusage gebunden ist, deren Ort der Zion ist.[65]

---

für den judäischen Kult verständlich. Dieses könnte auch auf eine spätere Interpretation hinweisen, doch legt die Baumetaphorik in Jes 28,16 kein anderes Verständnis nahe.

[65] Die Bedeutung des Zion als Ort des Schutzes im Jesajabuch hebt Hartenstein, *Tempelgründung*, 506, hervor: „Auch im Protojesajabuch findet sich diese terminologisch festliegende Vorstellung von der mit der Audienz vor Gott verbundenen Schutzgewährung an zwei weiteren Stellen:

-Jes 14,32: Die ‚Armen' finden Zuflucht auf dem von JHWH gegründeten Zion (das Philisterwort ist literarisch deutlich später als Jes 28). Die ‚Gründung' des Zion durch JHWH verbürgt dessen konkrete Schutzqualitäten.

-Jes 30,2–3: Das den Jerusalemern vorgeworfene ‚sich Bergen' im ‚Schatten' Ägyptens (חסה) bildet die sachliche und zeitliche nächste Parallele zu Jes 28,14ff. Indem man JHWH nicht befragt und eigenmächtige Bündnisse mit dem Pharao einzugehen sucht, vertauscht man Heil mit Unheil: Echter ‚Schutz' ist allein bei JHWH und auf dem Zion zu finden." In diesen Punkten ist Hartenstein zuzustimmen. Seine Einschätzung des Ecksteinwortes als Unheilswort gegen Juda/Jerusalem belegt er durch eindrucksvolle religionsgeschichtliche Parallelen, mit denen er zeigt, dass die Tempelgründung gemeinsames Werk Gottes mit den Menschen sein sollte. Nach Jes 28,16 ist dieses in Jerusalem allein Werk Jahwes, was nach Hartenstein wiederum ein Zeichen für den unheilvollen Charakter ist. Seine These basiert auf zwei Faktoren, die m.E. fraglich sind: Zum einen liest er das von den Masoreten als *perf.kal* punktierte יסד nach der futurischen Deutung aus 1QJes[a] als *ptz.pi'el* (מיסד), oder nach 1QJes[b] als *ptz.kal* (יוסד), was er durch das in V17 folgende *w*[e]*qatal* bestätigt sieht, da dieses „den Progreß in der Nachzeitigkeit/Zukunft bezeichnet und nicht selten das Partizip *qotel* in der Funktion des futurum instans fortführt" (499). Zum anderen rechnet er mit dem dauerhaften Bestand des neu zu gründenden Tempels, wie es seine Übersetzung von מוסד המאמין לא יחיש (ein Fundament, das fest/treu ist: nicht weicht es) zeigt (499). Dieser dauerhafte Bestand würde auf ein langzeitiges Verbergen Jahwes im Tempel deuten, das über die Zerstörung des salomonischen Tempels hinausgehen würde. Zu beiden Punkten gibt es jeweils folgendes zu bedenken:

1. Zwar merkt Hartenstein an, dass sich die Gemeinde in Qumran als ‚wahrer Tempel' (500) verstanden hat, wie es 1QS 8,7f. zeigt, doch lässt er die Erwartung des neuen Tempels aus, wie ihn 11Q19 XXIX,8–10 bietet: [8]ואקדשה את מקדשי בכבודי אשר אששין [9]עליו את כבודי עד יום הבריה אשר אברא אני את מקדשי [10]להכינו לי כול הימים ([8]Und ich werde mein Heiligtum heiligen mit meinem כבוד, indem ich [9]über ihm meinen כבוד [8]wohnen lasse [9]bis zum Tag der Schöpfung, an dem ich mein Heiligtum erschaffe, [10]um es mir einzurichten für alle Tage). Die in 11Q19 XXIX,8–10 geschilderte Vorstellung zielt nicht auf ein symbolisches Verständnis des Tempels, wie dieses in 1QS 8,7f. der Fall ist, sondern bietet das Bild eines realen Tempelneubaus.

Im Vergleich zu Jes 7,9b zeigt Jes 28,16aβ.b eine positive Formulierung. Während der Glaubensruf in Jes 7,9b auf den Unglauben bzw. das mangelnde Vertrauen gerichtet ist, bietet Jes 28,16aβ.b mit der positiven Formulierung, wie ein Glaubender bzw. Vertrauender handelt, eine konkrete Anweisung, was Glauben bedeutet und wie ein Mensch seinen Glauben/sein Vertrauen beweisen kann. Damit ist der Glaube an eine Voraussetzung, also an eine positive Erfahrung von Menschen mit ihrem Gott gebunden. Gegenüber der allgemein gehaltenen Formulierung in Jes 7,9b zeigt Jes 28,16aβ.b einen historischen Ort auf, an dem das Glaubensthema seinen Sitz hat: die Präsenz Jahwes auf dem Zion. Zeichen dieser Präsenz ist das Gebäude, das Jahwe selber gegründet hat.

Die Formulierung in der *2.pers.pl.* in Jes 7,9b weist daraufhin, dass der Inhalt des Vertrauens, nämlich das Verweilen am Zion auch bei größter Gefahr, bekannt ist und Jes 28,16aβ.b dementsprechend inhaltlich als Vorläufer des Glaubensrufes in Jes 7,9b zu werten ist. Mit dem so mit Jes 7,9b verbundenen Bild des Ortes tritt zu der Frage nach der Gottesherrschaft ein neues Element hinzu: die Erwählung des Zion durch Jahwe als Ort seiner Präsenz.[66]

Die mit Jes 28,16aβ.b verbundene Vorstellung des geprüften Steins,[67] den Jahwe auf dem Zion errichtet hat und der als Zeichen seines

Der alte Tempel muss gegen einen neuen ausgetauscht werden, damit Gott wieder in ihn Einziehen kann. Bei den Lesarten von 1QJes[a] und 1QJes[b] kann es sich durchaus um Aktualisierungen des Jesajatextes handeln, die unter der Erwartung eines neu kommenden Tempels stehen. Dass die Aussage für die Gemeinde in Qumran, mit dem neuen Tempel sei eine neue Heilszeit verbunden, und so der futurische Aspekt des Ecksteinwortes nicht als Unheils-, sondern als Heilsweissagung verstanden wurde, ist mit 11Q19 XXIX,8–10 wahrscheinlich. Mit dem neuen Tempel, so könnte man Jes 28,16 verstehen, wird das angesagte Unheil vorüber sein. Unter dieser Perspektive ist der Lesart des MT textkritisch der Vorzug zu geben.

2. Wenn Jes 28,16 nach einer angesagten Zerstörung eine Neugründung des Tempels ansagt, dann stände der Text in Spannung mit Jes 6. Hartenstein hat in *Unzugänglichkeit Gottes* herausgestellt, dass Jahwe sich in seinem Heiligtum verbirgt. Dieses Verbergen hat aber in Jes 6 einen Zielpunkt: die Zerstörung des Landes als Ende der Verstockung des Volkes (Jes 6,9–11). Würde der neue Tempel als dauerhaftes Unheilszeichen gegründet werden, wäre die Perspektive vorübergehenden Unheils nicht mehr gegeben.

[66] Vgl. Irvine, Isaiah, 158, und im Weiteren auch *6.5.3 Jes 8,18–20 – Wahre und falsche Zeichen*, 280–282.

[67] Zum Eckstein vgl. Cazelles, *Jesajas kallelse*, 44f.: „28:16 talar Jesaja om den berämda ‚hörnstenen', som Jahve lägger som grund för den byggnad han uppför med *mišpāt* och *ṣ[e]dāqāh* är den davidiska dynastins grundvalar, inte bara in Jes. 9:6 utan också 2 Sam. 8:18, Jer. 22:3, 13, 23:5, Hes. 45:9 osv."

Schutzes dort steht, besteht aus zwei Elementen, die sich in dem Bild des geprüften Steins ergänzen. Historische Relevanz bekam die Schutzzusage durch die Nichteinnahme Jerusalems 703–701 v.Chr., wie es Jes 31,4f.8a.9b zeigt:

> 4Denn so sprach Jahwe zu mir:
> Wie der Löwe knurrt und der junge Löwe über seiner Beute,
> gegen den man eine Fülle an Hirten (zur Hilfe) ruft,
> vor deren Stimme er nicht erschreckt
> und durch deren Lärm er nicht mutlos wird,
> so steigt Jahwe Zebaoth zum Krieg hinab
> auf den Zion und auf seine Hügel.
> 5Wie schwebende Vögel,
> so wird Jahwe Zebaoth Jerusalem beschützen,
> beschützen und befreien,
> verschonen[68] und erretten.
> 8aUnd Assur wird nicht durch das Schwert eines Mannes fallen,
> und das Schwert eines Menschen wird es nicht verzehren.
> 9bSpruch Jahwes, der Feuer im Zion hat
> und einen Ofen in Jerusalem.

Im heutigen Kontext ist der Spruch um die Vv6f. erweitert, die jedoch literarkritisch auszuscheiden sind. Während V5 ein Heilswort für Jerusalem und gleichzeitig ein Drohwort für Assur bildet, liegt mit den Vv6f. eine Umkehraufforderung vor, die mit der Aufgabe der Fremdgötterverehrung verbunden ist. Auffällig ist, dass diese Umkehraufforderung in Prosa formuliert ist, während die vorstehenden Verse metrisch gebildet sind.[69] V8a nimmt die Rettung Jerusalems wieder auf. Diese wird in V8b.9a interpretiert, indem die assyrischen Soldaten zum einen Teil im Kampf fallen werden und zum anderen Teil als Gefangene Frondienst verrichten werden.[70] Jes 31,4f.8a.9b bildet folglich ein Heilswort für Jerusalem, das die Errettung der Stadt vor der assyrischen Invasion zum Thema hat.

Inhaltlich schwierig erscheint die das Heilswort abschließende Formulierung, die Jahwe zum Besitzer eines Feuers und eines Ofens erhebt, da sie innerhalb des alttestamentlichen Schrifttums singulär ist. Allein die Benennung Jerusalems als אריאל weist auf diese Tradition

68 Zur Übersetzung von פסח vgl. Wildberger, *Jesaja III*, 1236f.

69 Zur metrischen Formung der Verse vgl. Wildberger, *Jesaja III*, 1240.

70 Zur literarkritischen Scheidung der Vv4f.6f.8a.9b. vgl. Kaiser, *Buch Jesaja II*, 251.

hin. Abzuleiten ist die Bezeichnung אריאל von אור. Dieses zeigt die Verwendung von אריאל in Ez 43,15f., wo אריאל den Herd des Altars bezeichnet.[71] Außerhalb des alttestamentlichen Schrifttums findet sich eine Parallele zu der Formulierung in einem astrologischen Text der Göttin *Dilbat*,[72] die mit der Göttin *Ištar* identifiziert wird. Ihr wird das Epitheton *tinūru lā āniḫu* ‚nicht nachlassender Glutofen' beigegeben, das den kriegerischen Charakter der Göttin zum Ausdruck bringen soll. In diesem Sinne ist der Besitz von Feuer und Ofen auf dem Zion zu verstehen: Jahwe zeigt sich dort als kriegerischer Gott, der bereit ist, seinen Besitz mit den ihm zur Verfügung stehenden Mitteln zu verteidigen. Auf die Kriegsmächtigkeit Jahwes verweist ebenfalls die in V8a geschilderte Tatsache, dass die Angreifer nicht durch das irdische Heer besiegt werden können.

Die Vorstellung des kämpferischen Gottes Jahwe,[73] der mit dem Zion als seinem Berg verbunden ist, findet sich weiter in dem Zionspsalm Ps 76 wieder. Der Grundbestand des Psalms, der aus vorexilischer Zeit stammt, besteht aus den Vv2–8[74] und zeigt deutliche Parallelen zu Jes 31,4f.8a.9b:

> [2]Bekannt ist Gott in Juda,
> in Israel ist sein Name groß.

---

[71] Vgl. Gesenius, *Handwörterbuch*, 65; Gesenius/Donner, *Handwörterbuch[18]*, 26f. Im Sinne von Feuer wird אור auch in Jes 31,9 verwendet (vgl. Sæbø, *Art.* אור, Sp.86).

[72] Die Parallele führt bereits Wildberger, *Jesaja III, 1248*, an (CT 26,42 Kol. I 5ff.).

[73] Vgl. Day, *Shear-Jashub*, 77, der die Uneinnehmbarkeit als Glaubensbegründung in den Ps 46; 48 und 96 findet, die s.E. Jesaja vorgegeben waren. Dieses ist aber nur dann möglich, wenn die mythische Tradition des Gottesbergs in Jerusalem bereits in der Zeit vor der Errettung aus der assyrischen Krise ausgeprägt war. Denkbar ist auch, dass sich der bekannte Mythos erst im Anschluss an die Rettung breite Aufnahme gefunden und sich in den Kultliedern niedergeschlagen hat. Die Frage ist bis zum heutigen Tage umstritten.

[74] Zur Ausscheidung der Vv9f. aus dem Grundbestand, zu dem auch die Vv11–13 zu rechnen sind, die hier aufgrund ihres Inhalts nicht berücksichtigt werden, vgl. die Argumentation bei Hossfeld/Zenger, *Psalmen 51–100*, 388. Aus Ps 76,11 leitet Day, *Shear-Jashub*, 77, den Namen des Jesajasohnes ab. Dieses ist aber nur dann möglich, wenn sich der Name ursprünglich als Heilswort auf den Rest, der in Jerusalem geschützt wird, bezieht. Dieses wiederum passt nicht zur Situation des syrisch-ephraimitischen Krieges, sondern ist erst aus der neuassyrischen Belagerung 703–701 v.Chr. verständlich. Damit aber ergibt sich für den Namen ein Anachronismus, der nicht aufgelöst werden kann. Es liegt näher, in Ps 76,11 einen theologischen Reflex auf die Vorgänge der Belagerung zu sehen. So kommt auch Day abschließend zu einer wohl begründeten Einschränkung seiner These: „If it is not from this specific psalm that Isaiah drew the idea, it is surely from the same circle of ideas which Ps. Lxxvi 11 alludes" (77).

[3]Und in Salem war sein Lager,
und seine Wohnung auf Zion.
[4]Dort hat er das Feuer des Bogens zerbrochen,
Schild und Schwert und Kampf. Sela
[5]Aufflammend bist du,
gewaltig von den rauchenden Bergen.
[6]Zur Beute wurden die Herzensstarken,
sie schlummerten in ihrem Schlaf,
und alle Starkmänner fanden ihre Hände nicht.
[7]Von deinem Drohen, Gott Jakobs,
wurden sowohl Wagen als auch Pferd betäubt.
[8]Du, du bist erschreckend,
und wer kann dem entfachten Zorn bestehen
vor deinem Angesicht.

Wie auch Jes 31,4f.8a.9b bietet der Ps 76,2–8 das Bild des kriegsmächtigen Jahwes, der den Zion gegen seine Bedränger verteidigt. Dabei wird, anders als in Ps 46; 48 nicht das mythische Element des Chaoskampfes zugrunde gelegt, sondern auf eine militärische Kampfhandlung angespielt. Während Jes 31,4f.8a.9b prophetisch auf das Eingreifen Jahwes vorausschaut, lobt Ps 76 das geschehene Eingreifen.

Mit den Bildern des Aufflammens und der rauchenden Berge werden Elemente bezeichnet, die sich in der Tradition des Aufbruchs Jahwes zum Krieg finden. Ri 5,4f. schildert diese aus früher Zeit überkommene Vorstellung vom Kommen Jahwes:

> [4]Jahwe, bei deinem Aufbrechen vom Seir und bei deinem Durchschreiten des Landes Edom bebte die Erde, sowohl die Himmel tropften als auch die Wolken tropften Wasser. [5]Die Berge wankten vor dem Angesicht Jahwes, dieses ist der Sinai, vor dem Angesicht Jahwes, des Gottes Israels.

Die Kriegstheophanie Jahwes wird in der frühen Tradition mit den Naturerscheinungen des Erdbebens und des Vulkanausbruchs verbunden.[75] Der Aufbruch vom Seir führt ein Erdbeben herbei. Die Verbindung mit den einsetzenden Regenfällen legt eine vulkanische Erscheinung nahe. Die Kombination aus bebender Erde und anschließender Verdunkelung durch die entstehende Rußwolke und das Abregnen der in der Atmosphäre gesammelten Rußpartikel ist im

[75] Vgl. die jahwistische Überlieferung der Sinaitheophanie Ex 19,20.

Zusammenhang von Vulkanausbrüchen zu beobachten. Bei dem in V4 erwähnten Regen handelt es sich demnach nicht um die jährlich wiederkehrende Regenzeit, sondern um eine mit dem Vulkanausbruch verbundene Erscheinung.

Im nordsyrischen Raum wird die Vulkantheophanie der Gottheit *Rešeph* zugesprochen. In der ugaritischen Literatur wird dieser als Gott der Unterwelt verstanden,[76] dessen Feuererscheinungen gerade in vulkanischen Tätigkeiten sichtbar wird. Im Gegensatz zu *Baʿal*[77] wird er als Gottheit irdischer Kriege verstanden, was der Darstellung Jahwes in Jes 31,4f.8a.9b und Ps 76,2–8 entspricht.[78] *Rešeph* verkörpert im nordsyrischen Raum den Typ der den irdischen Krieg führenden Gottheit, was sich in der Ikonographie in seiner Darstellung mit Beil bzw. Lanze und Schild widerspiegelt (vgl. Ps 35). Dass *Rešeph* in Juda bekannt war, belegen Dtn 32,24, wo er zu den kanaanäischen Gottheiten gerechnet wird, und Hab 3,5. Dort wird die Stellung von *Rešeph* zu Jahwe beschrieben: *Rešeph* dient als Jahwes Krieger.

Das Bild des geprüften Steins nimmt für die göttliche Herrschaft entscheidende Elemente auf: Vermittelt durch das Gebäude wird der Zion als von Gott erwählter zum heiligen Ort, womit die Zusage dauerhaften Bestands verbunden ist. Mit der Tradition der Erwählung des Berges durch Jahwe wird seine Gegenwart verheißen. Dort tritt er, das zeigt die Feuermetaphorik, als kriegerische Gottheit auf, die mittels Krieg ihr Heiligtum zu schützen weiß.

---

[76] Vgl. Xella, *Art. Resheph*, 700–703: „Resheph is frequently mentioned in the Ugaritic ritual texts in the capacity of a chthonic deity, gatekeeper of the Netherworld. He is the lord of battle and of diseases, which he spreads through his bow and arrow" (701). Weiter zur Ikonographie vgl. Pritchard, *ANEP*, 164. Dort ist die Gottheit *Rešeph* in der für ihn typischen Körperhaltung mit Keule und Speer als Waffen (OI 10569 aus der Zeit des Neuen Reichs) abgebildet.

[77] Zum Unterschied der nordsyrischen Kriegsgottheiten *Baʿal* und *Rešeph* vgl. Keel, *Bildsymbolik*, 198ff., und Pritchard, *ANEP*, 168: die Gottheit *Baʿal* (Louvre, AO 15775). Der Unterschied zwischen den beiden Gottheiten liegt in der Art der Waffen, die ihnen zur Verfügung stehen. Die Gottheit *Baʿal* hat wie die Gottheit *Rešeph* die rechte Hand, mit der beide eine Keule halten, über dem Kopf ausgestreckt, doch hat er in der linken keinen Speer, sondern ein Blitzbündel. Dieses weist darauf hin, dass die Keule *Baʿals* als Symbol für den Donner steht, während die Waffen *Rešephs* irdische Kriegswerkzeuge darstellen. Mit den Waffen wird der Wirkungsbereich der Gottheiten sichtbar.

[78] Gemeinsam ist den beiden Texten darüber hinaus dieselbe geschichtliche Erfahrung, die in einem Angriff auf Jerusalem besteht.

Mit der Gründung der göttlichen Schutzzusagen auf die Inthronisation und den bei ihr vermittelten Glauben schränkt der Glaubensruf in Jes 7,9b die in der Erzählung Jes 7,2–8a.9a gebotene Verheißung nicht ein. Vielmehr erinnert der Glaubensruf den König an die ihm mit dem Königtum verliehene Bestandszusage Jahwes, an der er nicht zweifeln soll. Nur im Falle seines Zweifelns könnte er sein Königtum verlieren. Da die Bestandszusage aber weiterhin gültig ist, ist das Zweifeln nicht notwendig. Die Begründung des Glaubens basiert also auf der Erfahrung der Königserwählung, wie dieses auch in den vergleichbaren neuassyrischen Prophetentexten der Fall ist.[79] Über dieses hinaus bietet das alttestamentliche Schrifttum einen weiteren literarischen Zusammenhang zwischen der Vertrauensaufforderung und dem Glaubensruf: Gen 15,1–6. An dieser Stelle tritt die Vertrauensaufforderung V1 zusammen mit אמן *hi* innerhalb eines Heilsorakels auf. Das Vertrauen Abrahams in Gen 15,6 wird durch die Verheißung Jahwes begründet,[80] da die Konstruktion והאמן ביהוה zwar ein präpositionaler Ausdruck ist, ביהוה trotzdem das Objekt von והאמן bildet.[81] Der Glaube basiert auch in diesem Text auf einer göttlichen Verheißung.

Mit der Bindung des Bestandes der königlichen Herrschaft an die in der Inthronisation gegebenen Zusagen Jahwes entspricht Jes 7,9b dem Inhalt der Nathanweissagung in 2Sam 7.[82] Nach 2Sam 7,16 wird David der dauerhafte Bestand seines Hauses und seines Königtums angesagt, um den König Ahas in Jes 7,2–8a.9 fürchtet. „Darauf spielt V9b an, denn der zweite Satz ‚so habt ihr keinen Bestand' (לא תאמנו) verweist auf Gottes alte Verheißung für David und sein Haus [. . .]."[83]

---

[79] Eine weitere altorientalische Parallele zu dem Glaubensruf in Jes 7,9b nennt Wildberger, *Jesaja I*, 284. Mit der Inschrift im Ninibtempel von Babylon zeigt er, welche Bedeutung gerade die Treue gegen die Zusage der Gottheit ist. In dieser Inschrift erklärt Nabopolassar folgendes: „Wer gegen Bel treu ist, dessen Grund steht fest, wer dem Sohn Bels treu ist, der wird uralt werden" (die Transkription der Inschrift findet sich ebenfalls bei Wildberger, *Jesaja I*, 284). Die Treue ist auch in diesem Fall als eine Verlässlichkeit auf die göttlichen Zusagen zu verstehen.

[80] Vgl. Boehmer, *Glaube*, 84f.; Wildberger, *Glauben*, 380.

[81] Anders als durch eine Präposition kann mit dem an sich intransitiven אמן *hi* kein Objekt verbunden werden (vgl. Wildberger, *Glauben*, 384).

[82] Vgl. Würthwein, *Jesaja 7,1–9*, 58ff.

[83] Beuken, *Jesaja 1–12*, 200. Zum Alter des Textes 2Sam 7 vgl. Kaiser, *Buch Jesaja I*, 143f., der zeigt, dass der Text in seiner vorliegenden Form deuteronomisch-deuteronomistische Gestalt hat (vgl. dazu Veijola, *Die ewige Dynstie*, und ders., *Das Königtum*). Dass es sich hierbei um eine Interpretation vorliegender Traditionen handelt,

Dabei wird entsprechend Jes 7,9b die Wurzel אמן verwendet, jedoch nicht im *hi*, sondern im *ni*. Dieses bewirkt, dass אמן nicht konditioniert, sondern als Zusage verwendet wird und damit den ‚Bestand'/die ‚Festigkeit' ausdrückt. Jes 7,9b nimmt die alte Verheißung über den dauerhaften Bestand des Königshauses auf. Jes 7,9b zeigt jedoch, dass die Zusage an eine Bedingung geknüpft ist, die 2Sam 7 fremd ist.[84] „Das heißt nicht, daß die göttliche Zusage einfach zur Disposition gestellt würde. Wohl aber kommt ein Moment der Möglichkeit ins Spiel, das der Verheißung ihre selbstverständliche Geltung nimmt: Der Davidide kann sich durch sein Verhalten der Geltung der Verheißung für ihn entziehen, und er gefährdet damit den Bestand des Davidhauses im ganzen."[85]

Die Aufforderung, nicht zu zweifeln, um den Bestand der Dynastie nicht zu gefährden, schränkt das vorstehende Heilswort nicht ein. Der Prophet erinnert den König mit dieser scheinbar harschen Formulierung allein an das, was Jahwe ihm bei seiner Inthronisation zugesprochen hat. „The divine legitimation and protection of the royal city and leadership had long been celebrated during the national festivals and made the centrepiece of theological claims emanating from the royal court (see Pss 2, 46, 48, 89, 110, 122, and 132; 1 Sam 4–6, 2 Sam 6; 1 Sam 16–2 Sam 7). In Isa 7:7–9a, Isaiah urges Ahaz to take these ancient traditions seriously."[86] Jesaja spricht so mit dem Glaubensruf eine Warnung aus, die Voraussetzung für den Bestand des Königshauses nicht zu ignorieren. Vertrauen auf Gottes Zusage ist das einzige Kriterium, das in der Situation des drohenden syrisch-ephraimitischen Krieges von Nöten ist. Damit handelt es sich mit Jes 7,9b nicht um eine Einschränkung des zuvor

zeigt Waschke, *Dynastiezusage*, 159: „Bei der Dynastiezusage und der damit verbundenen Vorstellung handelt es sich um einen königsideologischen Ideenkomplex, dessen Bedeutung auf die Königszeit beschränkt ist, und von dessen Nachwirkungen, abgesehen von wenigen restaurativen Hoffnungen in der exilisch-nachexilischen Zeit, nichts anderes übriggeblieben ist als das deutliche Kennzeichen seiner Auflösung. [...] Die Dynastiezusage ist literarisch erst das Produkt der exilisch-nachexilischen Zeit. Keiner der Texte läßt sich wirklich sicher in die Königszeit datieren." Zur Nathanweissagung vgl. auch Mettinger, *King and Messiah*, 48–52.

[84] Vgl. Barthel, *Prophetenwort*, 169, der in der alten Bestandszusage an die davidische Dynastie, „die sich literarisch vor allem in 2Sam 7,16 niedergeschlagen hat", eine dynastiekritische Intention der Erzählung sieht.

[85] Barthel, *Prophetenwort*, 170; vgl. dazu auch Janthial, *L'oracle de Nathan*, 101.

[86] Irvine, *Isaiah*, 156.

ergangenen Heilswortes, sondern allein um eine Warnung, sich an die Bedingung der göttlichen Verheißung zu erinnern und dieser Erinnerung Rechnung zu tragen. „Aus dem Heilsorakel ist damit faktisch ein Mahn- oder Warnwort geworden.“[87]

4.1.3 *Das Heilswort Immanuel*

Nach der Heilszusage und der Mahnung in Jes 7,2–8a.9, auf die gegebene Zusage zu vertrauen, kommt es in den Vv10–14.16f. zu einem weiteren Aufeinandertreffen von Propheten und König, bei dem Jesaja dem König ein zweites Orakel verkündet.[88] Inhalt des Orakels ist die Ankündigung der Geburt des Kindes Immanuel (Vv14.16f.). Literarkritisch wurde V15 aus dem Zusammenhang ausgeschieden. Es konnte oben gezeigt werden, dass V15 sekundär aus V16 und V22 zusammengesetzt wurde. Als entscheidende Argumente wurden dafür angeführt: a. die in V16f. getroffene Zerstörungsansage an Damaskus und Samaria hängt inhaltlich nicht mit dem in V15 implizierten Wohlstand zusammen. b. V16 greift auf die Zeit vor der in V15 geschilderten Ausprägung der Fähigkeit des Kindes zurück. Inhaltlich ergibt sich so ein Anachronismus, der die Intention des Prophetenwortes schwer verständlich werden lässt. Weiter wurde in V17 את מלך אשור als spätere Glossierung des Textes ausgewiesen. Durch diese Glossierung wird der Zeitraum, den V17 ursprünglich bezeichnet, verändert und auf die Zeit nach ‚der Trennung Judas von Ephraims‘ gedeutet. Durch einleitende Präposition למיום weist jedoch auf die Zeit vor der Trennung hin. Dieses wird durch die Verwendung der Präposition in Ri 19,30; 2Sam 7,6 deutlich, wo sie nicht anders zu verstehen ist.[89] Das sog. Immanuelorakel besteht demnach ursprünglich aus den Vv11–14.16f. (ausgenommen die Glossierung in V17).

Vor dem Orakel fragt der Prophet den König zunächst, warum er sich von Jahwe kein Zeichen fordert (V11). Den Grund dafür, dass sich der König dieses Zeichen nicht erbittet, sieht Budde nicht

[87] Wildberger, *Jesaja I*, 284. Weiter zum Verständnis der Warnung Barthel, *Prophetenwort*, 127: „Der warnende Unterton, der bereits in den einleitenden Imperativen in V.4 anklang, steigert sich nun zu einer ausdrücklichen Warnung an das Haus Davids selber.“

[88] Vgl. Gitay, *Syro-Ephraimite War*, 221.

[89] Zur Literarkritik vgl. *2.4.1 Textkohärenz*, 73.

im Unglauben des Königs, „vielmehr eben, weil sie glauben, daß Jesaja imstande sein würde, sein Angebot wahr zu machen, und sie dann gezwungen wären, ihr politisches Verhalten nach der Weisung einzurichten, die ihnen Jesaja von Jahwe entboten hat, deshalb lehnen die Königischen das angebotene Zeichen ab“[90].

Die Funktion dieses Zeichens ist die Bestätigung des vorherigen Gotteswortes.[91] Das zweite Wort steht also in Kontinuität zum ersten.[92] Der Inhalt dieses Zeichens ist im Sinne des vorstehenden Wortes zu finden. „Ahas soll sich von Gott ein Zeichen erbitten, das sich nach seinem Wunsch irgendwo – von der tiefsten Tiefe bis zur höchsten Höhe – ereignen soll. Es soll ihn davon überzeugen, daß Gott helfen kann.“[93]

Ein solcher Ablauf findet sich innerhalb des alttestamentlichen Schrifttums auch in der sog. Gideonerzählung.[94] Bei der Beauftragung des Richters (Ri 6,11–24) fordert Gideon von Jahwe ein Zeichen als Erweis, dass es wirklich Jahwe ist, der mit ihm redet (V17). Das anschließende Zeichen entspricht der Tradition des naturmächtigen Gottes. Jahwe beweist seine Mächtigkeit in einem aus einem Fels

[90] Budde, *Jesajas Erleben*, 49.

[91] Vgl. Westermann, *Prophetic Oracles*, 70: „The sign has the function of corroborating the context of the proclamation and its fulfilment.“ Anders jedoch Dohmen, *Immanuelzeichen*, 313, der das Immanuelzeichen nicht als Bestätigungszeichen, sondern als Symbol versteht. Inhaltlich stimmt dieses Symbol jedoch mit der oben beschriebenen Funktion des Zeichens überein: „[...] der von Gott gegebene *'ôt* weist jetzt nicht mehr auf etwas anderes hin, sondern das Auftreten des erwarteten Immanuel steht für die grundlegende Veränderung der Situation.“

[92] Zur Form des Zeichens vgl. Irvine, *Isaiah*, 161: „A prophetic sign specifically was usually a vivid illustration of a word about the future, the concrete embodiment of the content of a prophetic prediction.“ Jedoch weicht an dieser Stelle die Form des Zeichens ab, wie Irvine, *Isaiah*, 162, festhält: „[...] the sign bears no conceptual similarity to the content of the prophetic prediction. It is arbitrarily chosen as an unusual, if not miraculous, occurence that vouchsafe God's power and willingness to carry out what he has announced through the prophet [...].“ Damit ist das in Jes 7,11–14.16f. dargestellte Immanuelzeichen in Kontinuität zu Jes 7,2–8a.9 zu sehen und als Bestätigung des vorhergehenden Gotteswortes zu verstehen.

[93] Fohrer, *Jesaja*, 112. Im selben Sinn auch Irvine, Isaiah, 164: „Ahaz refused a sign verifying the truth of Yahweh's pledge to the Davidic house.“

[94] Dass es mehrere Verbindungen zwischen der Gideonerzählung und dem Jesajabuch gibt, zeigt Olivier, *The Day of Midian*, 146–149. Ausgangspunkt seiner Argumentation ist der in Jes 9,3 auftretende Ausdruck כיום מדין. Von den von ihm angeführten Argumenten ist für diese Untersuchung eines von besonderer Bedeutung: In Ri 6,13 stellt Gideon die Frage: בי אדני ויש יהוה עמנו. An diese Frage lehnt sich der Name עמנו אל an. Eine direkte traditionsgeschichtliche Verbindung zwischen Jes 7,14; 9,3 und Ri 6 lässt sich so erkennen.

kommenden Feuer und verzehrt das von Gideon vorbereitete Opfer.[95]

Im selben Sinne ist das Ahas angebotene Zeichen zu verstehen. Jahwe soll sich mit einem unerwarteten Ereignis zu erkennen geben, durch das der König die Wahrhaftigkeit des vorher gesprochenen Wortes ersehen kann. Dabei ist Ausgangspunkt des Zeichens Jahwe, auch wenn dem König die Wahl des Zeichens offen steht (V11). Die beiden angesprochenen Zeichen stehen dabei als *pars pro toto*.[96] Gedeutet wird das Zeichen schließlich durch eine dazu befugte Person. „An Oracle is a divine communication presented through an intermediary such as a priest, prophet, or seer."[97] Damit erhält das Orakel eine Funktion für die Botschaft Jesajas: Es dient dazu, die zuvor überbrachte Botschaft zu bestätigen.[98] Ob der Prophet dazu eine

[95] Vgl. Bartelmus, *Stilprinzip*, 63ff., der zeigt, dass in Ri 6,11–24 der Inhalt des Zeichens und der Inhalt des im Zeichen verbürgten Sachverhalts auseinanderfallen. Dieses nimmt er auch für das Immanuel-Zeichen an. Das geschieht allerdings unter der Perspektive, Immanuel wäre ein Unheilszeichen. Unter der Prämisse, die Glossierung in V17b führe erst zu der Annahme, Immanuel sei ein Unheilszeichen, der ursprüngliche Sinn des Zeichens aber wäre eine Heilsbotschaft, steht der Name im Kontext des nachstehend Verkündeten, drückt jedoch nicht dasselbe aus. V14b ist in erster Linie als Zeitangabe zu verstehen. Vgl. auch Liss, *Unerhörte Prophetie*, 85, die vergleichbares auch für das zweite Kind feststellt: „Die Fähigkeit des Kindes, ‚Avi' und ‚Immi' sagen zu können, korrespondiert inhaltlich nicht mit dem von Yesha'yahu Bezeichneten (der militärischen Niederlage), sondern verweist lediglich auf die baldige Vollendung dieser Ereignisse. Und wie im Falle Immanu-El steht der Name Maher-Shalal-Chash-Bas symbolhaft für die Konkretion der geschichtlichen Ereignisse (der Abtransport der Beute durch Ashshur)." Und weiter erkennt sie zutreffend: „Dem Immanu-El-Namen sollte jedoch auch nicht einfach seine inhaltliche Signifikanz abgesprochen werden" (87). So ist Irvine, *Isaiah*, 147, zu folgen: „With the symbolic name of his son, Isaiah affirmed that Ahaz and the Davidic dynasty would survive the crisis, if they would retain their confidence in Yahweh's promise to safeguard Jerusalem and his anointed."

[96] Vgl. Wildberger, *Jesaja I*, 285; Kaiser, *Buch Jesaja I*, 163f.; Beuken, *Jesaja 1–12*, 202. Eine auf der Tempeltheologie aufbauende Erklärung des Ausspruchs bietet Görg, *Gott als König*, 92, der das Angebot des Propheten als Beschreibung der gesamten Thronsphäre versteht, die direkter Machtbereich Jahwes ist. „Dass es allerdings gerade die im Jesajabuch und in Ps 29 nicht erwähnte Lade ist, die den Kontakt der göttlichen Erhabenheiten mit der Welt des Todes herstellt, kann dann nicht mehr verwundern, wenn man Funktion und Symbolik des *ḏbꜣ.t* in der Gestalt des komprimierten Thronunterbaus im Auge behält, um so die Titulatur des ‚Zebaot' als Ausdruck seiner umfassenden Wirkmacht nach oben und unten, über Leben und Tod zu würdigen."

[97] Sweeney, *Isaiah*, 22.

[98] Vgl. Sweeney, *Isaiah*, 27: „The Prophetic Announcement of a Sign is a characteristically prophetic form in which the prophet announces that an event will take place in the future that will confirm the prophetic word."

Technik verwendet oder ob es sich um eine Naturerscheinung handelt, ist aus dem vorliegenden Text nicht zu ersehen.[99]

Diesem angebotenen Zeichen gegenüber steht das, welches Jesaja dem König als Zeichen Jahwes ankündigt. Doch bevor das Zeichen interpretiert werden kann, ist zunächst noch ein Blick auf die Aussage Jesajas zu werfen, der dem König sagt, dass er sein Volk ermüdete und nun Gefahr laufe, Jahwe zu ermüden. Liest sich diese Aussage im bestehenden Kontext, bedingt durch die Unheilserweiterung in Jes 7,17b, als Anklage, so deutet die gewählte Wurzel לאה *hi* auf eine andere Intention hin. In Jer 12,5, in Mi 6,3 und in Hi 16,7 wird לאה *hi* als Bestandteil einer Klage verwendet.[100] Dabei kann die Klage sowohl vom Menschen (Jer 12,5; Hi 16,7), als auch von Jahwe (Mi 6,3) ausgehen. Deutlich wird an allen Stellen, dass die Klage in der Spannung aus eigenem Handeln und der darauf folgenden Rezeption beim Handlungsempfänger hervorgerufen wird. Dass der gewünschte Erfolg ausbleibt, führt nicht zur Anklage, sondern zur Verzweiflungsklage, was vor allem in der Jahwe-Rede Mi 6,3 zu sehen ist. Für die Interpretation der Feststellung und Frage Jes 7,13 lässt sich aus dieser Betrachtung Folgendes entnehmen: Der König erkennt nicht nur nicht, dass er sein Volk überfordert, sondern auch nicht, dass eine Zeichenforderung an Jahwe ihn auf den richtigen Weg bringen könnte, der drohenden militärischen Auseinandersetzung entgegenzutreten. Hätte Ahas das Zeichen von Jahwe eingefordert, wären seine Vorbereitungsaktionen nicht notwendig gewesen. Er hätte durch das Zeichen erkennen können, dass Jesajas Spruch über den Untergang Damaskus‘ und Samarias (Jes 7,8a.9a) eine göttliche Botschaft ist. Auf dieses Zeichen aber verzichtet der König, was ihm in V11 vom Propheten vorgehalten wird. Statt auf die Interpretation

[99] So ist der Aussage von Sweeney, *Isaiah*, 27, zuzustimmen: „The setting of such announcements vary according to the circumstances in which they were delivered, but they seem to be rooted in the practice of oracular inquiry from prophets (cf. Isa 7:10).“ Trotz seiner Vermutung ist es nicht letztgültig zu bestimmen, ob Jesaja sich einer Technik bedient hat.

[100] Unklar bleibt allein die Verwendung von לאה *hi* in Ez 24,12. Textkritisch ist an dieser Stelle festzustellen, dass die Erwähnung als Dittographie zu beurteilen ist, wie es das Fehlen in LXX* zeigt. Erst in einer der LXX-Rezensionen ist dieser Textanteil aufgenommen worden, da er in der hebräischen Tradition nun vorlag. D.h. für die Beurteilung des vorliegenden Texts Ez 24,12, dass dieser Beleg textkritisch als sekundär zu beurteilen ist und somit aus der Betrachtung von לאה *hi* heraus fällt (vgl. Zimmerli, *Ezechiel I*, 558).

eines göttlichen Zeichens hin zu agieren, überfordert er sein Volk, so dass es unter seiner Politik leidet und sich über diese beklagt.[101] In diesen Zusammenhang hinein gibt Jahwe von sich aus König Ahas ein Zeichen.

In der alttestamentlichen Forschung ist der Gehalt des Zeichens umstritten. Es ist unklar, ob es sich um ein Heils-, ein Unheils- oder ein Heils- und Unheilszeichen handelt,[102] wobei die Aussage, das Immanuel-Wort sei zugleich Heils- und Unheilszeichen als Vermittlungsversuch zwischen den beiden Positionen angesehen werden muss, da es Indizien für beide Aussagen gibt. Für eine Deutung als Unheilszeichen sprechen, lässt man die sekundäre Glossierung את מלך אשור außen vor, vor allem zwei Beobachtungen: 1. Der Prophet klagt den König an, sich nicht richtig zu verhalten, worauf ein Gerichtshandeln Jahwes erwartet wird, 2. Jesaja stellt sich scheinbar in Opposition zu Ahas, wenn er ihn anklagt: כי תלאו נם את־אלהי. Das Wortspiel אלהך (V11) – אלהי (V13) suggeriert, der von Ahas verehrte Gott Jahwe sei ein anderer, als derjenige, als dessen Prophet Jesaja auftritt.

Die Vermutung, auf die Anklage des Propheten müsse ein Gerichtswort folgen, basiert auf der Beobachtung, dass das anschließende Gotteswort mit לכן eingeleitet wird: „Überblickt man den zweiten Redegang in seinen oben erarbeiteten Gegebenheiten im ganzen, so zeigt sich, daß *nach* dem Zeichenangebot Jahwes (V. 11) für die Vernichtungszusage betreffs der bedrohlichen Feinde Aram und Ephraim und nach der Ablehnung dieses Zeichenangebots durch Ahas (V. 12) von *Heil für* Ahas und sein Haus – ein anderer Adressat kommt in diesem Redegang nicht in Betracht – überhaupt *nicht mehr*

[101] Trotz des Fehlverhaltens des Königs, das der Prophet mit dem Zeichenangebot aufzeigt, ist Dietrich, *Jesaja und die Politik*, 95, nicht zuzustimmen, wenn er konstatiert: „Das Zeichenangebot an Ahas wirkt wie ein letzter, verzweifelter Versuch, den König von einem schon gefaßten Entschluß abzubringen. Aus anderen Texten wissen wir, worum es ging: die Assyrer sollten gegen die übermächtigen syrisch-nordisraelitischen Truppen zu Hilfe geholt werden.“ Dieses aber scheint äußerst ungewiss, da das Hilfegesuch beim neuassyrischen König in 2Kön 16,7 fraglich ist. Bisher ist nicht eindeutig nachgewiesen, ob es sich hier um ein historisches Faktum oder um eine geschichtstheologische Erklärung für die Vasallität Judas in der folgenden Zeit handelt. Den neuassyrischen Inschriften Tiglatpileser III. (vgl. Pritchard, *ANET*², 282–284) ist keine Tributzahlung zu entnehmen.

[102] Zur gespalteten Meinung über das Zeichen innerhalb der alttestamentlichen Forschung vgl. Dietrich, *Jesaja und die Politik*, 76–78, der die drei bestehenden Positionen ‚Unheilsweissagung', ‚Heilsweissagung' oder ‚Heils- und Unheilsweissagung in einem' erörtert.

die Rede ist. V. 13–14+16–17 sind, wie schon *lākēn* in V. 14 markiert, anhand der Gattung des zweiteiligen prophetischen Gerichtswortes gestaltet: V. 13 ist die Anklage, entsprechend sind V. 14+16–17 Gerichtsankündigung für Ahas und sein Haus und nichts anderes.“[103] Die Annahme, beim Immanuel-Wort handelt es sich um ein Unheilswort resultiert demnach auf der Beobachtung, dass Prophetenworte, die mit לכן eingeleitet werden, Unheilsworte sind.[104] Dieses aber ist ein Rückschluss, der gattungsgeschichtlich problematisch ist.[105] Das Prophetenwort, das aus (Schuld-)Aufweis und Urteil besteht, basiert auf der Form des Rechtsspruchs. Dieser setzt sich aus Aufweis und ergehenden Urteil zusammen. Das Urteil kann dabei entweder ein Schuldspruch oder ein Freispruch sein.[106] לכן leitet das ergehende Urteil ein. So ist demnach zu fragen, welche Aussage mit dem dem Urteil vorangehenden ersten Teil des Spruches getroffen wird.[107]

Wie bereits oben gezeigt, weist die Verwundung von לאה *hi* auf die Form der Klage (und damit nicht in den Bereich der Anklage) hin. Die Klage drückt das Entsetzen des Propheten über das für ihn offensichtlich falsche Verhalten des Königs aus. Sie wendet sich üblicherweise an Gott und nicht an den König. Der Prophet erhofft sich durch seine Klage das Eingreifen Gottes, um den Klagegrund aufzuheben. Die Aufhebung des Klagegrundes sieht Jesaja mit der Zusage des kommenden Kindes gegeben.

---

[103] Steck, *Verständnis*, 195.

[104] Vgl. u.a. Fohrer, *Zusammenhang*, 168.

[105] Die Spannung, in der diese Aussage steht, zeigt auch die Anmerkung von Lescow, *Geburtsmotiv*, 173 Anm.5: „לכן steht bei Jes auch sonst nur in Verbindung mit Drohworten, vgl. Jes 1_{24} $5_{13.14}$ 8_{7} 10_{16} $28_{14.16}$ 29_{14} $30_{7.12.13}$ 37_{33} 5_{24}. Die mit לכן eingeleiteten Heilsworte sind hinsichtlich ihrer Echtheit umstritten, so Jes 10_{24} 29_{22} 30_{18}.“ Die Tatsache, dass sich Heilsworte finden, die, egal ob sie nun vom historischen Propheten stammen oder von späteren Redaktoren verfasst wurden, zeigt, dass die antiken Schriftsteller die Einleitung לכן nicht nur auf Unheilsworte, sondern allgemein auf Urteilssprüche bezogen haben. Der Inhalt des Urteils ist nicht durch die Form bestimmt.

[106] Vgl. Boecker, *Redeformen*, 54, der an dieser Stelle zeigt, dass לכן ein Fazit einleiten kann. Allerdings bezieht sich diese Stelle auf einen weisheitlichen, und nicht auf einen prophetischen Text. Dass Jesaja jedoch an vielen Stellen weisheitliches Gedankengut aufnahm, zeigen sowohl diese Untersuchung, als auch Whedbee, *Isaiah & Wisdom*.

[107] Dass zur Bestimmung eines Texttypus verschiedene Faktoren zu beachten sind, zeigt Knierim, *Form Criticism*, 458: „The components which comprise a text’s typically (structure/scheme/genre – setting – content/mood/function/intention) are not always unified in the same way. The interrelationship of these components is not statically fixed. They influence texts in various ways.“

Ein weiterer Hinweis auf ein Unheilszeichen ist mit der Formulierung כי תלאו גם את־אלהי gegeben. Dabei liegt die Betonung auf der persönlichen Formulierung אלהי, die sich so liest, als würde allein Jesaja, nicht aber König Ahas Jahwe verehren. Zwar findet sich im Jesajabuch kein Hinweis auf die Verehrung fremder Götter durch Ahas, doch berichtet 2Kön 16, 1–4 darüber, dass Ahas fremde Götter verehrt haben soll. Das dort geschilderte Verhalten lässt darauf schließen, dass auch Propheten anderer Götter am Hofe Ahas wirkten. Die Darstellung in 2Kön 16,1–4 ist dahingehend pointiert, als dass dort Ahas unterstellt wird, *nur* anderen Göttern gedient zu haben. Dieses aber ist aufgrund der Bedingungen am Jerusalemer Heiligtum und der Bindung des Jerusalemer Königtums an den Tempel auszuschließen. 2Kön 16,1–4 berichtet nicht davon, dass Ahas den Jerusalemer Kult außer Kraft gesetzt hat, sondern allein, dass Ahas außerhalb des offiziellen Kultes fremde religiöse Praktiken betrieben hat.[108] Die V3 einleitende Formulierung וילך בדרך מלכי ישראל weist vielmehr auf einen religiösen Pluralismus hin, wie er nach Darstellung des Deuteronomistischen Geschichtswerk in Israel ab den Zeiten Jerobeams I. praktiziert wurde (1Kön 12,28–32). Die Aussage Jesajas את־אלהי כי תלאו גם impliziert demnach nicht, Jahwe sei nur sein Gott, sondern zeigt an, dass er Prophet dieses Gottes im Gegensatz zu Propheten anderer Götter ist. Trotzdem bleibt, dieses zeigt die Verwendung des Ausdrucks לאה *hi*, eine gewisse Besorgnis des Propehten. Wildberger deutet diese im Blick auf die Zusage in 2Sam 7,14: „Nie redet Jesaja sonst von Jahwe als ‚seinem Gott'; wenn er es hier tut, will also diese Inanspruchnahme Jahwes für seine Person andeuten, daß die Verbindung zwischen Jahwe und dem Davidhaus am Zerbrechen ist."[109] Demnach ist die Formulierung כי תלאו גם את־אלהי als Indiz für die Besorgnis des Propheten zu deuten. Dass Jahwe auf die Sorge des Propheten mit einem Schuldspruch reagiert, wäre ungewöhnlich. So bietet auch das Gegenüber אלהך – אלהי kein eindeutiges Indiz für einen folgenden Schuldspruch bzw. für ein Unheilswort.[110]

---

[108] Immerhin wird in Jes 7,11 von Jahwe als dem Gott Ahas' geredet (שאל־לך אות מעם יהוה אלהיך).

[109] Wildberger, *Jesaja I*, 288.

[110] Clements, *Immanuel Prophecy*, 230, zeigt, dass zur Entscheidung, ob es sich um

Mit den Vv14.16f. wird dem König die Geburt eines Kindes angesagt. Noch bevor das Kind Gutes und Böses zu trennen weiß, wird die in Jes 7,8a.9a angesagte Zerstörung des Aramäerreichs und Israels eingetreten sein.

Barthel vertritt in seiner Untersuchung die These, dass es sich bei dem von Jahwe gewährten Zeichen der Form nach um ein Geburtsorakel handelt, wie es auch in Gen 16,11f.; 17,19; Ri 13,3ff.24 u.ö. zu finden ist. Als Gattungsmerkmale für das Geburtsorakel nennt er dabei: 1. Ankündigung/Feststellung der Schwangerschaft; 2. Ankündigung der Geburt eines Sohnes; 3. Anweisung zur Namensgebung; 4. Begründung der Namensgebung; 5. Ankündigung besonderer Taten und Eigenschaften des Sohnes.[111] Die von Barthel geäußerte These ist aufgrund des Textbestandes jedoch fraglich. Zwar finden sich die Formelemente 1. Ankündigung/Feststellung der Schwangerschaft; 2. Ankündigung der Geburt eines Sohnes; 3. Anweisung zur Namensgebung in V14,[112] die beiden weiteren Formelemente fehlen

ein Heils- oder Unheilszeichen handelt, der weitere Kontext des Immanuel-Wortes betrachtet werden muss: „It clarifies two issues: first that this prophecy is reassuring in the meaning that is attached to the name, and secondly that this meaning is more or less identical with the message of the Shear-jashub und Maher-shalal-hashbaz names."

[111] Vgl. dazu Barthel, *Prophetenwort*, 141. Ähnlich auch Wildberger, *Jesaja I*, 289, der sich jedoch auf die folgenden vier Punkte beschränkt: 1. Ankündigung der Geburt; 2. Anweisung zur Namensgebung; 3. Grund für die Namensgebung; 4. Bedeutung des Kindes durch ein außergewöhnliches Werk. Doch auch die von Wildberger aufgestellten formalen Bestandteile des Geburtsorakels sind in Jes 7 nicht vorhanden. Die Bedeutung des Kindes im Werk ist erst durch die redaktionelle Hinzufügung von Jes 7,15 gegeben. Interessanterweise erkennt Wildberger, *Jesaja I*, 296, selbst, dass es sich bei V15 um eine redaktionelle Erweiterung handelt, die eine „Neuinterpretation der Immanuelweissagung" bietet, ohne für seine vorherige Interpretation daraus Konsequenzen zu ziehen. Fohrer, *Jesaja*, 113 Anm.55, erkannte zuvor in den vorliegenden Elementen eine Abwandlung der Gattung Geburtsorakel. Dabei geht jedoch der eigentliche Charakter der Gattung verloren, die auf die hohe Bedeutung des Kindes zuläuft. Er sieht den Zielpunkt nun in der Androhung des Erleidens. Dieses zeigt sich in seiner weiteren Interpretation des Immanuelzeichens: „Das künftige Zeichen ist dieses: Trotz des heilvollen Namens, der der Hilfe Gottes gewiß ist oder sie herbeiführen will, wird Unheil kommen" (115). Dass die Unheilsperspektive aber sekundär und das Zeichen demnach anders zu interpretieren ist, wurde oben gezeigt.

[112] Eine religionsgeschichtliche Parallele zu Jes 7,14 aus der Yariḫ-Nikkal-Erzählung der ugaritischen Literatur wurde in der älteren Forschung mehrfach diskutiert (vgl. die forschungsgeschichtliche Darstellung bei Wildberger, *Jesaja I*, 289f.). Dass dieser Text traditionsgeschichtlich im Hintergrund gestanden haben kann, ist wahrscheinlich, ein direkter literarischer Einfluss, wie ihn Adamthwait, *Key*, 71, annimmt, ist jedoch aufgrund des großen zeitlichen Abstandes der beiden Texte zueinander

jedoch.[113] Statt mit der Darstellung der besonderen Taten dieses Menschen setzt der Autor mit einer Zeitbestimmung fort.[114] V16 dient zur Bestimmung eines Zeitraums durch die Anspielung auf eine bestimmte Lebensphase.[115] Inhaltlich zielt die Aussage nicht auf die

---

sehr unwahrscheinlich. Wohl begründete Kritik an der Ableitung der Immanuel-Perikope aus dem ugaritischen Schrifttum findet sich bei Görg, *Hiskija*, 118f. Dieser spricht sich für eine typologische Identifikation des Kindes mit dem kommenden Herrscher aus, wie sie sich in der ägyptischen Königstradition findet: „Dokumentationen zur Vorausbestimmung eines Herrschers, vor allem des regierenden Königs (oder der Königin) sind in Ägypten gang und gäbe. Die einschlägigen Texte und Illustrationen gehören vornehmlich in den Bereich der Erwählungsprädikationen, die dem Pharao anläßlich seiner Thronbesteigung, aber auch zur steten Vergegenwärtigung seiner Legitimation, zugeeignet werden. Dabei kommen nicht nur Äußerungen über die frühkindliche und jugendliche Herrscherqualifikation zur Sprache, sondern auch Erklärungen über die geburtliche, ja sogar vorgeburtliche Phase königlicher Existenz, so daß der regierende König als prädestinierter Herrscher schlechthin erscheinen muß, der bereits vor dem Eintritt in die Welt erwählt ist." Problematisch ist jedoch der ägyptische Einfluss auf die Jerusalemer Königstradition, den Görg wie selbstverständlich annimmt. Wie gering der sicher nachweisbare kulturelle Kontakte zwischen Juda und Ägypten seit dem 10.Jh. v.Chr. war, wurde bereits unter *3.1.1 Das Wesen der Seraphen*, 93f., thematisiert.

[113] Höffken, *Notizen*, 323 Anm.5, merkt dazu an, dass demnach mit Jes 7,14.16 eine Zeichenankündigung und kein Geburtsorakel vorliegt. Daher „entfällt auch die Regel, dass der Angesprochene der Namengeber sein müsse".

[114] Vgl. dazu auch die Aussage von Lescow, *Geburtsmotiv*, 178: „Sieht man die Dinge so, dann ergibt es sich u.E. von selbst, daß sowohl die Frage, wer die Mutter, als auch, wer das Kind sei, falsch gestellt ist. Sie kann aus dem Text nicht beantwortet werden und will es auch nicht. Angesichts der spontanen Reaktion des Propheten und der Erregung, in der er spricht, hat die Vermutung viel für sich, daß er auf irgendein junges Mädchen zeigt, das zufällig in der Nähe steht. Diese Mädchen wird – da es heiratsfähig ist und also in absehbarer Zeit heiraten und Mutter sein wird –, seinem Kind diesen Namen Immanuel geben, d.h. die Zeiten werden dann so sein, daß es seinem Kind diesen Namen geben wird." Dass es sich bei der עמלה nicht um eine junge Frau resp. eine Jungfrau handelt, zeigt Dohmen, *Immanuelzeichen*, 314. Seiner Untersuchung zufolge bezeichnet das Wort eine spezifische Lebenssituation einer Frau, die ursprünglich fremdländisch ist. Er übersetzt den Begriff mit Mädchen resp. Dienerin. Die von ihm aus dieser Begriffsbestimmung abgeleitete These, es handele sich um eine von Ahas' ausländischen Haremsfrauen ist jedoch nicht verifizierbar. Dass die Mutter dem Kind einen אל-haltigen und keine יהוה-haltigen Namen gibt, kann nicht als Zeichen ihres ausländischen Ursprungs gewertet werden (so Dohmen, *Immanuelzeichen*, 316). אל-haltige Namen sind im Alten Testament für Angehörige des Volkes Israel sehr wohl bekannt und geläufig.

[115] Vgl. Kaiser, *Buch Jesaja I*, 167, und die dort erwähnte Parallele in Dtn 1,39, in der die Trennung von Gut und Böse ebenfalls als Zeitbestimmung verwendet wird. Aufgrund dessen sieht Adamthwait, *Key*, 65, den Schlüssel zur Heilsweissagung in Jes 7,14.16f. in V16: „However, while some attention is focussed on Isaiah 7:14 and the issues involved, the real solution to the problem is held to lie in verse 16, as well as the wider context of the Davidic covenant."

Fähigkeit einer ethischen Urteilsbildung, sondern auf eine Unterscheidungsfähigkeit in der Außenwelt.[116]

Kaiser weist in seiner Kommentierung des Jesajabuches eine Parallele zur Trennung von Gut und Böse auf, in der diese ebenfalls zur Zeitbestimmung verwendet werden. In Dtn 1,39[117] werden mit der Aussage ובניכם אשׁר לא־ידעו היום טוב ורע Kinder beschrieben, die ein bestimmtes Alter noch nicht erreicht haben. Diese werden in der gebotenen Aufzählung direkt nach den Säuglingen genannt, so dass davon auszugehen ist, dass die Zeit, zu der Kinder טוב ורע noch nicht unterscheiden können, die Phase unmittelbar nach der Säuglingsphase anschließt. Bei den in Dtn 1,39 erwähnten Kindern handelt es sich also um Kleinkinder. In der darauf folgenden Phase tritt nach biblischem Verständnis die Urteilsfähigkeit ein. Sie ist wohl etwa mit dem Beginn des heutigen Grundschulalters gleichzusetzen.

Die Zeitangabe baut damit auf einen Erfahrungswert auf, der den Hörern/Lesern der jesajanischen Botschaft bekannt ist. Innerhalb dieses Zeitraums wird das Land der beiden Juda bedrohenden Kräfte zerstört werden. Durch wen dieses geschieht, bleibt innerhalb der Weissagung unerwähnt. Dass es sich dabei um das neuassyrische Heer handeln wird, ist aufgrund des literarischen Zusammenhangs naheliegend, jedoch nicht zwingend.[118] Vielmehr betont das Orakel

---

[116] Vgl. Wildberger, *Jesaja I*, 297, und Adamthwaite, *Key*, 81. Höffken, *Notizen*, 326f. Anm.14, führt zu dem in der Diskussion mehrfach aufgenommen Bezug zu 1Kön 3,9 an: „Da nun in V.16 der Knabe nicht allein unterscheiden können soll, sondern das ‚Gute' wählen und das ‚Schlechte' verwerfen, wird man gut daran tun, in V.16 eine sehr vage Zeitangabe zu erblicken". Höffken trifft mit dieser Aussage den Kern des diskutierten Problems. Während 1Kön 3,9 auf die ethische Urteilsfähigkeit des Königs zielt, ist bei der Zeitbestimmung in Jes 7,16 das ethische Moment von keinerlei Bedeutung. Es geht allein darum, dass das geborene Kind in der Lage sein soll, sich gegenüber Gegenständen und Verhaltensweisen in Beziehung setzten zu können. Zwar ist Höffken Recht zu geben, dass diese Zeitbestimmung sehr vage ist, doch steckt in ihr ein Erfahrungswert, der dem Hörer/Leser Jesajas durchaus vertraut ist. Den Grund für die Ansage von der literarischen Ebene her sieht Beuken, *Jesaja 1–12*, 206, der in Immanuel ein Gegenüber zum Volk sieht, dem es an Erkenntnis mangelt. Er begründet seine These mit der Tatsache, dass Jes 6 eben diesen Erkenntnismangel anprangert und als Gerichtsgrund nennt. Jedoch erkennt er nicht, dass dem Volk erst mit der Verstockung die Möglichkeit zur Erkenntnis genommen wird, es also im Folgenden nicht mutwillig handelt, sondern dass die Verstockung bereits ein Gerichtsmittel ist, das weitere Gerichtselemente nach sich zieht.

[117] Auf den Zusammenhang von Jes 7,16 mit Dtn 1,39 weist bereits Budde, *Jesajas Erleben*, 55, hin.

[118] Vgl. Wildberger, *Jesaja I*, 297, und Kaiser, *Buch Jesaja I*, 168.

die Unnötigkeit militärischer Aktionen gegen die Angreifer, da sie von anderer Seite schneller besiegt sein werden, als dass sie zur Gefahr für Juda werden könnten.[119]

Doch nicht nur die Zeit, sondern auch der Name spielt als Heilsweissagung eine entscheidende Rolle.[120] Juda wird das bedingungslose Mit-Sein Gottes (Immanuel) zugesagt, das Amos im Nordreich an Bedingungen band:

> **5[14]**Suchet nach Gutem und nicht nach Schlechtem, damit ihr lebt, und damit Jahwe, der Gott Zebaoth mit euch ist, wie ihr sagt.

Während nach Am 5,14 die Nordreichbevölkerung von sich selber behauptet, Jahwe sei mit ihr, und dieses vom Propheten aufgrund der mangelnden Umsetzung ethischer Grundsätze angezweifelt wird, spricht Jesaja dem Südreich das Mitsein Jahwes zu.[121] Damit erhält der Name für die mit ihm verknüpfte Botschaft konstitutive Bedeutung. Während der Spruch Jesajas die Dauer der scheinbaren Gefahr festlegt,[122] zeigt der Name die Intention Jahwes an: er stellt sich im drohenden Bruderkampf Israels gegen Juda auf die Seite Jerusalems. „The statement ‚YHWH is with him' is frequently applied to David (1Sam 16:18; 18:12,14; 2Sam 5:10) as well as to Hezekiah (2Kgs 18:7), indicating its significance as a sign of security for the Davidic dynasty."[123]

---

[119] Vgl. Steck, *Beiträge*, 192, der in dem Namen Immanuel allein die Zusage der Vernichtung von Damaskus und Aram verbürgt sieht. Seine weitere Deutung des Textes nimmt eben diese Beobachtung zutreffend auf: „Dabei ist zu beachten, daß die Gestalt der ʾalmā, wer immer sie sein mag, der Tatbestand, daß sie ʾalmā ist, daß sie es ist, die ihm den Namen gibt weder in V.16 noch in V.17 eine Rolle spielen; all dies gehört zu den Umständen des Zeichens, nicht aber zu den Zügen, mit denen das Zeichen in sachlichem Konnex zum Geschehen, für das es bürgt, steht" (192f.). Zur Bedeutung des Orakels vgl. Wildberger, *Jesaja I*, 298: „Wohl redet es [das Orakel] von Jahwes Treue zu den Davididen, gewiß bestätigt es, daß Jahwes Wort gilt, das heißt, daß die beiden Könige, die gegen Jerusalem ziehen, keine Aussicht auf Verwirklichung ihrer Pläne haben." Bei dem Immanuelzeichen handelt es sich somit um ein Zeichen im kommunikationstheoretischen Sinn, „d.h. etwas, das von sich weg auf etwas anderes weist – und nicht Symbol, das seine Bedeutung in sich trägt" (Bartelmus, *Stilprinzip*, 63, über das Immanuelzeichen).

[120] Vgl. Lescow, *Geburtsmotiv*, 178: „Daß das Mädchen, wenn es Mutter sein wird, seinem Kind *diesen Namen* geben wird, darauf kommt es an!"

[121] Zur Aufnahme der im Nordreich herrschenden Überzeugung vgl. Fohrer, *Jesaja*, 114f.; Huber, *Völker*, 71; Fey, *Amos und Jesaja*, 124.

[122] So auch Sweeney, *Isaiah*, 171f.

[123] Sweeney, *Isaiah*, 162.

Für den inneren Zusammenhang von Jes 7,1–17 ist so Folgendes festzuhalten: Die beiden mit V10 zusammengefügten Erzählungen nehmen auf dasselbe Ereignis Bezug. Während die Vv2–9a den Schutz des Landes durch Jahwe und den Untergang der Nachbarstaaten ansagen, deuten die Vv11–14.16f. allein den Zeitraum, in dem die Juda bedrohenden Staaten vernichtet werden. Die beiden Erzählungen zeigen einen deutlichen Zusammenhang im Umgang mit Jahwe als der die Dynastie und damit den Staat tragenden Gottheit. Er übernimmt Schutzfunktion gegenüber der Dynastie, was sich in der Bestreitung außenpolitischer Aktionen niederschlägt. Die dieser Schutzfunktion entsprechenden Maßnahmen des Königs werden mittels Zeichen und den zu gewinnenden Orakelsprüchen bestimmt. So weisen die beiden Erzählungen einen inneren Zusammenhang auf: Ahas nimmt die Aufforderung Jesajas, die er auf der Straße außerhalb Jerusalems erhält, anscheinend nicht ernst. Vielmehr ersinnt er weitere Maßnahmen gegen den möglichen Angriff. Damit vertraut er offensichtlich nicht auf den Schutz Jahwes. Der Prophet zeigt ihm dann mit dem zweiten Spruch an, dass diese Maßnahmen überflüssig sind, da der den beiden Staaten in den Vv8a.9a angesagte Untergang innerhalb kürzester Zeit eintreten wird.[124]

[124] Vgl. hierzu auch die Bewertung des zweiten Orakels bei Barthel, *Prophetenwort*, 150: „Erst im Rahmen der Gestaltung einer V.1–17* übergreifenden Erzählung ist dieses Orakel, das für sich genommen die Verheißung der Befreiung von der syrisch-ephraimitischen Bedrohung (vgl. V.4ff.) durch die Ankündigung der Geburt eines rechtmäßigen Thronfolgers bekräftigte, zum Bestandteil eines *Gerichtswortes an die Davidsdynastie* geworden und als *Zeichen* für eine bevorstehende Katastrophe interpretiert worden." Der Beurteilung des Zeichens als Verheißung der Befreiung von der Bedrohung ist nach der vorliegenden Analyse zuzustimmen, die Beurteilung des Immanuel als verheißener Thronfolger jedoch nicht. Sie kommt erst durch die von der Redaktion eingetragene Beurteilung des Kindes zustande (vgl. Wildberger, *Jesaja I*, 291–295). Bestätigt werden die hier vorgelegten Thesen durch die Beobachtungen von Humbert, *Bemerkungen*, 41, der zwar zu einer anderen literarkritischen Aufteilung kommt, in dem er zwischen den singularischen und den pluralischen Teilen trennt, für die singularischen Anteile dann konstatiert: „Wendet man den Blick den singularischen, dem Geschehen zeitgleich sein wollenden Stücken zu, so macht man nicht nur die Feststellung, daß sich in ihnen keine irgendwie geartete Forderung findet, sondern auch, daß Jahwe hier bedingungslos und durchgehend auf der Seite des Königs zu stehen scheint und ihm die Rettung aus der bestehenden Gefahr zusagt."

Die unterschiedliche Position, die König und Prophet innerhalb des Textes Jes 7,10–17 einnehmen, zeigt Bartelmus, *Stilprinzip*, 57, trefflich auf: „Oberflächlich betrachtet geht es [. . .] um die Begegnung zweier verschiedener Funktionsträger im religiös-politischen System des Staates Juda; analysiert man die Lage jedoch genauer, stehen die beiden als Repräsentanten zweier unterschiedlicher Konzepte zur Bewältigung der Gegenwartsprobleme des Staates Juda in unversöhnlichem Gegensatz:

Abgeschlossen wird das Gotteswort mit der Ankündigung einer neuen Heilszeit. Wie bereits in der literarkritischen Untersuchung gezeigt, ist die Vorhersage über die kommenden Tage nicht als Unheils-, sondern als Heilszeit zu verstehen. Mit ihr wird dem Königshaus sowohl das Überstehen der Krise, als auch eine neue Blüte irdischer Macht zugesprochen. Diese wird nach dem Ende des Krieges eintreten.[125] Damit bestätigt das Immanuelzeichen nicht nur das erste Gotteswort, sondern gibt eine über die Inthronisationszusagen hinausgehende Verheißung, die mit der kommenden Blütezeit eine Restauration vergangener Zustände verspricht.

4.2 Jesaja und die Öffentlichkeit

4.2.1 *Die Bedeutung des Sohnes als Zeichen*

Nach den Zeichen an das Königshaus, wie sie Jes 7,2–8a.9–14.16f. überliefern, wendet sich Jesaja mit seiner Botschaft in den Texten Jes 8,1–8 an die Öffentlichkeit, was das Aufstellen der Tafel in Jes 8,1 zeigt. Damit erweitert der Prophet den Kreis der Rezipienten seiner Botschaft entscheidend. Mit מהר שלל חש בז wird nach שאר ישוב in Jes 7,3 in Jes 8,1.3 ein zweiter Sohn Jesajas genannt, dessen Zeugung in V1 von Jahwe gefordert und mit V3 geschildert wird. In der Darstellung von Jes 8,1–4 wird sein Name als Zeichen gedeutet. Zwei Elemente werden dabei zur Vermittlung seines Inhalts verwendet: der von Gott verkündete Name und die Lebenszeit des Jungen.

Auf der einen Seite der Realpolitiker Ahas, der sein Reich und vor allem sein Königtum mit höchst vernünftigen Maßnahmen zu sichern sucht – auf der anderen Seite der Prophet, der zur Lösung der Probleme den Rückgriff auf alte religiöse Traditionen, den Rückgriff auf das Konzept des Jahwekriegs vorschlägt, das in den Traditionen der Landnahmezeit und auch des Exodus beheimatet ist." Zur politischen Motivation Jesajas vgl. Fullerton, *Isaiah's Attitude*, 24: „But again it must be insisted upon that to call Isaiah pro-Assyrian is to interpret his activities from a purely political point of view, whereas they are to be judged by the religious motives that guided him. He was opposed to all intrigues with other nations against Assyria because these seemed to him to express a lack of faith in Jahweh. It was to Jahweh alone that the people must look for help in the agony of the Assyrian oppression. But even if he cannot properly be called pro-Assyrian, it is fair to speak of him as anti-Philistine or anti-Egyptian, for he was emphatically opposed to the political policy which sought alliances of these countries."

[125] Zur Heilszeit vgl. die Argumentation unter *2.4.1 Textkohärenz*, 72f.

Dass der Name מהר שלל חש בז nicht der üblichen hebräischen Namensgebung entspricht, ist offensichtlich.[126] Auf eine mögliche Übersetzung aus dem Ägyptischen hat bereits Humbert hingewiesen.[127] Mit dem Namen wird auf einen *terminus technicus* der ägyptischen Militärsprache angespielt.[128] Da mit ihm ein schneller militärischer Erfolg verbunden ist, ist der Name als Heilsorakel zu verstehen,[129] wobei in V1.3 unklar bleibt, wem dieser militärische Erfolg vorausgesagt wird.[130]

Der Name bezieht sich auf den Aufstand Damaskus' und Israels gegen Assyrien, was aus V4b ersichtlich wird.[131] Verbunden mit der

---

[126] Vgl. dazu den Abschnitt zum Namen des Sohnes bei Wildberger, *Jesaja I*, 315f.

[127] Vgl. Humbert, *Mahēr Šalāl Hāš Baz*, 90–92; dieser bietet verschiedene ägyptische Vergleichstexte an, aus der die alttestamentliche Konstruktion und ihre Bedeutung ersichtlich werden. So kommt Humbert schließlich zu dem Schluss, dass מהר שלל חש בז als Ägyptianismus zu verstehen ist und „die althergebrachte ägyptische Redensart *ʿis ḥ3ḳ* [eile, erbeute; Anm.d.Verf.; vgl. auch Wildberger, *Jesaja I*, 315f.] nachahmt und als solcher die Reiche von Damaskus und Samaria als eine leichte und bevorstehende Beute der assyrischen Heere bezeichnet" (92). Morenz, *Eilebeute*, Sp.697f., weist darauf hin, dass sich die Bezeichnung *ḥ3ḳ* in den Texten der XVIII. Dynastie findet, was dem kriegerischen Charakter dieser Epoche entspricht. Der Form nach sind *ʿis ḥ3ḳ* zwei Imperative, „faktisch aber wird die Kombination wie ein Substantiv behandelt" (Wildberger, *Jesaja I*, 316). Die Partizipien, die Jesaja verwendet, haben an dieser Stelle ebenfalls eine substantivische Bedeutung, so dass eine Anspielung auf die ägyptische Redewendung vorliegen kann.

Ist aber die Bedeutung des Wortes durch die militärisch geprägte Ausdrucksform geläufig, dann ist das entscheidende Argument für eine Umstellung der Ereignisse – die Tafelaufschrift nach der Geburt – hinfällig. Dem Propheten wäre dann die Bedeutung des Namens nicht 9 Monate lang verborgen geblieben (so Becker, *Jesaja*, 94ff.; dort auch weitere Literatur, die eine Umstellung vorschlägt. Becker selber sieht in Jes 8,1–4 die Ausführung der Beauftragung aus Jes 6,1–8, was aber aufgrund der nicht verifizierbaren literarkritischen Trennung von Jes 6,1–8.9.11. nicht möglich ist).

[128] Vgl. Morenz, *Eilebeute*, Sp.698; Fohrer, *Jesaja*, 123; Dietrich, *Jesaja und die Politik*, 90.

[129] Vgl. Fohrer, *Jesaja*, 123; Wildberger, *Jesaja I*, 319f., der Jes 8,1–4 als Heilsorakel einschätzt. Siehe auch Levin, *Verheißung*, 237: „Für die Judäer, an die Jesajas Botschaft gerichtet ist, war sie hoffnungsvolle, kalkulierte politische Heilsprophetie." Dabei liegt der Schwerpunkt auf dem hoffnungsvollen und erst mit ihm verbunden auf dem heilvollen Aspekt.

[130] Vgl. Fohrer, *Jesaja*, 123: „Sachlich bleibt dem Leser zunächst unbekannt, wer denn die baldige Beute wessen wird." Erst aus dem Kontext ist der Inhalt des Gotteswortes zu verstehen, wie schon Procksch, *Jesaja*, 129, betont: „Beide Teile [Vv1f.; Vv3f. Anm.d.Verf.] bedeuten die Aufrechterhaltung des Drohspruchs gegen Damascus und Ephraim (7,3ff.), den Jahve trotz des Unglaubens von Achaz nicht zurücknimmt."

[131] Zum außerbiblischen Hintergrund der assyrischen Plünderungen vgl. Beuken,

wiederum unbestimmten Zeitangabe, wie sie bereits zur Deutung des Immanuelzeichens in Jes 7,16 zu finden ist, wird diesen beiden Königreichen der Untergang und die folgende Plünderung durch den neuassyrischen Großkönig angesagt.[132] Der Sinn des Wortes ist demnach mit dem des Immanuelzeichens vergleichbar: Es handelt sich um ein Heilsorakel, dessen Inhalt der Untergang der aramäisch-israelitischen Koalition ist. Das mit dem Kind implizierte Zeichen dient erneut dazu, den Zeitraum bis zur Vernichtung der beiden Königtümer zu beschreiben, wobei auch diese Zeitangabe ein Erfahrungswert ist. Es handelt sich allerdings um einen deutlich kürzen Zeitraum als den in Jes 7,16.[133] Die Fähigkeit, Mutter und Vater zu rufen, die in Jes 8,4 als *terminus ad quem* angegeben wird, erwirbt der Neugeborene vor dem in Jes 7,16 angeführten Entscheidungsvermögen.[134]

Jesaja 1–12, 221f., und der bei ihm in die Argumentation einbezogene Text des *‚schwarzen Obelisk des Salmanassar III aus Ninive‘* aus dem 9.Jh. v.Chr.

[132] Vgl. Fohrer, *Jesaja*, 124, und Wildberger, *Jesaja I*, 317, der über die Funktion der beiden Zeugen Folgendes ausführt: „Warum hält es Jesaja für nötig, Zeugen zuzuziehen? Kaum nur darum, damit sie bestätigen können, daß Jesaja der Verfasser der Inschrift war, auch nicht, um der Öffentlichkeit zu erklären, was sie bedeuten sollte. Wesentlich ist vielmehr die Bezeugung des Zeitpunktes der Niederschrift. Bis der Sohn geboren sein wird, kann sich die Situation im politischen Kräftefeld völlig verändert haben. Jesaja wünscht aber, daß unzweifelbar feststehe, was er über den Fall von Damaskus und Samaria zu einem Zeitpunkt angekündigt hat, da man in Jerusalem noch die Freiheit der Entscheidung besaß.“ Entscheidend für die Mitnahme der beiden Zeugen zur Zeichenhandlung scheint also der Zeitpunkt des Auftretens zu sein. So lange das neuassyrische Heer noch nicht gegen die aramäisch-israelitische Koalition aufmarschiert ist, so lange ist die reale militärische Bedrohung für Jerusalem gegeben. Die Heilszusage Jesajas kann also nur bis zu diesem Zeitpunkt eine Überraschung für die Bevölkerung und das Königshaus gewesen sein. So argumentiert Wildberger im Folgenden: „Wenn Jesaja Zeugen bestellt, rechnet er offensichtlich damit, daß es ihm nicht gelingen werde, mit seiner Verkündigung eine Neuorientierung der offiziellen Politik Jerusalems herbeizuführen.“ Einen anderen, aber ebenso zutreffenden Sinn in der Zeugenschaft sieht Steck, *Beiträge*, 201: „Was auch immer die V.1 befohlene Zeichenhandlung bedeuten mag – Text und Sinn konnten bislang nicht wirklich geklärt werden –, das Handlungsgefälle ergibt, daß ein Kind den Namen bekommt, der zuvor beglaubigt niedergeschrieben worden ist.“ Damit bekommt die Zeugenschaft die Funktion, die Namengebung auf eine vorherige Zeichenhandlung zurückzuführen und den Namen seinem Sinn nach zu qualifizieren. Daher Steck weiter: „Tafelbeschriftung und Benennung des Neugeborenen sind also nicht zwei Zeichen, sondern stehen im Verhältnis von Ankündigung und Eintritt des Zeichens zueinander“ (201).

[133] Vgl. Høgenhaven, *Die symbolischen Namen*, 233: „Der geschichtliche Kontext ist auch hier die syrisch-ephraimitische Krise; und *šᵉʾar jašub* enthält wie der Name *maher šalal ḥaš baz* eine Ankündigung von der bevorstehenden Niederlage der Feinde Judas.“

[134] Vgl. Høgenhaven, *Gott und Volk*, 81; Beuken, *Jesaja 1–12*, 221.

4.2.2 *Die Warnung an Juda*

An die Zeichengabe in Jes 8,1–4 schließt sich mit den Vv6–8a eine Unheilsansage an, die die Überflutung Judas darstellt. Diese Überflutung wird dabei nicht als Wasserkatastrophe verstanden, sondern als ein aus der Umwelt bekanntes Motiv, um die Ausmaße der neuassyrischen Expansion zu beschreiben.

Vor der Textinterpretation ist aber zunächst mit der Aussage וּמְשׂוֹשׂ אֶת־רְצִין וּבֶן־רְמַלְיָהוּ in V4 und mit der in ihr enthaltenen unklaren Form וּמְשׂוֹשׂ ein sprachliches Phänomen zu erklären.[135] Die *nota accusativi* vor den beiden Personennamen deutet daraufhin, dass es sich bei der vorstehenden Form um eine Verbal- und nicht um eine Nominalform handelt,[136] was die LXX mit ihrer Infinitivkonstruktion βούλεσθαι ἔχειν τὸν Ραασσων καὶ τὸν υἱὸν Ρομελιου βασιλέα ἐφ' ὑμῶν ebenso versteht. Allerdings ist der Ursprung der Verbalform nicht bekannt. Entweder handelt es sich um einen *inf.constr. kal* von מָשַׁשׁ (betasten vgl. Gen 31,34.37), oder um ein *partz.* im D-Stamm der Wurzel שׂוֹשׂ (sich freuen),[137] der Vokalisation entsprechend ein *partz. polel.* Problematisch ist jedoch, dass dann die Verdopplung des letzten Radikals fehlt und die Form damit nicht den üblichen Paradigmen entspricht.[138] Eine weitere Deutungsmöglichkeit ist der Austausch der beiden שׂ gegen ס, wie es der Herausgeber der BHS vorschlägt.[139] Dagegen spricht neben der Tatsache, dass dieses durch keine Textzeugen belegt ist und die LXX-Übersetzer an dieser Stelle zwar die Syntax, nicht aber den Wortlaut erhalten haben und den Text damit sinngemäß wiedergeben, vor allem, dass mit der Änderung auch die folgende Partikel bzw. die folgende Präposition verändert werden müsste: Anstelle der *nota accusativi* wäre zum Anschluss des Objekts dann die Präposition מִן notwendig.[140] So ist letztlich eine

---

[135] Die aktuelle Diskussion dieser Stelle ist bei Barthel, *Prophetenwort*, 196, dargestellt.

[136] Eine solche Nominalform gibt Gesenius, *Handwörterbuch*, 465, für die Stelle Jes 8,6 an, jedoch vermerkt er, dass diese Form nicht gesichert ist. Syntaktisch von der Parallele zu Rezin leitet Fabry, *Art.* שׂוֹשׂ/שִׂישׂ, Sp.722, eine Nominalform für Jes 8,6 ab.

[137] Vgl. Fabry, *Art.* שׂוֹשׂ/שִׂישׂ, Sp.722.

[138] Vgl. Gesenius/Kautzsch/Bergsträsser, *Hebräische Grammatik (Paradigmenübersicht)*, 543.

[139] Diesem folgt Wildberger, *Jesaja I*, 321.

[140] Vgl. zu diesem Problem bereits Duhm, *Jesajas Erleben*, 80; aus der neueren Diskussion vor allem die Darstellung bei Barthel, *Prophetenwort*, 198–200.

eindeutige Beschreibung des vorliegenden Phänomens nicht möglich. Am wahrscheinlichsten ist eine Deutung von ומשׂושׂ als *partz.* eines D-Stamms der Wurzel שׂושׂ, auch wenn die Verdoppelung des zweiten Radikals fehlt, da mit ihr sowohl die anschließende *nota accusativi*, wie auch die Wortbedeutung zu erklären ist.[141] Aufgenommen wird שׂושׂ verbunden mit dem Wassermotiv in Jes 66,10–14. Dort wird שׂושׂ im Gegenüber zu אבל *hit* verwendet und als ‚Freude' verstanden.[142] Mit V12 wird schließlich das Motiv des ‚überströmenden' Flusses gegeben, der dieses Mal jedoch als Friedenszeichen verstanden wird. „This passage from Trito-Isaiah employs similar vocabulary and water imagery to describe the rejoicing associated with YHWH's planting of the 'glory of the nations' ([. . .]) in Jerusalem."[143] Die Wiederaufnahme in Jes 66 bestätigt, dass שׂושׂ die ursprüngliche Lesart ist.[144]

Neben der Wurzel ist auch die Satzkonstruktion in Jes 8,6 nicht eindeutig. Als syntaktisches Bildungselement ist allein eine Parallele denkbar: Wie an מאס העם הזה als Objekt את מי השלח ההלכים לאט angefügt ist, so ist an ומשׂושׂ את־רצין ובן־רמליהו angefügt, und zwar in beiden Fällen mit der *nota accusativi*. Da im zweiten Versteil das Subjekt fehlt, ist davon auszugehen, dass das im ersten Versteil gebotene Subjekt weiterhin Handlungsträger bleibt. Das Subjekt des Satzes ist also העם הזה. Mit dem Ausdruck wird in Jes 6,9 die Südreichbevölkerung bezeichnet. Nun zeigt Høgenhaven, dass es sich in Jes 8,6 nicht um die Südreichbevölkerung handeln kann, da keine Überlieferung über eine die aramäisch-israelitische Koalition stützende und politisch einflussreiche Gruppe im Südreich zu finden ist.[145] Demzufolge müsse העם הזה hier die Nordreichbevölkerung bezeichnen. Gegen seine Beobachtung spricht jedoch der erste durch die *nota accusativi* eingeleitete Ausdruck מי השלח ההלכים לאט. Das Bild des ruhigen Wassers ist für das Nordreich unverständlich, da der Fluss Siloah hier nicht anders als als Synonym für die Jerusalemer

[141] Vgl. Beuken, *Jesaja 1–12*, 213.

[142] Vgl. Sweeney, *On ûmᵉśôś*, 49–52.

[143] Sweeney, *Isaiah*, 172f.; vgl. auch Sweeney, *On ûmᵉśôś*, 49f.

[144] Zur textkritischen Entscheidung vgl. die Diskussion bei Barthélemy, *Critique textuelle*, 49f. Zum Umgang mit der Sprache vgl. Klein, *Freude an Rezin*, 231: „Man wird zu berücksichtigen haben, dass das *mśwś 't-* in bewusster Angleichung an das *m's 't-* gewählt wurde, und dem Propheten ein gewisses Mass von willkürlichem Umgang mit der Sprache zugestehen, das man Poeten wohl immer zu Gute halten muss."

[145] Vgl. Høgenhaven, *Gott und Volk*, 35.100.

Verhältnisse zu verstehen ist. Das Bild ist von der zum Abwarten ratenden Haltung Jahwes gekennzeichnet.[146] Diese Jerusalemer Verhältnisse aber sind für das Nordreich Israel nicht relevant, zumal ein Beleg dafür fehlt, dass die Botschaft Jesajas im Nordreich vernommen wurde. Der Prophet wendet sich mit diesem Wort an die Bevölkerung Judas, in der es, auch wenn keine Quellen darüber vorliegen, anscheinend eine breitere Gruppe versuchte, die Politik der aramäisch-israelitischen Koalition zu befürworten und politischen Einfluss in Jerusalem zu gewinnen.[147]

Das Wort in Jes 8,6–8 nimmt mit den Bildern über Fluss- bzw. Kanalläufe ein Motiv auf, dessen Interpretation in der alttestamentlichen Forschung umstritten ist. Der Konstruktion des Satzes folgend, bezeichnen die Worte מי השלח ההלכים לאט das davidische Königshaus,[148]

[146] Vgl. Wildberger, *Jesaja I*, 323–325; Kaiser, *Buch Jesaja I*, 178–180, und Beuken, *Jesaja 1–12*, 223f. Dass die Datierung des Textes nicht vom Verständnis, um welchen Kanal es sich handelt, abhängig gemacht werden kann, zeigt schon Procksch, *Jesaja*, 132. Fohrer, *Jesaja*, 126, schließt aus den weiteren Texthinweisen auf den Kanal: „Das ist das Wasser, das vor der Anlage des Siloatunnels von der Gichon- oder später Marienquelle mittels einer Art Rinne oder Kanal am Rand des Osthügels zu den Teichen südlich der Altstadt – vor allem in den unteren, den alten Siloateich – geleitet wurde. Dieses Wasser tost nicht wie ein wilder Gebirgsbach oder ein Strom in der Überschwemmungszeit, sondern fließt sanft, da es bloß geringes Gefälle hat."

[147] Dazu Wildberger, *Jesaja I*, 337: Es „ließe sich gut vorstellen, daß dieser [der der aramäisch-irsaelitischen Politik zugewendete Teil der judäischen Bevölkerung Anm.d.Verf.] im Zusammenhang mit dem militärischen Druck von außen eine Rebellion im Innern geplant hätte" (vgl. dazu auch Sweeney, *On ûmᵉśôś*, 51 Anm.1; Berges, *Jesaja*, 108). Im selben Sinn Barthel, *Prophetenwort*, 201f.: „Entgegen der üblichen Auffassung ergibt V.6 jedoch durchaus einen Sinn, wenn man den Ausdruck העם הזה auf jenen Teil der judäischen Bevölkerung bezieht, der mit der anti-assyrischen Politik und den Umsturzplänen Rezins und Pekachs sympathisierte und folglich in Opposition zum davidischen Königshaus stand. Allerdings kann nach 6,9f.; 8,11–13 dabei nicht nur eine kleine Minderheit gemeint sein, vielmehr muß man annehmen, dass ‚dieses Volk' einen beträchtlichen Teil zumindest der Jerusalemer Bevölkerung umfaßt hat, an die vor allem Jesaja seine Botschaft auszurichten hatte (vgl. dazu 28,11f.14)." Siehe auch Gonçalves, *Politique internationale*, 287; Liss, *Unerhörte Prophetie*, 103, die ebenfalls mit „möglichen Umstürzler[n]" in Jerusalem rechnet.

[148] Der in Jes 8,6 angesprochene Wasserweg bleibt bei Wenning/Zenger, *Systeme der Wassernutzung*, 281–287, unerwähnt. Es kann sich demnach um Kanal II oder Kanal III handeln. In früherer Zeit führte aber bereits Ringgren, *Siloas vatten*, 69, an, dass Kanal III in dem aus hiskijanischer Zeit stammenden Spruch Jes 22,9f. der Kritik des Propheten unterliegt, da er das Misstrauen der Menschen gegen Jahwe zeige. Daher, so folgert Ringgren, könne in Jes 8,6 nicht dieser Kanal gemeint sein, zumal mit der Annahme, es handle sich um den von Hiskija geschaffenen Kanal, Jes 8,6 in dieselbe Zeit als auch Jes 22,9f. datiert werden müsste und wir dann zwei sich diametral gegenüberstehende Aussagen eines Propheten vorliegen hätten. Da auch schon in vorhiskijanischer Zeit ein Kanal von der Gihonquelle in

da im Folgenden der Euphrat[149] synonym für den assyrischen König verstanden wird.[150] Da aber die geltende Bestands- und Schutzzusage Jahwes an das davidische Königshaus direkt mit der politischen Bedeutung des Königshauses verbunden ist, ist an dieser Stelle motivisch nicht zwischen dem Königshaus und dem dieses tragenden Gott zu trennen.[151]

Folge der falschen politischen Ausrichtung der Bevölkerung ist das über die Ufer Treten des Euphrats. Der Südreichbevölkerung wird also der Untergang verkündet, die durch eine Okkupation der neuassyrischen Truppen erfolgen soll.[152] Die Okkupation Judas durch die neuassyrischen Truppen kleidet der Prophet in ein Motiv, das der Bildwelt der mesopotamischen Kultur entnommen ist. Jesaja bezeichnet die in das Land stürmenden Truppen mit והיה מטות כנפיו מלא רחב־ארצך[153]. Das Motiv der ausgespannten Flügel nimmt das in Assyrien wie Babylonien verwendete Zeichen für die Sonnengottheit auf, die als höchste Staatsgottheit verehrt wird.[154] Diese wird auf

die Stadt existierte (vgl. Ringgren, *Siloas vatten*, 68), liegt es nahe, diesen mit dem in Jes 8,6 angesprochenen zu identifizieren.

[149] Vgl. zum Verständnis des in Jes 8,7 erwähnten Flusses als Euphrat Wildberger, *Jesaja I*, 325, und Kaiser, *Buch Jesaja I*, 178ff.

[150] Die sanft plätschernden Wasser sind damit als Bild für Friedenszeiten zu verstehen. So folgert Barthel, *Prophetenwort*, 203: „Wenn die Verachtung der ‚Wasser Siloahs' mit der Sympathie für die Pläne Rezins und Pekachs einhergeht, dann dürfte hier ganz speziell das von Jahwe in Jerusalem gestiftete davidische Königtum gemeint sein."

[151] Verschiedene Interpretationsansätze liegen für dieses Bild vor: Während Wildberger, *Jesaja I*, 323ff., und Kaiser, *Buch Jesaja I*, 180, mit den sanft plätschernden Wassern in Bezug auf Jes 5,24; 30,12 das Wort Jahwes verbunden sehen, entdeckt Høgenhaven, *Gott und Volk*, 100, in diesem Bild m.E. zu Recht die davidische Dynastie, da der Spruch im Fortlauf auf das aramäische, das israelitische und das assyrische Königshaus Bezug nimmt. Dass eine Unsicherheit in der Interpretation des Spruchs schon in früher Zeit vorlag, zeigt die LXX. Sie erweitert den Ausspruch des Propheten wie folgt: διὰ τὸ μὴ βούλεσθαι τὸν λαὸν τοῦτον τὸ ὕδωρ τοῦ Σιλωαμ τὸ πορευόμενον ἡυχῇ ἀλλὰ βούλεσθαι ἔχειν τὸν Ρασσων καὶ τὸν υἱὸν Ρομελιου βασιλέα ἐφ' ὑμῶν. Die Wasser von Schiloah werden hier immanent mit dem davidischen Königshaus verbunden, das durch die israelitisch-aramäische Koalition abgelöst werden soll. Damit wendet sich die judäische Bevölkerung zum Teil gegen ihr eigenes Königshaus (vgl. Klein, *Freude an Rezin*, 230).

[152] Dass das Bild ein zweigliedriges prophetisches Gerichtswort darstellt, betont Barthel, *Prophetenwort*, 196, ausdrücklich.

[153] Zur Bedeutung von כבוד vgl. die Diskussion unter *3.1.3 Herrschaftsmotive*, 99–109.

[154] Eine Neuinterpretation des verwendeten Motivs der ausgebreiteten Flügel fordert bereits Budde, *Jesajas Erleben*, 77, der es als ‚Philisterei' bezeichnet, V8b nur aufgrund der scheinbaren motivischen Differenz als Glosse zu bezeichnen.

Abbildungen durch eine geflügelte Sonne dargestellt. Sie findet sich auf Siegesstelen[155] und wird auch als Feldzeichen der assyrischen Truppen verwendet worden sein. Beide Elemente werden nach erfolgreichen Eroberungen in den okkupierten Gebieten aufgestellt. Dass sie das gesamte Land füllen werden, deutet auf die Einnahme des gesamten Landes hin. Juda wird, sollte sich die politischen Bestrebungen der der aramäisch-israelitischen Koalition nahestehenden Kreise durchsetzen, unter einer solchen Okkupation der Assyrer leiden müssen.[156]

Für die Untersuchung der Gottesherrschaft in der Denkschrift tritt in diesem Abschnitt ein Element hervor, das sich bereits in der Interpretation der Vision Jes 6 angedeutet hat, hier aber seine erste Ausprägung erhält. Während die Ansage, Jahwes כבוד fülle das ganze Land, auf eine Ausweitung göttlicher Macht über den Tempelbereich hinaus hindeutet, wird diese hier konkret als Herrschaft auch über die Großmächte verstanden. Jahwe ist in der Lage, die neuassyrischen Truppen gegen Juda auszusenden.[157] Damit ist Jahwe nicht

---

[155] Abbildungen von Siegesstelen finden sich bei Pritchard, *ANEP*, 100, Abb.309; 111, Abb.332; 120, Abb.351–352; 122, Abb.355; 153, Abb.442.443.444; für den judäischen Kontext von besonderem Interesse ist die Abb.355. Diese Abbildung zeigt die Siegesstele Salmanassar III. Auf dieser ist Jehu zu sehen, der auf dem Boden kniend seinen Tribut entrichtet. Oberhalb Jehus sind die geflügelte Sonnenscheibe und der *Ištar*-Stern als Symbole der königlichen Macht Salmanassar III. abgebildet. Ebenfalls findet sich die geflügelte Sonnenscheibe auf Götterabbildungen, vgl. Pritchard, *ANEP*, 167 Abb.486. Aus späterer Zeit stammt eine persische Darstellung, die eine Gruppe gefangener Menschen abbildet, die unter den Flügeln der Sonnenscheibe weggeführt werden. Diese ist in Mierop, *History*, 273 Fig.15.1, zu sehen. Die persische Ikonographie lehnt sich mit dieser Darstellung an die assyrische und babylonische an und ist in Kontinuität zu diesen zu verstehen.

[156] Wong, *'God With Us'*, 427: „The stretching out of the wings speaks of the extent of land which is affected by the coming of Assyria."

Aus der literarischen Bezeugung leitet Hartenstein, *Schreckensglanz Assurs*, 90–93, das Bild der Flügel ab. Die Adlerflügel werden in der neuassyrischen Literatur mehrfach zusammen mit dem Flutmotiv verwendet, was mit Jes 8,7f. übereinstimmt. Das Bild wird zum Ausdruck von Schrecken oder Heil verwendet und ist nach Hartenstein hier als Schreckensbild zu begreifen. Dieses schließt aber nicht aus, dass der Prophet als die im Land sichtbaren Flügel die der Siegesstelen und Feldzeichen des neuassyrischen Heeres verstanden hat.

[157] Anders Hartenstein, *Schreckensglanz Assurs*, 89, der betont, der כבוד des assyrischen Königs könne sich ausbreiten, weil Jahwe sich in sein Heiligtum zurückzieht und so seinen כבוד verbirgt. Die Darstellung Jesajas ist m.E. anders zu verstehen. Es ist Jahwe selber, der den assyrischen Machthaber mit der Überflutung des Landes Judas beauftragt und gerade in der Ausbreitung dieser fremden Truppen seine Macht und damit auch seinen כבוד erweist. Die Ausbreitung des כבוד Jahwes ist demnach nicht exklusiv auf sein heilvolles Wirken bezogen, wie es die Jerusalemer Tempeltheologie mit Ps 24,7–10 nahe legt, sondern er erweist sich auch im Einbrechen

mehr allein Schutzgottheit der davidischen Dynastie und des Volkes Juda, sondern er zeigt sich in der Lage, lenkend in die Geschichte einzugreifen, indem er sich der militärischen Stärke der Großmächte bedient. Dieses Motiv wird im Folgenden näher untersucht.

4.2.3 *Der Auftrag Jahwes an fremde Herrscher*

Die oben beschriebene Beauftragung des assyrischen Herrschers findet sich im Jesajabuch an verschiedenen Stellen. Wie sich im Folgenden zeigen wird, nimmt die sekundäre Erweiterung in Jes 7,18f. dieses Motiv ebenfalls auf.[158] Dabei werden sowohl Assur, als auch Ägypten als die Mächte benannt, die Juda belagern sollen. Dass sie in Jahwes Auftrag handeln, wird aus Jes 10,5f. deutlich:

> 5Wehe Assur, dem Stecken meines Zorns
> und dem Stock in ihrer Hand, der mein Grimm ist.
> 6Gegen ein abtrünniges Volk sende ich ihn
> und über das Volk, das meinen Zorn erregt,
> viel zu erbeuten und viel zu rauben,[159]
> und um es mit Füßen zu treten wie Straßenkot.

Der in Jes 10,5ff. formulierte Weheruf dreht die Verhältnisse um. Hat Jahwe Assur als Gerichtswerkzeug gerufen, nutzt Assur seine militärische Überlegenheit aus, um weitere Gewinne zu erzielen. Da dieses aber nicht mit dem Auftrag Jahwes übereinstimmt, wendet sich das Gericht gegen Assur selber, wie es Jes 10,7ff. beschreibt. Der Auftrag, den Jahwe Assur erteilt, wird in Jes 5,26–29 geboten. Der Abschnitt zeigt durch seine sprachliche Prägung, die durchweg in den militärischen Bereich fällt, welche Art von Auftrag Assur von Jahwe erhält.

---

fremder Mächte in das Land Juda. Gerade hier wirkt sich die Reinterpretation der alten Schutzzusage Jahwes durch den Propheten aus: Jahwes Anwesenheit im Tempel ist nicht gleichbedeutend mit einem vom Tempel ausgehenden Schutz des Landes, sondern kann auch zur Verwüstung des Landes führen, wenn sich das Volk gegen Jahwe stellt. Dass Jahwe sich im Heiligtum verbirgt, wie Hartenstein, *Schreckensglanz Assurs*, 89, es betont, hat nicht zur Folge, dass Jahwe seinen Herrschaftsanspruch über das Land aufgibt. Vielmehr räumt er nur einer fremden Macht das Feld. Diese fremde Macht kommt aber auf seinen Befehl ins Land und untersteht damit seiner Herrschaft. Jahwe gibt also mit seinem Rückzug in den Tempel nicht seinen Herrschaftsanspruch auf.

[158] Vgl. *6.1.2 Die Ansage der Verwüstung des Landes*, 248–252.

[159] Wörtlich: um Beute zu erbeuten und Raub zu rauben.

Die Beauftragung eines fremden Herrschers zur Okkupation Judas ist ein Teil der universalen Macht Jahwes, die sich auch auf den Raum der Historie ausstreckt. So betont Alt: „Als nun aber wenige Jahre später, erst 742–740, dann 738 und wieder 734–732, der neue große Assyrerkönig Tiglathpileser III. wieder und wieder in Syrien erschien, immer weiter nach Süden gegen Palästina hin vordrang und auch sein Provinzialsystem Zug um Zug bis zum Reiche Israel ausdehnte, da gewann Jesaja die Einsicht, daß dieses Umsichgreifen der Assyrer keine sinnlose Störung der geschichtlichen Ordnung der Völkerwelt, sondern ein Stück Verwirklichung jener Gerichtspläne Jahwes war, als deren Herold er seit Jahren hatte auftreten müssen, also ein Vorgang, den Jahwe selbst mit Bedacht kraft seiner souveränen Beherrschung aller Geschichte gerade jetzt herbeigeführt hatte. Auf diese Weise kam Jesaja dahin, die neue Wendung der Weltgeschichte positiv zu bewerten und die neue Weltmacht zu bejahen, obwohl, ja gerade weil sie das alte, nicht mehr lebensfähige und lebenswürdige Staatensystem, dem auch seine eigene Heimat angehörte, über den Haufen warf."[160] Das Motiv des geschichtsmächtigen Gottes, der irdische Machthaber in seinen Dienst stellt, verwendet Jesaja im alttestamentlichen Kontext erstmalig. Es findet sich daneben auch in der mesopotamischen Literatur. Die ‚*Monolith-Inschrift Salmanassars III.*'[161] zeigt den Bezug des neuassyrischen Königs zu seinen Gottheiten im Kriegsfall an. In Z. 96 wird dort geschildert, dass Salmanassar III. von *Aššur* mit Macht und von *Nergal* mit Waffen ausgestattet wurde. Mit diesen unterwarf er die Nachbarvölker (Z. 97). Mit den verwendeten Bildern zeigt der Text das Zusammenspiel von Gottheit und irdischem Machthaber: Der irdische Herrscher ist der Kriegführende, doch das Kriegsgeschick hängt an der Gewalt, die die Gottheit dem Herrscher verleiht. Die Bezeichnung der Gottheit *Aššur* als Herr (Z. 96) weist darauf hin, dass er vergleichbar zu Jahwe in Juda als Landes- oder Nationalgottheit verehrt wurde und damit Schutzgottheit der Dynastie ist. Dieser schreitet im Kriegsfall vor dem Herrscher her und bereitet so den Sieg des irdischen Königs vor.

Weiter ausgebildet findet sich das Motiv der gegen die Feinde kämpfenden Gottheit auf der ‚*Babel-Stele des Nabonid*'[162], die den Fall

[160] Alt, *Weltgeschichte*, 135f.
[161] Text in *TUAT I/4*, 361f.
[162] Text in *TUAT I/4*, 407.

Ninives 612 v.Chr. beschreibt. Am Ende von Kol. I. wird auf ihr beschrieben, wie der König schlecht an seinem Land und seiner Bevölkerung handelt, weil der Zorn *Marduks* über sein Land entbrannt ist. Der König zerstört die Heiligtümer und die Kultordnung und *Marduk* verlässt die Stadt für 21 Jahre, bis er schließlich wieder versöhnt zurückkehrt. Der König aber, der die Zerstörung in *Marduks* Auftrag durchführt (Z. 35–41), wird schließlich von seinem eigenen Sohn erschlagen. Diese Stelle verdeutlicht die Entwicklung des Gedankens, eine Gottheit gebrauche einen irdischen Herrscher als Machtmittel. Der Zorn *Marduks*, der über Ninive entbrannt ist, führt dazu, dass das Land unter seinem Herrscher leiden muss. Sanherib entspricht in seinem staatszerstörenden Handeln dem Zorn *Marduks*. Damit wird er als Instrument der Gottheit verstanden, das für die Umsetzung des Zorns zuständig ist. Bestätigt wird dieses durch die Funktion des Königs von Suri, der aufgrund des Zorns *Marduks* das Land verwüstet. Mit der Funktionalisierung der irdischen Herrscher wird eine Kausalität erhoben, an der die geschehene Geschichte gedeutet wird: *Weil die Gottheit zürnt, wird der irdische Herrscher mit dem zerstörerischen Handeln beauftragt und handelt so nach dem Willen der Gottheit.*[163] Das Zusammenspiel von Gottheit und irdischem König ist als Deutung historischer Ereignisse zu verstehen. Mit dem Verständnis der universalen Herrschaft Jahwes verändert sich die Interpretation von Geschichte. Jesaja versteht in seiner Beschreibung Jahwe als einen geschichtsmächtigen Gott, dessen Herrschaft direkte Wirkung auf die Historie hat. Damit findet sich hier ein Motiv, das auch in der mesopotamischen Literatur seiner Zeit vorhanden ist. Dessen besondere Bedeutung hebt Steck hervor: „[. . .] bestimmend für seine Sicht sind aber [. . .] die Gehalte der Jerusalemer Kulttradition, denen zufolge Zions/Jerusalems und der davidischen Dynastie Unüberwindlichkeit allein auf Jahwe stehen und in seinem Tun gewährleistet sind, was in dieser Tradition ein militärisches Wirken des Königs zwar nicht ausschließt, aber völlig relativiert.“[164] Die Universalisierung von Jahwes

[163] Vgl. dagegen die Darstellung im Text der *Meša-Stele* (*TUAT I/6*, 646–650): In ihr wird dargestellt, dass sich der Zorn des *Kemoš* als Schutzentzug auswirkt, so dass militärisch stärkere Mächte siegen können, ohne dass die Gottheit sie dazu beauftragte. Hier wird eine Form verwendet, die einen deutlich polytheistischen Hintergrund hat. Die Herrschaft des eigenen Gottes über fremde Herrscher ist eine der Formen, aus der sich in späterer Zeit der Monotheismus entwickeln konnte.

[164] Steck, *Rettung*, 185.

Macht bringt es so mit sich, dass der militärische Erfolg bzw. Misserfolg zum Zeichen göttlichen Willens erhoben wird. Der König handelt allein im göttlichen Auftrag und ist so in seiner Kriegsführung direkt von der die Dynastie schützenden Gottheit abhängig. Jahwes Macht über Machthaber fremder Länder ist als Eigenart der Theologie Jesajas zu verstehen, was der folgende Exkurs zu Jes 9,7–20 weiter verdeutlichen wird:

Exkurs 1: Jes 9,7–20

a. *Der Text*

9[7]Ein Wort[165] schickt mein Herr zu Jakob und es fällt auf Israel:
[8]Aber sein ganzes Volk, Ephraim und diejenigen, die Samaria bewohnen, kommen nur mit Übermut und mit Hochmut des Herzens zu einer Einsicht:
[9]Die Ziegel sind gefallen, aus Quadern lasst uns bauen. Die Skymoren sind zerschlagen, lasst uns Zedern einfügen.[166]
[10]Und Jahwe machte groß den Bedränger [Rezin] über ihn und stachelte seine Freude auf.
[11]Aram vom Osten und die Philister vom Westen und sie verzehren Israel mit ganzem Mund. – Bei all diesem lässt sein Zorn nicht nach, und seine Hand bleibt weiter ausgestreckt.
[12]Und das Volk bekehrte sich nicht zu dem, der es schlug und Jahwe Zebaoth befragten[167] sie nicht.

---

[165] Zu der Übersetzung von דבר Wort vgl. die Argumentation bei Lange, *Wort*, 77; Fey, *Jesaja und Amos*, 88–104, die unter דבר die Botschaft Amos' verstehen.

[166] Das hier verwendete Bild der zerschlagenen Skymoren und der an ihrer Stelle eingesetzten Zedern kann in zwei Richtungen interpretiert werden. Nach Dtn 20,19f. ist das Fällen von Bäumen, die nicht zur Ernährung dienen, eine Kriegstechnik. Wildberger, *Jesaja I*, 205, merkt jedoch an, dass es keinen Grund gibt, חלף *hi* ‚an jemandes Stelle treten lassen' nicht im eigentlichen Wortsinn zu verstehen, was notwenig ist, um an dieser Stelle eine Kriegstechnik anzunehmen. Vielmehr ist V9 im *parallelismus membrorum* konstruiert und damit auf das Gebäude zu beziehen, das zerstört wurde und nun neu errichtet werden soll. Mit Steinen und Gebälk sind damit die beiden für den Hausbau notwendigen Materialien genannt.

[167] Dass die Wurzel דרשׁ im kultischen Bereich ‚Auskunft einholen' bzw. ‚ein Orakel erfragen' meint, zeigen Gesenius, *Handwörterbuch*, 169f.; Gesenius/Donner, *Handwörterbuch*[18], 261f.; Wagner, *Art.* דרשׁ, Sp.314: „[. . .] auch die matteren Bedeutungen wie ‚Acht haben auf', ‚befragen', ‚bedacht sein auf', ‚sich erkundigen nach', ‚Auskunft einholen' oder die religiösen Verwendungsmöglichkeiten ‚bitten', ‚sich an Gott wenden', ‚Gott suchen' werden durch *dāraš* gedeckt. [. . .] Bemerkenswert ist der

13 Und Jahwe schnitt von Israel Kopf und Schwanz ab, Palmenzweig
und Binte an einem Tag.
14 Alte und Geachtete, das war der Kopf, und ein Prophet, der Falsches
lehrt, das war der Schwanz.
15 Und die Führer dieses Volkes waren Irreführer und die von ihnen
Geführten Fehlgeleitete.
16 Darum schonte mein Herr seine Schüler nicht und seiner Waisen
und Witwen erbarmte er sich nicht,[168] denn sein Ganzes ist verrucht
und verderbt und sein ganzer Mund redet Schändliches. – Bei all
diesem lässt sein Zorn nicht nach, und seine Hand bleibt weiter ausgestreckt.
17 Denn Bosheit flammte wie Feuer auf, Dornen und Disteln frass es
und es zündet das Unterholz des Waldes an, auf dass es in Rauchsäulen
aufwirbelte.
18 Durch den Grimm Jahwe Zebaoths ist das Land verkohlt und das
Volk ist wie vom Feuer gefressen; einer verschont den anderen nicht.
19 Und er fraß rechts und hatte Hunger und fraß links und wurde
nicht satt. Jeder verzehrte das Fleisch seines Arms.
20 Manasse Ephraim und Ephraim Manasse, zusammen waren sie
gegen Juda. – Bei all diesem lässt sein Zorn nicht nach, und seine
Hand bleibt weiter ausgestreckt.

b. *Gliederung des Textes*

A. *Einleitung*	9,7–8
1. Offenbarung Jahwes: Sein Wort fällt auf Israel	9,7
2. Reaktion des Volkes: Falsche Einsicht	9,8
B. *Die Formen falscher Reaktionen und Jahwes Strafhandeln*	9,9–20
1. Bedrängung durch äußere Feinde und keine Umkehr zu Jahwe	9,9–12
2. Jahwe straft Führer und Volk für deren Verhalten	9,13–16

zahlenmäßig überwiegende theologische Gebrauch von *dāraš* gegenüber einer geringen allgemeineren (profanen) Verwendung der Wurzel." Dabei wird die Gottheit, die befragt wird, durch die Präposition ב oder, wie im vorliegenden Fall, durch die *nota accusativi* angeschlossen.

[168] Die Übersetzung zeigt, dass sich die mit der *nota accusativi* gekennzeichneten Objekte auf אדני als Subjekt beider Teilsätze beziehen.

3. Jahwe bringt eine Hungersnot hervor, die zum Kanibalismus führt 9,17–20

c. *Textkohärenz*

Der Text Jes 9,7–20[169] betrachtet das Gericht an Israel in drei Motiven: 1. Zerstörung des Landes durch äußere Feinde; 2. Vernichtung der Bevölkerung und 3. Hungersnot. Mit den eindringenden Aramäern, der Hungersnot und dem ausbrechenden Bürgerkrieg spielt Jesaja mit dem Gedicht auf die Situation während des Thronwechsels von Pekachja zu Pekach an. Pekach kam von den Aramäern unterstützt an die Macht in Samaria.[170] Manasse und Ephraim stehen stellvertretend für ihre politischen Führer Pekach und Pekachja (2Kön 15,25). Damit aber wird wiederum das politische Interesse der Aramäer an Israel sichtbar, da Pekach mit der anti-assyrischen Koalition sympathisierte und seine Machtübernahme einem Beitritt Israels zu dieser Koalition gleich kam.[171] V20b stellt schließlich den Zusammenhang mit dem syrisch-ephraimitischen Krieg her, in dem die Schilderung des Bürgerkriegs auf eine mögliche

[169] Zur literarischen Abgrenzung von Jes 9,7–20: Jes 8,23b–9,6 behandelt mit der Weissagung eines kommenden Herrschers ein anderes Thema. Zudem weist der Text eine andere Gattung auf. Während die Abgrenzung nach vorne sehr deutlich ist, ist sie nach hinten schwieriger. Jes 10,1–4a schließt in 10,4b mit demselben Kehrvers ab. Der Text zeigt, scheidet man den Kehrvers als redaktionelle Erweiterung aus, eine Jes 9,7–20 vergleichbare Struktur. Auch Jes 10,1–4 ist sechszeilig. Allerdings handelt es sich bei Jes 10,1–4a nicht um ein Gedicht, sondern um einen Weheruf. Damit liegt eine andere Gattung vor, die mit dem Gedicht in Jes 9,7–20 nicht in Einklang zu bringen ist.

Weitere Unterschiede zwischen der Gestaltung in Jes 9,7–20 und Jes 10,1–4 nennt Beuken, *Jesaja 1–12*, 262. Wesentlich ist seine Beobachtung, dass Jes 10,1–4 im Gegensatz zu Jes 9,7–20 keine diskursive, sondern eine dialogische Struktur aufweist. Dieses hat wiederum zur Folge, dass die Frage nach einem Grund für ein mögliches Gericht an Juda auf synchroner Ebene beantwortet wird. Die Begründungen, die Jes 9,13–16a.17 für Israel gibt, sind nicht auf Juda zu übertragen. Für eine Aktualisierung der Gerichtsbotschaft ist eine erneute Begründung notwendig.

[170] Dieses schildert 2Kön 15,23–25. Vgl. Fullerton, *Earliest Prophecy*, 32–34; Procksch, *Jesaja*, 106; Fey, *Amos und Jesaja*, 98; Barthel, *Prophetenwort*, 159; Schoors, *Königreiche*, 11.

[171] Vgl. Procksch, *Jesaja*, 106f., und ihm folgend Wildberger, *Jesaja I*, 222. Deck, *Gerichtsbotschaft Jesajas*, 73, weist darauf hin, dass die Philister ab den 30er Jahren des 8.Jh.s v.Chr. nicht mehr als außenpolitische Gefahr zu sehen sind, vielmehr als Koalitionspartner in Erscheinung traten.

Invasion des Nordreiches bezogen wird. Historisch fallen diese beiden Vorgänge zeitlich auseinander.

Während Jes 9,7–20a die geschehene Geschichte als Strafe Gottes am Nordreich interpretiert und den Grund für das Strafhandeln Jahwes in der Unbelehrbarkeit des Nordreichvolkes sieht, ist V20b eine historisierende Glosse, die den Bürgerkrieg des Nordreichs mit den Invasionsbemühungen der aramäisch-israelitischen Koalition gleichsetzt. Da das Ziel der geplanten Invasion eine Ablösung der bestehenden Dynastie ist, sind die Situationen für den Redaktor durchaus vergleichbar.[172]

Damit kommen die in Jes 9,7–20 geschilderten Ereignisse denen in Am 4,6–11 nahe, die historisch auf dasselbe göttliche Gerichtshandeln anspielen.[173] Während der Amostext jedoch auf das Gericht zurückblickt, vermittelt der Kehrvers innerhalb des Jesajatextes den Eindruck, das Gericht würde weiter andauern.[174]

Der Geschichtsrückblick in Jes 9,7–20 legt im Blick auf die Gottesherrschaft die Frage nahe, wie die Katastrophe im Nordreich von Jesaja theologisch interpretiert wird. Dieser Frage wird nun im Folgenden nachgegangen.

[172] Eine weitere Ergänzung des ursprünglichen Textbestandes findet sich in V10. Die Erwähnung Rezins an dieser Stelle ist äußerst umstritten, was der Korrekturvorschlag des textkritischen Apparats der BHS zeigt. Doch merkt bereits Wildberger, *Jesaja I*, 205, an, dieser Vorschlag sei nicht stimmig. Vielmehr wird es sich hier um eine spätere historische Explikation handeln, die in den Text eingetragen wurde (vgl. die Ausführungen bei Deck, *Gerichtsbotschaft Jesajas*, 72).

[173] Vgl. Wildberger, *Jesaja I*, 209; Kaiser, *Buch Jesaja I*, 212, der betont, dass man aus der Nähe zum Amostext Jes 9,7–20 als Geschichtsrückblick zu betrachten hat. Wie Blum, *Jesaja*, 75–95, zeigt, nimmt Jes 9,7–20 die Botschaft des Amos auf. Bereits Jes 5,25b zeigt einen solchen Bezug zu Amos, da hier auf das in Am 1,1 erwähnte Erdbeben angespielt wird. Weiter urteilt Blum, *Testament II*, 14, dass Jes 5,25 nicht, wie es häufig angenommen wird, als Abschluss von Jes 9,7–20 verstanden werden kann. Entweder ist der Vers hinter Jes 9,12 einzufügen oder er bildet von Anfang an eine Prolepse des Gedichts. Während Jes 5,25a.c den Abschluss der Wehe-Wortsammlung Jes 5,8–14.17–24 bildete, stellt V25b eine redaktionelle Erweiterung dar, mit deren Hilfe die vorangehenden Weheworte mit der Unheilsansage an das Nordreich verbunden werden. Ebenso ist die Anfügung von Jes 10,1–4a (dazu vgl. Blum, *Testament II*, 17) an das Gerichtswort in Jes 9,7–20 und die Einfügung der zum Kehrvers erhobenen Strophe Jes 5,25c als redaktionelle Komposition zu beurteilen.

[174] Vgl. Irvine, *Reconsidering*, 219, und Wildberger, *Jesaja I*, 209. Zur ausgestreckten Hand als Fluchgestus vgl. Gross, *Menschenhand und Gotteshand*, 97.

d. *Die Geschichte Israels als Warnung für Juda*

Der Text Jes 9,7–20 zeigt ein zweifaches Gerichtshandeln Jahwes. V9 spielt auf ein erstes Gericht an. Nach der dortigen Darstellung hat es in Israel Zerstörungen an Bauwerken durch Erdbeben gegeben, die durch neue Bauten ersetzt werden sollen. Was unter heutigen Gesichtspunkten als planvolles Handeln zu sehen wäre, nämlich die unter den Naturgegebenheiten nicht ausreichenden Materialien beim Wiederaufbau durch höherwertige zu ersetzen,[175] wird in der theologischen Interpretation als Hochmut der Bewohner Samarias gedeutet. Strukturell wird dargelegt, dass die Bewohner Samarias zwar die Symptome der Zerstörung erkennen und beheben, die Gründe, die zur Katastrophe geführt haben, jedoch nicht verstehen und ihr Verhalten nicht verändern. Dieses wird dem Volk als Uneinsichtigkeit ausgelegt und ihnen wird vorgeworfen, aus Hochmut die falschen Konsequenzen zu ziehen. Die Wiederaufbaumaßnahmen führen nur zur äußeren Rekonstitution, die notwendige Einsicht und Umkehr[176] bleiben jedoch aus. Daher weitet Jahwe sein Gerichtshandeln von den Gebäuden auf die Menschen aus.[177]

Die in V9 dargestellte Zerstörung im Nordreich wird aufgrund der Zeit, die das Gedicht widerspiegelt, mit dem in Am 1,1 erwähnten Erdbeben,[178] das in Jes 5,25 aufgenommen wird,[179] in Verbindung gebracht. Über dieselbe Zeit berichtet auch das bereits oben erwähnte Gedicht Am 4,6–11:[180]

---

[175] Siehe zur Beschaffenheit der Baumaterialien Wildberger, *Jesaja I*, 215f. Ähnlich auch Kaiser, *Buch Jesaja I*, 214.

[176] Vgl. V12: והעם לא־שב עד־המכהו ואת־יהוה צבאות לא דרשו. Mit שׁוב und דרשׁ werden die beiden die Zugewandtheit des Menschen zu Jahwe beschreibenden Begriffe verwendet: Umkehr und Suche nach dem göttlichen Willen.

[177] Wenn auch für diese Untersuchung nur von geringer Bedeutung, so ist doch festzuhalten, dass der Kehrvers mit dem Bild der ausgestreckten Hand Jahwes als Gerichtsmotiv explizit ein herrscherliches Symbol aufnimmt. Die ausgestreckte Hand bezeichnet den Bereich, der der Macht des Königs bzw. des Gottes unterliegt. Zur Verwendung dieser Formel vgl. Kreuzer, *Mächtigkeitsformel*, 192f. An der Verwendung der Formel wird wiederum deutlich, dass Jesaja Jahwe als herrschenden, königlichen Gott verstanden hat.

[178] Zum Erdbeben und seiner Bedeutung für den inneren Zusammenhang des Amosbuches vgl. Jeremias, *Erdbeben*, 15–31. Den Zusammenhang von Jes 9,9 und dem in Am 1,1 erwähnten Erdbeben bestreitet dagegen Høgenhaven, *Gott und Volk*, 45.

[179] Lange, *Wort*, 77, bezeichnet die Aufnahme des Erdbebens in Jes 5,25 m.E. zu Recht als „erste Bewahrheitung der Gerichtsbotschaft Amos'" durch die auf ihn zeitlich folgende Prophetie.

[180] Zur literarkritischen Trennung der Vv12f. vgl. Reventlow, *Amos*, 76f.

[6]Und ich brachte euch auch die Hungersnot[181] in allen euren Städten,
und Brotmangel an allen euren Orten,
aber ihr kehrtet nicht zu mir um. Spruch Jahwes.
[7]Und ich verwehrte euch auch den Regen
als es noch drei Monate bis zur Ernte waren,
und auf eine Stadt ließ ich es regnen,
und auf eine andere Stadt ließ ich es nicht regnen.
Ein Feld wird mit Regen getränkt,
und ein Feld, welches nicht mit Regen getränkt wird, vertrocknet.
[8]Und zwei oder drei Städte wankten zu einer anderen Stadt,
um Wasser zu trinken, aber ihr Durst wurde nicht gestillt,
aber ihr kehrtet nicht zu mir um. Spruch Jahwes.
[9]Ich schlug euch durch Getreidebrand und durch Verdorren,[182]
viele eurer Gärten und eurer Weinberge
und eurer Feigenbäume und eurer Ölbäume fraß die Heuschrecke,
aber ihr kehrtet nicht zu mir um. Spruch Jahwes.
[10]Ich schickte euch Pest nach ägyptischer Weise.
Ich tötete mit dem Schwert eure Jünglinge,
gleichzeitig wurden eure Pferde weggeführt[183].
Ich ließ den Gestank eures Lagers aufsteigen, sogar in eure eigene Nase,
aber ihr kehrtet nicht zu mir um. Spruch Jahwes.
[11]Ich stürzte euch um, wie Gott Sodom und Gomorra umstürzte
und ihr wart wie ein Holzscheit, der aus einem Brand gerissen wird,
aber ihr kehrtet nicht zu mir um. Spruch Jahwes.[184]

Der Text Am 4,6–11 ist eine Zusammenfügung von fünf Einzelsprüchen,[185] was jeweils die abschließende Verwendung der Gottesspruchformel zeigt. Beendet wird die Sammlung durch V12, der

[181] Wörtlich ist der von Amos verwendete Ausdruck mit ‚Reinheit der Zähne' wiederzugeben, die jedoch nicht die hygienische Reinheit, sondern das nicht Verwenden der Zähne meint. Gesenius, *Handwörterbuch*, 520, bietet die oben gewählte Übersetzung. Im selben Sinn auch Kapelrud, *Art.* שֵׁן, Sp.317: Die Zähne sind oft Bestandteil von Bildworten, die zur Illustration bestimmter Situationen dienen. Propheten sprechen von Mangel an Brot zwischen den Zähnen (Am 4,6; Mi 3,11)."

[182] Gesenius, *Handwörterbuch*, 320; Kellermann, *Art.* ירק, Sp.951; Gesenius/Donner, *Handwörterbuch*[18], 499, zeigen, dass es sich um einen durch Wassermangel und Sonnenhitze hervorgerufenes Vertrocknen der Pflanzen handelt.

[183] Wörtlich: zusammen mit der Wegführung eurer Pferde.

[184] Zum Aufbau von Am 4,6–12 vgl. Crenshaw, *Liturgy of Wasted Opportunity*, 31–33; Brown, *So-Called Refrain*, 435f., der das Lied durch den in ihm enthaltenen Refrain gegliedert sieht: „It is the refrain which also makes possible the announcement of judgement at the end by providing the very reason for the judgement" (436).

[185] Jeremias, *Amos*, 52f., zeigt auf, dass das Kriterium, unter dem die Sprüche zusammengestellt sind, die Steigerung ist. Die Sprüche sind also nicht als historisches Kontinuum zu verstehen. Dass Gleiches auch für Jes 9,7–20 gilt, zeigt Kruger, *Another Look*, 140.

literarkritisch in Spannung zu den vorherigen Sprüchen steht, da er in *2.pers.sg.* und nicht mehr in *2.pers.pl.* formuliert ist. Das זאת in V12 deutet auf eine konkrete Situation hin, auf die dieser Vers Bezug nimmt. Mit ihr kann im Kontext nur das Gerichtshandeln, das in den Vv6–11 beschrieben wird, gemeint sein. Damit aber ist V12 als spätere redaktionelle Zufügung zu verstehen, die „ein höchst merkwürdiges Überleitungsstück“[186] zu V13 darstellt.[187]

Trotz desselben historischen Ereignisses, auf das Jes 9,9 und Am 4,6–11 Bezug nehmen, zeigen sich Unterschiede im Verständnis des Gerichtshandelns Jahwes.[188] Auffällig sind im Amostext vor allem die breit dargestellten Naturkatastrophen.[189] Jahwe hält über sein Volk

---

[186] Wolff, *Amos*, 253.

[187] Anders hingegen Brueggemann, *Israel's covenant worship*, 6–8, der in Am 4,4–13 ein Gebet entdeckt, das seinen traditionsgeschichtlichen Ort im Heiligen Krieg hat. Problematisch erscheint jedoch, dass er die Struktur der fünf Einzelsprüche mit Refrain zugunsten einer auf V12 als Klimax zulaufenden Textstruktur auflöst. Dass dieses auf redaktioneller Ebene so ist, ist nicht zu bestreiten. Dann wäre jedoch anzunehmen, der Prophet hätte Traditionsgut aufgenommen und in einen neuen Kontext gestellt. Da Am 4,4–11 jedoch Ereignisse aus der Lebens- und Wirkungszeit Amos' wiedergibt, ist eher anzunehmen, V12 sei als Reinterpretation des Textes angefügt. Dass קום mehrfach im Zusammenhang mit ‚covenant worship' erscheint und Am 4,12 mit לכן eingeleitet wird, sind m.E. noch keine ausreichenden Argumente, einen ursprünglichen Zusammenhang anzunehmen. Diese können auch auf redaktioneller Ebene hergestellt worden sein. M.E. spricht die Beobachtung, Am 4,4–11 sei aus fünf Einzelsprüchen zusammengesetzt, gegen die Annahme, Am 4,12f. gehöre originär zu Am 4,4–11 hinzu.

[188] Fey, *Amos und Jesaja*, 88f., zeigt die Übereinstimmungen der beiden Gedichte auf, und zieht daraus den Schluss, „daß eine unbeeinflußte Entstehung bei Jesaja von vornherein alle Wahrscheinlichkeit gegen sich hat“ (88). Allerdings zeigt Fey auch die gravierenden Unterschiede auf (89ff.). In seiner Darstellung wird deutlich, dass die von Jesaja verwendeten Bilder zwar denen des Amos ähnlich, sie jedoch nicht identisch sind (99f.).

[189] Zum Bezug zwischen Am 4,6–11 und 1Kön 8,33–39 vgl. Jeremias, *Amos*, 51f. Jedoch erscheint die von ihm gebotene zeitliche Einordnung fraglich. Zum einen zeigt die Rahmung in Am 4,4f.12, dass der Text bereits in früher Zeit bearbeitet wurde, zum anderen ist fraglich, ob Amos von der deuteronomistischen Geschichtstheologie abhängig ist, oder ob diese Abhängigkeit umgekehrt besteht. Allein die Erwähnung von Sodom und Gomorra in Am 4,11, das nach Jeremias, *Amos*, 52, erst in der Zeit nach der Einnahme Jerusalems als Motiv für die Zerstörung einer Stadt aufgrund menschlicher Schuld ausgeprägt wurde, ist ein zu schwaches Argument. Die Sodom-Tradition war, wie die Sodom-Erzählung in Gen 19 zeigt, sehr wohl in vorexilischer Zeit bekannt, auch wenn sie erst in späterer Zeit ihre Endredaktion erlebt hat (vgl. dazu Noth, *Überlieferungsgeschichte*, 124f.167–171; Westermann, *Genesis II*, 361–366; Høgenhaven, *Gott und Volk*, 64). Dass sie in nachexilischen Texten zu finden ist, zeigt zwar ihre Bedeutung in nachexilischer Zeit an, bedeutet aber nicht, dass sie vorexilisch nicht schon hätte verwendet werden können.

Gericht, indem er seinem Volk die Lebensgrundlagen entzieht und es mit Krankheiten straft. Diese differierenden Darstellungen Jahwes verweisen auf ein unterschiedliches Verständnis seines Machtbereichs. Während Am 4,6–11 das Wirken Jahwes in den Naturelementen erkennt, weitet Jesaja es auf den Bereich der Geschichte aus. Der Einfall der Aramäer und Philister wird als Teil des göttlichen Gerichts verstanden.

Eine Am 4,6–11 ähnliche Verwendung göttlicher Machtmittel zeigt der neuassyrische Text ‚*Der Kampf des Aššur-nerari V mit Matiʾ-ilu, dem König von Arpad*‘[190] aus dem 8.Jh. v.Chr. Die Macht über die Naturgewalten, die als Kriegsmittel im Götterkampf verwendet werden, werden in ihm als Mittel der Kriegsführung verstanden (r IV, 1–16). Der Funktionszuordnung im assyrischen Kult entsprechend werden in diesem Text die Gottheiten Sîn (Z. 4–7), der Mondgott, und Hadad[191] (Z. 8–16), die Wettergottheit[192], angerufen. Es ist in diesem Text deutlich zu erkennen, dass die beiden Götter ihre Mittel, die sie im Mythos gegen andere Gottheiten anwenden, nun gegen irdische Feinde der Machthabenden richten sollen.[193] Diesem Bild entsprechend beschreibt Am 4,6–11 das Gerichtshandeln Jahwes an Israel. Die Auswirkung göttlicher Macht, die sich in dem neuassyrischen Text gegen die Feinde richtet, wendet sich als Gericht gegen das eigene Volk.[194] Das Wirken Jahwes in der Natur wird so zum

[190] Der Text stammt aus Parpola/Watanabe, *Neo-Assyrian Treaties*, 11, und wird dort *'Treaty of Aššur-nerari V with Matiʾ-ilu, King of Arpad'* genannt. An der genannten Stelle findet sich nicht nur eine englische Übersetzung, sondern auch die Transliteration des Textes.

[191] Siehe dazu die Abbildung Hadads in Pritchard, *ANEP*, 170. In der rechten Hand trägt er den im Text ‚*Kampf des Aššur-nerari V mit Matiʾ-ilu, König von Arpad*‘ erwähnten Donner (Louvre, Arslan Tash (8.Jh. v.Chr.)).

[192] Vgl. hierzu die Abhandlungen über die nordsyrischen und mesopotamischen Wettergottgestalten von Mettinger, *Riddle of resurrection*, und Schwemer, *Wettergottgestalten*.

[193] Die aramäische Inschrift *Hadad-yithʿi*, die 1979 auf Tell Fekherjiye gefunden wurde, nennt den Machtbereich *Hadads*: Er handelt als Dynastiegottheit für den König. Dabei werden die Bilder, die im neuassyrischen Text *'Treaty of Aššur-nerari V with Matiʾ-ilu, King of Arpad'* als Mittel gegen den Feind genannt, zu denen, die *Hadad* fern halten soll: „To the great god, his lord, Hadad-yithʿi, king of Guzan, son of Sâs-nūrī, king of Guzan, set up and gave (the statue) to him, so that his soul may live, and his days be long, and to increase his years, and so that his house may flourish, and his descendants may flourish, and his people may flourish, and to remove illness from him, and for making his prayer heard, and for accepting the words of his mouth“ (Übersetzung aus Hallo, *Context I*, 154).

[194] Fey, *Amos und Jesaja*, 95f., schließt aus seinen Beobachtungen, dass „Amos nicht besondere, sondern gerade die allgemeinsten und zwar nicht nur in Israel,

historischen Wirken, da die Naturereignisse als Kausalität des menschlichen Verhaltens verstanden werden. Das Wirken fremder Herrscher als Gerichtswerkzeug, wie es Jes 9,7–20 beschreibt, findet sich in Am 4,6–11 jedoch nicht.

Deutlich wird die Reinterpretation des Amostextes durch Jesaja anhand einer Wortassonanz: Während Am 4,11 mit הפך *kal*[195] ein strafendes Gerichtshandeln Jahwes bezeichnet, das, wie es in den vorangehenden Versen geschildert wird, ein Gericht mittels Naturphänomenen meint, bringt Jes 1,7 mit der Substantivbildung + Vergleichspartikel כמהפכת das Gerichtsereignis um Sodom mit einem Gericht durch den Einfall fremder Truppen in das Land in Einklang.[196] Dieses wiederum entspricht dem Bild, das bereits die Untersuchung zu Jes 8,6f. gezeigt hat.

Jes 9,7–20 stellt die Ereignisse gegenüber Am 4,6–11 so dar, dass die Aramäer und Philister als außenpolitische Feinde zum Gerichtswerkzeug Jahwes erhoben werden. Die Konsequenzen ihres Einfalls in Israel sind verheerend. Durch die Ausrottung der herrschenden Schicht (V14f.) wird das Volk der Herrschaft der fremden Mächte ausgeliefert und hat unter ihr zu leiden (V16). Als Folge werden bürgerkriegsartige Zustände in Israel geschildert (V20a).

---

sondern im ganzen Vorderen Orient gefürchteten Plagen aufzählen will" (95). Die Folgerung, es handle sich um „im ganzen Vorderen Orient gefürchtete Plagen" wird allerdings religionsgeschichtlich nicht weiter ausgeführt und nicht durch Vergleichsmaterial verifiziert. Entscheidend für das hier gezeichnete Bild ist die weite Verbreitung, die dieses Gerichtsbild innerhalb des alttestamentlichen Schrifttums hat. Die Wettergotttradition, mit der diese Form des Gerichts in Zusammenhang zu sehen ist, ist damit in mehreren Gerichtstexten präsent und kann als Grundform strafenden Gerichtshandelns Jahwes angesehen werden.

[195] Die Verwendung der Wurzel הפך *kal* für das aus Naturphänomenen bestehende Gericht findet sich bereits in der jahwistischen Darstellung der Sodom-Erzählung (Gen 19,21.25). Das plausibilisiert die Verwendung in Am 4,11 (vgl. Fey, *Amos und Jesaja*, 91). Eine Reinterpretation des Ereignisses findet erst mit dem jesajanischen Gebrauch statt.

[196] Vgl. Fey, *Amos und Jesaja*, 91, der allerdings in der unterschiedlichen Interpretation der Gerichtsereignisse kein differierendes Bild des Machtbereichs Jahwes sieht. Vielmehr ist es ihm Nachweis dafür, dass das Sodom-Ereignis typologisch Gerichtshandeln meint. Grundlage seiner Argumentation ist jedoch, dass Jes 1,7 auf Jesaja selbst zurückgeht und keiner Redaktion zuzuordnen ist. Dagegen spricht Kaiser, *Buch Jesaja I*, 35f., der diesen Vers in nachexilischer Zeit annehmen möchte, da in ihm die endgültige Vernichtung des Landes ausgedrückt wird. Dass dieses nicht zwangsweise notwendig ist, zeigt Wildberger, *Jesaja I*, 20f., der allerdings einräumen muss, dass es „nur die Situation nach der Einschließung der Stadt durch Sanherib im Jahr 701 sein" (20) kann, auf die der Prophet hier Bezug nimmt.

Die beschriebene Ausweitung des göttlichen Wirkungsbereichs ist eine theologische Interpretation geschehener Geschichte. Die Zerstörung des Landes wird auf eine falsche Haltung des Volkes gegenüber Jahwe zurückgeführt. Dieses wird erneut an den Führern des Volkes expliziert, die die Verantwortung für die Katastrophe tragen und deshalb am schwersten bestraft werden. Dieses zeigen die Verse Jes 9,7.14f. V14 als Interpretation von V13[197] macht die Verteilung der Aufgaben offensichtlich. Die mangelnde Einsicht wird dem ganzen Volk zugeschrieben. Die Verantwortung dafür tragen jedoch die Schichten, die mit der Volksführung beauftragt sind: Königshaus und Prophetie.[198]

Die Aufgabe der Prophetie liegt eindeutig im Empfang und der Vermittlung von Gottesworten,[199] was die Formulierung ונביא מורה־שקר הוא הזנב zeigt. Die Formel מורה־שקר tritt ein weiteres Mal in Hab 2,18 auf und meint dort das „heidnische Lügenorakel"[200] oder vielmehr ein Wort, das durch eine mantische Technik vor Götterbildern gewonnen wird. Mittels dieser Worte entscheiden die Führer des Volkes über ihren politischen Kurs, was wiederum in V15 deutlich wird: Ihnen wird vorgeworfen, das Volk in die Irre zu leiten. Erkenntnis wäre dem Volk möglich gewesen, worauf jedoch nicht geachtet wird. Daher trifft das Gericht das Volksganze.

Der Text kritisiert allerdings nicht die Tatsache, dass die Herrscher des Nordreichs zur Ausrichtung ihrer Politik Gottesworte eingeholt haben, sondern beschränkt sich darauf, ihr Vergehen in der Form, wie die Worte gewonnen wurden, zu sehen. Die Formulierung ואת־יהוה צבאות לא דרשׁ weist darauf hin, dass die im Folgenden erwähnten Worte nicht bei Jahwe eingeholt wurden, obwohl man aus der

[197] Vgl. dazu die Diskussion bei Wildberger, *Jesaja I*, 210; Kaiser, *Buch Jesaja I*, 212.

[198] Zu den Elementen, die das Verständnis des göttlichen Zorns in Jes 5; 9f. bestimmen, vgl. Westermann, *Boten des Zorns*, 100.

[199] Vgl. dazu Wildberger, *Jesaja I*, 285, der die Aufnahme von Jes 7,9b in 2Chr 20,20 und die Bedeutung des Orakels für die Prophetie aufzeigt: „Die grundlegende Zusage in der Verheißung und deren gezielte Konkretisierung im ‚Orakel' sind also nicht Glaubensinhalt, wohl aber Glaubensgrund." Damit wird das Orakel zur Aktualisierung der Gottesbeziehung erhoben. Entsprechend auch Høgenhaven, *Gott und Volk*, 46: „[. . .] *drš* heißt – zunächst im kultischen Sinn – eine Gottheit befragen, sich mit dem Willen des Gottes bekannt zu machen." Damit ist die Aufgabe des Volkes dahingehend definiert, mittels der Propheten den göttlichen Willen zu erfragen und sich an diesem zu orientieren.

[200] Wildberger, *Jesaja I*, 219.

vorhergehenden Katastrophe sein Wirken hätte erkennen können und so auf ihn hätte zugehen müssen. Dieses aber bleibt aus. Stattdessen werden weiterhin andere Götter befragt.

Ein weiterer Text des Jesajabuches gibt Auskunft über die Interpretation des Untergangs Israels durch Jesaja: Jes 28,1–4 bezieht sich auf dieselbe Situation und steht in seiner Bildwelt Am 4,6–11 nahe. Als Vergleichspunkte lassen sich die Naturelemente Hagel, Sturm und Überflutung nennen. Die Formulierung ברגלים תרמסנה עטרת גאות שׁכורי אפרים in V3 ist dabei als Anspielung auf die Okkupationspolitik des neuassyrischen Reiches zu verstehen.[201] Hier bringt Jesaja Natur und Geschichte als Machtbereiche Jahwes in direkten Zusammenhang.

Mit Jes 29,1–4, dem Ariel-Wort des Propheten, in dem Jerusalem eine Belagerung angesagt wird, verbindet Jesaja ebenfalls das geschichtliche Wirken Jahwes mit seinem Naturwirken. Handlungsträger ist hier nicht ein fremder Herrscher, sondern Jahwe selber.[202] Die Zusammenführung findet hier auf einer materialen Ebene statt. Sind es in Am 4,6–11 noch die Naturelemente, die als Gerichtsmittel dienen, werden in diesem Text die kriegstechnischen Mittel, die in der assyrisch-babylonischen Zeit bekannt waren, zum Werkzeug des richtenden Gottes erhoben. So spiegelt der Text das Geschichtswirken als Wirken Gottes an seinem eigenen Volk wieder.[203]

---

[201] Vgl. Huber, *Völker*, 163; ebenso Wildberger, *Jesaja III*, 1048, wobei der Schluss, es müsse sich um das neuassyrische Heer handeln, aufgrund der Formulierung Jes 26,5 nicht zwingend ist. Der angegebene Vergleichstext stammt aus wesentlich späterer Zeit. Wildberger nimmt aber selber eine Datierung von Jes 28,1–4 in die Zeit Jesajas an (1046).

[202] Huber, *Völker*, 169, verweist darauf, dass verschiedene Kommentatoren mit diesem Ereignis selbstverständlich die Belagerung von 703–701 v.Chr. verbinden und als Belagerer Judas außenpolitische Feinde ansehen, obwohl „in Jes 29,1–4 nichts von menschlichen Vollstreckern der Drohung Jahwes gesagt wird".

[203] Huber, *Völker*, 170, zeigt, dass die in Jes 29,1–4 an eine Belagerung durch äußere Feinde gedacht ist. Trotzdem bleibt festzuhalten, dass Jahwe nicht als geschichtsmächtiger Gott, der andere Herrscher in Dienst nehmen kann, dargestellt wird.

Aufgenommen werden die beiden Texte Jes 9,7–20; Am 4,6–11 in Hos 6,1–3. Vgl. dazu Crenshaw, *Liturgy of Wasted Opportunity*, 34: „The echo of Am. 4:6–12 and Isa. 9:7–10:4; 5:25–29 is heard in Hos. 6:1–3, where the emphasis upon returning to him who has torn and stricken (and upon the consequent *knowledge of the Lord*) is particularly striking." Ein weiterer inneralttestamentlicher Bezug findet sich zu Mi 6,13–16, wie Ginzberg nach dem von Crenshaw gehaltenen Vortrag zu Recht anmerkte (vgl. Crenshaw, *Liturgy of Wasted Opportunity*, 37).

So bleibt abschließend die Frage, welche Funktion dieser Geschichtsrückblick für die jesajanische Botschaft hat. Die Erweiterung in V20b weist darauf hin, dass die ursprüngliche Form aus der Zeit vor dem Untergang des Nordreichs stammt. Doch wendet sich die Botschaft nicht an das Nordreich, sondern an Juda.[204] Die Bestimmung der Textgattung führt dazu, den Text als Geschichtsrückblick zu klassifizieren. Mit der Gattung Geschichtsrückblick kann der Verfasser zwei Ziele verfolgen: Zum einen kann er mit ihm die vergangene Geschichte interpretieren, indem er die Geschichtsabläufe einem Kriterium unterwirft. Im vorliegenden Fall wäre die richtige Interpretation der Geschichte die Einsicht, dass das Gerichtshandeln Jahwes an seinem Volk sich hier vollzieht. Der Zorn Jahwes, der von Israel durch sein Verhalten entfacht wurde, ist der Grund für die geschehene Geschichte.[205] Zum anderen kann der Geschichtsrückblick als Warnung für die Verhaltensweisen der eigenen Bevölkerung dienen. Das, was dem Nordreich aufgrund seines fehlerhaften Verhaltens gegenüber Jahwe widerfahren ist, droht auch der eigenen Bevölkerung. Allerdings, und hier ist der Text auf seinen Kontext angewiesen, fehlt die Begründung für das Gerichtshandeln Jahwes. Allein die Aussage ואת־יהוה עבאות לא דרשו והעם לא־שב עד־המכהו in V12 gibt einen Grund für das Gerichtshandeln Jahwes an: das Volk hat sich von ihm abgewendet. Eine entsprechende Situation findet sich mit der Bemühung breiter Volksteile, die davidische Herrschaft durch eine der anti-assyrischen Koalition wohlwollend gegenüberstehenden Regierung zu ersetzen. Diese Bewegung wurde bereits in Jes 8,6–8 vor ihrem Verhalten und den daraus resultierenden Konsequenzen gewarnt. Jesajas Botschaft ist damit eine Warnung vor dem Sturz der davidischen Dynastie, da diese nach göttlichem Willen regiert. Die aus einem Verhalten an dem Ergehen des Nordreichs zu erwartenden historischen Folgen, werden dabei als Gerichtshandeln Jahwes

---

[204] Mit Jes 9,7–20 zeigt Wildberger, *Jesaja I*, 214, den Inhalt der Botschaft Jesajas auf: „Was Jesaja von Jerusalem nach Israel hinausruft, sagt er nicht als Jerusalemit oder Judäer zu den Bürgern des Nachbarstaates, sondern als Angehöriger der Glaubensgemeinschaft, zu der sich auch die Bürger des Nordreiches bekennen."

[205] Mit der Interpretation der Ereignisse durch das Kriterium Zorn Jahwes wird die alte, im 8.Jh. v.Chr. rezipierte Vorstellung des Götterkampfes aufgehoben. Erst mit der Erkenntnis, dass sich der Zorn als Machtmittel der Gottheit auch gegen das Volk, welchem er Schutz zugesagt hat, wenden kann, ist Gerichtsprophetie, die über die Wiederherstellung ursprünglicher Zustände hinausgeht, denkbar.

für das falsche Verhalten der Bevölkerung und ihrer politischen Führung verstanden.[206] [Ende des Exkurses]

[Fortsetzung von *4.2.3 Der Auftrag Jahwes an fremde Herrscher*]
Das von Jesaja verwendete Motiv der Geschichtsmächtigkeit Jahwes als Erweis seiner Herrschaft ist nur zum Teil eine originäre Schöpfung des Propheten, wie Am 5,26f. zeigt. Aufgrund der Verehrung fremder Götter wird der Bevölkerung Israels durch Jahwe die Herausführung durch eine nicht benannte Person angekündigt. Dieses entspricht den Erwartungen, wie sie sich in den Fremdvölkersprüchen gegen Damaskus und Ammon in Am 1,6.15 zeigen. Mit ihnen wird den dortigen Bevölkerungen ebenfalls die Exilierung angekündigt. Mit der Formulierung והגליתי אתכם מהלאה לדמשק verzichtet Amos im Gegensatz zu Jesaja noch auf die Verpflichtung fremder Herrscher, da Jahwe als Handlungsträger erscheint. Auch wenn sich hinter der Exilierungsansage realpolitisch das Wirken des neuassyrischen Machthabers verbirgt, so bleibt es Jahwes Tat, das Volk, das er einst aus Ägypten kommend in das Land führte (Am 3,1 עלה *hi 1.per.sg.*), wieder aus dem Land herauszuführen. Mit גלה *hi 1.pers.sg.* wird so beides kombiniert. Der Zug aus dem Land ist mit der Exilierung durch einen fremden Herrscher gleichzusetzen. Damit verbindet bereits Amos die realpolitischen Verhältnisse und das Wirken Jahwes an seinem Volk im Sinne eines strafenden Handeln Gottes. Das Motiv aber, Jahwe stelle fremde Herrscher in seinen Dienst, wird von Amos nicht ausgesprochen. Vielmehr deutet er realpolitische Verhältnisse als Teil der Geschichte Jahwes mit seinem Volk, ohne Jahwe als Herr über fremde Herrscher zu beschreiben.

Abgeschlossen wird das Wort Jesajas mit der Klage והיה מטות כנפיו מלא רחב־ארצך עמנו אל. Immanuel wird in diesem Zusammenhang personal verstanden, wie es das *Suffix 2.pers.sg.* zeigt. Der Prophet verwendet hier das als göttliches Zeichen gegebene Kind als Synonym für das Land, das von den neuassyrischen Truppen verwüstet werden wird. Den Versuch, die personale Bedeutung zu tilgen, unternimmt Barth. Anstelle des Eigennamens liest er an dieser Stelle den

[206] Vgl. Crenshaw, *Liturgy of Wasted Opportunity*, 35: „The defense of God's justice is central to the narratives, each accounting for punishment in terms of a long-suffering God who sought time and again to call Israel to a restored relationship, hence to escape final destruction."

Nominalsatz ‚Gott mit uns'.[207] Das ist aber aufgrund des *Suffix 2.pers.sg.* des vorstehenden ארצך nicht möglich, da es das personale Verständnis zum Ausdruck bringt. Diese Einsicht nimmt Beuken auf: „Eine rein negative Aussage, die an den ‚Immanuel' gerichtet ist, ist im Licht von 7,16 ebenso unwahrscheinlich. Aus literarkritischer Sicht ist denkbar, dass die Redaktion eine ursprüngliche Unheilsankündigung ‚Seine ausgespannten Flügel werden die ganze Weite des Landes füllen' durch Hinzufügung der Anrede ‚Immanuel' und durch Änderung von ‚des Landes' in ‚deines Landes' zu einem Hinweis auf Gottes Schutz gemacht hat."[208] Die von ihm vorgeschlagene literarkritische Änderung basiert jedoch allein auf der Textgrundlage der *Syrohexaplaris* und ist damit singulär bezeugt. Die Diskussion zeigt, dass die personale Bedeutung Immanuels in Jes 8,8b mit der vorliegenden Unheilsweissagung[209] nicht verständlich ist, zumindest so lange man zugrunde legt, mit Immanuel wäre der kommende Herrscher gemeint. „Immerhin darf man dem Ausdruck ‚dein Land' wohl entnehmen, daß tatsächlich an eine königliche Gestalt gedacht ist."[210] Dieses ist aber nicht zwingend notwendig. Indem Immanuel göttliches Zeichen ist, ist er als öffentlich bekannte Person zu verstehen. Dieses gilt, so zeigt es Jes 8,18, auch für die als Zeichen zu verstehenden Kinder Jesajas. Mit der Aussage ארצך עמנו אל bezeichnet der Prophet das Land, in dem diese Person bekannt ist. Die Bestimmung des Landes geschah schon vorher. Jes 8,8aα^2 gibt mit ביהודה bereits die Lokalisation an, auf die sich die folgende Unheilsweissagung beziehen wird. Dass es sich mit ארצך עמנו אל um den Herrschaftsbereich Immanuels handelt, wäre nur dann denkbar, wenn er in Jes 7,14.16f. bereits als kommender Herrscher verstanden würde. Fällt diese Perspektive – wie oben gezeigt – jedoch aus, so ist ארעך עמנו אל allein als das Land zu verstehen, für das Immanuel eine Bedeutung hat.[211]

[207] Barth, *Jesaja-Worte*, 200–202.

[208] Beuken, *Jesaja 1–12*, 226.

[209] Vgl. Wildberger, *Jesaja I*, 327, der das Problem dadurch löst, in den ausgespannten Flügeln in Anlehnung an Dtn 32,11; Rut 2,12; Ps 91,4 ein Heilszeichen zu sehen. Damit stände die Erwähnung Immanuels an dieser Stelle in Einklang mit der in Jes 7,14–17 gebotenen Heilsperspektive. Ähnlich auch Kaiser, *Buch Jesaja I*, 180, der Immanuel als sekundären Zusatz deutet, da er das Bild der ausgebreiteten Flügel als Heilsmotiv sieht. Dieses wird redaktionell an Immanuel angebunden. Das *Suffix 2.pers.sg.* bleibt damit aber unerklärt.

[210] Barthel, *Prophetenwort*, 208. Ebenfalls als Herrschaftstitel deutet Sweeney, *Isaiah*, 173, die Verwendung von Immanuel, schränkt allerdings ein: „Likewise, the vocativ address *ʿimmānû ʾel* here symbolizes Judah and not the child mentioned in 7:14".

[211] Vgl. die Formulierung לך־לך מארצך וממולדתך ומבית אביך אל־הארץ אשר אראך

Mit der Aufnahme des Namens Immanuel zeigt Jesaja die Ambivalenz des Verhaltens der Gruppe auf, die die aramäisch-israelitische Koalitionspolitik unterstützt. Obwohl Jahwe mit Immanuel den Untergang der Koalition bestätigt und Juda mit dem Namen seinen Schutz zugesagt hat, vertrauen die angesprochenen Kreise nicht auf das Zeichen, sondern unterstützen die Pläne der aramäisch-israelitischen Koalition. Vor den Folgen dieser Politik warnt Jesaja seine Zeitgenossen.

4.2.4 *Die Übereinstimmungen und Unterschiede in der Grundschicht Jes 7,1–8,15*

Das Nebeneinander von Jes 7 und 8 wird in der alttestamentlichen Forschung als auffälliges Phänomen bereits seit längerem diskutiert.[212] Zuletzt zeigte Becker auf, dass der Textabschnitt Jes 7,1–17 von Jes 8 abhängig ist.[213] Für seine These, die auf Beobachtungen basiert, die in der vorherigen Forschung bereits mehrmals aufgeführt wurden, führt er folgende Argumente an:

Innerhalb der Denkschrift (Jes 6,1–9,6) erfolgt zwischen Jes 6, Jes 7 und Jes 8 ein zweimaliger Wechsel der Berichtsform. Während Jes 6 und Jes 8 Ich-Berichte sind, findet sich in Jes 7 ein Fremdbericht. In der formalen Gestaltung handelt es sich bei Jes 7,1–17 und Jes 8,1–7 um einen Parallelbericht, auch wenn es gravierende Unterschiede gibt und die Redesituation andersartig ist. „Beide Kapitel kündigen jeweils in einem ersten Akt den Untergang Arams und Israels an, was zugleich Heil für Juda bedeutet, um dann in einem zweiten Akt auch das Südreich in das Gericht einzubeziehen (vgl. 7,7.8a.9a.16 mit 8,1–4 und 7,17 und 8,6–8).“[214] Dabei entsprechen sich 7,1–17 und 8,1–7 nicht nur in der Grobstruktur, sie weisen auch Detailübereinstimmungen auf:

---

in Gen 12,1. ארצך meint hier das Land, in dem Abraham lebt (vgl. Westermann, *Genesis II*, 170f.).

[212] Vgl. dazu Steck, *Bemerkungen*, 162ff.; Dietrich, *Jesaja und die Politik*, 67f.; Werner, *Prophetenwort*, 15.

[213] Vgl. Becker, *Jesaja*, 21–60. Zuvor sah auch Dietrich, *Jesaja und die Politik*, 67, enge Parallelen im Aufbau zwischen Jes 7 und Jes 8, zeigt aber auch die Unterschiede auf. Die dort vorgelegte Analyse verdeutlicht, dass es sich bei den Parallelen nur um strukturelle und damit kompositionelle handelt. Bei einer genauen inhaltlichen Übereinstimmung von Jes 7 und Jes 8, die zu erwarten wäre, wäre Jes 7 nach Jes 8 gebildet und damit literarisch abhängig. Dieses kann auch Dietrich nicht nachweisen.

[214] Becker, *Jesaja*, 26.

- Von der Schwangerschaft der beiden Frauen und den Symbolnamen wird in ähnlicher Weise berichtet. Besonders auffallend ist die Wendung כי בטרם ידע הנער. Sie findet sich in Jes 7,16 und 8,4.
- Die Einführung des jeweils zweiten Redegangs ist gleichlautend (Jes 7,10 und 8,5).
- Die Einleitung der Scheltworte ist identisch (Jes 7,5 und 8,6).[215]

Da Becker Jes 7 als kohärenten Text betrachtet, kommt er schließlich zu dem Schluss, dass mit Jes 7 ein tendenziöser Text vorliegt, der ein bestimmtes Ziel verfolgt. Dieses Ziel findet er in der Ahas-Hiskia-Typologie, die mit den Texten Jes 7 und Jes 36–38 konstruiert wird.[216] Gegen Beckers Beobachtungen sprechen jedoch die Ergebnisse dieser Untersuchung. Die von ihm angeführten Ähnlichkeiten bei der Schwangerschaft und den Symbolnamen beschränkt sich auf die von ihm als auffällig charakterisierte Redewendung כי בחרם ידע הנער. Bezogen auf die Schwangerschaft lassen sich keine weiteren Ähnlichkeiten erkennen. Wird in Jes 7,14 von der Schwangerschaft einer Frau berichtet, so ist in Jes 8,3 von der Schwangerschaft der Prophetin die Rede, an der der Prophet als Vater des Kindes maßgeblichen Anteil hat. Ebenso weisen auch die Symbolnamen keine Ähnlichkeit auf. Immanuel als Weissagung des göttlichen Schutzes für die Dynastie steht in keiner Relation zu der aus der militärischen Sprache übernommenen Benennung מהר שׁלל חשׁ בז, die den Untergang der aramäisch-israelitischen Koalition andeuten soll. Die Heilsansage für Juda lässt sich erst aus dem Kontext entnehmen. So aber bleibt die Vermutung einer literarischen Abhängigkeit, wie sie Becker äußert, unplausibel.

Die Analyse der literarischen Schichtung von Jes 7 zeigt ein sukzessives Wachstum des Textes. Die von Becker anhand eines kohärenten Textes Jes 7 konstruierte Ahas-Hiskia-Typologie ist erst mit

[215] Vgl. Becker, *Jesaja*, 27; ergänzend dazu Kaiser, *Buch Jesaja I*, 175.

[216] Den direkten Zusammenhang sieht Becker durch das in Jes 7 einmalige Phänomen gegeben, dass sich allein in Jes 36–38 wiederfindet: Der Prophet wendet sich direkt an den König. Während sich sonst im Jesajabuch Spruch- und Wortsammlungen finden, bildet Jes 7 mit seinem erzählenden Text eine Ausnahme. Der Text weist von der Form bereits auf Jes 36–38 // 2Kön 18–20 hin. Dass es sich bei Jes 7 im Gegensatz zu Jes 36–38 aber gerade nicht um eine Prophetenlegende handelt, hat bereits Budde, *Immanuelzeichen*, 43ff., nachgewiesen.

der Endgestalt des Textes gegeben.[217] Bestätigt wird diese Vermutung dadurch, dass die von Becker angeführte ‚Identität' von Jes 7,10 und

---

[217] Ebenso auch Høgenhaven, *Die symbolischen Namen*, 234f., der aufzeigt, dass erst eine deuteronomistische Redaktion das Gegenüber von Ahas und Hiskia in den Text eingetragen hat, was er in seiner Darstellung an der redaktionellen Ergänzung Jes 7,17 ausführt. Dass Jes 7 Jes 36–38 bekannt war, legt die gleichlautende Ortsangabe in Jes 7,3 und Jes 36,2 nahe. Die dort erwähnte Straße taucht in keinem anderen alttestamentlichen Zusammenhängen wieder auf, scheint aber für das Jerusalem der neuassyrischen Zeit eine hohe militärstrategische Bedeutung gehabt zu haben. So ist zu vermuten, dass zumindest Ahas die Militäranlagen Jerusalems inspizierte. Ist Jes 36–38 aber, wie nicht nur Becker, *Jesaja*, 220–222, feststellt, deuteronomistisch geschaffen und damit exilisch-nachexilisch an das Buch angefügt worden, bleibt zu erklären, warum diese Stelle, die bei späteren Verteidigungsaktionen keine Rolle mehr spielte, dem Verfasser von Jes 36–38 noch so bekannt war, dass er die Szene dort ansiedelte und sie dann auch in Jes 7 eingedrungen ist. Plausibler erscheint es, in Jes 7,3 eine Erinnerung aus neuassyrischer Zeit zu sehen, nach der die Ortsangabe Jes 36,2 geschaffen ist (vgl. dazu auch Menzies, *Faith*, 117). Zu diesem Thema vgl. auch Beuken, *Jesaja 1–12*, 187, der auf die Übereinstimmungen zwischen Jes 7 und Jes 36–38(39) verweist. Es wird auch an seiner Darstellung deutlich, dass die in Jes 36–38 geschilderte Person des Hiskija als späteres Gegenbild zu Ahas konstruiert wird. Erst durch die Typologie erhält die Darstellung des Ahas eine negative Konnotation. Jes 7 besagt lediglich, dass Ahas Angst vor einer kommenden Invasion hat, nicht aber, er würde dem Ratschlag des Jesaja nicht folgen. Dieses wird intertextuell erst durch die Hiskija-Erzählung Jes 36–38 in Jes 7 hineingelesen. Weiter gegen eine literarische Abhängigkeit Jes 7 von Jes 36–38(39) spricht eine Beobachtung von Høgenhaven, *Judean Foreign Policy*, 351: „It is generally, and with good reason, assumed that at some of these courts there were two conflicting parties, one advocating submission and the other pleading for resistance or revolt. As far as the kingdom of Judah is concerned, all indications are that King Ahaz was a strict advocate of the more cautious policy of submission, while his son and successor, Hezekiah, attempted to free himself from the Assyrian yoke by force. The material commonly attributed to First Isaiah contains texts in which the anti-assyrian acts of the Judean court are explicitly condemned. Isa. 30:1–5 attacks the rebellious Judeans who set out for Egypt without seeking Yahweh's counsel and declares that the protection of the Pharaoh will bring shame on them." Jes 36–38(39) entspricht demnach nicht der grundsätzlichen theo-politischen Aussage Jesajas. Jes 7 hingegen entspricht der Forderung des Propheten, wenn er auch auf einen zweifelnden König Ahas trifft. Das Gegenüber des gläubigen Hiskia und des ungläubigen Ahas ist demnach erst unter deuteronomistischen Einfluss denkbar. Die deuteronomistische Redaktion hebt gegen die grundsätzliche Tendenz des Textes das Glaubensmotiv hervor. Auslöser war der Abzug der Assyrer 701 v.Chr. Dieser Abzug rechtfertigte die Politik Hiskias, die sich jedoch nicht an den Forderungen Jesajas orientierte.

Ackroyd, *Reigns of Ahaz and Hezekiah*, 248–251, äußert Beobachtungen, die ebenfalls auf eine Abfassung Jes 7 vor Jes 36–39 weisen. Zunächst zeigt er auf, dass die Hochschätzung Hiskias in der nachexilischen Zeit zunimmt. Im Chronistischen Geschichtswerk wird Hiskia wesentlich idealisierter dargestellt, als dieses noch im Deuteronomistischen Geschichtswerk der Fall war: „It is in various ways clear that already in 2 Kings and still more clearly in 2 Chronicles, we are moving towards that glorification of Hezekiah as 'messiah' which appears in Jewish writings" (249). Weiter führt er an, Ahas werde in Jes 7 allein wegen des Mangels an Glauben mit

8,5 erst auf redaktioneller Ebene hergestellt wird.[218] Jes 8,5 ahmt Jes 7,10 in auffälliger Weise nach und verbindet zwei Prophetenworte, die nicht in unmittelbarem Zusammenhang gestanden haben müssen. Für eine mündliche Tradierung ist die Überleitung nicht notwendig. Anders verhält es sich mit Jes 7,10. Die beiden Abschnitte Jes 7,2–9.11–17* sind ohne die Überleitung in V10 nicht verständlich. D.h. die Überleitung muss ursprünglich zur Erzählung hinzugehören.[219] Stellt man Jes 7* und Jes 8* nebeneinander, wird deutlich, dass sich die Texte zwar mit demselben Ereignis, nämlich der Situation um den syrisch-ephraimitischen Krieg befassen, dem Textgehalt nach jedoch verschiedene Elemente aufnehmen und nicht identisch sind:

Jes 7	Jes 8
2–9a Bestandszusage an die davidische Dynastie durch ein Gotteswort; Offenlegung des Plans der aramäisch-israelitischen Koalition	1–4 Prophezeiung des nur kurzen Bestands der aramäisch-israelitischen Koalition[220] Zeitangabe: bis das Kind Vater und Mutter rufen kann
9b Glaubensforderung	
10 Überleitung zum zweiten Zeichen (Bestätigung)	5 Überleitung
11–14.16f. Ausgeschlagenes Zeichenangebot und von Jahwe gegebenes Zeichen mit einer Zeitbestimmung für die Dauer der Bedrohung Zeitangabe: bis das Kind weiß, Gutes und Böses zu unterscheiden	6–8 Warnung an Juda, nicht dem Plan der anti-assyrischen Koalition zu folgen
17b Ansage der Zerstörung Judas (redaktionell)	

dem Gericht Jahwes gedroht, nicht aber, weil er sich in politische Verstrickungen begeben hätte, wie es 2Kön 16 nahelegt. Jes 7 zielt also allein darauf, den göttlichen Schutz für Jerusalem und die davidische Dynastie zu betonen, der bei Fehlverhalten des Königs in das göttliche Gericht umschlagen kann. Es wird an der Darstellung Ackroyds deutlich, dass Jes 7 nicht auf Jes 36–39, sondern umgekehrt, Jes 36–39 auf Jes 7 hin abgefasst ist.

[218] Siehe dazu *2.4.1 Textkohärenz*, 75f.

[219] Vgl. *2.4.1 Textkohärenz*, 69–73.

[220] Gegen Beuken, *Jesaja*, 221, ist festzuhalten, dass sich ein inhaltlicher Unterschied zwischen den beiden Sohneszeichen in Jes 7 und Jes 8 nur bedingt feststellen lässt. Es ist zwar richtig beobachtet, dass das Orakel in Jes 7 auf den Bestand Samarias und Damaskus' zielt, das Orakel in Jes 8 jedoch deren Reichtum aufnehme. Doch wird damit ein Bild rezipiert, das durchaus als Synonym für militärische Erfolge geläufig war. Der von Beuken, *Jesaja 1–12*, 221, selber angeführte Text aus den *‚Annalen von Tiglat-Pileser III.‘* kann dieses Argument nicht entkräften: „Sie brachten

Aus der Gegenüberstellung der Grundschichten von Jes 7* und Jes 8* wird deutlich, dass die Texte keine parallele Komposition darstellen, sondern durchaus verschiedene Aspekte im Kontext des syrisch-ephraimitischen Krieges beschreiben.[221] Die Aneinanderreihung der Worte zeigt eine deutliche Zeitstruktur, die von der Ankündigung des Überfalls auf Jerusalem bis hin zur Warnung an den Teil der judäischen Bevölkerung, der die anti-assyrische Koalition unterstützt, reicht.

Der inhaltliche Bezug der Texte zum syrisch-ephraimitischen Krieg weist auf ihren Entstehungszeitpunkt hin: die Zeit um 733/32 v.Chr. Die Position des Propheten, die er in dieser Auseinandersetzung annimmt, ist eindeutig. Er sagt Juda Heil und Israel den Untergang an. Die Perspektive kommenden Unheils für das davidische Königshaus und damit für das Land Juda ist in dieser Phase noch nicht gegeben, auch wenn das Zögern Ahas' den Unmut des Propheten hervorruft. Einzige Konsequenz der Verhaltensweisen Ahas' ist die nochmalige Schutzzusage Jahwes an das von ihm erwählte Königshaus. Die Warnung, die Jesaja in Jes 8,6–8 ausspricht, richtet sich nicht gegen das Verhalten des Königs, sondern an die Gruppe in der judäischen Bevölkerung, die die anti-assyrische Koalition unterstützen. Dieser werden die Folgen einer solchen Politik vor Augen geführt. Damit bleibt der Prophet in seiner Kritik an dieser Gruppe seiner

meiner Herrschaft Gold, Silber, Kamele, Kamelstuten, allerlei Gewürzpflanzen als ihre Abgabe und sie küssten meine Füße" (*TUAT I/4*, 374–377). Die hier dargestellte Szene nimmt die Tributleistung unterworfener Völker auf, die entweder mit militärischen Mitteln besiegt wurden oder sich mit Tributzahlungen vor einer Okkupation schützen wollten. Auf eine solche Situation spielt Jes 8,4 nicht an. Vielmehr wird hier eine Plünderung nach einer Eroberung angesagt, die wiederum mit einer militärischen Niederlage, wie sie in Jes 7,16 geschildert wird, gleichzusetzen ist.

[221] Steck, *Verständnis*, 188–190, versucht, aus der s.E. parallelen Struktur von Jes 7,1–17 und 8,1–8a die Verständnisprobleme in Jes 7 zu beheben, indem er den Sinngehalt aus den eindeutigen Motiven in Jes 8,1–8a ableitet. Dass diese Strukturparallele nicht besteht, wurde oben gezeigt.

Ähnlich argumentiert auch Barthel, *Prophetenwort*, 154, der feststellt, Jes 7,1–17 ahme in seiner Endgestalt Jes 8,1–8 kompositorisch nach. Doch hält er fest, dass es sich in Jes 7 und 8 um zwei selbständige Zeichenhandlungen handelt, die das kommende Geschick der aramäisch-israelitischen Koalition veranschaulichen (188). Die unterschiedlichen Charaktere von Jes 7 und Jes 8 betont Sweeney, *Isaiah*, 150: „The Isaianic form of 7:2–17 and 20 emphasizes the promises of YHWH's protection that Isaiah conveyed to Ahaz, and 8:1–15 emphasizes the consequences that Isaiah projected once Ahaz rejected YHWH's protection." Weiter zu den Ähnlichkeiten und Unterschieden vgl. Sweeney, *Isaiah*, 170f.

Schutzaussage an die davidische Dynastie treu. Nur sie ist von Jahwe erwählt und damit das einzig legitimierte Herrschaftshaus in Jerusalem.

Problematisch erscheint in diesem Zusammenhang der schon von Becker angeführte Wechsel vom Ich-Bericht (Jes 6; 8,1–8) und Er-Bericht (Jes 7). Dieser weist darauf hin, dass die Texte entweder unterschiedlichen Ursprungs sind, oder eine der beiden Berichtsformen bewusst derart gestaltet wurde.[222]

Mehrfach wurde in der alttestamentlichen Forschung der Versuch unternommen, den formalen Unterschied zwischen Jes 7 und Jes 8,1–8 mittels zweier Textemendationen zu heilen.[223] Da Jes 7,1 allgemein, wie auch in dieser Untersuchung, als späterer Zusatz betrachtet wird, sind an zwei Stellen Veränderungen des Konsonantenbestandes notwendig, um aus dem Er-Bericht in Jes 7 einen Ich-Bericht werden zu lassen. In Jes 7,3 wäre an Stelle von אל־ישעיהו אלי zu lesen und in V13 ואמר statt ויאמר ישעיהו. Bezeugt sind diese Lesarten jedoch weder von hebräischen Handschriften, noch von antiken Übersetzungen, so dass mit einer Textänderung schon zu früher Zeit zu rechnen wäre. Eine solche nimmt Sweeney an: „The redaction transformed an autobiographical account of Isaiah's promises of deliverance of Ahaz

---

[222] Sweeney, *Isaiah*, 149, nennt Jes 7f. daher einen „edited text".

[223] Vgl. Kaiser, *Buch Jesaja I*, 117f. Zuletzt wurde diese Lösung auch von Sweeney, *Isaiah*, 152f., in Betracht gezogen, doch schränkt er folgendermaßen ein: „The first line of evidence, mentioned already, involves the 3rd-person instructional perspective on vv. 3–9. Because of the autobiographical context of 6:1–8:15, scholars frequently propose that the 3rd-person references to Isaiah in 7:3 should be emended to 1st-person references to Isaiah so that the entire narrative will be consistent. Unfortunately, this is not a fully adequate explanation, not only because no such reading appears in any text or version of Isaiah, but also because it does not resolve the problem of the instructional perspective of these verses. Obviously, this perspective conflicts with the 3rd-person reporting perspective of vv. 10–25 insofar as there is an abrupt transition from YHWH's instruction of Isaiah concerning his meeting with Ahaz to the report of the conversation that took place at that meeting in vv. 10–17. As 8:1–4 shows, Isaiah is fully capable of providing a consistent narrative framework in relation to his reports of instructions by YHWH, but such consistency does not appear here." So sieht Sweeney in der vorliegenden Form von Jes 7,2–9 eine redaktionelle Arbeit, die aus einem Ich-Bericht einen Er-Bericht gestaltet hat, um die Diskrepanz zwischen Ahas und Hesekija zu unterstreichen (Sweeney, *Isaiah*, 154). Eine Erklärung für die Form des Er-Berichts in Jes 7,1–17 bietet Görg, *Hiskija*, 112: „Innerhalb des Dialoges vollzieht sich also eine Konfrontation zwischen Prophet und König einerseits und vor allem zwischen *'ḤZ* und *YHWH* andererseits, deren Namen nicht ohne Grund den Bestand an EN erfüllen. Das Fehlen des prophetischen PN in V13a mag ein Fingerzeig dafür sein, auf welche Opposition es eigentlich ankommt."

during the Syro-Ephraimite War into a 3rd-person report of that encounter emphasizing Ahaz's rejection of the prophet's promises."[224] Eine redaktionsgeschichtliche Erklärung des Problems ist aber nicht zwingend notwendig, um das Nebeneinander von Ich- und Er-Bericht zu erklären. Blum führt zu dem Nebeneinander der beiden Berichtsformen an: „[. . .] die Prämisse der ursprünglichen Einheitlichkeit der grammatischen Person [ist] nicht mehr als ein Postulat, das für alte Schreiber alles andere als selbstevident gewesen sein dürfte. Jedenfalls gibt es gerade für den Wechsel zwischen der dritten und ersten Person, sei er strukturiert oder wahllos, genügend Beispiele in altorientalischen Texten".[225] Im Folgenden führt er dann die Untersuchung Mowinckels an, der dieses im Zusammenhang seiner Analyse der Esraerzählung an dem Siegesbericht *Ka-moses*, dem Buch Tobit, den Annalen *Hattušilis I.* (akkadische Fassung) und der *Tell-al-Rimah-Stele Adad-Niraris III.* aufzeigte.[226] Die in dieser Untersuchung gemachten Beobachtungen zur Entstehungsgeschichte der jesajanischen Denkschrift stimmen insofern mit Blums Annahme überein, als dass das Nebeneinander von Er- und Ich-Bericht für die Redaktoren, die die Denkschrift zusammengestellt haben, kein sichtliches Problem ergeben hat. Die Gegenüberstellung von Jes 7* und Jes 8,1–8* zeigte die redaktionelle Gestaltung von Jes 8,1–8* nach Jes 7*, indem mit Jes 8,5 die beiden Prophetenworte mittels der an Jes 7,10 angelehnten Überleitung zusammengefügt und damit in eine chronologische Reihenfolge gebrachte wurden. Mit dieser redaktionellen Zusammenstellung wurde die Erzählung von der Begegnung Jesajas mit König Ahas, wie sie in Jes 7,2–17* geschildert wird, mit den beiden Prophetenworten aus derselben Zeit in ein festes literarisches Gefüge gebracht. Hierzu noch einmal Blum: "In Jes 7f.* als einer selbständigen Schrift leuchtet im übrigen unmittelbar ein, daß sie im Er-Stil mit dem *Namen* des Propheten einsetzt."[227] Wie die Analyse von Jes 6* aufweisen konnte, wurde der Visions-Bericht, der auch in *1.pers.sg.* abgefasst ist, sekundär Jes 7f.* vorangestellt, so dass sich erst auf redaktioneller Ebene die Abfolge von Ich-Er-Ich-Bericht ergeben hat. Ob es sich dabei jedoch um eine gewollte Abfolge handelt, darf eher

[224] Sweeney, *Isaiah*, 150.
[225] Blum, *Testament I*, 553f. Anm.22.
[226] Vgl. Mowinckel, *Ezra-Nehemia III*, 81–88.
[227] Blum, *Testament I*, 553f. Anm.22.

bezweifelt werden. Vielmehr war wohl die Form der Vision ausschlaggebend für ihre Abfassung als Ich-Bericht. Der Gattung nach liegen in Jes 7f.* zwei verwandte, aber doch zu unterscheidende Gattung vor: „There is a problem, however, in the generic identification of this passage in that 7:1–9 appears as a 3rd-person narrative REPORT whereas 8:1–15 appears as a 1st-person autobiographical ACCOUNT.“[228] Dieser Unterschied weist auf eine zunächst getrennte Überlieferung der beiden Komplexe hin. Während der *narrative report* seinem Wesen nach eher von einer schriftlichen, als von einer mündlichen Überlieferung auszugehen ist, verhält es sich bei dem zunächst nur lose zusammenhängenden Spruchgut aus Jes 8* andersherum. Inhaltlich sind die beiden Sprüche in Jes 8,1–4.6–8 derart unterschiedlich, dass sie ohne weiteres unabhängig voneinander tradiert werden konnten. Außerdem sind die in ihnen verwendeten Motive (ungewöhnlicher Name des Kindes[229]; sanft fließendes Wasser gegenüber dem mächtigen Strom) so einprägsam, dass die mit ihnen verbundenen Prophetenworte leicht im Bewusstsein der Tradenten bleiben konnten. Bei dem dagegen eher komplex und stilisiert wirkenden Bericht in Jes 7* ist dieses schwieriger vorstellbar, so dass hier von einer schnelleren Verschriftung auszugehen ist. Zwei Textelemente sprechen schließlich dafür, dass Jes 8,1–8* an den Bericht in Jes 7* angeschlossen wurde:

- Jes 8,1–4 bietet wie Jes 7,3.14 den Namen eines Kindes, das der Verkündigung des Propheten dient.
- Jes 8,5 ist sprachlich in Anlehnung an Jes 7,10 gestaltet und bringt Jes 8,1–4.6–8 in eine ähnliche Abfolge, in der die beiden Zeichen in Jes 7,1–17* überliefert sind.

Mit der Zusammenfügung von Jes 7f.* wurde zeitnah zum syrisch-ephraimitischen Krieg eine erste schriftliche Zusammenstellung jesajanischer Worte und jesajanischer Wirksamkeit verfasst, die als Grundstock der Denkschrift oder präziser als *Bericht aus der Zeit des syrisch-ephraimitischen Krieges* anzusehen ist.[230]

---

[228] Sweeney, *Isaiah*, 148.

[229] Vgl. die Beobachtung von Høgenhaven, *Gott und Volk*, 79, der die Prägnanz der Kindernamen hervorhebt.

[230] Fraglich ist hier das Verständnis des Begriffs *Denkschrift*. Versteht man ihn im Sinne des von Budde geprägten Bildes, es handle sich um die schriftliche Überlieferung

4.2.5 *Zum Zusammenhang der Gottesworte*

Die vorstehenden Gottesworte, die sich durchgehend auf die Situation rund um den syrisch-ephraimitischen Krieg beziehen, zeigen inhaltlich eine Entwicklungslinie auf. Mit Jes 7,2–8a.9a sagt Jahwe der davidischen Dynastie den Bestand und den herandrängenden Feinden, die den Jerusalemer Herrscher durch einen von außen kommenden Usurpator ersetzen wollen, den Untergang an. Dabei bleibt der Zeitpunkt des Untergangs unklar. Allein die Tatsache, dass der von Rezin und Pekach gefasste Plan scheitern wird, da sie sich nicht weiter an der Spitze ihres Staates halten können, wird vom Propheten verkündet.

Das zweite Gotteswort, das Heilswort Immanuel, spricht in die fortschreitenden Kriegsvorbereitungen des Ahas von Juda hinein und besagt, dass diese Vorbereitungen nicht notwendig sind. Die befürchtete Belagerung Jerusalems wird nicht erfolgen, da Damaskus und Samaria schneller von einer dritten Macht vernichtet werden, als dass sie selber zum Angriff gegen Jerusalem ziehen können. Das zweite Auftreten des Propheten vor Ahas deutet darauf hin, dass Ahas der ersten Botschaft Jesajas nicht vertraut und stattdessen militärische Vorkehrungen trifft. Diese sind aber nach Jahwes Wort nicht notwendig.

So fasst Beuken zusammen: „In der ersten Episode liegt die Ankündigung, die militärische Aktion der beiden feindlichen Könige werde fehlschlagen (V7–9a), in die Mahnungen an Ahas (V4) und für das Haus David (V9b) eingebettet. Die zweite Ermahnung koppelt das Wohlergehen des Königshauses vom Untergang Arams und Efraims los. Deren Ende steht zwar fest, aber für den Bestand des

eines Propheten über die Zeit seiner Wirksamkeit, wie ihn Reventlow, *Denkschrift*, 66, m.E. zurecht kritisiert, dann kann dieser Begriff nicht weiter verwendet werden. Versteht man ihn jedoch als Bezeichnung eines begrenzten Textcorpus', in dem das Gedenken an (und nicht des) Propheten bewahrt bleibt, dann hat er durchaus seine Berechtigung. Damit wäre zu fragen, ab wann das Gedenken gewahrt ist. M.E. reicht es nicht aus, wenn Worte des Propheten tradiert werden. Das Gedenken schließt die Weitergabe seiner Intention mit ein, da aus ihr heraus erst die Bedeutung der Botschaft sowohl für seine Person, als auch für seine Umwelt sichtbar wird. Dieses wäre dann aber erst mit der Zufügung der Vision Jes 6 der Fall. Mit diesem Text erfährt die Wirksamkeit des Propheten eine Deutung, die über die faktische Ebene der Zukunftsansage hinausgeht. Daher wird die Sammlung Jes 7f.* hier als *Bericht aus der Zeit des syrisch-ephraimitischen Krieges* bezeichnet.

davidischen Hauses braucht es noch etwas anderes: Glauben (‚Vertrauen').“[231] Dieses Vertrauen basiert auf den göttlichen Zusagen bei der Inthronisation. Sie binden den Bestand der Dynastie an das Vertrauen auf die Erfüllung der Inthronisationszusagen. Nur wenn der Herrscher Jahwe Glauben schenkt und sich auf seine Zusagen verlässt, dann wird der Bestand des Königshauses gewahrt bleiben. Die Glaubensbedingung ist damit zeitlich unbestimmt und weist über das singuläre Ereignis hinaus. Nur in der Ausrichtung politischer Entscheidungen an den Inthronisationszusagen gelingt die Politik und gewährt Jahwe seinen Schutz.

Inhaltlich wiederholt Jesaja einen Teil seiner in Jes 7,10–14.16f. überbrachten Botschaft in Jes 8,1–4, indem er den Fortbestand der aramäisch-israelitischen Koalition verneint. Sie wird nun in kürzester Zeit Opfer eines anderen Herrschers werden. Nur wendet er sich dieses Mal an die Öffentlichkeit. Gegenüber der ersten Ansage hat sich der Zeitraum verändert. Der Name des Sohnes, der durch die Tafelaufschrift als Inhalt des Gotteswortes zu verstehen ist, zeigt die kurze Zeitspanne bis zur Eroberung Damaskus' und Samarias an. Die an die Öffentlichkeit gerichtete Botschaft Jesajas verdeutlicht, dass der Glaubensvorbehalt sich an das Königshaus richtet und so als Erinnerung an die eigenen Grundlagen zu verstehen ist. Dem Volk wird sie nicht entgegengebracht, sondern es wird allein die Tatsache geschildert, dass der befürchtete Krieg nicht eintreten wird. Daraus kann dann allerdings kein Rückschluss auf das Verhalten des Königs im Anschluss an die Gabe des Bestätigungszeichens in Jes 7,10–14.16f. gezogen werden. Der Überlieferung in 2Kön 15ff. zufolge richtete sich dieser schließlich an den neuassyrischen Herrscher, um ihn um Unterstützung gegen die Koalition zu bitten. Diese Aussage findet sich jedoch in Jes 7f. nicht.

Mit Jes 8,6–8 verändert sich die Perspektive. Aus der Heilsansage wird eine Warnung, die sich an die mit der aramäisch-israelitischen Koalition sympathisierenden Kreise wendet.[232] Jesaja warnt sie davor,

---

[231] Beuken, *Jesaja 1–12*, 188.

[232] In diesem Sinne kann auch das Gotteswort in Jes 8,1–4 verstanden werden. Die Untergangsansage an Samaria und Damaskus ist eine Warnung an die proaramäisch-israelitischen Kreise in Juda. Vgl. dazu Fohrer, *Jesaja*, 107: „Juda kann, da das Gericht Damaskus und Samaria als Schuldigen ereilen wird (8,4), wie die einer Schlacht Entronnenen bestehen bleiben, wenn die Judäer umkehren.“

der Koalitionspolitik zu folgen und damit die göttlichen Zusagen an die davidische Dynastie zu verwerfen. Die Folge eines solchen Handelns wäre eine assyrische Invasion, die Jahwe als Strafmacht in das Land holt.

Die Gottesworte in Jes 7,2–8a.9–14.16f.; 8,1–4.6–8 zeigen eine Entwicklung in der Botschaft des Propheten zur Zeit des syrisch-ephraimitischen Kriegs auf. Am Anfang steht die Bestandszusage an das davidische Herrscherhaus, die mit dem Untergang Damaskus' und Samarias verbunden ist. Diese wird mit dem Glaubensruf an die göttlichen Inthronsationszusagen gebunden. An diese schließt sich ein Bestätigungszeichen an, das König Ahas die Wahrhaftigkeit der göttlichen Zusage demonstrieren wird. Inhalt dieses Zeichens ist neben der Bestätigung eine Zeitangabe bis zum Untergang der Koalition. Einer anderen Hörerschaft wendet sich Jesaja mit der inhaltlich nahezu übereinstimmenden Untergangsansage an Damaskus und Samaria in Jes 8,1–4 zu. Als einziger Unterschied ist der Zeitabstand zwischen dem Wort Jahwes und dem Untergang festzuhalten. Er ist deutlich kürzer als bei der Zusage an das Herrscherhaus. Am Ende steht eine Warnung an Teile der Bevölkerung, sich den Aufstandsbewegungen der Koalition anzuschließen und den Sturz der davidischen Dynastie zu unterstützen. So ist die Grundaussage, die der Prophet in seiner Botschaft vertritt, der Bestand des judäischen Königtums, wenn sich die politische Führung des Landes gegen die aramäisch-israelitische Politik stellt und auf die Schutzzusage Jahwes vertraut.

4.3 Das Bild der Gottesherrschaft in der Grundschicht Jes 7,1–8,15

Jes 7,1–8,15* und damit der Verkündigung Jesajas zur Zeit des syrisch-ephraimitischen Krieges liegt das Bild des die Dynastie schützenden Gottes zugrunde.[233] Mit Jes 7,2–8a.9a sagt der Prophet König Ahas den Bestand seines Königshauses in der Situation des sich

[233] Gitay, *The Syro-Ephraimite War*, 225, betont die andere Seite der theopolitischen Position Jesajas: „Obviously, if Isaiah considers the Syro-Ephraimite war as God's punishment, he must reject the pro-Assyrian political orientation, which might revolutionize the current political situation."

anbahnenden Krieges zu. Dazu verwendet Jesaja eine Formel, die in der altorientalischen Literatur als Schutzzusage verschiedentlich auftritt. Mit אל־תירא wird der König an die in der Inthronisation gegebene Bestandszusage für sein Königtum und seine Dynastie erinnert. Bei der Inthronisation sagte Jahwe dem irdischen Herrscher Schutz gegen Feinde zu. Als Bedingung für den Bestand wird der Glaube/das Vertrauen des Königs an die Schutzzusage von Jahwe gefordert. Dieses drückt sich in dem Glaubensruf Jes 7,9b aus. Das in ihm geforderte Vertrauen bindet den Bestand des Königshauses an die Inthronisationszusagen zurück. Nur dann, wenn der König in seinen politischen Entscheidungen diesen Zusagen folgt, können die Zusagen auch eintreffen. Damit wiederum wird das Heilswort des Propheten in Jes 7,2–8a.9a nicht eingeschränkt, es wird nur an die aufgrund der Inthronisationszusage notwendige Verhaltensweise des irdischen Throninhabers zurückgebunden. Die Funktion des Glaubensrufs ist so als eine Erinnerung oder Ermahnung zu verstehen. Die göttliche Schutzzusage kann nur unter der Bedingung des Vertrauens bestehen bleiben. Das an diese Erinnerung oder Ermahnung anschließende göttliche Zeichen, innerhalb der Denkschrift das Immanuel-Zeichen, dient als Bestätigungszeichen. Es soll die göttliche Herkunft des ersten Wortes beweisen. Dies ist notwendig, da das Handeln des Königs gegen das erste Wort zielt und er damit diesem kein Vertrauen schenkt. Die fortlaufenden Kriegsvorbereitungen und der Vorwurf Jesajas an Ahas, Jahwe zu ermüden, deuten auf eben diesen Vorgang hin. Mit dem Zeichen wird Ahas sowohl der göttliche Schutz, als auch der zeitlich absehbare Untergang der aramäisch-israelitischen Koalition verkündet. Gleichzeitig wird dem davidischen Königshaus eine neue Blütezeit versprochen, die den Regierungszeiten Davids und Salomos entsprechen wird. Der göttliche Schutz wird also nicht nur zum Bestand des Herrscherhauses führen, sondern auch zur Restauration vergangener Zustände.

Mit dem dritten Wort (Jes 8,1–4) wendet sich Jesaja an die Öffentlichkeit und zeigt den baldigen Untergang der aramäisch-israelitischen Koalition an. Im Zusammenhang mit den beiden vorstehenden Gottesworten ist eine Kontinuität in der Verkündigung des Propheten zu sehen. Trotz des Zögerns des Königs bleibt der Inhalt der Botschaft derselbe: Die anti-assyrische Koalition wird nur von kurzem Bestand sein und bevor sie einen Angriff gegen Juda starten kann, wird sie dem assyrischen Heer zur Beute werden.

Dass sich Jesaja an die Öffentlichkeit wendet, hat neben dem bestätigenden Charakter eine weitere Funktion. Mit Jes 8,6–8 wird deutlich, dass es in Juda eine größere Gruppe gab, die die aramäisch-israelitische Politik unterstützte und damit die Installation eines neuen Herrscherhauses begrüßte.[234] Die in Jes 8,6–8 ausgesprochene Warnung wendet sich gegen diese Gruppe und zeigt ihr die Konsequenzen ihres Verhaltens an: der König von Assur wird das Land überfluten, d.h. seine Truppen werden das Land zerstören. Der Gang an die Öffentlichkeit bekommt damit eine vergleichbare Funktion: Jesaja warnt davor, denselben Fehler wie auch die beiden Nachbarstaaten zu machen, denn ihnen wird dieses Unheil drohen.

Mit dem Bild des von Jahwe gerufenen neuassyrischen Heeres als Gerichtsmittel greift Jesaja ein neues Element auf, das sich bereits in der Untersuchung der Grundschicht in Jes 6 andeutete. Die Universalisierung der Herrschaft Jahwes greift über die traditionellen Bilder des streitenden und thronenden Gottes hinaus in die Sphäre der Realpolitik. Diese wird als von Jahwe gewirkt verstanden. Dass er als der in Jerusalem thronende Königsgott Macht auch über die irdischen Machthaber hat, diese also in seinen Dienst stellen kann, weitet das Bild der Gottesherrschaft aus. Der zunächst auf Juda bezogene Machtbereich Jahwes wird zu einer weltweiten Herrschaft ausgedehnt. Diese manifestiert sich in den historischen Ereignissen, die Jesaja als göttliche Reaktionen auf die menschlichen Verhaltensweisen versteht. Damit ist Historie als Konsequenz der göttlichen Zusagen zu verstehen. Mit den Zusagen begründet Jahwe das Verhältnis zu König und Volk und bindet die Erfüllung an das Vertrauen, das den Zusagen entgegengebracht wird. Trifft dieses zu, gewährt Jahwe in der politischen Sphäre den Schutz und Bestand, den er verheißen hat. Halten sich König oder Volk jedoch nicht an diese Bedingung, dann wendet er sich in den historischen Ereignissen gegen sie, indem er fremde irdische Mächte als Gerichtswerkzeug gegen Juda sendet. Jahwe verhält sich in den weltpolitischen Konstellationen aktiv und liefert damit den militärisch unterlegenen Kleinstaat Juda nicht nur

---

[234] Vgl. Gitay, *Syro-Ephraimite War*, 222: „We have already realized that ‚the people' constitute an anit-Assyrian party, and, consequently, the royal court is seen as pro-Assyrian, in opposition to the people."

dem assyrischen Heer aus, sondern beauftragt sogar das fremdländische Heer mit der Verheerung. Geschichte ist somit für Jesaja der Ort, an dem sich göttliche Herrschaft ereignet.[235]

[235] Das hier entwickelte Bild der Interpretation der Weltgeschichte als Wille Jahwes stimmt mit den Beobachtungen von Holladay, *Assyrian Statecraft*, 43f., überein, der eine Fortentwicklung der Prophetie unter dem Aspekt der göttlichen Herrschaft sieht: „The radical changes in the conduct of ‚secular' imperial government to which Israel was exposed in the later part of the ninth century and early part of the eighth century *necessarily* brought about tensions in Israelite thinking about the modalities of *divine* rule – tensions which were all the more quickly resolved in favor of the new model since this ‚democratization' of responsibility already had deep-seated parallels in the institutions of the twelve-tribe league."

KAPITEL 5

DIE GRUNDSCHICHT IN JES 9,1–6

5.1 Der Retter aus der Unterdrückung und die kommende gerechte Herrschaft

Mit Jes 9,1–6 wird eine neue Situation innerhalb der Denkschrift geschildert. Während die Vision in Jes 6 auf die Beauftragung Jesajas durch Jahwe blickt und die Grundschicht in Jes 7,1–8,15 die Zeit des syrisch-ephraimitischen Krieges widerspiegelt, wird mit der Ansage eines kommenden Herrschers eine neue Zeitdimension erschlossen. Ist die Vision mit der Zeitangabe des Todesjahrs des Königs Ussia ein Ereignis der Vergangenheit, berichtet das Folgende von den politischen Ereignissen, die präsentischen Charakter haben. Mit Jes 9,1–6 wird der Blick auf die Zukunft ausgerichtet.[1] Was jetzt noch im Dunkeln liegt, wird dann aufstrahlen und als Licht am Horizont sichtbar sein.

Im Folgenden wird zunächst die Textstruktur untersucht, an der sichtbar werden wird, dass es innerhalb des Textes verschiedene Handlungsträger gibt, die in Relation zueinander stehen. Anschließend werden die in Jes 9,1–6 enthaltenen Herrschaftselemente analysiert.

5.1.1 *Die Textstruktur*

Der Text Jes 9,1–6 ist durch den Wechsel der *2.pers.sg.* (Jes 9,1–4) zur *3.pers.sg.* (Jes 9,5f.) untergliedert. Daneben ist der Text durch Kausalsätze strukturiert, die sich in drei כי-Konstruktionen ausdrükken. Sie geben die Gründe für den lauten Jubel an, der Jahwe entgegengebracht wird: 1. Befreiung aus der bestehenden Unterdrückung; 2. Zerstörung militärischer Macht; 3. Geburt und Inthronisation eines Herrschers, der für die Beibehaltung צדק-entsprechender Zustände in Juda sorgt.[2] Diese drei Gründe bilden ein notwendiges historisches

[1] Vgl. Budde, *Jesajas Erleben*, 118.

[2] Vgl. Kaiser, *Buch Jesaja I*, 199; Seebass, *Herrscherverheißungen*, 10: „Die drei כי in V. 3.4.5 demonstrieren grammatisch den Zusammenhang, da sie sich alle auf V. 1f zurückbeziehen.“

Kontinuum.[3] Die Inthronisation des Herrschers ist nur möglich, wenn die Oberherrschaft des Okkupanten gebrochen ist und eine Wiedererrichtung dieser Macht aufgrund fehlender militärischer Stärke nicht mehr möglich ist.

5.1.2 *Die Aufrichtung der Herrschaft*

Die Verwirklichung der Herrschaft des kommenden Herrschers in den Vv5f. liegt in der Erwartung der Aufrichtung צדק-entsprechender Zustände. Diese sind dann offensichtlich gegeben, wenn צדקה und משפט Grundsätze und Grundlage der Herrschaft sind.[4]

Der Begriff צדק spiegelt eine Rechtstradition wieder, deren Ursprung vor der Darstellung seiner Bedeutung für den Text Jes 9,1–6 im folgenden Exkurs untersucht wird:

Exkurs 2: Die Jerusalemer צדק-Tradition

Die traditionsgeschichtliche Bedeutung des Begriffs für Jerusalem ist nur an wenigen Punkten greifbar. Einen Hinweis auf die Bedeutung von צדק für die vorjahwistische Zeit in Jerusalem geben die beiden Namen der Stadtfürsten in Jerusalem in Gen 14,18; Ps 110,4 מלכי־צדק מלך שלם und Jos 10,1.3 אדני־צדק מלך ירושלם. Beide Namen bestehen aus einem Herrschaftstitel, an den als theophores Namenselement צדק angehängt ist.[5] Dieses deutet darauf hin, dass in Jerusalem in vorjahwistischer Zeit der Gott צדק als Stadtgottheit verehrt wurde. Eine religionsgeschichtliche Parallele zu der Erwähnung von צדק als Gottheit findet sich mit dem phönizischen Gott Συδυκ, die Philo von Byblos erwähnt.[6] Wie H.H. Schmid aufzeigt, wurde „Ṣdq an gewissen Orten und zu gewissen Zeiten wie die Maat personifiziert und zum göttlichen Exponent der (gerechten) Weltordnung gemacht."[7]

[3] Die Verwendung des *impf.cons.* deutet allein auf das Andauern einer Handlung oder auf eine Nachzeitigkeit zu dem vorherstehenden Ereignis hin (vgl. Gesenius/Kautzsch/Bergsträsser, *Hebräische Grammatik*, §107, 323–330).

[4] Zur Bedeutungsbreite von צדק/צדקה und משפט im Jesajabuch vgl. Williamson, *Variations*, 25.

[5] Vgl. H.H. Schmid, *Gerechtigkeit*, 74.

[6] Vgl. die von Philo von Byblos stammenden Texte bei H.H. Schmid, *Gerechtigkeit*, 75. Siehe dazu auch Rosenberg, *God*, 162f.; Batto, *Art. Zedeq*, 930f.

[7] H.H. Schmid, *Gerechtigkeit*, 75. Im selben Sinn Seebass, *Herrscherverheißungen*, 33:

Diese Vorstellung findet sich im Alten Testament in Ps 85. Nach Ps 85,12 blickt צדק vom Himmel herab,[8] nach V14 geht צדק vor Jahwe her. Ebenso weist Ps 85,11 auf Spuren der Gottheiten *Ṣädäq* und *Šalem* hin.[9] Der religionsgeschichtliche Hintergrund von der Vorstellung der Recht schaffenden Gottheit wird in den Ps 58 und 82 sichtbar: „Sie liegt in der Identifikation Jahwes mit dem für die Weltordnung verantwortlichen höchsten Gott."[10]

Welche Bedeutung der Begriff für das Jesajabuch hat,[11] wird durch einen Vergleich mit den beiden Bücher Hosea und Amos deutlich, da sie (in ihrem auf den jeweiligen Propheten zurückgehenden Grundbestand) älter sind als die älteste Schicht des Jesajabuches.

Betrachtet man die Belegstellen des Begriffs in den Büchern Hosea und Amos, fällt zunächst auf, dass er keine zentrale Rolle in diesen Büchern spielt. Er wird bei Hosea nur an zwei Stellen (Hos 2,21; 10,12) und bei Amos gar nicht verwendet.

Innerhalb des Hoseabuches tritt der Begriff erstmals in Hos 2,21 auf. Dabei gehört Hos 2,21 zu einer losen Reihung von Sprüchen und Spruchfragmenten in Hos 2,18–25, die an die Sammlung in Hos 2,4–17 angeschlossen wurden.[12] Daraus schließt Wolff, dass die Komposition einem Redaktor zuzuschreiben ist.[13] Schlüssig wird dieses durch die Intention der Sammlung: Die Vv18–20 nehmen die Auseinandersetzung mit der *Baʿal*-Verehrung in der Weise auf, dass

„Alttestamentlich findet man nicht das Konzept der Maat, aber der צדק steht ihr nahe."

[8] Vgl. zu dem Motiv Ps 14,2; 33,15; 80,15; 102,20. Dort wird dieselbe Aussage über Jahwe getroffen.

[9] Vgl. H.H. Schmid, *Gerechtigkeit*, 76.

[10] H.H. Schmid, *Gerechtigkeit*, 82.

[11] Vgl. Fohrer, *Jesaja*, 59f., der *Recht* und *Gerechtigkeit* den Maßstab der jesajanischen Prophetie nennt, an dem sich Heil oder Unheil unterscheidet. צדק und משפט im alttestamentlichen Schrifttum sind analog den mesopotamischen Gottheiten *Kittu* und *Mešaru* zu verstehen, die die Rechtsordnung und Rechtssicherheit verkörpern und aufrechterhalten (vgl. Rosenberg, *God*, 161f.172, Høgenhaven, *Gott und Volk*, 55). Dabei wurde צדק „allmählich mit Jahwe identifiziert, was aus Ps. 17,1 zu ersehen ist, teils als Manifestationsform oder Hypostase Jahwes verstanden" (Høgenhaven, *Gott und Volk*, 55; vgl. auch Ringgren, *Word and Wisdom*, 83–88). Im selben Sinne ist auch Wildberger, *Jesaja I*, 451, zu verstehen: „In Ägypten entspricht dem hebr. צדק in etwa der Begriff Maat (*mȝʿ.t*): Sie ist die Gabe der Gottheit an den König: ‚Ich (Horus) gebe dir die Maat in dein Herz, um sie zu üben.'"

[12] Eine Zuordnung dieser Komposition zum Schülerkreis, der die Kap. 4–14 zusammengestellt hat, ist m.E. nicht zu erkennen (ebenso Jeremias, *Art. Hosea/Hoseabuch*, 592).

[13] Wolff, *Hosea*, 58.

diese als vergangenes Faktum beurteilt wird. Dieses geschieht, indem Jahwe einen Bund zwischen den Menschen und der Natur aufrichtet, damit also eine Funktion *Ba'als* in veränderter Form übernimmt. Dieser Bund wird dann in V21 als ewige Heilsverheißung interpretiert. צדק und משפט sind dabei Teil des Bundes, den Jahwe neu stiften wird. Ziel der Verheißung ist das heilvolle Ende.[14] Dieser Bund wird in Hos 3 nicht erneut erwähnt, vielmehr wird die unbedingte Unheilsansage aus Hos 1 wieder aufgenommen. Er ist also redaktionell eingefügt. Auch der Zusammenhang zwischen den Vv18–20 und den Vv21f. ist sekundär: Der Personenwechsel in V21 gegenüber V19 weist auf eine Spannung zu den Einheiten Vv18–20 und Vv21f. hin. Die Vv21f. bilden eine Erweiterung der Vv18–20. Der in Hos 2,20 angedeutete Natur- und Friedensbund wird mit Hos 2,21 in einen eschatologischen Zusammenhang gestellt. Damit ist Hos 2,21 als redaktionelle Erweiterung des Grundbestandes anzusehen und nicht zum ursprünglichen Spruchgut des Propheten zu rechnen.

Die zweite Erwähnung in Hos 10,12 steht innerhalb einer Unheilsansage an Israel, das für sein verfehltes soziales und kultisches Verhalten bestraft wird. Dabei wird in V11 das Bild der jungen Kuh gezeichnet, die zum Pflügen eingespannt wird. Dieses hebt sich zwar nicht thematisch, aber doch in der verwendeten Bildsprache vom zuvor Stehenden ab. Mitten in der Unheilsansage Vv11.13–15 wird mit V12 die Möglichkeit geboten, das Unheil durch ein verändertes Verhalten abzuwenden. Das angekündigte Unheil ist damit keine unabwendbare Folge. Bereits V11 scheint um V11c erweitert zu sein, da in ihm nicht nur das Nordreich, sondern auch Juda angesprochen wird. Der in V12 stehende Aufruf zur Verhaltensänderung wird mit dieser Beobachtung verständlich: Während das Nordreich bereits untergegangen ist und die Bevölkerung zum Teil mit einer neuen Oberschicht leben muss, zum Teil deportiert wurde oder zum Teil geflohen ist, erhält Juda mit der Botschaft des Propheten noch eine Chance. Das Unheil ist abwendbar, wenn sich das Verhalten des Volkes verändert. Maßstab für das evtl. kommende Gericht ist der צדק Jahwes, der dann über das Volk kommt, wenn es nicht in der Lage ist, selber mit geübter Gerechtigkeit (צדקה) zu handeln. Hos 10,12 ist somit eine redaktionelle Ergänzung nach 722 v.Chr., die auf die Verhältnisse der Zeit bis 587/86 v.Chr. anspielt.

[14] So Wolff, *Hosea*, 67.

So ist festzuhalten, dass צדק als Thema der Prophetie Amos' und Hoseas nicht belegt ist. Die beiden Belegstellen im Hoseabuch (2,21; 10,12) haben sich bei näherer Betrachtung als redaktionelle Ergänzungen erwiesen. Frühestens spätvorexilisch (10,12), wahrscheinlich aber erst exilisch (10,12) oder nachexilisch (2,21) wurden sie in das Hoseabuch eingetragen. So finden wir eine Auseinandersetzung mit dem צדק Jahwes erstmals im Jesajabuch.

Da צדק in der vorjesajanischen Prophetie, die sich an das Nordreich wendete, fehlt, ist anzunehmen, dass sie als vordavidische Tradition im Jerusalemer Kult gepflegt wurde.[15] „Die Verbindung mit *mlk*, dem Titel des höchsten Gottes, weist auf die Zusammengehörigkeit von Ṣädäq und Weltordnung."[16] „Wenn Ps 17,1 zu übersetzen ist ‚Jahwe, Ṣädäq, höre . . .' und einen Anruf, in dem zwei Namen dieselbe Person meinen, darstellt, wenn Jesaja Jerusalem als עיר הצדק bezeichnet (1,26), in der צדק wohnte (1,21), wenn Jeremia (31,23) von Juda und seinen Städten als vom נוה צדק (par. הר קדוש) spricht, wenn nach Jer 23,6 = 33,16 der Heils-König ‚Jahwe, unser צדק' heißt, dann zeigen sich darin nicht nur wieder Reste der Verehrung eines Gottes Ṣädäq, sondern es wird auch deutlich, daß dieser – im kanaanäischen Raum – besonders in Jerusalem verehrt worden sein muß."[17] Der Name des von David übernommenen Priesters Zadok weist dieselbe Wurzel auf und ist auf die im vorjahwistischen Jerusalem verehrte Gottheit zurückzuführen.[18] Diese Verehrung der Gottheit צדק ging im Jahwismus auf, so dass צדק keine eigenständige Gottheit darstellt, sondern ein Wesenszug Jahwes ist.

Anders als צדק tritt צדקה in der vorjesajanischen Prophetie mehrfach auf. Zwar werden die Begriffe צדק und צדקה im Alten Testament häufig synonym verwendet, woraus Snaith, Kautzsch und Fahlgren[19] folgern, dass sich ein entscheidender Bedeutungsunterschied nicht feststellen lässt, doch zeigen die Untersuchungen von Jepsen, H.H.

---

[15] Vgl. dazu Wildberger, *Jesaja I*, 59; Keel/Uehlinger, *Jahwe und die Sonnengottheit*, 275. Auf die solare Konnotation dieser Vorstellung spielt Janowski, *Sonnengott*, 217, an. Er sieht die Jerusalemer צדק-Tradition als den Kontext an, in dem Jahwe als Spender von Recht und Gerechtigkeit im Rahmen der prophetischen Gesellschafts- und Normenkritik proklamiert wurde.

[16] H.H. Schmid, *Gerechtigkeit*, 74.

[17] H.H. Schmid, *Gerechtigkeit*, 76f.

[18] Vgl. Rosenberg, *God*, 167.

[19] Vgl. Fahlgren, *Begriffe*, 78; Kautzsch, *Derivate*; Snaith, *Destructive Ideas*, 72.

Schmid und Johnson[20] Differenzen auf. Jepsen kommt in seiner sprachlichen Analyse zu dem Schluss, dass צדק auf die richtige Ordnung zielt, „צדקה auf ein rechtes Verhalten, das auf Ordnung“[21] ausgerichtet ist. H.H. Schmid führt diese These weiter aus und formuliert sein Ergebnis folgendermaßen: „Das Substantiv צדק bezeichnet ursprünglich die kosmische Ordnung, die sich in Weisheit, Recht usf. konkretisiert und vom König im Rahmen des Irdischen gewährleistet wird, צדקה dementsprechend das in diesem Horizont ordnungsgemäße oder sogar ordnungsschaffende Verhalten oder Handeln.“[22] Während Jepsen und H.H. Schmid in ihren Untersuchungen die Ergebnisse mittels der Zusammenstellung von Belegstellen erzielen, verfolgt Johnson eine grammatische Analyse. Er zeigt anhand der von Nyberg geäußerten These, dass Femininbildungen entweder als Kollektivbildungen oder als Individualbildungen (der Worte, die ohne Femininbildung eine kollektive Bedeutung haben,) dienen.[23] צדק und צדקה entsprechen dem zweiten Fall, so die These Johnsons: „Ṣädäq wäre dann die Gerechtigkeit als solche, Gerechtigkeit als allgemeiner Begriff, und Ṣedaqa was sich in der konkreten Situation als Gerechtigkeit bewährt.“[24] Oder vereinfacht ausgedrückt repräsentiert צדק die Gerechtigkeit schlechthin, während צדקה ausgeübter צדק ist.[25] Dabei fällt auf, dass צדק oft mit Jahwe verbunden wird und er dem Volk Israel zuteil wird (vgl. Ps 48,11; Jes 41,10; Jer 50,7 u.a.). Bei der Analyse der beiden Begriffe zeigt sich auf dem von H.H. Schmid postulierten kanaanäischen Hintergrund: צדק ist mit der göttlichen Sphäre so verbunden, wie צדקה mit der menschlichen. צדקה ist so als nichts anderes zu verstehen, als der irdisch wirksame צדק Jahwes. Auswirkung der Durchsetzung des צדק ist schließlich die Aufrichtung von משפט, von gemeinschaftsförderlicher und gerichtlich wirksamer Gerechtigkeit (Ps 94,15).[26] [Ende des Exkurses]

---

[20] Vgl. Jepsen, צדק; H.H. Schmid, *Gerechtigkeit*; Johnson, *Bedeutungsunterschied*.

[21] Jepsen, צדק, 80.

[22] H.H. Schmid, *Gerechtigkeit*, 67. Vgl. hierzu aus früherer Zeit auch Procksch, *Jesaja*, 149.

[23] Vgl. Nyberg, *Hebreisk grammatik*, §73, 199ff.

[24] Johnson, *Bedeutungsunterschied*, 32f.

[25] Vgl. Johnson, *Bedeutungsunterschied*, 35.

[26] Vgl. Johnson, *Bedeutungsunterschied*, 39. Zur vollen Weite der Bedeutung von צדק vgl. Assmann/Janowski/Welker, *Richten und Retten*, 232: „Mit dem Begriff ‚Gerechtigkeit‘ ist der Aspekt der Gemeinschaft in ihrer religiösen, politisch-sozialen und anthropologischen Dimension mitgesetzt, so daß unter Gerechtigkeit ‚gemeinschaftsgerech-

[Fortsetzung von 5.1.2 Die Aufrichtung der Herrschaft]
Mit der Ansage in Jes 9,6, die Herrschaft des kommenden Herrschers werde von צדקה und משפט gekennzeichnet sein, ist die Herstellung Gott gewollter Verhältnisse intendiert. Damit zielt die Ansage des kommenden Herrschers auf die Verwirklichung des Zustands, der mit der Aufrichtung der davidischen Dynastie begründet wurde. Mit der Erwählung des Königshauses übernahm dieses die Aufgabe, Jahwes Ordnung in der judäischen Gesellschaft durchzusetzen. Dieses aber konnte nur partiell geschehen. In der Weissagung wird durch die Erwartung מעתה ועד־עולם die göttliche Ordnung als dauerhafter Zustand angekündigt.[27]

Mit der Gründung der Herrschaft auf צדקה und משפט nimmt die Zukunftsansage über den künftigen Herrscher ein Motiv auf, mit dem die judäische Königsherrschaft auf Jahwe zurückgeführt wird. Die im Zusammenhang mit der Königsproklamation stehende Bitte von Ps 72,1–7 zeigt dieses an:

> [1]Für Salomo: Gott, deine Rechtssprüche gib dem König und deine geübte Gerechtigkeit dem Sohn des Königs. [2]Er wird dein Volk mit Gerechtigkeit richten und deine Elenden mit Rechtsspruch. [3]Die Berge werden Šalom für das Volk erheben und Hügel werden mit geübter Gerechtigkeit sein. [4]Er wird die Armen des Volkes richten, er wird die Herzen der Leidenden retten und wird Bedrückung zerschlagen. [5]Er wird dich mit Šamaš fürchten und vor Jareaḫ Menschenalter um Menschenalter. [6]Er fällt wie Nieselregen auf Heu, wie starker Regen auf das Land hinab. [7]Es wird in seinen Tagen Recht hervorkommen und Fülle des Friedens bis zum Ende Jareaḫs.

Die Bitte von Ps 72, die als Teil der judäischen Königsideologie zu verstehen ist, zeigt den Machtbereich des irdischen Herrschers, in dem dieser auf die Errichtung und Einhaltung von צדק zielt. Aufgabe des Königs ist die Umsetzung und nicht die Konstituierung von Recht. Dieses bleibt Jahwe vorbehalten. Der König aber wird in

tes Handeln‘ oder ‚Gemeinschaftstreue‘ zu verstehen ist.“ Auf das davidische Königshaus führt Cazelles, *Jesajas kallelse*, 45, צדק und משפט zurück, da die altorientalischen Quellen immer wieder einen Zusammenhang zwischen Königshaus und Rechtstradition aufweisen: „Liksom *kittu* och *mēšaru* var grundvalarna för Hammurabis kungadöme, *ṣdq* och *mšr* för det feniciska kungadömet (Jeḥimilk), var *mišpāṭ* och *ṣ*ᵉ*dāqāh* grunden för den davidiska ätten som härstammade från Abraham (Gen. 18:19). Dessutom har *rōš*-stenen ett nära samband med davididen Serubbabel i Sak. 4:7.“

[27] Vgl. Barth, *Jesaja-Worte*, 166f.

seinem Herrschaftsbereich auf die Durchsetzung der göttlichen Ordnung beschränkt.[28]

Von der Königsideologie in Ps 72 herkommend ist in der Analyse von Jes 9,6 der Blick ebenfalls auf den Machtbereich des Königs zu richten. Der in Jes 9,5f. angekündigte neue Herrscher wird als derjenige bezeichnet, der in der Lage ist, das in Ps 72,1–7 Beschriebene in die Tat umzusetzen. Er zeichnet sich also gerade durch die Umsetzung von צדק in צדקה und משפט als der aus, den Jahwe auf den Thron in Jerusalem gesetzt hat. Die Konzentration des königlichen Machtbereichs auf die Umsetzung von צדק in צדקה und משפט ist als Kriterium zu verstehen, nach dem die realpolitische Machtausübung des Königs zu beurteilen ist. Die Qualität seiner Macht lässt sich demnach an seiner Fähigkeit messen, dem göttlichen Auftrag gerecht zu werden. שלום als Zielpunkt der Herrschaft ist damit als der hergestellte צדק-entsprechende Zustand zu verstehen, d.h. שלום ist nach Ps 72,3 dann erreicht, wenn der herrschende König die göttliche Ordnung installiert und dauerhaft umsetzt.[29] Die Folge seiner צדק-entsprechenden Machtausübung ist nach Ps 72,8–11 die Gabe der Herrschaft über die gesamte Erde. Versteht er es also, sich als der צדק-entsprechende König in Jerusalem zu erweisen, wird er mit der Umsetzung der göttlichen Ordnung auf der gesamten Erde betraut.

Dieses Herrschaftsverständnis entspricht weisheitlichen Gedanken über das Königtum, wie es vor allem in den Sprüchen Spr 16,12; 20,28; 25,5 zu finden ist:

> **16[12]** Ein Gräuel für Könige ist das Tun von Frevel,
> denn durch Gerechtigkeit ist der Thron fest gegründet.[30]

---

[28] Vgl. H.H. Schmid, *Gerechtigkeit*, 83, der in der Ausübung von צדק die Konkretisierung der gottgegebenen königlichen Macht sieht.

[29] Vgl. Wildberger, *Jesaja I*, 384: „שלום gründet in Stabilität der Ordnung, welche die Möglichkeit einer gedeihlichen Entwicklung eröffnet." Wildberger zeigt in seiner Interpretation von שלום an, dass er das in Jes 9,6 dargestellte Bild völlig unter dem Eindruck des Namens שׂר־שלום steht, den er auf die militärischen Aufgaben beschränkt. Doch nicht allein die Schaffung des politischen Friedens ist die Voraussetzung für die Umsetzung von צדקה und משפט, sondern das Verwirklichen von צדקה und משפח schafft שלום. Vgl. auch Zenger, *Einleitung*, 330: „Weisheitliche Lebenskunst besteht darin, die allumfassende Ordnung im *Lebensvollzug* zu erkennen und durch das Tun von ‚Gerechtigkeit' zu festigen (Axiom: Gerechtigkeit schafft *šālōm* ‚Heil, Frieden')."

[30] Zur Bedeutung des Spruchs innerhalb der Jerusalemer Königsideologie siehe Janowski, *Sonnengott*, 214. Das Motiv des auf Gerechtigkeit gegründeten Throns findet sich neben den vier alttestamentlichen Belegen in Ägpypten wieder. *mɜʿt* als die die

20[28] Gunst und Beständigkeit bewachen den König,
und er stützt durch Gunst[31] seinen Thron.

25[5] Etwas vor den König zu bringen[32] ist Frevel,
aber sein Thron ist auf Gerechtigkeit gestützt.[33]

Die angeführten Sprüche zeigen im weisheitlichen Zusammenhang die Funktion des Königs auf. Da seine Herrschaft auf צדק gegründet ist, ist ihm Frevel fremd (Spr 16,12; 20,28). Sein Urteil, das aufgrund seiner göttlich gegebenen Herrschaft der gesellschaftlichen Ordnung entspricht, hebt den Frevel im Sinne der Gesellschaftsordnung auf.

Dass der Begründungszusammenhang von Weisheit und Gerechtigkeit über die Grenzen Judas hinaus bekannt ist, zeigt die Königsinschrift des ‚*Panamuwa II. von J'DJ*' (verfasst in der 2. Hälfte des 8.Jh.s v.Chr.[34]), in der von einer Verschwörung gegen die assyrische Oberherrschaft berichtet wird:

Gerechtigkeit repräsentierende Gottheit wird als Hieroglyphe auch als Thronsockel dargestellt (vgl. Brunner, *Gerechtigkeit*, 426). Der Thronsockel repräsentiert den Urhügel, den „ersten Flecken[s] fester Erde, von dem aus Gott sein Schöpfungswerk, als die Ordnung der Welt durch Trennung der Elemente und Setzen von ordnenden Grenzen, vorgenommen hat" (Brunner, *Gerechtigkeit*, 426). Zwar räumt Brunner ein, dass *mꜣꜥt* eine doppelte Bedeutung hatte (Thronsockel und Gerechtigkeit/Recht/Ordnung), doch sei anzunehmen, „dass die Ägypter den inneren Zusammenhang dieser beiden Wörter immer gegenwärtig hatten" (427). Aufgrund dieser Parallele folgert Brunner, *Gerechtigkeit*, 428, dass die alttestamentliche Vorstellung der Thrones, der auf צדק resp. צדקה gegründet ist, auf ägyptisches Traditionsgut zurückgeht.

[31] Die von den Hgg. der BHS für diese Stelle vorgeschlagene Textemendation in Angleichung an Spr 16,12; 25,5 ist m.E. nicht notwendig (vgl. dazu H.H. Schmid, *Gerechtigkeit*, 84, der die Textemendation ohne Kommentar aufnimmt), da die Aussage auch ohne die Textemendation verständlich ist und es für die Emendation keine Textzeugen gibt.

[32] Die Form הגו ist von הגה II abzuleiten und demnach *inf.abs.* (vgl. Gesenius, *Handwörterbuch*, 173; Gesenius/Donner, *Handwörterbuch*[18], 282).

[33] Die weisheitlichen Aussagen nehmen in ihrem Verständnis der begründeten Herrschaft die ägyptische Vorstellung auf, dass der Königsthron auf *mꜣꜥt* gegründet ist, die Herrschaft also von der in ihr wohnenden Ordnung bestimmt und getragen ist. Selben Inhalts, aber anderen Ursprungs ist die an mesopotamische Vorbilder erinnernde Tradition in Ps 89,15: צדק ומשפט מכון כסאך (Gerechtigkeit und Rechtsspruch sind der Sockel Deines Throns). Deutlich wird an dieser Spannung, dass in Juda mesopotamische und ägyptische Traditionen nebeneinander existieren konnten, ohne miteinander in Konkurrenz zu treten. Vielmehr ist hier von einem zeitlichen Einfluss auf die judäische Königsideologie auszugehen, in die die Motive der das Land beeinflussenden Kultur aufgenommen und in die eigenen Vorstellungen integriert wurden.

[34] Zur Datierung zwischen 733/32 und 727 v.Chr. vgl. *KAI II*, 223. Hallo, *Context*

10 Und in den Tagen meines Vaters Panamu setzte er Herren von Siedlungen und Herren von Streitwagen und er ließ meinen Vater Panamu inmitten mächtiger Könige sitzen [. . .].	10 וביומי אבי פנמו שם מת בעלי כפירי ובעלי רכב[35] והושב אבי פנמו במצעת מלכי כבר [. . . א]
s11 Mein Vater, sei es, dass er Besitzer von Silber oder Besitzer von Gold war, durch seine Weisheit und seine Gerechtigkeit[36], darum ergriff er den Gewandsaum[37] seines Herrn, des Königs von Assur.	11 בי לו בעל כסף הא ולו בעל זהב [38]בחכמתה ובצדקה פי אחז בכנף מראה מלך אשור

Auch in diesem Text wird der Zusammenhang von Weisheit (חכמה) und Gerechtigkeit (צדק) als notwendige Fähigkeiten des Königs angesehen. Nur weil er diese Fähigkeiten besitzt, ist er in der Lage, seinem Land und dessen Bewohnern keinen Schaden zuzufügen, sondern zu dessen Wohle auf eine Teilnahme an einer anti-assyrischen Koalition zu verzichten und stattdessen sich dem neuassyrischen König erneut zu unterwerfen.

Im Bezug auf Jes 9,6 wird an der Zusammenstellung der biblischen Belege und des außerbiblischen Textes die Bedeutung der צדק-entsprechenden Ausrichtung des Königtums sichtbar. Der König nimmt, indem er sich auf den von Gott gegebenen צדק stützt, die weisheitlichen Zusammenhänge auf, die ihm eine gelingende und gerechte Herrschaft ermöglichen. Mit dieser Ausrichtung auf die göttliche Ordnung begründet er eine Herrschaftsform, in der die Rechtlosen der Gesellschaft unter seinem Schutz stehen und durch seine Vertretung

II, 158; Tropper, *Inschriften von Zincirli*, 98, verbindet den Tod Panamuwas II. mit dem Kriegszug Tiglath-Pileser III. 733/2 v.Chr. Ursprünglich sollte die Statue, auf der sich die Inschrift befindet, wohl vor dem Eingang des Grabes Panamuwas aufgestellt werden (vgl. Hallo, *Context II*, 158). Der Form nach handelt es sich bei der Inschrift um ein *memorial* (so Hallo, *Context II*, 158) bzw. eine *Gedenkinschrift* (so Tropper, *Inschriften von Zincirli*, 99).

35 Tropper, *Inschriften von Zincirli*, 117: „*rk*b*: Das zweite Zeichen ist eindeutig als {k} zu identifizieren [. . .]."

36 Die Übersetzung von *KAI II*, 224 (ebenso auch *TUAT I/6*, 629; Hallo, *Context II*, 159; Tropper, *Inschriften von Zincirli*, 100), ist hinsichtlich des Ausdrucks ‚Loyalität' bzw. ‚pflichtbewußtes Verhalten' (Tropper, *Inschriften von Zincirli*, 100) missverständlich. Es geht hier konkret um herrscherliche Gerechtigkeit bzw. gemeinschaftsgemäßes Verhalten. Vgl. zu diesem Zusammenhang H.H. Schmid, *Gerechtigkeit*, 73f.

37 Die Formulierung אחז בכנף drückt entsprechend dem akkadischen *sissikta ṣabātu* den Vasallenstatus aus (vgl. *KAI II*, 227; Hallo *Context II*, 159 Anm. 24).

38 Text aus *KAI I*, 40.

die Rechtsfähigkeit erhalten.[39] Die diesen Zustand erreichende Herrschaft verwirklicht das Ziel der göttlichen Herrschaft: שׁלום. Als Herrscher, der dazu fähig ist, wird das neugeborene Kind bezeichnet.[40]

---

[39] Dieses bedeutet wiederum, dass der König die Rechtlosen dann schützt, wenn ihnen Recht genommen wird. Im Falle, dass sie gegen das geltende Recht verstoßen, erhalten sie durch seinen Schutz dieselbe Stellung vor Gericht wie alle rechtsfähigen Subjekte. Vgl. auch die Interpretation von Wildberger, *Jesaja I*, 385.

[40] Gegen den Bezug der Namen auf das Wirken des Kindes spricht sich Goldingay, *Compound Name*, 241f. aus. Aus der Form der hebräischen Namensbildung leitet er einen Bezug der Namen auf Jahwe ab: „We have seen that in Isa 10:21 *ʾel gibbôr* definitely refers to Yhwh, and this is the natural reference of the phrase in 9:5(6). Also, to say that someone is 'one who plans a wonder' (*peleʾ yôʿēṣ*) is in itself to describe that person in divine terms, not least in the book called Isaiah; for the sarcasm in 5:19 presupposes that making plans and fulfilling them is a specialty of Yhwh. 'Father', particularly 'everlasting father' (*ʾăbî-ʿad*), is otherwise uninstanced as a title for a king but is entirely intelligible as a title for God. All this suggests that the child's name in Isa 9:5(6) is a description of his God rather than of the child himself" (241f.). Gegen Goldingays These sprechen jedoch folgende Dinge: 1. Zwar wird Jahwe in Jes 10,21 ebenfalls אל גבור (spätere Ergänzung vgl. Beuken, *Jesaja 1–12*, 289–291), jedoch sind die anderen Namen nicht für Jahwe belegt. Die Namen weisen, abgesehen von אב־עד kein theophores Element auf, was zu erwarten wäre, würde sich das mit dem Namen bezeichnete auf Jahwe beziehen. אב־עד wiederum bezieht sich auf die Wirksamkeit Jahwes, der für den König als ewiger Vater verstanden wird. Der von Goldingay angeführte Vergleichsname מהר שׁלל חשׁ בז, der ebenfalls kein theophores Element enthält, bezieht sich nicht auf Gottes Wirken. Im Kontext Jes 8,1–4 wird mit dem Namen der aramäisch-israelitischen Koalition der Untergang angesagt. Dass Jahwe ihn bewirken wird, wird an keiner Stelle erwähnt. Vielmehr wird mit ihm auf die neuassyrische Expansion angespielt, die die Koalition nicht aufhalten kann. Erst mit der redaktionellen Zusammenfügung mit Jes 8,6–8 wird die Vorstellung in den Text getragen, Jahwe würde den Untergang Damaskus' und Israels bewirken, in dem er den neuassyrischen Herrscher beauftragen wird. Auch in Jes 7,8a.9 wird Damaskus und Israel der Untergang angesagt und die Wirksamkeit Jahwes wird auf den Schutz für die davidische Dynastie beschränkt. 3. M.E. entscheidend ist gegen Goldingay der Inhalt der judäischen Königsideologie anzuführen. Nach Ps 72,2–4 ist es Aufgabe des Königs, mit צדקה und משׁפט für die Aufrichtung von שׁלום zu sorgen. In Jes 9,5f. wird die Aufrichtung des Königreiches und damit des Raumes, in dem שׁלום wirksam ist, mit dem Inhalt der Namen verbunden. Es ist die Aufgabe des Königs, die von seinen Fähigkeiten abhängig ist. Wie sich im Folgenden zeigen wird, wird der neue König als Gegenüber zu Tiglath-Pileser III. verstanden, dessen Titel ihm beigelegt werden. Diese sind auf den König und nicht auf Gott bezogen. Jes 9,5f. legt seinen Schwerpunkt nicht darauf, Jahwe als Gegenüber zu Tiglath-Pileser III. zu zeichnen, sondern vielmehr die Nutzung der mit den Namen genannten Fähigkeiten zu beschreiben. Wenn ein König so genannt wird, was die Formel ויקרא שׁמו eindeutig zeigt, dann soll er diese Fähigkeiten im Sinne des von Jahwe eingesetzten Königtums zum Wohle des judäischen Volkes und zum Schutz der Rechtlosen und Armen einsetzen, wie es Ps 72,2.4 beschreibt.

Goldingay, *Compound Name*, 243, übernimmt zudem die von Luzzatto, *Il profeta Iasaia*, 131–133, 1867 geäußerte These, die vier Namen seien als zwei Sätze zu verstehen. „Given that the two middle phrases are indeed the ones that apply

Die Ansage des Königs, dessen Herrschaft die Erfüllung der צדק-entsprechenden Ordnung in Juda bringen wird, ist verbunden mit der Gabe von vier Namen, die das neugeborene Kind charakterisieren.[41] Die traditionsgeschichtliche Herkunft der Namensgebung in

---

most distinctively to God, we might then most plausible take the four as a characteristic prophetic chiasm: 'One who plans a wonder is the warrior God; the father for ever is a commander who brings peace.' The two most unequivocally divine epithets at the center are the subjects of the two clauses." Diese Zusammenfassung basiert auf der Annahme, יועץ sei als Verb zu lesen. Damit wäre der Name parallel zu מהר שלל חש בז konstruiert. Bestätigt wird diese Annahme von Wegner, *Reexamination*, 110f.: "We believe that it is much more reasonable to argue that the whole name should be divided into two parallel units each containing one theophoric element. This interpretation would be favoured by: (1) its similarity to the parallel structure in the name Maher-shalal-hash-baz; (2) the translation of *šem* as one name which the singular form suggests; (3) the Masoretic pointing; and (4) the common pattern in theophoric names." Gegen Wegners sind jedoch folgende Beobachtungen anzuführen: zu (1): Dass מהר שלל חש בז erst sekundär auf das Handeln Jahwes hin verstanden wurde, wurde bereits oben gezeigt. Zu (2): ויקרא שמו ist entsprechend dem ägyptischen *ỉrj rn* als Formel zu verstehen, die auf die Vergabe von Thronnamen deutet. Wegners Aussage ist dahingehend widersprüchlich, als dass er zwar von einem Namen spricht, diesen dann aber in zwei Einheiten aufteilt, so dass es sich letztlich wieder um zwei Namen handelt. Zu (3): Hinsichtlich der *Masora* ist Wegner Recht zu geben. Die Masoreten haben den V5b nach dem zweiten Namen unterteilt. Dieses zeigt allerdings noch nicht, dass sie damit jeweils zwei Namen als Einheit verstehen. ויקרא שמו wird von ihnen als Exposition der vier Namen verstanden, die Namen nach der Hälfte unterteilt. Die masoretische Akzentsetzung zeigt also nur eine Unterteilung des Halbverses an, nicht aber die syntaktische Zusammengehörigkeit von jeweils zwei Namen. Zu (4): Die Bedeutung der theophoren Elemente in diesem Zusammenhang wurde bereits oben besprochen. So ist letztlich auch gegen Wegner die Beobachtung anzuführen, dass die judäische Königsideologie mit Ps 72,2.4 das Königtum als das Amt zur Umsetzung der göttlichen Ordnung verstanden wird. Es ist der judäische König, der der bessere Tiglath-Pileser ist (dazu Goldingay, *Compound Names*, 243: "They declare that Yhwh is a certain sort of planner and commander – specifically, one who is better than Tiglath-Pileser"). Dieses zeigt letztlich auch der aus jesajanischer Zeit stammende Spruch Jes 8,6–8. Jahwe würde den assyrischen Machthaber nicht in das Land rufen, wenn er mit diesem konkurrieren würde. Dieses setzt ein zum bisher gezeigten Gottesbild des Propheten unterschiedliches Gottesverständnis heraus. War bisher zu erkennen, dass Jahwe sich als Schutzgottheit der davidischen Dynastie zeigt, der, wenn König und Volk ihm nicht vertrauen, seinen Schutz zurückzieht (vgl. zum Motiv des sich verbergenden Gottes vor allem Hartenstein, *Unzugänglichkeit Gottes*), dann wäre er der Interpretation von Goldingay und Wegner zufolge derjenige, der als Konkurrent zu irdischen Machthabern auftritt. Da die von ihnen angeführten Argumente auch im Sinne der ‚klassischen' Deutung verstanden werden können, dass sich die Namen auf das Kind beziehen, wäre zu zeigen, warum der Prophet sein Gottesbild geändert hat.

[41] Aufgrund des Textbestandes ist es undeutlich, ob es sich bei der Gabe des Namens um die Ansage einer Geburt oder einer Inthronisation handelt. Eine synchronisierende Deutung bietet Barth, *Jesaja-Worte*, 167f., der konstatiert: „V5a ist demnach so aufzufassen, daß er zuerst von der (physischen) Geburt (aα), dann von

Jes 9,5b ist in der alttestamentlichen Forschung umstritten. Die ägyptische Krönungszeremonie sieht die Gabe von fünf Thronnamen für den kommenden Herrscher vor, wie der folgende Textausschnitt aus der ‚*Krönung des Hor-em-heb*' (letzter Pharao der 18. Dynastie, Regierungszeit bis ca. 1293 v.Chr.[42]) zeigt:[43]

> [1][Regierungsjahr 1, Tag . . . des . . . -Monats des Horos . . .] des Gold-Horos ‚Der-mit-der-Wahrheit-zufrieden-ist, der die Beiden Länder hat entstehen lassen', des Königs von Ober- und Unterägypten, des Herrn der Beiden Länder ‚Glänzend-sind-die Gestalten-des-Re, auserwählt von Re', des Sohnes des Re, des Herrn der Erscheinungen Meri-Amun Hor-em-heb, [geliebt von] Horos, dem Herrn von Hut-nisute [. . .] [2][. . . Sohn des] Ka-mut-ef.
> Amun, der König der Götter, ist's, der ihn aufgezogen hat. Horos, Sohn der Isis, ist sein Beschützer als ein Schutz für seine Glieder. Er kam aus dem (Mutter-)Leib heraus, (schon) mit Würde ausgestattet. Göttliche Farbe war auf ihm. Er tat [. . .]. [3][. . .]; geneigt (?) wurde ihm die Schulter in (seiner) Kindheit; der Boden (vor ihm) wurde von den Alten und den Kleinen geküßt. Speisen und Nahrung wurden ihm zugetragen, als er (noch) ein Junge war, [der] keinen Verstand [hatte . . .]

Der Text setzt mit der Schilderung der täglichen Regierungsaufgaben und der Herkunft des nun herrschenden Pharaos fort, bis er schließlich am Ende von Z.17 wieder auf das Bild des Kindes aufnimmt:

---

der Inthronisation (aβ) des Königs berichtet; daß dabei Einheit der Zeit nicht vorliegt, spricht nicht gegen diese Interpretation, um so mehr nicht, als der danklied-artige Text 8,23b-9,6 überhaupt von mehreren – sachlich, aber nicht notwendig unmittelbar zeitlich zusammenhängenden – Heilserweisen Jahwes erzählt" (168). Die von Barth gezeigt Perspektive ist m.E. treffend, da der Text Jes 9,1–6 nicht auf die Frage antwortet, wann dieses Kind seine Herrschaft antreten wird, sondern allein der Hoffnung Ausdruck gibt, mit seiner Herrschaft werde sich צדק für Juda einstellen.

[42] Zur Datierung vgl. *TUAT I/6*, 535.

[43] Zur Reihenfolge, in der die Thronnamen gemäß dem ägyptischen Protokoll bei der Inthronisation vergeben werden, vgl. Wildberger, *Thronnamen*, 326f. Den Sinn der Ableitung von Jes 9,5f. aus dem ägyptischen Krönungsritual beschreibt Kaiser, *Buch Jesaja I*, 203: „Fragt man sich nach dem Sinn des ägyptischen Mythologems von dem König als dem Sohn Gottes, so kennzeichnet es ihn als den Stellvertreter Gottes auf Erden, der an seiner Statt die Kosmos und Gesellschaft umfassende Rechtsordnung der Ma'at aufrecht zu erhalten hat." Vgl. dazu Blumenthal, *Art. Königsideologie*, Sp. 528f.: „Sein Dasein [des Königs Anm. d.Verf.] wird als welterhaltend, sein Regierungsantritt als Wiederholung der Schöpfung verstanden, ohne daß daraus die Folgen gezogen würden, der König sei selbst Schöpfergott." Zur Herkunft und Bedeutung der Thronnamen vgl. Müller, *Titulatur der ägyptischen Könige*, und vBeckerath, *Art. Königsnamen und -titel*, Sp. 540f.

> [17][. . .]Seht! Amun ist zum Palast gekommen, seinen Sohn vor sich her(führend), um auf seinem Kopf seine Krone zu befestigen, um seine Lebenszeit ihm gleich zu erhöhen. Wir haben uns versammelt und wollen ihm [18][die Krone] festmachen; wir wollen ihm den Schmuck des Re [zuwei]sen; wir wollen Amun dafür preisen: ‚Du hast uns unseren Retter gebracht. Gib ihm als König die Jubiläumsfeste des Re, die Jahre des Horos! Er wird tun, was dein Herz in Ipet-isut, in Inunu (und) in Hut-ka-Ptah beruhigt. Er wird sie prächtig machen.'
> [19]Man machte den großen Namen dieses schönen Gottes (und) seine Titulatur wie (die) der Majestät Re:
> Horos Starker-Stier, scharf an Plänen;
> die Beiden-Herrinnen Groß-an-Wunder-in-Ipet-isut;
> Gold-Horus Mit-der-Wahrheit-zufrieden, der die Beiden Länder entstehen läßt;
> König von Ober- und Unterägypten Glänzend-sind-die-Gestalten-des-Re, ausgewählt von Re; Sohn des Re Geliebt-von-Amun, Horos-ist-im-Fest, er sei mit Leben beschenkt.
> Herauskam [20]aus dem Königshaus die Majestät dieses erhabenen Gottes Amun, des Königs der Götter, mit seinem Sohn vor sich; er umarmte seine Schönheit, als er unter der Krone erschienen war, um ihm Was-die-Sonnenscheibe-umkreist anzuvertrauen, (wobei) die Neun-Bögen unter seinen Füßen (sein sollen). Der Himmel war im Fest. Die Erde war voller Freude. Die Herzen der Götterneunheit des Geliebten Landes waren glücklich. Alles Volk war voll Freude. Sie riefen laut bis zum Himmel hinauf. Die Großen und die Kleinen packte das Jubelgeschrei.
> [21]Das ganze Land jauchzte.[44]

Die Parallelen zwischen dem ägyptischen Krönungsritual und Jes 9,2.5f. sind nicht zu übersehen: die Vergabe von Namen, der mit der Inthronisation verbundene Jubel, die Erwartung einer erfolgreichen und friedlichen Regierung (למרבה המשׂרה ולשׁלום אין־קץ על־כסא דוד[45]) und die Rückführung des Herrschaftsanspruchs schon an die Stunde der Geburt.[46] Der stark biographisch geprägte Teil in den Z.9–16 legt nahe, dass es sich bei den zitierten Textstellen um liturgische Texte handelt, die fest mit dem Inthronisationsgeschehen verbunden sind.[47] Jes 9,2.5f. ist formal nach den im Vergleich erwähnten

[44] *TUAT I/6*, 535–539.

[45] Zum textkritischen Problem siehe BHS.

[46] Was bei *Hor-em-heb* besonders zu beachten ist, da es sich offensichtlich um eine politische Karriere handelt, wie es der Krönungstext in den Z.9–15 selber beschreibt. Zum nach Ps 89,16f. beschriebenen Jubel vgl. Kaiser, *Buch Jesaja I*, 200, der anmerkt, dass „die Verse 1 und 2 wie eine Transposition von Ps 89,16f. erscheinen". Offensichtlich denkt Kaiser an eine literarische Abhängigkeit.

[47] *Hor-em-heb* hat eine für einen König ungewöhnliche Biographie. Er hat zunächst

Elementen gestaltet, wobei an Stelle von fünf in Jes 9,5b nur vier Namen geboten werden.[48]

Weiter bei der Fünfzahl, aber jenseits der Krönungszeremonie liegt die Vergabe von Königstiteln, wie sie die ‚*Geschichte vom beredeten Bauern*' aufweist. In ihr verleiht der Bauer als Ausdruck seiner Untertänigkeit dem Pharao folgende Namen:

> Laß mich deinen Namen in diesem Lande machen, allen guten Vorschriften entsprechend. Der Führer – frei von Habgier, der Große – frei von Niedrigkeit, der die Lüge zerstört, der die Wahrheit erschafft, der auf die Stimme des Rufenden kommt.[49]

Neben der Fünfzahl der Titel, die hier unabhängig von den religionspolitischen Zuständen erscheint,[50] fällt die verwendete Formel *ỉrj rn* ‚einen Namen machen' auf, die als *terminus technicus* für die Verleihung von Königstiteln verwendet wird[51] und damit der Verwendung von ויקרא שמו zur Namenvergabe im alttestamentlichen Schrifttum entspricht. Die Beibehaltung von fünf Namen ist so nicht nur von den religionspolitischen Zusammenhängen Ägyptens zu verstehen,

als General gearbeitet und ist anschließend König geworden (vgl. *TUAT I/6*, 534). Dieses deutet darauf hin, dass er nicht aus direkter dynastischer Linie stammt und somit die in den Z. 1–3 geschilderte königliche Kindheit keine historische Realität, sondern eine literarische Fiktion ist, die den neuen Herrscher in die Reihe seiner Vorgänger einordnet. So ist hier von einem formalen oder liturgischen Ursprung der die Biographie rahmenden Texte zu sprechen.

[48] Mehrfach wurde in der alttestamentlichen Forschung eine direkte Verbindung von Jes 9,1–6 und Ps 2 gesehen. Das, was in Jes 9,5f. geschildert wird, wird dabei als Adoptionsvorgang nach Ps 2,7 beschrieben. Dass Jes 9,5f. jedoch nicht als Adoption zu interpretieren ist, zeigt Roberts, *Whose Child Is This?*, ausreichend, so dass dieses Phänomen hier nicht weiter diskutiert werden muss. Roberts, *Whose Child Is This?*, 117f., wendet sich auch gegen die oben vertretene These von Carlson, der die vier Titel aus der neuassyrischen Königstradition ableitet. Als Hauptargument gegen Carlson führt er an, dass dieser den Titel אביעד aus dem Codex Hammurapi ableitet, der jedoch ca. 1000 Jahre älter als der Jesajatext ist. Wie oben im Weiteren gezeigt wird, ist der Name/Titel sowohl in Syrien, als auch in Jerusalem bekannt (Jes 22,20f.), so dass er auch zur Zeit Jesajas verwendet worden sein kann. Dass 2Sam 7,14 einen vergleichbaren Namen bietet, ist ein weiteres Indiz für den Gebrauch derartiger Titel im 1.Jt. v.Chr. Das Fehlen des Titels in der bekannten Literatur über Tiglat-Pileser III. mag für die von ihm geführte Argumentation zwar problematisch sein, doch ist die Belegdichte aus dieser Zeit eher gering, so dass das Fehlen durchaus als Überlieferungslücke verstanden werden kann. Letztlich bleibt aber festzuhalten, dass die These an dieser Stelle eine sichtbare Schwäche aufweist.

[49] Übersetzung aus Erdman, *Literatur*, 157ff.

[50] Zu den religionspolitischen Gegebenheiten des ägyptischen Krönungszeremoniell vgl. Wildberger, *Thronnamen*, 326–328.

[51] Vgl. Wildberger, *Thronnamen*, 328.

sondern ist allgemein mit der Anerkennung einer anderen Person als Herrscher verbunden.

Für die Ableitung des traditionsgeschichtlichen Hintergrund von Jes 9,5b.6 sprechen so vor allem formale Aspekte: die Vergabe von Namen bei der Inthronisation, die Verwendung der Formel *ỉrj rn*, die inhaltlich dem hebr. ויקרא שמו entspricht, die Bindung der Berufung zur Herrschaft von Geburt an, der laute Jubel des Volkes, der dem Jubel der bei der Pharaointhronisation Anwesenden entspricht. Inhaltlich zeigen sich jedoch deutliche Differenzen. Während die Herrschaft des neuen Davididen vor allem zur Aufrichtung und Sicherung צדק-entsprechender Zustände führen soll, wird dem ägyptischen Herrscher vor allem die Unterwerfung der schlimmsten Feinde (Z.20) zugesprochen. Weiterhin besteht ein Gegensatz in den verliehenen Namen. Die ägyptischen Namen bringen vor allem die Göttlichkeit des Pharaos zum Ausdruck, die jesajanischen Namen sind auf die צדק-entsprechende Ausführung des königlichen Amtes bezogen.[52]

Aufgrund der rein formalen Parallelen des ägyptischen Krönungsrituals spricht sich Carlson[53] gegen die Herleitung der vier jesajanische Namen aus der ägyptischen Krönungszeremonie aus.[54] Er weist zunächst darauf hin, dass in Jes 9,5b nur vier und nicht fünf Namen genannt werden und zeigt weiterhin, dass die in Jes 9,5b verwendeten Titel denen der neuassyrischen Herrscher entsprechen.[55] Als

---

[52] Einzig der Name אל גבור fällt aus dieser Funktionalisierung heraus.

[53] Carlson, *Anti-Assyrian Character*, 130–135.

[54] Ebenfalls gegen eine traditionsgeschichtliche Erklärung aus dem ägyptischen Krönungsritual spricht sich Wegner, *Re-examination*, 104f., aus: „(a) There is insufficient evidence to confirm the existence of five titles in v. 5 corresponding to Egyptian titulary. (b) The titles found in the Egyptian accession oracles are different in structure from those in Isa. ix and the titles in v. 5 have much closer parallels in other ancient Near Eastern sources. (c) There is other evidence that Judean kings followed the Egyptian practice of assuming divine titles; indeed, there are significant reasons for believing that the Israelite view of kingship was distinct from the Egyptian view. (d) 2 Sam xxiii 1 is not a convincing example of the Egyptian practice of the multiplication of throne names as some scholars have argued. Since the four names in 2 Sam. xxiii 1 probably arise from the parallel structure of the passage rather than an imitation of Egyptian custom. (e) Several scholars have indicated the close relationship between the passage and earlier Old Testament traditions and thus it may be drawing upon the Old Testament traditions rather than Egyptian materials."

[55] Vgl. zur Herleitung der Thronnamen aus assyrischem Kontext schon Fohrer, *Jesaja*, 140 Anm.77: „Die Bezeichnungen Gott, Held und Vater finden sich ebenfalls in mesopotamischen Hymnen und Königsinschriften als schmückende Beiwörter für Götter und Könige."

Thronnamen erhalten diese den Titel *šar kibrāt(im) arbaʾi(m) erbetti(m)* ‚König der vier (Welt)Viertel‘[56], wie es ‚*Assurbanipals Inthronisationshymnus*‘[57] zeigt. Der Titel wird dem assyrischen König von der Gottheit *Šamaš* verliehen (Z. 1). Außer diesem einen werden bei der Inthronisation keine weiteren Thronnamen vergeben.[58] An seine Vergabe schließen sich vielmehr verschiedene Wünsche für den neuen Throninhaber an, wobei seine Macht auf unterschiedliche Gottheiten zurückgeführt wird. Der Gattung nach ist die Einführung des neuen Königs eine Fürbitte für die kommende Herrschaft.[59] Die Vergabe des Titels *šar kibrāt(im) arbaʾi(m) erbetti(m)* ist damit aber nicht in Parallele zu der Nennung der Thronnamen in Jes 9,5b zu sehen. Er drückt lediglich die Oberherrschaft über die vier Weltregionen aus. Die Vierzahl in Jes 9,5b zeigt jedoch keine Referenz zu den Himmelsrichtungen.

So sind die im Folgenden gebotenen Ableitungen der jesajanischen Namen von Titeln, die neuassyrische Herrscher erhalten, nicht aus dem Krönungsritual entnommen, sondern erscheinen in verschiedenen anderen assyrischen Texten:

Der erste Thronname פלא יועץ steht im Zusammenhang mit der Fähigkeit des Königs, eigenständige Entscheidungen treffen zu können.[60]

[56] Zur Formel siehe Carlson, *Anti-Assyrian Character*, 133; nachgewiesen und belegt ist die Formel von Seux, *Epithetes Royales*, 305–308. Dass mit den vier Vierteln die Weltregionen gemeint sind, zeigt die Erwähnung des Titels in der ‚*Inschrift Panammuwa II. von JʾDJ*‘, die in Z.12ff. folgenden Text bietet:
[. . . ורץ] בגלגל מראה תגלתפלסר מלך אשור מחנת תק(?) מן מוקא שמש ועד מערב ו[מן]
„[. . .] [und er lief] am Rade seines Herrn Tiglatpileser, des Königs von Assur, der Heerhaufen . . . vom Aufgang der Sonne bis zum Untergang und von [. . .] den vier Weltgegenden [. . .].“ Der Text entstammt *KAI I*, 40. Weitere Übersetzung des Textes finden sich in *KAI II*, 224; *TUAT I/6*, 629f. Auch in der ‚*Inschrift des Königs Barrakib von Samʾal I.*‘ (Z. 3) findet sich dieser Titel für Tiglat-Pileser III. Zur Herkunft des Titels siehe die Erläuterung *KAI II*, 228, die die Formulierung רבעי ארצא מרא mit dem oben genannten Königstitel in Verbindung bringt und sie von der sumerischen Form *lugal-an-ub-da limmú-ba* ableitet, die bereits seit der 3. Dynastie von Ur belegt ist.

[57] Transliteration und englische Übersetzung des Textes finden sich in Livingstone, *Court Poetry*, 26.

[58] Dass die Vergabe dieses Titels seine besondere Bedeutung hat und nicht an jeden Herrscher verliehen wurde, führt Hallo, *Assyrian Apocalypses*, 238, aus, der auf den notwendigen Besitz der vier die Welt bestimmenden Reiche als Grund für die Verleihung des Titels hinweist.

[59] Dabei ist der Unterschied zwischen dem eigentlichen König und dem neuen Herrscher in Z.15 zu beachten. König ist die Gottheit *Aššur*, der neue Machthaber lediglich dessen Repräsentant auf Erden.

[60] Vgl. Laato, *Immanuel*, 193: “The first title illustrates the king’s ability to make decisions himself and act according to what is right. He does not need advisors.” Im selben Sinn zuvor auch Carlson, *Anti-Assyrian Character*, 133f.

Damit steht der Name in einer auffälligen Korrespondenz zu dem Namen des neuassyrischen Herrschers Tiglat-Pileser III., dessen zweiter Namensteil (in der hebräischen Form פלאסר) eben die benannte Fähigkeit wiedergibt.[61] Ein direkter Bezug zur פלא יועץ ist mit dem Titel *māliku ramānišū* gegeben, der mit ‚der sich selbst Ratende' wiederzugeben ist.[62]

Der zweite vergebene Name אל גבור leitet sich von dem assyrischen Titel *ilu qarrādu* ab.[63] Da derselbe Titel in Jes 10,21 auch für Jahwe verwendet wird, liegt es nahe, in אל גבור die einfache Übertragung von *ilu qarrādu* zu sehen. In der Formenbildung entsprechen sich die beiden Titel insofern, als dass es sich jeweils um ein Nomen mit einem angefügten Adjektiv handelt.[64]

Der dritte verwendete Titel אביעד ist in Mesopotamien schon von alters her belegt (in Assyrien wie in Babylonien). So wird Hammurapi als *bēlum ša kīma abim wālidim ana nisî ibaššu*[65] bezeichnet. Ein Siegelabdruck zeigt, dass die Bezeichnung אביעד in Palästina ebenso gebräuchlich ist. Der Text auf dem Siegel lautet:

לאבעד בן זכר[66]	An ʾAbi-ʿed, den Sohn des Zakir[67]

---

[61] Der zweite Teil von פלאסר ist von אסר abzuleiten, wobei es in diesem Zusammenhang die Bedeutung von ‚binden' bekommt, wie sie auch in Ps 105,22 zu beobachten ist (vgl. Gesenius, *Handwörterbuch*, 56f.; Gesenius/Donner, *Handwörterbuch*[18], 85f.).

[62] Vgl. Carlson, *Anti-Assyrian Charakter*, 133; Laato, *Immanuel*, 193; Titel, Beleg und Übersetzung finden sich bei Seux, *Epithetes Royales*, 137.

[63] Vgl. Seux, *Epithetes Royales*, 108. Er bemerkt, dass der Titel für Tiglat-Pileser III. nicht belegt ist, sich aber wieder bei Sargon II. findet. Vgl. weiter zum Titel Carlson, *Anti-Assyrian Charakter*, 134; Laato, *Immanuel*, 193.

[64] Dass die Zusammenstellung auch in Palästina gebräuchlich ist, zeigt ein edomitischer Siegelabdruck, das den Text לקוסג[בר]1 מלך2 א[דם] bietet (Avigad/Sass, *Corpus of West Semitic Stamp Seals*, 388, Abb. 1049; Übersetzungen bei Beyerlin, *Religionsgeschichtliches Textbuch*, 263; Hallo, *Context II*, 201). Beyerlin vermerkt, dass es sich bei Qaus um den Hauptgott der Edomiter handelt. Ein weiterer Siegelabdruck aus demselben Bereich ist abgebildet bei Avigad/Sass, *Corpus of West Semitic Stamp Seals*, 387f., Abb. 1048. Dieser Siegelabdruck zeigt den Namen der Gottheit unzerstört, allerdings ist dafür die zweite Zeile nicht mehr lesbar. Wie beim Namen קוסגבר ist die Konstruktion אל גבור als Nomen mit anschließendem Adjektiv zu verstehen (dieses zeigt Wildberger, *Thronnamen*, 316f.).

[65] Was wohl treffend mit ‚Herr, der wie ein wirklicher Vater zu seinen Leuten ist' wiederzugeben ist (vgl. Laato, *Immanuel*, 193). Weiter dazu vgl. Seux, *Epithetes Royales*, 54; Carlson, *Anti-Assyrian Character*, 134.

[66] Eine Zeichnung des Siegels findet sich bei Avigad/Sass, *Corpus of West Semitic Stamp Seals*, 270, Abb. 724.

[67] Zur Lesung *ʾābî-ʾēd* vgl. Lipinski, *Textes messianique*, 52, wo sich auch die oben

In Jes 22,20f. wird der Titel im neuassyrischen Sinne verwendet. Eljakim wird dort zum Vater für die in Jerusalem verbliebenen erhoben. Wie V21 zeigt, ist damit nichts anderes als die Übernahme der Herrschaft gemeint.[68]

Erst recht in die assyrische Tradition weist der vierte und letzte verwendete Titel שַׂר־שָׁלוֹם. Während in Juda der Herrscher durchweg als מלך bezeichnet wird, ist der assyrische Begriff für diese Herrschaftsform *šarru(m)*. Ob das hebräische שׂר vom assyrischen *šarru(m)* ableitbar ist, ist umstritten.[69] Von einer bewussten Vermeidung des Königtitels für den kommenden Herrscher ist hier nicht auszugehen,[70] da innerhalb des Jesajabuches der מלך-Titel sowohl für Jahwe, als auch für den irdischen König verwendet wird (vgl. Jes 6,1 [irdischer Herrscher] und Jes 6,5 [göttlicher König]). Vielmehr klingt hier der assyrische Titel durch: der שַׂר שָׁלוֹם stellt als Friedensherrscher ein Gegenüber zum auf Expansion unter Einsatz militärischer Mittel angelegten assyrischen Herrscher dar.

Die Ansage eines Herrschers, der den neuassyrischen Herrschern entspricht, der aber kein Assyrer, sondern ein Judäer ist, stimmt mit den in den Vv3f. geschilderten Voraussetzungen überein. Erst dann, wenn die Herrschaft der jetzt Herrschenden beendet ist, kann dieser neue judäische König seine Herrschaft antreten. Dass es sich bei der beschriebenen Fremdherrschaft, unter der Juda leidet, um die

angeführte Transkription findet: „La lecture la plus plausible de ce nom est *ʾābî-ʾēd*, ‚Mon-Père-est témion'." Avigad/Sass, *Corpus of West Semitic Stamp Seals*, 270, bestätigen diese Lesung. Siehe auch die ältere Übersetzung bei Beyerlin, *Religionsgeschichtliches Textbuch*, 264, der dort ebenfalls vermerkt, dass *ʾabi* als theophores Element zu verstehen ist, was aber für die Namengebung in Palästina nicht auffällig ist.

[68] Vgl. Wildberger, *Thronnamen*, 318.

[69] Für eine solche Ableitung sprechen sich Carlson, *Anti-Assyrian Character*, 132f., und Laato, *Immanuel*, 194, aus. Mit diesen weitestgehend gleichlautend zuvor Wildberger, *Thronnamen*, 318f., wobei jedoch Wildberger in der Verwendung von שַׂר eine theologische Nuance sieht, die das Verhältnis göttlicher – irdischer Herrscher zum Ausdruck bringen soll. Zur Ableitung der Titel aus biblischen Zusammenhängen vgl. Kaiser, *Buch Jesaja I*, 204f., und Beuken, *Jesaja 1–12*, 251–254. Dabei ist die Erklärung des Thronnamens שַׂר־שָׁלוֹם schwierig, da es sich im biblischen Zusammenhang eben nicht um einen Königstitel handelt.

Gegen eine solche Ableitung wendet sich Rüterswörden, *Die Beamten*, 56, der zeigt, dass שַׂר שָׁלוֹם nicht in den Bereich der Administration weist, in dem der Titel שַׂר üblicherweise verwendet wird. Daher schlägt er vor, den Titel aus dem Kontext zu verstehen, vermutlich „als Kontrast zu der Schilderung der Kriegsmacht in [Jes Anm.d.Verf.] 9,1–4".

[70] Diese Vermutung findet sich seit Procksch, *Jesaja*, 149.

neuassyrische handelt, darauf weist die Formulierung כל־סאון סאן hin.[71] סאון ist vom akkadischen *šēnu(m)* (auch *mešēnu(m)*) abzuleiten und bezeichnet eine Fußbekleidung, in dem vorliegenden Zusammenhang eine militärische.[72]

Im ersten Teil der Weissagung nimmt Jes 9,3 Bezug auf eine Überlieferung der frühstaatlichen Zeit: die Schlacht gegen die Midianiter, wie sie in Ri 7,9–8,3 geschildert wird.[73] Für die Interpretation von Jes 9,3 sind vor allem zwei Dinge von Bedeutung. Zum einen nimmt der Verfasser hier eine Nordreichtradition auf, zum anderen wird der Sieg über die Midianiter auf das Eingreifen Jahwes in den Kriegsverlauf zurückgeführt.[74] Den Gideoniten fällt allein das Blasen der Posaunen als Angriffssignal zu, während Jahwe mit seinem Eingreifen die Flucht des midianitischen Heeres erreicht (Vv21f.). Nimmt Jes 9,3 mit dem Vergleich כיום מדין auf die in Ri 7,9–8,3 geschilderte Kriegshandlung Bezug, so deutet der Verfasser damit an, dass das Handeln Jahwes, das zur Vertreibung des Okkupanten führt, dem dort geschilderten Handeln entspricht, d.h. dass es keine militärische Befreiungsaktion geben wird, sondern die Besiegung des Feindes durch das Eingreifen Jahwes erfolgt.[75] So kann Procksch in heroischem Stil formulieren: „Wie in der Fackelversion das Feldgeschrei lautete: ‚Für Jahve und Gideon' (Jud 7,20[b]), so hat bei Jesaia Jahve die nächtliche Schlacht geschlagen, mit der Israel befreit ist."[76] Dass es sich dabei aber um die theologische Deutung eines historischen

---

[71] Weder das Nomen סאון noch das Verb סאן sind außer in Jes 9,4 im alttestamentlichen Schrifttum nochmals verwendet (vgl. Gesenius, *Handwörterbuch*, 533; Wildberger, *Jesaja I*, 377; Barth, *Jesaja-Worte*, 173).

[72] Vgl. Procksch, *Jesaja*, 147; Wildberger, *Jesaja I*, 376; Seebass, *Herrscherverheißungen*, 12; Beuken, *Jesaja 1–12*, 248. Zur Bedeutung von *šēnu(m)/mešēnu(m)* vgl. vSoden, *AHw*, 1213f.; Brinkman, *CAD 17*, 289–292.

[73] Vgl. Procksch, *Jesaja*, 146; Fohrer, *Jesaja*, 140.

[74] Vgl. Vieweger, *Volk*, 80; Beuken, *Jesaja 1–12*, 248.

[75] So schon Budde, *Jesajas Erleben*, 109f.; ebenfalls Seebass, *Herrscherverheißungen*, 9. Ob der Verfasser von Jes 9,1–6 allerdings die gesamte in Ri 7,9ff. vorliegende Form der Gideonschlacht gekannt hat, ist, so Wildberger, *Jesaja I*, 376, aus der Kürze der Anspielung nicht zu ersehen. Eine bewusste Aufnahme der Tradition gerade in Verbindung mit einem aktiven Eingreifen Jahwes ist m.E. nicht anders zu verstehen, als dass der Autor zumindest um den Duktus der Erzählung Ri 7,9–8,3 wusste. Zur Midianiterschlacht siehe auch Kaiser, *Buch Jesaja I*, 201. Zur Herstellung der ‚friedlichen' Verhältnisse vgl. Davies, *Double Standards*, 83.

[76] Procksch, *Jesaja*, 147, der für die Erzählung der Midiantierschlacht eine literarische Komposition aus zwei unterschiedlichen Quellen annimmt. Der Aussagegehalt beider Quellen ist jedoch derselbe: Jahwe kämpft für Israel.

Ereignis handelt, zeigt Vieweger: „Gleich den Geschehnissen ‚am Tag Midians' war die Befreiung nicht primär menschlicher Heldenhaftigkeit, sondern dem atemberaubend schnellen Verfall des assyrischen Reiches zuzuschreiben, in dessen Untergang man das Walten Jahwes erblickte."[77]

Die Vergabe der Namen in Jes 9,5b ist nicht einlinig aus einer Tradition abzuleiten. Während die ägyptische Tradition fünf Thronnamen kennt, fällt die Vergabe von Thronnamen bei der neuassyrischen Königsinthronisation aus. Die in V5b vergebenen Namen lassen sich jedoch von neuassyrischen Königstiteln ableiten. Das in V4 verwendete akkadische Lehnwort ist eine Anspielung auf die Besetzung des Landes, die zunächst von Jahwe durchbrochen werden muss, bevor der neue Herrscher sein Königtum installieren kann.

5.2 Zur Intention von Jes 9,1–6

Der Gattung nach liegt mit Jes 9,1–6 ein *Danklied eines Einzelnen für ein zukünftiges Geschehen*[78] vor.[79] In ihm erhält der neue Machthaber neben den Zusagen seines Gottes noch verschiedene Titel, die seinen Machtbereich beschreiben. Die damit angedeutete Inthronisationssituation ist für Juda innerhalb des alttestamentlichen Schrifttums nicht explizit belegt und lässt sich nur sekundär aus den Bedingungen des altorientalischen Krönungsrituals erschließen.[80] Die Verwendung

[77] Vieweger, *Volk*, 83.

[78] Zum selben Ergebnis kommt bereits Budde, *Jesajas Erleben*, 107f.: „Sofort drängt sich der Gedanke an den Spender in den Vordergrund, indem Jahwe angeredet wird: ‚Du hast viel gemacht des Jubels, groß gemacht die Freude.' Und mit dem ‚sie freuen sich vor dir', wörtlich ‚vor deinem Angesicht', wird ihm der Dank des Volkes für sein herrliches Geschenk dargebracht." Die königliche Perspektive führt Sweeney, *Isaiah*, 178, an, indem er Jes 9,1–6 als „royal psalm of thanksgiving" bezeichnet.

[79] Wegner, *Re-examination*, 104, zeigt, dass es sich bei Jes 9,1–6 der Gattung nach nicht um ein Inthronisationsprotokoll handelt. Gegen ein Verständnis des Textes als *accession oracle* sprechen folgende Argumente: „(1) In an accession oracle God speaks directly to the king, but Isa. ix the announcement of a son is given to the people in the third person and in passive form. (2) In an accession oracle the king is declared to be God's son (2 Sam. vii 14; Ps ii 7; cx 3 [LXX]), which is generally thought to be one of the basic purposes of such an oracle; but Isa. ix 5 does not identify the child as God's son or contain adoption language. (3) There are no other examples where the word *yeled* is used in an accession oracle."

[80] Zu den verschiedenen traditionellen Elementen der judäischen Königseinsetzung vgl. Mettinger, *King and Messiah*, 107–293, der sowohl eine zivilrechtliche, als auch

des Inthronisationsschemas in Jes 9,1–6 für die judäische Königskrönung zeigt an, dass die Form der Inthronisation in Juda bekannt ist.[81] Ein direkter Hinweis auf eine historisch reale Situation ist damit aber nicht gegeben, es ist also aufgrund von Jes 9,1–6 nicht möglich, auf ein judäisches Krönungsritual, das dem ägyptischen vergleichbar ist, zu schließen. So ist die Intention des Verfassers aus der Kombination der genannten Traditionen zu ermitteln.

Durch die Aufnahme des ägyptischen Krönungsrituals, die aufgrund der formellen Übereinstimmungen zwischen Jes 9,1–6 und dem oben angeführten Ausschnitt aus der ‚*Krönung des Hor-em-heb*' anzunehmen ist, zeigt der Verfasser von Jes 9,1–6 an, dass mit der Inthronisation des dargestellten neuen judäischen Throninhabers ein König den Thron besteigt, der in seiner Bedeutung den ägyptischen Pharaonen vergleichbar ist. Sein Machtbereich dehnt sich über das judäische Kernland nach Norden hin aus, hat also gesamtisraelitische Bedeutung, was ihn wiederum mit der Größe der Herrschaft Davids in Verbindung bringt. Die historische Reduktion des davidischen Herrschaftsbereiches auf Jerusalem und Juda wird von diesem Herrscher überwunden und die angestrebte Ausdehnung über ‚Gesamtisrael' wird verwirklicht. Möglich ist ihm dies, weil Jahwe den das Land beherrschenden Feind besiegt und ihn damit in die Lage versetzt, seinen Herrschaftsbereich über die bestehenden historischen Grenzen auszuweiten.

Verbunden wird die ‚Pharaonisierung' des judäischen Königs mit der Vertreibung der Assyrer aus dem Nordreich Israel. Dieses zeigen die Anspielungen auf und die Überbietung der neuassyrischen Herrschertitel ebenso, wie die mögliche Aufnahme der Gideontradition in Jes 9,3. Da Tiglat-Pileser III. nach 2Kön 15,29 dieses Gebiet

eine sakrale Legitimation aufzeigt. Eine Königsinthronisation durch einen Priester ist nicht im Blick. Vielmehr weist er darauf hin, dass die zivilrechtliche Seite die Wahl und Proklamation des Königs durch die Ältesten Israels zeigt, die sakrale Seite die Designation des Thronfolgers durch einen Propheten. Dass dieser Prophet priesterliche Funktion hat, ist vom altorientalischen Hintergrund her sehr wahrscheinlich, auch wenn innerhalb der alttestamentlichen Forschung eine Trennung von Prophet und Priester immer wieder herausgestellt wird (vgl. Darr, *Ezekiel*, 9–24). Doch wie man am Beispiel des Propheten Ezechiel sehen kann, können Priestertum und Prophetenamt zusammenfallen (vgl. Odell, *Ezekiel*, 229–248).

[81] Fraglich ist in diesem Zusammenhang, ob nach Jes 9,1–6 und Ps 2,7 die Vorstellung einer Adoption des Königs durch Jahwe zur Inthronisationszeremonie gehört. Donner, *Adoption*, 60f., zeigt, dass es im alttestamentlichen Schrifttum die Form der Adoption nicht gibt, dass jedoch in Jerusalem von ägyptischem Einfluss auszugehen ist, der auch die Krönungszeremonie geprägt haben kann. Nun zeigte

annektierte,[82] wendet sich eine Befreiung gegen den neuassyrischen Herrschaftsanspruch über die Gebiete des ehemaligen Nordreichs Israel. Der Verfasser von Jes 9,1–6 stattet daher den designierten Herrscher dieses Gebiets mit Titeln aus, die denen des das Land beherrschenden Königs entsprechen.

Die Intention des Autors ist es demnach, die Größe des kommenden Davididen zu zeigen, der in seiner Person den Machtanspruch des ägyptischen Pharaos und des neuassyrischen Königs vereint. Seinen judäischen Zug erhält die Darstellung des neuen Königs im besonderen Verhältnis des künftigen Herrschers zu Jahwe. Der neue Davidide kann seine Herrschaft erst dann errichten, wenn Jahwe das Land von seinen Feinden befreit hat. Die Erweiterung durch Jes 8,23b zeigt wiederum an, dass die Befreiung von den Feinden einen historischen Ort gefunden hat. Während die Aufnahme der Gideontradition in Jes 9,3 allein die Ausdehnung des judäischen Königsreichs in den Grenzen des ehemaligen Davidsreichs deutet, wird mit der Beschreibung bestimmter Nordreichsgebiete eine historische Situation vor Augen geführt, die die Bereiche benennt, welche die Assyrer bereits im Jahr 733 v.Chr. annektierten. Sie liegen demnach am äußeren Rand des ehemaligen Nordreichs.[83] Aus ihnen konnten die Feinde von Jahwe vertrieben werden resp. sie haben sich zurückgezogen. So ist also mit der Überwindung der Fremdherrschaft (סֹבֶל)[84] die Vorstellung von der Restauration des ‚Großreichs' Israel verbunden. Die literarkritische Scheidung zwischen Jes 8,23aα^7–b und Jes

diese Untersuchung, dass ägyptische Einflüsse auf Jerusalem nicht sicher nachgewiesen werden können. Es bleibt jedoch die Beobachtung, Ps 2,7 falle aus allen anderen Königsaussagen heraus, so dass ein fremdländischer Einfluss sehr wahrscheinlich ist. Ob jedoch ideologisch der König als Sohn Gottes angesehen wurde, ist durch Texte nicht weiter belegt. So ist letztlich Donner, *Adoption*, 61, zuzustimmen, wenn er das Verhältnis wie folgt beschreibt: „[. . .] ein Teil des Mythos von der Person des Königs, genauer: ein auf die Ebene der Metapher transportiertes mythisches Element, wenn man will ein ‚Mythos ohne mythische Valenz'." Neben Ps 2,7 erwähnt auch Ps 89,27 die Gottessohnschaft des Königs (vgl. dazu Hentschel, *Gott, König und Tempel*, 77–80). Die Vorstellung scheint demnach einen festen Ort im Jerusalemer Tempelkult gehabt zu haben. Denkbar ist, dass das Nebeneinander von göttlichem und himmlischem König auf diese Weise verstanden wurde und damit die Stellung des irdischen Königs gegenüber Gott relativiert. Hentschel, *Gott, König und Tempel*, 78, beschreibt den irdischen König so nach Ps 89,27 als Vasallen Gottes.

[82] Vgl. Barth, *Jesaja-Worte*, 161f.

[83] Zu den lokalen Angaben vgl. die Darstellung bei Barth, *Jesaja-Worte*, 162–165.

[84] Vgl. Wildberger, *Jesaja I*, 375f.

9,1–6[85] weist darauf hin, dass die Historisierung gegenüber der Proklamation des neuen Herrschers sekundär ist.[86] Dieses bedeutet wiederum, die Proklamation des neuen Herrschers liege vor den historischen Ereignissen, mit denen sie anschließend verbunden wird. Weisen die literarischen Elemente auf die Inthronisation eines neuen Davididen hin, so ist unklar, ob es sich um eine Geburtsansage oder um eine sich auf den Inthronisationsvorgang beziehende Proklamation handelt.[87] Die in Jes 9,5 verwendeten Begriffe ילד und נתן *ni* sind im Zusammenhang einer Inthronisation nicht belegt, „wohingegen sie ohne weiteres zu einer Geburtsansage passen"[88].

Mit der Geburtsansage ist aber nur die Form von Jes 9,5f. gegeben, nicht ihr historischer Zeitpunkt. Wie schon an der Verknüpfung von ägyptischer und neuassyrischer Tradition in Jes 9,1–6 zu sehen, hat der Verfasser verschiedene Elemente miteinander kombiniert, ohne die den Gattungen zugehörigen historischen Momente aufzunehmen.[89] So ist auch mit der Form der Geburtsansage nicht zwingend der Zeitpunkt der Geburt verbunden. Wie die Untersuchungen von Alt, vRad und Barth zeigen, ist eine eindeutige Zuordnung des Textes nicht möglich, da sich zwar V5aα auf eine Geburtssituation bezieht, sich V5aβ hingegen nur von der Inthronisationsfeier her verstehen lässt.[90] Während also in der Forschung beide Positionen diskutiert werden, ist dabei eine Perspektive unberücksichtigt geblieben: dass sich der Text weder auf die historische Situation der Geburt noch auf die Inthronisation bezieht, sondern dass hier Gattungs-

[85] Vgl. *2.4.1 Textkohärenz*.

[86] Darauf, dass Jes 8,23b nicht anders als historisch zu verstehen ist, verweist Kaiser, *Buch Jesaja I*, 198.

[87] Die Annahme, es handle sich um den Vorgang der Geburt, wird vertreten von Mowinckel, *He that Cometh*, 102–110; Wolff, *Frieden*, 66–70; Wildberger, *Jesaja I*, 376f.; Gese, *Natus ex virgine*, 83–85; sie beziehen sich vor allem auf die mit Ps 2,7 gegebene Tradition der göttlichen Sohnschaft des Königs.

[88] Barth, *Jesaja-Worte*, 168.

[89] Vgl. Vieweger, *Volk*, 82: „In der Tat wird man Vers 9,5aα (gegen Alt und von Rad) kaum ebenso wie 9,5aβb.6 von der Inthronisation her interpretieren dürfen. Weder ‚*jld*' noch ‚*ntn*' sind sonst in diesem Zusammenhang belegt."

Zur Komposition in Jes 9,5f. vgl. die Argumentation von Sweeney, *Isaiah*, 14: „Each text is a unique composition that employs its own vocabulary and concepts, and displays its own structure, forms, and intentions. Genres *can* determine the overall form of a distinct prophetic text, but they *do not necessarily do* so" [Hervorhebung mittels Kursivierung durch den Verfasser].

[90] Vgl. Alt, *Befreiungsnacht*, 216–218; vRad, *Königsritual*, 212f.; Barth, *Jesaja-Worte*, 168.

elemente, die zu verschiedenen Situationen gehören, miteinander kombiniert werden, da die Situationen ein historisches Kontinuum beschreiben.

Um das theologische Profil der Ansage des kommenden Herrschers in Jes 9,1–6 hervorzuheben, werden im Weiteren zwei Vergleiche mit anderen Herrscherweissagungen vorgenommen. Im ersten Schritt werden zwei altorientalische Herrscherverheißungen auf die in ihnen ausgedrückte Zukunftshoffnung hin befragt, im zweiten Schritt wird die zweite Herrscherweissagung des Jesajabuches in Jes 11,1–5 betrachtet und mit der ersten Weissagung in Jes 9,1–6 verglichen.

5.3 Altorientalische Herrscherweissagungen

Aus der ägyptischen Literatur wird in der alttestamentlichen Forschung mehrfach die ‚*Prophezeiung des Neferti*' (aus der 18. Dynastie[91]) als Vergleichstext zu den jesajanischen Herrscherweissagungen angeführt.[92] Diese ägyptische Weissagung bietet nach einer ausführlichen Schilderung des innen- wie außenpolitischen Verfalls Ägyptens am Ende des Textes die Weissagung eines kommenden Königs:

[58]Es wird aber ein König aus dem Süden kommen,
Sein Name wird Ameni, der Triumphierende, lauten.
[59]Er ist [58]der Sohn einer Frau aus dem südlichsten [59]Gau,
Er ist ein Kind Oberägyptens.
Er wird die Weiße Krone empfangen und die Rote Krone tragen,
[60]Er wird die Beiden Mächtigen vereinen und die Beiden Herren mit dem
zufrieden stellen, was sie wünschen.
Der Feldkreiser wird in [61]der Faust sein,
Das Ruder in Bewegung.

Freut Euch, oh seine Zeitgenossen!
Der Sohn eines (ehrenhaften) Mannes [62]kann sich einen Namen machen
Bis in alle Ewigkeit.
Schert euch zum Bösen, (ihr), die (ihr) an Auflehnung denkt!
[63]Wurde doch euer Mund bereits aus Furcht vor ihm zum Schweigen gebracht.
Die Asiaten werden durch seine Klinge fallen,
Die [64]Libyer werden durch sein Feuer fallen,

[91] Zur Datierung des Textes vgl. Pritchard, *ANET*[2], 444.
[92] Vgl. u.a. Wildberger, *Jesaja I*, 440f.

Die Aufrührer durch sein Wüten,
Die Rebellen durch [65]seine Autorität,
Denn die Uräusschlange an seiner Stirn beruhigt die Empörer [für] ihn.
[66]Man wird den ‚Herrscherwall' bauen, um nicht zuzulassen,
Daß die Asiaten [67]nach Ägypten [66]zurückkehren können.
[67]Wie Bettler werden sie um Wasser bitten müssen,
[68]Um ihr Vieh zu tränken.
Die Ordnung kann an den ihr gebührenden Platz zurückkehren,
[69]Wenn das [Chaos] beseitigt ist.
Wer sehend [70][wird] und dem König folgen will, [69]möge sich freuen![93]

Die Prophezeiung endet schließlich mit einer Versicherungsformel, die dem Verfasser des Textes bei Eintritt der Ereignisse die Achtung der Weisen einträgt.

Die Ansage des kommenden Herrschers in der ‚*Prophezeiung des Neferti*' bietet das Bild eines kommenden Königs, dessen realpolitische Aufgabe in der Besiegung der außenpolitischen Feinde und der Reunion der beiden Königreiche Ägyptens besteht. Diese Wiedervereinigung wird in Z.59 mit der Gabe der beiden Königskronen ausgedrückt. Mit der Prophezeiung wird ihm das Gelingen seiner Aufgaben zugesagt. Das von dem kommenden Herrscher gezeichnete Bild ist das eines physisch mächtigen Königs, der es versteht, seine Feinde durch den Einsatz von militärischen Mitteln zu beseitigen und auf diese Weise das Land zu befrieden. Mit dem Bau des ‚Herrscherwalls' Z. 66 wird das Land nach der Verdrängung der Feinde gesichert.

Vergleichbar zu Jes 9,1–6 wird der kommende Herrscher mit dem Ruf ‚Freut Euch' begrüßt. Dieser ist mit der Inthronisation des Königs verbunden und drückt die Hoffnung des Volkes auf eine gelingende Regierungszeit aus.

Ebenfalls im Kontext der realpolitischen Begebenheiten sind die Prophezeiungen über kommende neuassyrische Herrscher zu verstehen. Sie beziehen sich auf das Wohlgefallen des Königs vor den Göttern, das dem Land agrarischen Wohlstand sichert, oder auf militärische Erfolge gegen außenpolitische Feinde. Ein aus dem neuassyrischen Reich bekannter Text, der dieses beschreibt, ist die ‚*Prophezeiung eines unbekannten Propheten*'[94]. In diesem Text nimmt die

[93] *TUAT II/1*, 109f.

[94] Der Text ist abgedruckt in Ebeling, *Keilschrifttexte aus Assur I*, Fascicule IX, No. 421. Übersetzungen des Texts finden sich in Meissner, *Babylonien und Assyrien 2*,

erste Prophezeiung über einen kommenden Herrscher (Z. 1–7) auf den Wohlstand des Landes während dessen Herrschaft Bezug, doch endet sie mit seinem Tod in einem Aufstand, der bereits vor Herrschaftsantritt vorhergesagt wird. Ähnlich ist die zweite Vorhersage von historischen Details gekennzeichnet. Sie besteht inhaltlich aus der Ansage einer schlechten Zeit für das Land, da es außenpolitische Niederlagen hinnehmen muss. Schließlich endet die Herrschaft mit dem Abbruch der Dynastie und der Inthronisation eines neuen Herrschers und mit ihm einer neuen Dynastie. Die detaillierte Beschreibung in beiden Herrscherankündigungen legt die Vermutung nahe, dass es sich bei den Ansagen entweder um *vaticinia ex eventu* handelt, die also aus der Retroperspektive die Zeit der Herrscher beschreiben,[95] oder aber feste Motive für einen typischen Geschichtsverlauf gewählt werden.[96]

Im Gegensatz zu Jes 9,1–6 bieten die altorientalischen Herrscherweissagungen das Motiv des militärisch mächtigen Königs. Er wird zwar von seiner Gottheit eingesetzt und mit Machtmitteln ausgestattet, doch ist die Besiegung der Feinde seine herrschaftliche Aufgabe. Die Größe seiner Herrschaft wird sich gerade in der militärischen Stärke erweisen. Mit dem Besiegen der Feinde und der Sicherung des Landes gelangt die Herrschaft an ihr Ziel. Während also in Jes 9,1–6 Jahwe als derjenige auftritt, der zunächst die Feinde besiegt, um dann den neuen Herrscher mit der Aufgabe der Umsetzung der göttlichen Ordnung zu beauftragen, bieten die ägyptische und die neuassyrische Weissagungen das Motiv des militärisch erfolgreichen Königs. Er ist es, der das Land von Feinden befreien wird und damit die königliche Herrschaft sichert.

281f.; Pritchard, *ANET*[2], 451; zur Herkunft der Texte vgl. Grayson/Lambert, *Assyrian Prophecies*, 7.

[95] Vgl. dazu auch Wildberger, *Jesaja I*, 440f., Hallo, *Assyrian Apocalypses*, 235.

[96] Diese Vermutung äußert Hallo, *Assyrian Apocalypses*, 241, jedoch fehlt es zur Verifizierung dieser These an Vergleichsmaterial. Dass die vorliegenden Texte eine Abfolge von guten und schlechten Zeiten sind, ist nicht zu übersehen. Daraus aber ein zyklisches Geschichtsverständnis abzuleiten, ist vage, da der Textbestand dafür zu gering ist. Die geschilderten Zustände sind als Beschreibung geschehener Geschichte ebenso verständlich und denkbar. Zu einer möglichen Verbindung mit historischen Ereignissen vgl. Grayson/Lambert, *Akkadian Prophecies*, 9, die zwar mögliche historische Hintergründe aufzeigen, aber aufgrund der wenigen Bezüge zu eindeutig identifizierbaren historischen Ereignissen das eigene Ergebnis als vage bezeichnen.

5.4 Die Erwartung eines kommenden Herrschers in Jes 11,1–5

Die Erwartung eines kommenden Herrschers in Jes 11,1–5 weist im Vergleich zu Jes 9,1–6 andere Charakteristika des erwarteten Königs auf, wie es sich im Folgenden zeigen wird. Dabei ist zunächst unklar, in welchem zeitlichen Verhältnis die beiden Weissagungen zueinander stehen.[97] Im Weiteren werden nun zunächst die im Text Jes 11,1–5 beinhalteten Motive auf ihre Zeitbezüge befragt. Danach werden die beiden jesajanischen Weissagungen miteinander verglichen, so dass das besondere theologische Profil von Jes 9,1–6 deutlicher sichtbar wird.

5.4.1 *Der Text*

11[1]Und ein Zweig geht aus dem Baumstumpf Isais hervor und ein Sprössling sprießt aus seinen Wurzeln.

[2]Und auf ihm ruht der Geist Jahwes, der Geist der Weisheit und der Einsicht, der Geist des Ratschlags und der Kraft, der Geist des Wissens. Und er wird Jahwe fürchten.

[3]Und er wird sein Gefallen an der Furcht Jahwes haben. Und er richtet nicht nach dem, was seine Augen sehen, und er entscheidet nicht auf das hin, was seine Ohren hören.

[4]Vielmehr richtet er nach der Gerechtigkeit der Schwachen und entscheidet nach dem Recht für die Armen des Landes. Und er schlägt das Land mit dem Stab seines Mundes und mit dem Geist seiner Lippen tötet er einen Frevler.

[5]Und Gerechtigkeit wird der Gürtel seiner Hüften sein und Festigkeit wird der Gürtel seiner Hüften sein.

5.4.2 *Gliederung des Textes*

A. *Herkunft des künftigen Herrschers*	11,1
B. *Persönliche Merkmale*	11,2
1. Besitz des Geistes Jahwes	11,2a
2. Besitz des Geistes der Weisheit und Einsicht	11,2bα$^{1-3}$
3. Besitz des Geistes des Ratschlags und der Kraft	11,2bα$^{4-6}$

[97] Vgl. Procksch, *Jesaja*, 21, der Jes 11 noch zur Denkschrift hinzurechnet. Ebenfalls für jesajanisch hält Wildberger, *Jesaja I*, 442–446, den Abschnitt. Im selben Sinne auch Seebass, *Herrscherverheißungen*, 34–36.

	4. Besitz des Geistes des Wissens	11,2bβ$^{1-2}$
	5. Folge des Geistbesitzes: Furcht Jahwes	11,2bβ$^{3-4}$
C.	*Handlungsweise*	11,3–4
	1. Furcht Jahwes	11,3a
	2. Gericht nicht nach dem Augenschein	11,3b
	3. Gericht nach dem Recht der Schutzbedürftigen	11,4a
	4. Herrschaft über das Land durch sein Gericht	11,4b
D.	*Stärkung seiner Herrschaft durch seine Handlungsweise*	11,5

5.4.3 *Textkohärenz*

Die Abgrenzung von Jes 11,1–5 ist forschungsgeschichtlich umstritten. Wie Werner aufzeigt, ist die Abgrenzung nach vorne mit V1 vorzunehmen, da Jes 10,33f. „eine in sich konsequente Gerichtsvorstellung“[98] bietet. Dem steht das Heilsmotiv in Jes 11,1 gegenüber. Während das zerstörerische Handeln in Jes 10,33f. sich auf die in Palästina verbreiteten Bäume bezieht und es sich damit wiederum um die Verwüstung des Landes handelt, ist das Heilsbild auf den Baum als Zeichen der königlichen Dynastie ausgerichtet.[99] Da die Gabe eines neuen Herrschers nicht als Konsequenz der göttlichen Strafaktion zu verstehen ist, sondern diese im strafenden Handeln Jahwes ihren Abschluss findet, steht Jes 11,1 in deutlicher Spannung zu Jes 10,33f. und ist damit literarkritisch zu trennen.

Die Abgrenzung nach hinten ist ebenfalls umstritten. Das sich in Jes 11,6–8 anschließende Motiv vom friedvollen Tierreich expliziert die kommende Friedensherrschaft des erwarteten Königs. Hermisson hat Jes 11,6–8 als sekundäre Erweiterung gedeutet, da eine ursprüngliche Zusammengehörigkeit von Königsherrschaft und Befriedung des Tierreiches weder im alttestamentlichen Schrifttum, noch in der altorientalischen Literatur als zusammengehörige Themen auftauchen.[100] Werner kritisiert zu Recht, dass Hermissons Perspektive auf Argumente traditionsgeschichtlicher Art eingeengt ist und führt selber die originäre Zusammengehörigkeit von gerechter Herrschaft und Fruchtbarkeit des Landes in Ps 72 an. Dabei werde zwar in Ps 72 ein anderes

[98] Werner, *Eschatologische Texte*, 48; im selben Sinne Seebass, *Herrscherverheißungen*, 30.

[99] Vgl. Widengren, *Tree of Life*, 50.

[100] Vgl. Hermisson, *Zukunftserwartung*, 86f.

Motiv mit dem der gerechten Herrschaft kombiniert, in der altorientalischen Literatur aber sei durchaus die Kombination von Herrschaft mit einer kosmischen Auswirkung der Herrschaft auf „Fruchtbarkeit oder den umfassenden Frieden des Landes“[101] zu finden.

Gegen die von Werner vertretene Position ist allerdings einzuwenden, dass die in den oben angeführten altorientalischen Texten dargelegten Vorstellungen der Auswirkungen gerechter königlicher Herrschaft anderer Art sind, als sie in dem von Fiktion geprägten Bild eines paradiesartigen Tierreiches beschrieben werden. In ihnen ist ein kausaler Zusammenhang zwischen dem Aufrechterhalten der göttlichen Ordnung und den kosmischen Auswirkungen göttlicher Handlungen zu erkennen. Wenn König und Volk sich an die von Gott gesetzte Ordnung halten, dann wird er dieses mit hohen Ernteerträgen belohnen. Der Wohlstand eines Landes ist also davon abhängig, dass der Gott des Landes dieses schützt, d.h. ihm zugewandt ist. Mit einer Abwendung aus Zorn wird dem Land der Schutz vor Schaden entzogen.[102] Die Friedensvorstellung ist also eine Hoffnung auf ein unter den gegebenen Umständen von Krieg und Zerstörung verschontes und ökonomisch ertragreiches Land. Die irdischen Zustände werden dabei nicht aufgehoben.

Das befriedete Tierreich hingegen stellt ein Motiv dar, das nur eine Seite der Folgen gerechter Herrschaft zeigt. Die gerechte Herrschaft wirkt sich im jederzeit friedlichen Miteinander innerhalb der Tierwelt und zwischen Mensch und Tier aus. Dabei nehmen die Gegenüberstellungen immer wieder das Motiv von Stärke und Schwäche auf. Dem Stärkeren kommt es unter der Herrschaft dieses Königs nicht in den Sinn, den Schwächeren körperlich zu schädigen. Es entspricht aber nicht mehr der bekannten irdischen Ordnung.

Jes 11,1–5 geht in seiner Vorstellungswelt weit über diese einfache in Jes 11,6–8 geschilderte Gegebenheit hinaus. Die Attribute, mit denen der neue Herrscher versehen wird, sind die desjenigen, der es versteht, sich in seinen Entscheidungen nicht von dem täuschen zu lassen, was seine Sinne wahrnehmen. Vielmehr lässt er sich allein von göttlicher Inspiration und Gerechtigkeit leiten. Dieses aber ist nicht auf den Bereich der Befriedung eingeschränkt, sondern zielt

[101] Werner, *Eschatologische Texte*, 48. Ähnlich auch Barth, *Jesaja-Worte*, 61.

[102] Vgl. hierzu die Klage Jahwes in Hos 2,10, derzufolge Jahwe den Ertrag des Landes den Menschen schenkt, und das Gerichtsbild in Am 4,6–11.

auf die Umsetzung צדק-entsprechender Strukturen,[103] die nach dem göttlichen Tun-Ergehen-Zusammenhang ausgerichtet sind und die gerade für die natürliche Ordnung der Tierwelt sprechen.[104]

Dieses eher thematische als literarkritische Argument zeigt die Spannung, in der Jes 11,6–8 zu den Vv1–5 steht. Jes 11,6–8 bietet eine spätere Auslegung des Gedankens gerechter Herrschaft. In diese fließt das Motiv der befriedeten Schöpfung ein. Jes 11,1–5 hingegen nimmt mit dem Bild des gerechten Herrschers das Konzept der Verwirklichung צדק-entsprechender Strukturen auf, wie sie in Jes 9,1–6 zu finden ist. Da sich gerade das Motiv in seiner auf die Königsherrschaft bezogenen Grundform und der Gedanke der befriedeten Schöpfung inhaltlich unterscheiden, sind die Vv6–8 von Jes 11,1–5 als sekundäre Erweiterung zu trennen. In der Perspektive der motivischen Kongruenz ist auch die von Hermisson vertretene Position zu verstehen. Alttestamentliche und altorientalische Tradition kennen den Zusammenhang von gerechter Herrschaft und deren Auswirkungen auf das Land. Weil sich die gerechte Herrschaft auf die Fruchtbarkeit und die umfassende Befriedung des Landes auswirkt und weil das Motiv der befriedeten Tierwelt aus dieser Sichtweise heraus widernatürlich ist, bilden die Vv6–8 eine Erweiterung von Jes 11,1–5. Jes 11,6–8 ist mit der ursprünglichen Intention der Herrscherweissagung nicht identisch.

Der Text Jes 11,1–5 ist als kohärenter Text zu beurteilen, da er keine Merkmale aufweist, die zu einer literarkritischen Scheidung führen. So sind im Folgenden vor allem zwei Motive für den Vergleich mit Jes 9,1–6 zu beachten: die gerechte Herrschaft, die von dem zu erwartenden Herrscher ausgeht, und die Geistbegabung, die diese gerechte Herrschaft ermöglicht.[105]

---

[103] Vgl. Hermisson, *Zukunftserwartung*, 84, der aufzeigt, dass Jes 11,1–5 ohne weiteres als authentischer jesajanischer Text angesehen werden kann. Er sieht in dem Text deutliche Bezüge zu Jes 1,21–26. Fraglich ist allerdings gegen Hermisson, *Zukunftserwartung*, 92, ob die neu einsetzende Königsherrschaft als Gegenbild zu den bestehenden Verhältnissen zu verstehen ist, oder ob es sich bei der Hoffnung auf diesen König nicht um die Verwirklichung eines Ideals handelt, das zwar Grundlage des Königtums ist, aber in der bisherigen Zeit nur unzureichend erfüllt wurde. M.E. lässt der Text keinen Rückschluss auf eine Konterkarierung der bestehenden Herrschaft zu.

[104] Vgl. hierzu die weisheitlichen Reflexionen über den irdischen Zusammenhang und die schöpferische Tat Jahwes in Hi 38f.

[105] Zur literarkritischen Trennung von Jes 11,1–5.6–8.9 vgl. Kaiser, *Buch Jesaja I*, 240.

5.4.4 *Der mit dem Geist begabte Herrscher*

Verbunden mit Jes 9,1–6 wurde bereits der Hintergrund der Vorstellung eines gerechten Herrschers betrachtet. Dieses dort explizierte Herrscherbild erhält mit Jes 11,1–5 eine Erweiterung, in der die Voraussetzungen gerechter Herrschaft genannt werden. Diese basiert, wie der Textaufbau und damit der innere Zusammenhang des Texts zeigt, auf der Verleihung verschiedener Geistbegabungen an den neuen Herrscher. Diese verschiedenen Geistbegabungen werden als Explikation der Begabung durch die רוח יהוה verstanden.[106]

Die Aufgabenteilung auf verschiedene Fähigkeiten findet sich zwar in der alttestamentlichen Weisheit wieder (vgl. Spr 1,1–7),[107] die nach 1Kön 3,1–15; 5,9–14; 10,1–13 zu den herrscherlichen Fähigkeiten gehören, doch zeigt sich ein deutlicher Unterschied zur Herrscherweissagung in Jes 11,1–5. Während Spr 1,7 die aus der Weisheit resultierende Gottesfurcht als Ergebnis eines Bildungsprozesses beschreibt, ist nach Jes 11,2f. die Furcht vor Jahwe das Resultat der Geistbegabung. Die Notwendigkeit der eigenen Leistung wird dem kommenden Herrscher durch diese Gaben abgenommen. Das, was er leisten soll, entspringt nicht seiner Person, sondern es ist die Umsetzung der ihm von Jahwe verliehenen Fähigkeiten.[108]

Eine Verbindung von Geistgabe und Königtum findet sich in der israelitischen und judäischen Königstradition nur an wenigen Stellen.[109] Für Sauls Königtum ist der Geistbesitz konstitutiv, was gerade die

[106] Zum Zusammenhang und zu den Unterschieden zwischen Jes 9,1–6 und Jes 11,1–5 vgl. Lescow, *Geburtsmotiv*, 188f.

[107] Vgl. Seebass, *Herrscherverheißungen*, 22, der festhält, dass hier die weisheitliche Begabung im Vordergrund steht.

[108] Vgl. zur Verbindung von Jes 11,1–5 und Spr 1,1–7 Werner, *Eschatologische Texte*, 66.

[109] Vgl. hierzu vor allem die Darstellung bei Mettinger, *King and Messiah*, 246–251. Es fällt aber auf, dass Mettinger Geistbesitz und weisheitliche Begabung gleichsetzt. Dieses kann für die judäische Königstradition nicht so einfach vorausgesetzt werden. Die Datierung der als Verbindung zwischen den beiden Motiven genannte Textstelle Gen 41,33 ist umstritten. Damit aber scheidet der Text, so lange seine Ursprungszeit ungeklärt ist, als möglicher Beleg für die Verbindung von Geistbesitz und Weisheit aus. Weiter zum Geistbesitz des Königs vgl. Beuken, *Jesaja 1–12*, 308. Weg von der Verbindung Geistbesitz und Königtum geht die Argumentation von Williamson, *Variations*, 46: „The closest parallel is in Numbers 11:25–6, where God takes part of the spirit that was on Moses and transfers it to the 70 elders in order that they might help Moses in his administrative duties (though in fact the first thing they do is prophesy)." So nahe diese Parallele scheint, faktisch befähigt der Geist die 70 Ältesten zu anderen Handlungen, als sie in Jes 11,1–5 genannt werden.

Notiz des Übergangs seines Charisma an David in 1Sam 16,13f. zeigt. Für die Königstradition in Jerusalem hat er jedoch keine weitere Bedeutung. In der Königstradition, die sich in den Erzählungen über Saul erkennen lässt, ist die Gabe des Geistes nicht auf die weisheitliche und damit auch nicht auf die Rechtstradition bezogen. In der Jerusalemer Königstradition spielt dann weder die Übergabe des Geistes an den Thronfolger als Begründung für die Wahl dieses Nachfolgers eine Rolle, noch wird die Fähigkeit zur Erkenntnis weisheitlicher Zusammenhänge an den Geist Jahwes gebunden (vgl. 1Kön 3).[110] Vielmehr wird der Geist Jahwes zu der Größe, die die Propheten zur Ausführung ihres Auftrags befähigt (vgl. 1Kön 22,24; Ez 3,14; 8,3; 11,1.5.24).

Verbindungen von Rechtstradition und Geistbesitz finden sich vermehrt in exilisch-nachexilischen Texten. Jes 42,1 bindet die Fähigkeit des Gottesknechts, Recht zu vermitteln, an den Geist Gottes. Ebenso zeigt Jes 61,1f., dass erlösendes und damit Recht schaffendes Handeln nur mit Geistbesitz möglich ist. Neben den prophetischen Texten ist auch eine Verbindung zur priesterschriftlichen Exodustradition gegeben, die sogar eine Aufteilung von Geistgaben bietet. Nach Ex 28,3 lässt Jahwe die רוח חכמה über die Aaroniten kommen, damit diese in die Lage versetzt werden, die priesterlichen Gewänder anzufertigen. Bei der רוח חכמה handelt es sich also in diesem Fall um die Gabe einer Fähigkeit, die zur Ausführung einer bestimmten Aufgabe notwendig ist. In diesem Sinn sind auch die Geistesgaben in Jes 11,2 zu verstehen, und zwar als eine Aufteilung königlicher Herrschaftsfähigkeiten, die dazu dienen, die von Jahwe gegebene Ordnung realpolitisch umzusetzen.[111]

In Jes 4,4 wird die רוח־יהוה zu einem Gerichtswerkzeug.[112] Dabei nimmt sie als רוח משפט eine Form an, die zwar nicht in Jes 11,2 auftritt, die aber in der Explikation der Geistgaben impliziert ist. In Jes 4,4 wird die רוח משפט zu dem Feuer bringenden Element, das als Mittel zur Entsündigung durch Verbrennen wirkt. Vom Gerichtsbild aus betrachtet führt das Wirken des Geistes nicht mehr zu einer Rekonstituierung vormaliger Zustände, sondern dient als Mittel der

[110] Vgl. Kaiser, *Buch Jesaja I*, 241.

[111] Vgl. hierzu Werner, *Eschatologische Texte*, 66.

[112] Zur Datierung in die nachexilische Zeit vgl. Kaiser, *Buch Jesaja I*, 245; Sweeney, *Isaiah 1–4*, 180.

Reinigung, bevor Jahwe in Form einer Theophanie auf dem Zion erscheint und dauerhaft auf ihm bleibt, um Jerusalem vor seinen Feinden zu schützen. Der Text hat demnach die Perspektive der Neubegründung ursprünglich heilvoller Gegebenheiten. Für eine Einordnung des Texts in die nachexilische Zeit gibt es einen weiteren Anhaltspunkt auf der textimmanenten Ebene. Die in V1 geschilderte Erwartung eines neuen Sprosses aus dem Hause Isais deutet darauf hin, dass der alte Baum, der aus diesem Stamm erwachsen ist, nicht mehr besteht. Eine Rückführung auf das Ursprungshaus Davids ist notwendig, da die bisherige Dynastie nicht mehr besteht und nun ein Seitenarm die bisherige königliche Herrschaft übernehmen soll. Da der Zusammenbruch der davidischen Dynastie aber erst mit dem Untergang Jerusalems 587/6 v.Chr. gegeben ist und die weiteren Belege über die Notwendigkeit des Geistbesitzes in die nachexilische Zeit verweisen, ist mit einer Abfassung von Jes 11,1–5 erst in der exilischen bzw. nachexilischen Zeit zu rechnen.[113] Mit der nach dem Gericht gewonnenen Heilsperspektive keimt auch die Hoffnung auf einen neuen Davididen wieder auf. Diese findet sich zeitnah in den Prophezeiungen Haggais (Hag 2,23) und Sacharjas (Sach 4) wieder.

Ist aufgrund der gezeigten Parallelen eine zeitliche Einordnung des Texts in die exilisch-nachexilische Phase wahrscheinlich, und haben sich die genannten Charismata als notwendige Begabungen zur Ausübung der gerechten Königsherrschaft erwiesen, so ist nun der Blick auf die Form der Ansage des neuen Herrschers zu richten.

Jes 11,1–5 schildert das Zusammenfallen von Gottesfurcht und herrschaftlichem Verhalten. Die Einleitung in das Sprüchebuch Spr 1,1–7 zeigt die auch in Jes 11,1–5 genannten weisheitlichen Fähigkeiten als Wege des Menschen zur Gottesfurcht auf. Jedoch versteht Spr 1,1–7 damit Gottesfurcht als ein Bildungsergebnis und das Erlernen der Weisheit als einen Bildungsweg. Diese Perspektive wird in Jes 11,1–5 in eine Geistesgabe verwandelt. Der Mensch ist von sich aus gar nicht fähig, die göttliche Ordnung in Herrschaft umzusetzen. Erst der Geistbesitz ermöglicht dem kommenden Herrscher, sich nicht von seinen Sinneswahrnehmungen leiten zu lassen (V3), sondern konsequent an der göttlichen Ordnung festzuhalten (V4).

[113] Vgl. Barthel, *Prophetenwort*, 53f.: „Eher wird man den Abschnitt als eine spätere Erweiterung ansehen, die 10,33f. voraussetzt (s. das pf. cons.) und gleichzeitig in einem neuen Sinne interpretiert."

Damit fügt Jes 11,1–5 der Vorstellung des kommenden Herrschers ein weiteres Motiv hinzu. Während der Schwerpunkt in Jes 9,1–6 auf dem Moment der Befreiung und der mit ihr verbundenen Hoffnung der Installation einer צדק-entsprechenden Herrschaft liegt, betont Jes 11,1–5 die Unmöglichkeit der Umsetzung der göttlichen Ordnung unter irdischen Bedingungen, wenn Jahwe nicht selber dem neuen Herrscher mittels der Gabe des Geistes die Voraussetzungen dafür gibt.[114] Auf Jes 9,1–6 bezogen bedeutet dies, dass vom kommenden Herrscher sehr wohl zu erwarten ist, die göttliche Ordnung umzusetzen. Jahwe schafft ihm mit der Befreiung und der Befriedung des Landes die idealen Voraussetzungen zur Umsetzung der göttlichen Ordnung und zur Installation und Ausübung einer צדק-entsprechenden Herrschaft. Jes 11,1–5 spiegelt damit auch einen Verlust an Vertrauen in die königliche Macht wider. Spricht Jes 9,1–6 dem König die Fähigkeit aufgrund seiner Herrschaft ohne weiteres zu, wird die Umsetzung von Recht und Gerechtigkeit in Jes 11,1–5 zur göttlichen Gabe. Der Herrscher benötigt den göttlichen Geist, um in die Lage versetzt zu werden, seinem Auftrag gerecht zu werden.

Gottes Herrschaft erweist sich in Jes 9,1–6 und Jes 11,1–5 demnach auf zwei Ebenen: Nach Jes 9,1–6 wird Jahwe Israel von den Feinden befreien, um anschließend einen König kommen zu lassen, der die Situation der Unabhängigkeit zur Installation einer Herrschaft nach der göttlichen Ordnung nutzen kann. Der Verfasser von Jes 11,1–5 muss dieses Bild der göttlichen Herrschaft als gescheitert ansehen, da zwar die Befreiung von den Feinden erfolgt ist, der folgende königliche Herrscher hingegen den in ihn gesetzten Erwartungen nicht gerecht werden konnte. Die innenpolitischen Zustände in Juda haben sich nicht verändert. So wird aus dem Erlernen weisheitlicher

[114] Beuken, *Jesaja 1–12*, 304, weist auf die literarischen Parallelen hin, die sich zwischen Jes 10,5ff. und Jes 11,1–9 ergeben. Dieses zeigt deutlich die redaktionelle Gestaltung der Texte auf. Verschiedene Motive sind aufeinander bezogen. Dabei ist eine Deutung des kommenden Herrschers als Gegenbild zum assyrischen Herrscher wahrscheinlich. Dafür spricht auch die oben gezeigte zeitliche Einordnung des Textes. Daher kann Beuken konstatieren: „Als Ergebnis der redaktionellen Zusammenstellung von Jes 10 und 11 ist festzuhalten: Die Prophetie vom Reis Isaias ist im direkten Anschluss an Jes 10 und am Ende der ersten Sammlung jesajanischer Sprüche zu einer Ankündigung des definitiven Eingreifens JHWHs in der Person einer exemplarischen, königlichen Gestalt, die sich in scharfem Kontrast zum gottlosen Assur und seinem König steht, geworden" (304). Ebenfalls auf eine spätere Abfassung weisen die literarischen Bezüge zwischen Jes 11,1–9 und Jes 1, die Berges, *Jesaja*, 131f., zeigt.

Gedanken eine Gabe Jahwes, die zur Umsetzung der von ihm gegebenen Ordnung anleitet.

5.5 Zur Datierung der Ansage des kommenden Herrschers in Jes 9,1–6

Die Weissagung über das Kommen eines neuen Herrschers in Jes 9,1–6 ist von drei Faktoren bestimmt, die für die Datierung des Textes entscheidend sind:

- Das ägyptische Krönungszeremoniell war in Juda bekannt und konnte als Stilmittel für die Gestaltung eines Textes verwendet werden.
- Das Land war unfrei. Herrscher über das Gebiet war ein neuassyrischer König. Die verwendeten Thronnamen weisen deutlich auf eine Bezugnahme und Überbietung assyrischer Königstitel hin. Jesaja erwartete einen den assyrischen Herrscher überragender König.
- Die Erweiterung in Jes 8,23aα⁷⁻b, die eine Befreiung der Nordreichgebiete voraussetzt, zeigt, dass Jes 9,1–6 bereits bis zu diesem Zeitpunkt schriftlich vorlag. Historisch ist die in Jes 8,23aα⁷⁻b geschilderte Situation mit König Josia von Juda zu verbinden.[115]

Eine zeitliche Einordnung der Weissagung des neuen Herrschers ist damit vor der Inthronisation Josias zu suchen. Die Erweiterung Jes 8,23aα⁷⁻b deutet darauf hin, dass die Herrschererwartung durch die Anfügung der Erweiterung auf ihn übertragen wurde. Damit ist die Grundschicht historisch früher anzusetzen. In diese Zeit hinein fällt der Thronwechsel von Ahas zu Hiskija 725 v.Chr. Mit ihm ist die Weissagung des kommenden Herrschers zu verbinden. Seine Inthronisation fällt mit dem Rückgang assyrischer Präsenz in der Levante und dem Tod Tiglat-Pilesers III. zusammen.

Jes 9,1–6 setzt für sich nicht den Abzug der Assyrer voraus. Erst für die Historisierung des Textes durch die Ergänzung von Jes 8,23aα⁷⁻b ist der Abzug konstitutiv.[116] Dass es sich bei der Fremdherr-

[115] Vgl. Barth, *Jesaja-Worte*, 172f.; Vieweger, *Volk*, 83.

[116] Mit der Erweiterung, die den Text einer anderen historischen Situation zuweist, ist der Intention, die Barthel, *Prophetenwort*, 59f., für den Abschnitt angibt, zuzustimmen: „Am Schluß steht das berühmte ‚messianische' Wort in 8,23*–9,6, das entgegen verbreiteter Auffassung wohl nicht als Ankündigung, sondern als (dankbarer) Rückblick auf die Befreiung von der (assyrischen) Fremdherrschaft und die Geburt *und* Inthronisation eines davidischen Königs (V.5f.) zu verstehen ist."

schaft um die assyrische handelt, ist aufgrund der Anspielungen auf die neuassyrischen Königstitel und das akkadische Lehnwort in Jes 9,4, sowie die Nennung der von Tiglat-Pileser III. okkupierten Gebiete in Jes 8,23aα^{7}–b anzunehmen. Die Hinweise auf Tiglat-Pileser III. und den nach seinem Tod zu beobachtenden Rückgang assyrischer Präsenz in der Levante, der sich u.a. in dem Philisteraufstand in den Jahren 711/710 v.Chr. zeigt, weist auf das Ende des 8.Jh. v.Chr. als möglichen Abfassungszeitpunkt hin. Mit der Aussicht, die Macht des neuassyrischen Herrschers werde zurückgehen, wird die Inthronisation eines neuen Davididen in Jerusalem mit der Hoffnung auf das kommende Friedensreich verbunden. Historisch fielen diese Ereignisse mit der Zeit Hiskijas von Juda zusammen.[117] Mit seiner Person und seiner Herrschaft verband Jesaja die in Jes 9,1–6 geäußerte Hoffnung.

5.6 Zur Herrschaft Gottes in Jes 9,1–6

Jahwes Herrschaft erweist sich in Jes 9,1–6 in verschiedenen Elementen, die eng miteinander verbunden sind. Die Aufnahme der Midian-Tradition, in der Jahwe als der Gott dargestellt wird, der für sein Volk die Feinde in die Flucht schlägt,[118] nimmt die Kriegsgott-Tradition auf. Dieser zufolge erweist Jahwe seine Macht als Krieger, indem er für sein Volk in den Krieg zieht und die Feinde besiegt. Damit wird die irdische Machtführung auf Jahwe übertragen, der irdische König hingegen ist mit ihr nicht beauftragt.[119]

Mit der Unterscheidung der Funktionen von Jahwe und irdischem König nimmt Jes 9,1–6 ein 2Sam 7 vergleichbares Element auf.[120] In 2Sam 7,9 wird David daran erinnert, dass Jahwes Wohltaten die aus seiner Erwählung resultierende Vernichtung der irdischen Feinde seines Königtums ist. Sie gehört zwingend zur Errichtung einer

---

[117] So schon Budde, *Jesajas Erleben*, 121; aus der neueren Forschung vgl. Clements, *Deliverance of Jerusalem*, 82. Er weist darauf hin, dass das Motiv des Unterdrückers aus Jes 9,3f. in den jüngeren Texten Jes 10,26f.; 14,25b aufgenommen wird. Weiter vgl. Laato, *Hezekia*; Sweeney, *Isaiah*, 182; Clements, *Immanuel Prophecy*, 232f.

[118] Fohrer, *Jesaja*, 138, entdeckt in der Kriegstätigkeit Jahwes den eigentlichen Aussagegehalt der Weissagung: „Den Mittelpunkt bildet die Botschaft von der erlösenden Heilstat Gottes."

[119] Vgl. Williamson, *Variations*, 33: „The reason for stressing this rather obvious point is that it enables us to underline the fact that the birth of the king is not primarily to be seen as the arrival of a saviour-figure in his own right."

[120] Beuken, *Jesaja 1–12*, 254, weist explizit auf die Natanweissagung als traditionsgeschichtlicher Hintergrund für die Ansage in Jes 9,1–6 hin.

Dynastie hinzu. Die Funktion Davids ist das Fürstenamt über Israel, aus dem die Landnahme und die Feindesbesiegung ausgeschlossen sind. Diese beiden Elemente bleiben Teil der göttlichen Gabe an den Herrscher.[121]

Aufgabe des irdischen Königs ist die Realisierung der dem Volk von Jahwe gegebenen Ordnung. Mit צדקה und משׁפט setzt der Davidide die göttliche Ordnung in die Tat um, begründet sie aber nicht.[122] Dieses ist Jahwe vorbehalten. Die Umsetzung führt schließlich zum Friedensreich und zur dauerhaften Herrschaft der Dynastie. Friedensreich und dauerhafte Herrschaft sind dann von Kriegen frei, da das Land bereits vor Herrschaftsantritt von Jahwe befriedet wurde. Der irdische König ist also nicht für die irdischen Kriege zuständig, seine Aufgabe ist allein die Wahrung und Sicherung der göttlichen Ordnung.[123] Da, wo sie gestört wird, soll er mit seiner richterlichen Macht eingreifen. Ziel seines richtenden Handelns ist es, den weisheitlichen Tun-Ergehen-Zusammenhang aufrecht zu erhalten und damit für den Fortbestand der Ordnung zu sorgen. Daher kann Fohrer festhalten: „Bei alledem ist deutlich, daß Gott und nicht der Messias das Heil bringt; der Messias hat es nur zu verwalten und zu festigen (V.6).“[124]

Jahwes umfassende Herrschaft wird damit auf die Errichtung einer Gesellschaft ausgeweitet, die die von ihm gesetzte Ordnung einhalten kann. Voraussetzung für die Umsetzung dieser Ordnung ist die Besiegung der Feinde und damit die Befriedung des Landes. Dies wird zunächst Juda zugesprochen, die Existenz der Feinde wird nicht weiter erwähnt. Sie werden nicht in das Friedensreich eingeschlossen, dieses bleibt lokal auf den Machtbereich des judäischen Herrschers beschränkt.

Mit der Funktionalisierung des irdischen Königtums wird die Spannung zwischem göttlichem und irdischem König in einem gegenseitigen Dienstverhältnis aufgelöst.[125] Jahwe installiert die irdische

---

[121] Weiter zum Zusammenhang von Jes 9,1–6 und 2Sam 7 vgl. Williamson, *Variations*, 37f.

[122] Vgl. W.H. Schmidt, *Ohnmacht des Messias*, 155f.

[123] Vgl. W.H. Schmidt, *Glaube*, 273.

[124] Fohrer, *Jesaja*, 140. Im selben Sinn auch W.H. Schmidt, *Glaube*, 273: „[. . .] er ist nicht eigentlich der ‚Heilsbringer‘, schafft nicht die Zukunft, die die gegenwärtigen geschichtlichen Verhältnisse so durchschlagend verwandelt.“

[125] Die Dienstbarkeit des irdischen Königs gegenüber Jahwe drückt auch Dtn

Dynastie, indem er den irdischen Herrscher erwählt, ihm militärisch Freiheit verschafft und eine Gesellschaftsordnung gibt, an der er seine Herrschaft ausrichten soll. Inhalt der irdischen Herrschaft ist dann die Umsetzung dieser Ordnung, mit deren Verwirklichung das von Jahwe geschenkte Friedensreich auf Erden präsent wird. Dieses Friedensreich und sein dauerhafter Bestand ist das Ziel der göttlichen Herrschaft.[126] Zur Erreichung dieses Ziels setzt Jahwe kriegerische, friedliche und richterliche Elemente ein. צדק als Ordnung und צדקה und משפט als Umsetzung der Ordnung sind die richterlichen Mittel, die Jahwe nach der Vernichtung der Feinde und der Inthronisation des irdischen Königs realisiert sehen will. Das richterliche Wirken des Königs innerhalb der Gesellschaft soll dabei eine Rückführung auf die mit צדק bezeichnete Ordnung sein. Wie Jes 1,21–26 zeigt, kann die Rückführung auch von Jahwe umgesetzt werden. Es handelt sich aber in diesem Text um die Korruption der mit der Gerichtsbarkeit beauftragten Personen. Somit ist eine gesellschaftliche Instanz zur Wiederherstellung צדק-entsprechender Zustände nicht mehr gegeben. „Die Wiederherstellung des verlorenen Idealzustandes ist nur durch Gottes machtvolles Eingreifen (V.24a) im Zuge eines läuternden Gerichtaktes möglich."[127] Mit der Rückführung auf צדק-entsprechende Zustände wird das in der Umsetzung der Ordnung begründete Friedensreich nicht nur konstituiert, sondern auch gesichert. Damit bleibt das Friedensreich ein ewiglicher Prozess gegen die die Ordnung störenden Elemente[128] und der „Herrscher von Jerusalem ist weit mehr als ein König in eigener Vollmacht oder

17,18–20 aus. Dazu Laato, *Immanuel*, 68: „One of the most important functions of the royal treaty, then, was to define the status of the king (within the framework of the covenant of Sinai) so that it did not rise to the level of divinity." Im selben Sinn zuvor auch Gunneweg, *Sinaibund*, 339f.

[126] Williamson, *Variations*, 35, unterscheidet das Aufgabenfeld des irdischen und des himmlischen Königs, indem er dem irdischen König die Innenpolitik und dem himmlischen König die Außenpolitik zuweist: „Since verses 4–5 speak of God's work without reference to any human agency, there is an indication here that the king's role relates in particular to the internal ordering of the life of the nation." Und weiter: „If that is so, then we should have to suppose that 'government' refers to external affairs and 'peace' to internal; and this is by no means impossible. However, there seems to me to be evidence to support an alternative interpretation, namely that it was only under conditions of peace that the dynastic promise was issued in the first place [. . .]" (40).

[127] Wischnowski, *Tochter Zion*, 151.

[128] Dazu schreibt Wildberger, *Jesaja I*, 384: „שלום gründet in Stabilität der Ordnung, welche die Möglichkeit einer gedeihlichen Entwicklung eröffnet."

nach dem Willen des Volkes, er übt Gottes Herrschaft auf Erden aus"[129]. Nach dem Verständnis von Jes 9,1–6 ist das Friedensreich keine eschatologische Größe, sondern ein in der politischen Realität existierender Staat, dessen Ordnung von Gott gesetzt ist und dessen dauerhafter Bestand durch den göttlichen Schutz garantiert ist. „Sie [die Verfasser von Jes 9,1–6] entwarfen keine Utopie einer herrschaftsfreien Welt, weil sie wußten, daß es überall, wo Menschen zusammenleben, der staatlichen Ordnung und der die Konflikte der einzelnen und der Völker lösenden Gewalt bedarf. Und vielleicht bildet die Bejahung der Ordnung die Voraussetzung für ihre Verbesserung im Sinne der Minderung der aktuellen Gewalt des Staates. Wollte ein Staat auf die potentielle verzichten, löste er sich selbst auf."[130] Mit der göttlichen Ordnung wird die aktive Gewalt für Kriege gegen Feinde auf Jahwe übertragen, allein die richterliche und damit die passive Gewalt geht auf den König über. Jahwes Herrschaft erweist sich demnach auch als eine Form der Gewaltenteilung. Mit ihr wird die Relation göttlicher König – irdischer König in eine staatstragende Form gebracht.

[129] Wildberger, *Jesaja I*, 380f.
[130] Kaiser, *Buch Jesaja I*, 206.

KAPITEL 6

DIE ERWEITERUNGEN

Die nun folgende Untersuchung der Erweiterungen wird anhand der bereits gezeigten Querbezüge durchgeführt.[1] Die Analyse der Querbezüge wies vier Themen auf, denen die verschiedenen Erweiterungen zugeordnet werden konnten: 1. Erweiterungen mit Unheilsansagen, 2. Erweiterungen mit Heilsansagen, 3. Immanel-Erweiterungen und 4. historisierende Bearbeitungen. Als fünftes Thema schließt sich der literarische Abschluss der Denkschrift in Jes 8,16–23 an. In dieser Reihenfolge werden die Erweiterungen nun hinsichtlich ihrer Abfassungszeit und des in ihnen enthaltenen Bildes der Gottesherrschaft untersucht.

6.1 Die Erweiterungen mit Unheilsansagen

6.1.1 *Der Textumfang*

Die literarkritische Untersuchung zeigte, dass neben der mit der Vision Jes 6 verbundenen Gerichtsansage auf Juda bezogene Unheilsansagen in verschiedenen Erweiterungen erscheinen. Dabei werden zwei Motive verwendet: In Jes 7,18f.20.23–25[2] besteht das Gericht in der Verwüstung des Landes, die durch unterschiedliche Bilder beschrieben wird; in Jes 6,12; 8,11–15 hingegen wird den Einwohnern Judas die Deportation angesagt. Beide Motive treten dann in Jes 6,13a.bα zusammen. Hier wird die Deportation mit der Verheerung des Landes verbunden.

---

[1] Vgl. *2.4.2 Querbezüge*, 83–86.

[2] Mit Jes 7,18f.20.23–25 liegen drei Prophetensprüche vor, die der Form nach von den Orakeln in Jes 7,1–17 zu unterscheiden sind. Die Prophetensprüche werden jeweils mit der Formel והיה ביום ההוא eingeleitet und sind durch sie als redaktionelle Erweiterung erkenntlich (weiter vgl. *2.4.1 Textkohärenz*, 74f.).

6.1.2 *Die Ansage der Verwüstung des Landes*

Eine erste Reflexion erfährt die Gerichtsvorstellung des Propheten mit dem frühnachjesajanischen Text Jes 6,1–10bα.11.[3] Das dort geschilderte Bild reflektiert das Geschehene unter der theologischen Perspektive der Verstockung. Die Botschaft Jesajas konnte vom Volk nicht angenommen werden, da Jahwe ihm die Möglichkeit zur Umkehr genommen hat. Das Volk wäre dann zur Umkehr fähig, wenn es Gottes Botschaft verstehen könnte. Doch dieses ist im Zustand der Verstocktheit nicht möglich. Demnach antwortet Jes 6,1–10bα.11 auf die Frage des Schülerkreises, warum sich trotz der Botschaft Jesajas beim Volk nichts verändert hat. Die aus der Abkehr des Volkes von Jahwe resultierende Gerichtsansage in Jes 6,10a.bα.11 verwendet für die Ansage der Verwüstung dasselbe Bild wie das Weinberglied Jes 5,1–7. Da Jes 6,1–10bα.11 als erste Reflexion auf die aus der Zeit des syrisch-ephraimitischen Krieges stammenden Texte in der Grundschicht Jes 7,1–8,15 zusammen mit diesen eine erste Form der Denkschrift bildet, ist die Gerichtsvision der Ausgangspunkt der Erweiterungen, die das kommende Gericht beschreiben.

Die Gerichtsansage in Jes 7,18f. nimmt als erste Erweiterung ein bereits bekanntes Motiv auf. Jahwe funktionalisiert die beiden Großmächte Ägypten und Assur als Gerichtswerkzeuge, die sich gegen Juda wenden sollen.

> [18]Und es wird an diesem Tag sein: Jahwe wird die Fliege [heran]pfeifen, die am Ende der Flüsse Ägyptens ist, und die Biene, die im Land Assur ist. [19]Und sie werden kommen und sich alle in den Schluchten der Hänge und in den Felsspalten und an allen Dornbüschen und an allen Wasserstellen lagern.

„Damit werden die Judäer genau das erleben, was sie nicht glauben wollen: daß Gott der Herr der Völker und Lenker der Weltgeschichte ist."[4] Der Redaktor spricht sich so im jesajanischen Sinn gegen eine politische Verbindung mit einem der beiden Herrscher aus. Die in 2Kön 16,7ff. geschilderten Ereignisse um das Gesuch Ahas', der den assyrischen Machthaber Tiglat-Pileser III. um Waffenhilfe gegen die heranrückende aramäisch-israelitische Koalition bittet, werden im

[3] Zur zeitlichen Einordnung der Grundschicht Jes 6 vgl. *3.3 Der Ursprung der Vision in Jes 6,1–10bα.11*, 118–122.
[4] Fohrer, *Jesaja*, 118.

Jesajabuch nicht erwähnt. Sie waren als außenpolitische Möglichkeit jedoch bekannt, wie es die *Panamuwa-Inschrift* belegt.[5] Weiter nimmt der Redaktor einen Gedanken auf, der sich sowohl in den jesajanischen Sprüchen gegen Ägypten (Jes 18–20; 30,1–7; 31,1–3)[6], als auch in der Erzählung Jes 36,6 // 2Kön 16,21 findet. In dieser wird die Gefahr der Bündnispolitik mit Ägypten mit einem eindrücklichen Motiv beschrieben:

> Siehe, traust du auf diesen zerbrochenen Rohrstab, auf Ägypten[7], welcher, stützt sich jemand auf ihn, sich in seine Handfläche drängt und sie durchbohrt. So ist der Pharao, der König von Ägypten zu allen, die auf ihn trauen.

Während also eine Bündnispolitik mit Assur in eine Abhängigkeit von dieser Weltmacht führt, ist eine politische Koalition mit Ägypten zum Scheitern verurteilt.[8] Das Bild des zerbrechenden Rohrstocks, mit dem der Redaktor die Sinnlosigkeit einer Verbindung mit Ägypten ausdrückt,[9] deutet die militärische Unterlegenheit Ägyptens gegenüber dem neuassyrischen Großreich an.[10] Eine Koalition mit Ägypten

---

[5] Siehe *KAI I*, 39f.; *TUAT I/6*, 628–630; die Inschrift berichtet in den Z.10f. von einem derartigen Schutzabkommen des Vaters Panamuwas mit dem assyrischen König.

[6] Vgl. auch Davies, *Double Standards*, 82: „Isaiah describes the incapacity of Egypt and the uselessness of their agreement in more picturesque language in 28:20: 'The bed is too short to stretch yourself on, and the cover too narrow to wrap yourself in'. Another side to the argument is found in 28:14–18, where Yahweh's questions whether Egypt would genuinely want to intervene on the behalf of Israel even if they were able to, saying that all Israel had managed to attain was that in this, covenant with death', they had taken refuge in falsehood and lies. His own righteous judgement would sweep away all the lies of their partners and show up their inability to help."

[7] Die Stellung von על־מצרים innerhalb des ersten Halbverses klappt auffällig nach. Da der Ausdruck den Textfluss unterbricht und zum Verständnis des Spruches nicht notwendig ist, und weil die Identifizierung des Rohrstabs mit dem Pharao im zweiten Halbvers erfolgt, ist על־מצרים als sekundäre Ergänzung zu betrachten.

[8] Vgl. hierzu Kaiser, *Buch Jesaja I*, 173: „Dabei mögen ihn Worte wie 2Mose 8,16ff.; Jes 18,1 und zugleich 2Kön 18,21 par Jes 36,6 und Jes 30,5 in seinem Vergleich der Ägypter mit den Fliegen bestärkt haben, den gegenüber den Bienen mehr lästigen als gefährlichen Insekten."

[9] Dieser Vers ist aufgrund der das Wort einleitenden Formel als eine redaktionelle Überarbeitung zu deuten.

[10] Vgl. Wildberger, *Jesaja I*, 302f.: „[. . .] zur Zeit des syrisch-ephraimitischen Krieges drohte von Ägypten her für Juda keine Gefahr." Im selben Sinn dann auch Sweeney, *Isaiah*, 156: "Isaiah's oracles concerning Egypt never focus on the Egyptians as a threat to Judah; rather they focus on Egypt's unreliability and maintain that Egypt will never be able to come to Judah's aid (cf. 18:1–17; 19:1–15; 30:1–5;

würde zwangsläufig scheitern und zu einer militärischen Aktion Assyriens gegen Juda führen.

So zeigt der Redaktor mit der Einfügung des Spruches die aussichtslose Lage Judas an. Jegliche politische Verbindung mit einem Großreich führt zwangsläufig in ein Abhängigkeitsverhältnis. Dieses drückt er in dem Bild der vollständigen Belagerung Judas durch diese Großreiche aus. Ruft man eines dieser beiden Länder zur Hilfe, dann wird dieses sich in Juda auch im hintersten Winkel festsetzen. Der Redaktor deutet die Invasion eines der beiden Mächte jedoch nicht als politische Konsequenz, sondern als Gericht Jahwes. Wie es sich schon im Bild des über die Ufer tretenden Stromes in Jes 8,6–8 zeigte, erweist Jahwe in der Möglichkeit, die Herrscher der Großmächte in seinen Dienst zu stellen, seine Geschichtsmächtigkeit. Diese wendet sich mit der Unheilsansage gegen Juda. Anders als in Jes 8,6–8 liegt mit Jes 7,18f. keine Warnung mehr, sondern eine unbedingte Unheilsansage vor. Der Redaktor sagt so im Namen Jesajas Juda den Untergang an, der unwiderruflich kommen wird.

Ein bewusster kompositioneller Anschluss an V17 ist nicht zu erkennen.[11] Dagegen besteht eine Verbindung zum Spruch in V20. Die in diesem angekündigte Scheraktion Jahwes, die auf eine Einnahme und Exilierung deutet, ist nicht lokal zu fassen.[12] Hängt man es nun an die Heilsweissagung in Jes 7,14.16f. an und beachtet, dass sie mit der Zeitangabe eine den Spruch als sekundäre Anfügung kennzeichnende Formulierung aufweist, dann führt die Heilsweissagung die angekündigte Heilszeit Judas mit dem Untergang Samarias aus. Wird also mit der Einfügung V20 das Gegenüber von ‚Heil für Juda bedeutet Unheil für Israel' bezogen auf den syrisch-ephraimitischen Krieg aufrecht erhalten, so wird dieses Bild durch die redaktionelle Einfügung von V18f. aufgehoben und das Unheil gegen Juda in Form einer Belagerungssituation angekündigt. Die Unheilsweissagung in Jes 7,20 wendet sich also ursprünglich nicht gegen Juda, sondern gegen das

31:1–3)." Gerade in der militärischen Schwäche Ägyptens besteht die Gefahr für Juda. Geht der judäische König ein anti-assyrisches Bündnis mit dem ägyptischen Reich ein, ist dieses aufgrund der eingeschränkten militärischen Macht Ägyptens gegenüber dem neuassyrischen Reich zum Scheitern verurteilt.

[11] Die Glosse in V17b ist erst mit der historisierenden Redaktion zu erwarten. Da diese redaktionsgeschichtlich jünger als Jes 7,18f. ist (vgl. *6.4 Die historisierenden Bearbeitungen*, 272–278), ist, wie oben erwähnt, ein kompositioneller Anschluss nicht erkennbar.

[12] Vgl. Hammershaimb, *Immanuel Sign*, 139.

Nordreich Israel und ist mit der Weissagung in Jes 7,16 zu verbinden. Der Untergang Samarias wird mit der Deportation der Bevölkerung, die metaphorisch durch die Scheraktion ausgedrückt wird, angesagt.

Inhaltlich verdreht der Redaktor durch die Einfügung der Vv18f. den Bezug der angesagten Zeit in V17. Das Motiv, das mit Jes 7,14.16f. die Zeit der vereinigten Reiche kennzeichnet, wird als Unheilsweissagung auf die Zeit nach der Trennung der Reichsunion gewendet. Die nun anstehenden Tage sind von einer kommenden Besetzung geprägt. Die mit der Einfügung des Spruches verbundene Unheilsansage bezieht sich damit auf die Situation des syrisch-ephraimitischen Krieges zurück: „Aram und Efraim werden Juda nicht überwältigen, aber wenn das Haus David kein Vertrauen in JHWH aufbringt, wird Assur dies sehr wohl tun.“[13]

Eine letzte Erweiterungsschicht, in der eine Verwüstung geschildert wird, findet sich mit dem Spruch Jes 7,23–25. Dieser schließt die redaktionell angefügte Spruchreihe in Jes 7,18–25 ab. In ihm wird deutlich das in Jes 5,1–7 vorliegende Gerichtswort Jesajas aufgenommen, und die Motive des verlassenen Weinbergs werden weiter ausgedeutet.

Das Weinberglied Jes 5,1–7 bringt mit dem Motiv שָׁמִיר וָשַׁיִת eine Zerstörung des Weinbergs zum Ausdruck, die die realen Gegebenheiten eines nicht mehr bewirtschafteten Weinbergs beschreibt. Dieses Bild wird mit Jes 7,23–25 ausgeweitet, indem die Situation im Land weiter beschrieben wird. „Es zeigt sich immer wieder, daß die Ergänzer des Jesajabuches echte Jesajastücke, wie in diesem Fall das Weinberglied, gleichsam als Steinbruch benutzten, aus dem sie ihre Vokabeln holen – nicht nur um zu bezeugen, daß sie Jesaja gelesen haben, sondern auch, um sich mit seiner Autorität zu bekleiden.“[14] Die Notwendigkeit, Pfeil und Bogen (בַּחִצִּים וּבַקֶּשֶׁת V24) mitzunehmen, wenn man durch das Land ging, ist so zu verstehen, dass man sich nur noch bewaffnet in das verödete Land wagen konnte.[15] Das agrarische Bild wird mit dem Treiben von Rindern und Schafen über

---

[13] Beuken, *Jesaja 1–12*, 208.

[14] Wildberger, *Jesaja I*, 307.

[15] Vgl. Vagon, *Isaiah 7:18–25*, 110, und Beuken, *Jesaja 1–12*, 209, der in der Verwüstung des Landes sogar eine Negation der alten Landverheißung Dtn 8,7–10; 11,8–12 sieht.

jeden Landesteil, in dem sich Dornen und Disteln befinden, wieder aufgenommen. Die Tiere werden sich, da es an Weideland mangelt, von den Dornen und Disteln ernähren müssen.[16]

Die in den Erweiterungen befindlichen Unheilsansagen zeigen damit ein differenziertes Bild auf: Jes 7,18f. sagt Juda eine Belagerung und Besetzung durch eine Großmacht an. Diese Besetzung wird zu einer Verwüstung des Landes führen. Diese Verwüstung wird von Jes 7,23–25 vorausgesetzt. Gegenüber dem Weinberglied ist jedoch das Weiterleben im Land, wenn auch unter erschwerten Bedingungen, möglich. Aus dem Kontext heraus fällt Jes 7,20, da sich dieser Spruch nicht gegen Juda, sondern in früherer Zeit gegen das Nordreich Israel wendet. Mit den oben vorgeschlagenen Datierungen lassen sich die Texte in folgende chronologische Reihenfolge bringen: Jes 7,20 – Jes 7,18f. – Jes 7,23–25. Nach Werner liegt das Ziel der redaktionell aneinander gereihten Unheilsweissagungen in der Versteppung des Landes. Die Redaktion will mit diesem Bild anzeigen, dass der verbliebene Rest in Juda so gering ist, dass „er das Land nicht mehr bearbeiten kann, so daß es verwildert".[17]

6.1.3 *Die Deportationsankündigung*

Deportationsankündigungen finden sich innerhalb der Denkschrift Jes 6,1–9,6 lediglich an zwei Stellen. Zum einen wird die Vision in Jes 6 mit der Ankündigung Vv12.13a.bα erweitert, zum anderen endet die Unheilsansage in Jes 8,11–15 in einer Deportationsaussage.

Die Deportationsaussage in Jes 6,12.13a.bα schreibt die in der Thronvision angekündigte Zerstörung des Landes weiter und verbindet diese mit einer Deportation. Diese Deportation ist in zwei Schritte unterteilt. V12 bezieht sich auf eine allgemeine Deportation, die keinen Zweifel daran lässt, dass eine Gesamtdeportation der Landesbevölkerung zu erwarten ist. V13a.bα hingegen deutet einen Verbleib von 10% der vormaligen Bevölkerung an, die auch nach der Deportation nicht sicher ist, sondern eine weitere Deportation zu erwarten hat.[18]

---

[16] Vgl. Vargon, *Isaiah 7:18–25*, 119.

[17] Werner, *Eschatologische Texte*, 101.

[18] Vgl. Høgenhaven, *Gott und Volk*, 10; Sweeney, *Isaiah*, 138, die mit den 10% Juda identifizieren, die 90% auf das Nordreich beziehen und so in der ersten angekündigten Deportation die von 722 v.Chr. sehen. Dazu ist es notwendig, Jes 6,11–13 als kohärent zu betrachten, da sich ansonsten die Vision des Propheten gegen das

Bei V13a.bα handelt es sich um eine sprichwörtliche Steigerung der Ansage in V12. Mit der Deportation auch des letzten Zehntels der Bevölkerung wird die Totalität der kommenden Exilierung angedeutet. Vergleichbar ist dieses Sprichwort mit der Formulierung in Dtn 28,7.25. Auch hier bezeichnet eine bestimmte Zahl eine Gesamtheit.

Als Motiv wird innerhalb des Sprichworts das Abschlagen von Bäumen verwendet. Nach dem Fällen der Bäume werden die Wurzeln und ein Teil des Stammes weiter im Boden verbleiben. Dieser verbliebene Rest ist weiter lebensfähig und kann daher wieder austreiben. So werden die Stümpfe der Bäume entwurzelt, damit sie nicht wieder austreiben können. Liegt also bei den Zerstörungsansagen die Bedeutung des Gerichts darauf, dass das Kulturland verwüstet und den Bewohnern so die notwendige Lebensgrundlage entzogen wird, so verändert sich das Gerichtsmotiv mit der Deportation dahingehend, dass das verwüstete Land zum Zeichen für das Folgende wird. Die Zerstörung des Kulturlandes betrifft die Bevölkerung nur so lange, wie sie sich von diesem Land ernähren muss.[19] Wird die Bevölkerung jedoch deportiert, wie es die Verse Jes 6,12.13a.bα aussagen, so ist die Zerstörung des Landes nicht weiter lebensrelevant. Die weitere Existenz ist nicht mehr an die agrarischen Bedingungen dieses Landes gebunden.

Eine historische Zuordnung dieser Deportationsansagen ist nicht möglich. Als problematisch stellt sich für die bekannten Deportationsvorgänge die Größenangabe ועוד בה עשׂריה heraus. Sie ist von den historischen Gegebenheiten her nicht zu erklären. Vergleichbar der Deportationsankündigung in Jes 6,12.13a.bα ist die Ankündigung in Am 5,3. Bei der dortigen Ansage der Zerstörung des Heeres wird zweimal die Größe 10% angeführt: Aus einem Heer von tausend Mann wird eine dezimierter Rest von hundert Mann, die dann in einem zweiten Kriegszug auf zehn Mann verringert werden. Diese zehn jedoch bleiben dem Haus Israel erhalten. „[. . .] aber wichtig ist jedenfalls, daß bei Amos dieses Zehntel am Leben bleibt und

Nordreich wenden würde und erst sekundär auf das Südreich bezogen wäre. Dieses wiederum stimmt weder mit den literarkritischen Beobachtungen, noch mit Jesajas sonstiger Botschaft überein.

[19] Vgl. Budde, *Jesajas Erleben*, 22: „Denn an dem Ackerland braucht sich der Feind nicht erst die Mühe zu nehmen es zu verwüsten; es verwildert vielmehr ohnedies, wenn ihm keine Pflege zuteil wird."

nicht neuer Vernichtung zugeführt wird, obgleich Amos hier keine Heilshoffnung folgen läßt, ja dieses Gericht in dem Klagelied V.1.2 als das Todesurteil über die Jungfrau Israel ankündigt".[20] Mit der Deportierung auch des letzten Zehntel der Bevölkerung drückt der Redaktor demnach die Radikalität des Gerichts aus, nach dem es keine Hoffnung auf eine Weiterexistenz gibt. Damit nimmt er die Untergangsaussage des Weinberglieds Jes 5,1–7 auf und führt die in diesem angekündigte endgültige Landeszerstörung mit der Deportation auch der letzten Bevölkerungsteile aus.

Anders stellt sich das Bild in Jes 8,11–15 dar. Die deutlichen Bezüge zur Thronvision wurden bereits unter *2.4.2 Querbezüge*, 85, aufgezeigt:

- Beide Texte berichten von einer Begegnung des Propheten mit Jahwe.
- Jesaja wird in beiden Texten als aus seinem Volk ausgesondert beschrieben.
- Jes 8,15 endet mit einer Deportationsankündigung, was der Erweiterung von Jes 6,1–11 durch Jes 6,12.13a.bα entspricht.

Neben diesen gibt es einen sprachlichen Bezug, der auf eine weitere Unheilsansage in Jes 28,7–13 hindeutet. Die in Jes 8,15 gebotene Strafansage ונשברו ונוקשו ונלכדו findet sich in 28,13 wörtlich wieder.[21] Jes 28,7–13 ist als Gerichtsansage gegen die Priester und Propheten in Jerusalem gewendet und im Zusammenhang der sie rahmenden Texte auf die Zeit Hiskias bezogen.[22] Dass es sich bei der Anordnung der Texte insgesamt um eine spätere redaktionelle Zusammenfügung handelt, ist deutlich. Dieses aber sagt nichts über den Ursprung des Wortes aus. Wie Barthel ausführt, ist das Wort aufgrund der Gestaltung und der in ihm verwendeten Motive durchaus mit Jesaja zu verbinden.[23]

Entscheidend für den Vergleich mit Jes 8,11–15 ist aber nicht die ursprüngliche historische Situation, in der der Text entstanden ist,

[20] Duhm, *Jesajas Erleben*, 25. Die Radikalität wird in Am schließlich mit Am 6,9 fortgeführt (vgl. Wildberger, *Jesaja I*, 258). Dieses sieht auch Wolff, *Amos*, 278: „Wenn in Israels Städten von tausend nur hundert und von hundert nur zehn Männer aus dem Krieg heimkehren, dann ist über den Staat Israel das Todesurteil gefällt."

[21] Zur Übereinstimmung von Jes 8,15 und Jes 28,13 vgl. Bjørndalen, *Untersuchungen zur allegorischen Rede*, 217f.

[22] Vgl. Barthel, *Prophetenwort*, 294f.

[23] Vgl. die Argumentation bei Barthel, *Prophetenwort*, 295–311.

sondern die Ausrichtung, die der Text hat: Das Gericht wendet sich allein gegen Priester und Propheten. Die ihn abschließende Gerichtsansage ist auf diesen Personenkreis begrenzt, ohne über ihn hinauszuweisen. In Jes 8,15 aber wird diese Unheilsansage auf breite Volksteile ausgeweitet,[24] was vor allem die Erweiterung des in Jes 28,13 auftretenden וכשׁלו zu וכשׁלו בם רבים zeigt. Dass es sich bei dem Vorgehen um eine kriegerische Auseinandersetzung handeln kann, zeigt die Verwendung von לכד *ni* in Jer 6,11; 51,56 und die Verbindung zu dem vorangehenden יקשׁ *ni*, das auf ein Aufstellen zur Gefangenschaft hindeutet.[25] Mit der Ausweitung auf einen über die Propheten und Priester hinausgehenden breiten Teil der Bevölkerung nimmt Jes 8,15 die Situation aus Jes 6,12 auf, da auch hier auf die Deportation der bedeutenden Kreise Jerusalems angespielt wird. Doch geht die Gefahr für diese Kreise nicht von einem äußeren Feind aus, sondern allein von Jahwe. „In diesem Zusammenhang ist auch der im Kontext zunächst überraschende Gebrauch von קדשׁ *hif.* zu verstehen: Jahwe zu ‚heiligen', schließt die Anerkennung seiner Souveränität (vgl. Jes 6,3) und zugleich die Erkenntnis seiner Wirksamkeit in der Geschichte ein.[26] Nicht von den Verschwörungen, sondern von Jahwes Heiligkeit geht die eigentliche Gefahr für den העם הזה aus. Die Fixierung auf den politischen Vordergrund der Ereignisse erweist sich am Ende als Verkennung der wirklichen Gefahr, als illusionäre Weltsicht (vgl. 6,9f.)."[27] Im selben Sinn ist schließlich auch das והיה למקדשׁ in V14 zu verstehen. Es steht am Anfang einer Reihe von Unheilsbildern. Jahwes Heiligkeit ist der Grund für das an Juda ergehende Gericht, das sich im weltpolitischen Geschehen ereignet.[28]

---

[24] Den traditionsgeschichtlichen Hintergrund der in den Vv14f. verwendeten Motive zeigt Barthel, *Prophetenwort*, 227, auf, der gleichzeitig die kritische Wendung dieser Motive als Mittel der prophetischen Botschaft auf dreifache Weise herausstellt: „(1) Traditionelle Prädikate Jahwes verlieren ihren Heilssinn und werden zu Gerichtsaussagen [. . .]. (2) Umgekehrt werden die Charakteristika der Feinde des Frommen zu Gottesprädikaten [. . .]. (3) Und schließlich: Nicht die Feinde sind es, die sich verstricken [. . .], fallen [. . .] und straucheln [. . .], Isarel selber kommt an Jahwe zu Fall [. . .]."

[25] Besonders zu beachten ist, dass יקשׁ *pi* den Vorgang des gefangen genommen Werdens bezeichnen kann. Vgl. Gesenius, *Handwörterbuch*, 315; Ringgren, *Art.* יקשׁ, Sp.866f.; Gesenius/Donner, *Handwörterbuch*^{18}, 490.

[26] Vgl. Jes 29,23, wo von der Heiligung des Namens Jahwes in unmittelbarem Zusammenhang mit dem ‚Sehen' seines Werkes gesprochen wird.

[27] Barthel, *Prophetenwort*, 223f. Schon in früherer Zeit im selben Sinne von Procksch, *Jesaja*, 137, geäußert.

[28] Vgl. hierzu Barthel, *Prophetenwort*, 225–227, der besonders den Umgang mit

Aus den Beobachtungen ist Folgendes zu schließen: Jes 8,11–15 nimmt neben der Gerichtsvision Jes 6,1–11 auch das Gerichtswort in Jes 28,7–13 auf und weitet dieses auf die Gesamtbevölkerung aus. Aus dieser ist der Prophet aufgrund der ihm in der Berufung zuteil gewordenen Reinigung herausgenommen (Jes 8,11). Die Trennung zwischen Jesaja und dem hier das Südreich bezeichnenden העם הזה ist vollzogen, da sich der Prophet gegen die Verhaltensweisen des Volkes entschieden hat und Jahwes Zusagen vertraut.[29] Dabei wird die Perspektive über die Person des Propheten hinweg auf eine grössere Anzahl von Menschen gerichtet, was die Verwendung der *2.pers.pl.* in V12 zeigt. Der Text richtet sich demnach nicht mehr an das Volksganze oder das Königshaus, an die die Botschaft Jesajas zuvor gerichtet ist, sondern an einen Kreis von Menschen, der mit den Aussagen des Propheten vertraut ist.[30] Das deutet ebenso wie die Abhängigkeit von Jes 6,1–11 darauf hin, dass der vorliegende Text nachjesajanisch ist. Mit den in Jes 8,11–15 geschilderten Ereignissen kommt die von Jesaja verkündete Unheilsbotschaft an ihr Ende. Grund für Jahwes Gerichtshandeln an Juda ist seine Heiligkeit, der Juda mit seinem politischen Handeln nicht entspricht. Damit wird erneut die politische Dimension der Verkündigung des Jesajabuches sichtbar: „Die prophetische Mahnung insgesamt zielt folglich auf eine Wahrnehmung der geschichtlichen Ereignisse, für die der politische Vordergrund der Situation für den göttlichen Hintergrund transparent wird. ‚Theologische' Interpretation der Geschichte ist deshalb nicht etwas, was zu ihrer politischen Deutung nachträglich hinzukäme, sie ist vielmehr selbst das eigentliche Zentrum der politischen Prophetie Jesajas."[31]

---

der Tradition in Jes 8,14f. hervorhebt: „Sie zeigt beispielhaft, wie sich der Prophet angestammter Motive aus der kultischen Tradition bedient, ihnen aber in der Gerichtsankündigung eine kritische Wendung gibt. [. . .] Jesaja verwendet die Tradition [. . .] nicht nur als Spiegel und Maßstab aktueller Verfehlungen seiner Zeitgenossen (so z.B. in 8,6); angesichts dieser Verfehlungen kommt es auch zu einer kritischen Neuinterpretation der Tradition selber."

[29] Vgl. Kaiser, *Buch Jesaja I*, 185: „Die Jesaja von Jahwe selbst erteilte Unterweisung darf den Anspruch erheben, nicht nur von ihm, sondern von allen, die sie hören, ernstgenommen zu werden. Sie hat dem Propheten eingeschärft, einen anderen Weg einzuschlagen und d.h. ein auf anderen Maßstäben gegründetes Leben als die dem Gericht Gottes ausgelieferte Menge des Volkes zu führen."

[30] Eine Verbindung zu Jes 7,2–8a.9a zeigt Tångberg, *Prophetische Mahnrede*, 75f., auf. Er weist nach, dass hier das in Jes 7,2–8a.9a auf den König und damit auf das ganze Volk bezogene Heilsorakel auf eine kleine Gruppe eingeschränkt wird.

[31] Barthel, *Prophetenwort*, 225.

Die Deportationsaussagen zeigen weitere Aspekte des Gottesbildes auf. Jahwe erweist sich in seiner Ankündigung konsequent, auch wenn sich die historischen Gegebenheiten verändern. Die Zerstörung der Lebensgrundlage, die mit der Verwüstung des Kulturlands gleichgesetzt wird, wird in den redaktionellen Texten auf die Deportation ausgedehnt. Dass die Zerstörung des Landes nicht zu seinem Verfall geführt hat, hat sich bereits nach 701 v.Chr. erwiesen. Der Neuaufbau ist Juda in Abhängigkeit vom assyrischen Großreich unter Manasse teilweise gelungen.[32] So ist die Deportation ein anderes Mittel, um das Kulturland zu zerstören. Nicht nur die Vernichtung der Bauwerke und Ackerflächen wird mit ihr einhergehen, sondern auch die Zerstörung der staatlichen Infrastruktur und des Bildungspotentials, die zum Wiederaufbau eines Landes unbedingt notwendig sind.[33] Mit der Ankündigung der Deportation wird so von der Redaktion den realpolitischen Gegebenheiten Rechnung getragen. Die Verwüstung des Landes wird mit der Deportation der Menschen abgeschlossen. Ein Fortleben im Land wird durch die Wegführung breiter Kreise für den verbliebenen Rest umso schwerer.

[32] Für den zumindest teilweise erfolgten Wiederaufbau des Landes spricht die negative Darstellung innerhalb des Deuteronomistischen Geschichtswerk (2Kön 21), die in den Taten Manasses Gründe für das kommende Gericht Jahwes an Juda sieht. Auf eine wesentlich erfolgreichere Amtszeit Manasses blickt 2Chr 33 zurück. Dort wird zwar auch seine Religionspolitik kritisiert, doch wird in den Vv14–17 sein erfolgreicher Wiederaufbau Judas gewürdigt (vgl. dazu Japhet, *2Chronik*, 451). Zur historischen Situation unter Manasse vgl. Donner, *Geschichte Israel II*, 359f.; Schoors, *Königreiche*, 97f.

[33] Nach Duhm, *Jesaja*, 70, zeigt sich in der doppelten Deportationsansage erstmals das Gegenüber von verschiedenen judäischen bzw. jüdischen Gruppen, die sich jeweils geschlossen als Nachfolger des durch die Deportation zerstörten Volkes Juda verstehen (vgl. dazu auch Werner, *Eschatologische Texte*, 101). Diese Beobachtung ist soweit zutreffend, als dass Jes 6,13bβ auf dieses Gegenüber eingeht. Dass Jes 6,13bα diese Fragestellung bereits im Blick hat, ist möglich, aber nicht zwingend. Datiert man den Text in die exilische Zeit, so ist die Frage der Fortexistenz nicht zwingend im Blick des Redaktors. Hält man dagegen eine nachexilische Erweitung für zutreffend, dann kann keine andere Fragestellung eine Rolle gespielt haben. Allerdings ist dann zu fragen, warum die Perspektive des Fortbestandes des Volkes keine Rolle spielt bzw. warum der Text keine Heilsperspektive aufzeigt. Eine Verbindung mit Esr 4,1–6; 10,1–17, wie Werner, *Eschatologische Texte*, 101, sie annimmt, ist weder sprachlich, noch motivisch gegeben. Die Stellen zeigen lediglich an, dass sich die in das Land kommende Gruppe gegenüber der im Land verbliebenen Bevölkerung als das ‚wahre' Israel verstanden haben.

6.1.4 *Zur Motivation der unheilstheologischen Redaktion*

Der Grund für die Unheilsansagen als Erweiterungen des Grundbestands ist in der Nicht-Erfüllung der jesajanischen Unheilsansagen zu suchen. Jes 5,1–7 zeigt, dass die dauerhafte Verwüstung des Landes die von Jesaja erwartete Strafe Jahwes für das Fehlverhalten der judäischen Bevölkerung ist.[34] Diese aber hat durch die assyrische Okkupation des Landes keine Verifikation erfahren, wie es für die Botschaft des Amos mit dem Fall Samarias 722 v.Chr. der Fall ist. Vielmehr endete der assyrische Okkupationsversuch mit dem Abzug der neuassyrischen Truppen 701 v.Chr. Wenn die Verifikation der Botschaft durch die eintretenden historischen Ereignisse ein ausschlaggebendes Argument für die Tradierung von Prophetie ist, dann ist sie bei Jesaja im Bereich der Heilsaussagen in der Zeit des syrisch-ephraimitischen Krieges zu suchen. Der historische Ablauf dieser Ereignisse ist mit den vorliegenden Texten aus dieser und über diese Zeit (Jes 7f.; 1Kön 15f.; Hos 5,8–6,6) kaum noch nachzuvollziehen. So bleibt aufgrund der Tradierung der jesajanischen Worte dieses Zeitabschnitts die Vermutung, Ahas habe sich letztendlich auf die von Jesaja verkündete politische Ausrichtung eingelassen und die aramäisch-israelitische Koalition habe den ersonnenen Sturz der davidischen Herrschaft in Jerusalem nicht umsetzen können.[35]

Unter der Perspektive, dass die jesajanische Botschaft, wenn sie sich an einem Punkt als zutreffend erwiesen hat, sie als Ganzes wahr sein muss, stellt sich für die Hörer/Leser der tradierten Gedanken die Frage, warum die dauerhafte Zerstörung nicht stattgefunden hat. Darauf gibt die Redaktion eine Antwort: Die Besetzung Judas und Belagerung Jerusalems in den Jahren 705–701 v.Chr. ist noch nicht das von Jesaja angesagte Gericht. Der sich mit der Errettung des Zions weiter im Bewusstsein verfestigende Gedanke des dauerhaften Bestands Jerusalems wird von ihnen so mit der Erwartung einer erneuten Zerstörung, die dieses Mal aber ein anderes (nämlich das von Jesaja verkündete) Ende nehmen wird, negiert. Die Botschaft Jesajas wird als noch nicht erfüllt gedeutet. Mit der Verschiebung der Erfüllung tritt in das Geschichtsbewusstsein das Moment der

[34] Vgl. Vargon, *Isaiah 7:18–25*, 117: „To my mind, the motivic links between this prophetic passage and the parable of the vineyard (Isa. 5:1–7) lend further support to the interpretation of the Texts as a prophecy of doom and destruction."

[35] Vgl. Irvine, *Isaiah*, 118f.; Schoors, *Königreiche*, 95.

‚Eschatologisierung' ein. ‚Eschatologisierung' meint zu diesem Zeitpunkt, dass Angekündigtes die kommende Geschichte bestimmen wird.

Mit dem Moment dieser ersten Eschatologisierung[36] der Geschichte fügen die Redaktoren ein weiteres Moment zur Vorstellung der Gottesherrschaft hinzu: Das, was Jahwe seinem Volk durch den Propheten verkündet hat, wird sich unter allen Umständen bewahrheiten, auch wenn der Geschichtsverlauf aktuell eine andere Schlussfolgerung zulassen würde. Dabei können die Motive je nach den historischen Gegebenheiten variieren, was sich in den Unheil verkündenden redaktionellen Texten vor allem mit der Einfügung der Deportationserwartung zeigt. Ist die Verwüstung des Landes, die der Bevölkerung die Möglichkeit nimmt, im Land zu überleben, in der Sicht Jesajas im 8.Jh. v.Chr. die Strafe Jahwes, so gewinnt die Deportation als das Gericht abschließendes Ereignis für die Redaktoren an Bedeutung. Erwartete der Verfasser der Gerichtsvision Jes 6 die Zerstörung des Landes als den Moment, mit dem das Gerichtshandeln Jahwes beendet sein wird, deutet die Erweiterung in Jes 6,12.13a.bα auf die mit der Deportation verbundene ausweglose Situation hin. Mit der Deportation wird dem Land die Chance zum Neuaufbau genommen.

6.2 Die Erweiterungen mit Heilsansagen

6.2.1 *Der Textumfang*

Die literarkritische Untersuchung hat gezeigt, dass die Textbasis für die Heilserwartungen in der Denkschrift aus der die Vision in Jes 6 ergänzenden Erwähnungen in Jes 6,10bβ.13bβ und aus dem Wort Jes 7,21f. besteht. Die dritte Heilsweissagung in Jes 8,9f. ist formal zwar auch eine Heilsweissagung, gehört aber inhaltlich zum Komplex der Immanuelerweiterungen und wird daher im folgenden Abschnitt *6.3.3 Jes 8,9f. – Immanuel als Held im Kampf gegen die Völker* betrachtet. Die vierte Heilsweissagung, die sich unter den Erweiterungen findet, ist mit der Ankündigung der kommenden Heilszeit in Jes 8,23aα^{7}–b gegeben. Diese wird im Zusammenhang mit dem ersten Teil der Geschichtsperiodisierung in Jes 8,23aα unter *6.5.4 Jes 8,21–23 – Der Weg in der Finsternis*, 280–286, behandelt.

[36] Zur Eschatologie des Jesajabuches vgl. Werner, *Eschatologische Texte*.

6.2.2 *Jes 6,10bβ – Die Bekehrung des Herzens*

In Spannung zur Herzensverstockung in Jes 6.10a,bα und zur Zerstörungsansage in Jes 6,11 steht die Herzensbekehrung, die Jes 6,10bβ ansagt. Mit dieser Ankündigung durchbricht der Redaktor den kausalen Zusammenhang von göttlicher Verstockung und folgendem Gericht. Dabei verwendet er den für die Bekehrung zu Jahwe entscheidenden Terminus שׁוב *kal.* Es handelt sich also um einen aktiven Vorgang, der dem Herzen (bzw. dem Volk, dessen Herz verstockt ist) unter den Bedingungen der Verstockung nicht möglich ist. Diese Perspektive deutet auf das Überleben des Gerichts hin, denn bis zu diesem wird die Herzensverstockung bestehen bleiben (vgl. Jes 6,11). Die Bekehrung und die mit ihr verbundene Heilung des Herzens können erst danach geschehen.

Die Wurzel שׁוב tritt in der Denkschrift in dem Namen des ersten Sohnes Jesajas שׁאר ישׁוב in Jes 7,3 auf, deutet dort aber keine Bekehrung an, sondern ist im Sinne eines dezimiert aus der Schlacht zurückkehrenden Heeres zu verstehen.[37] Bestätigt wird diese Deutung von שׁוב in Jes 7,3 jedoch durch Jes 10,20. שׁאר ישׂראל bezeichnet hier den Rest, der die Schlacht überlebt. Dieser Unterschied weist darauf hin, dass zur Zeit der Abfassung von Jes 6,10bβ שׁוב als *terminus technicus* für Bekehrungsvorgänge verwendet wurde.[38]

Das die Heilung des Herzens ausdrückende רפא *kal* findet sich an verschiedenen Stellen innerhalb des Jesajabuches wieder. In Jes 19,22 wird Ägypten nach einem göttlichen Schlag die Bekehrung zu Jahwe und die daraus folgende Heilung zugesagt. Hier stehen Bekehrung und Heilung in einem direkten Zusammenhang.[39]

[37] Vgl. hierzu Høgenhaven, *Gott und Volk*, 82, mit seiner ausgewogenen Darstellung der Interpretationsmöglichkeiten dieses Namens. Er kommt zu demselben Schluss: Im Kontext von Jes 7,3 kann dieser Name nur einen in der Schlacht dezimierten Rest meinen.

[38] Dies bedeutet gleichzeitig, nicht jede Belegstelle sei so zu interpretieren.

[39] Zur Datierung des Spruches Jes 19,19–22 vgl. Wildberger, *Jesaja II*, 739f.: „Der Abschnitt V. 19–22 muß in einer Zeit entstanden sein, in der das Deuteronomium, das ja auch das Aufstellen von Masseben ausdrücklich unter Verdikt stellt ([. . .]), sich im Bewußtsein der Juden noch nicht wirklich durchgesetzt hatte. Zum mindesten kann es für die Juden in Ägypten noch nicht den Status einer kanonischen Schrift besessen haben. Terminus ad quem dürfte somit das Ende der Perserherrschaft in Ägypten sein." Wildbergers Argumentation ist weiter um die Tatsache zu ergänzen, dass das ausdrückliche Verbot in Dtn 16,22 erst aus späterer Zeit stammen kann. Hos 3,4 deutet darauf hin, dass im 8.Jh. v.Chr. das Aufstellen von Masseben eine gängige Praxis war. Das dort geschilderte Zerstören der Masseben

Von Jahwe ausgehend wird dem Volk in Jes 30,26 Heilung zugesprochen. Dabei wird mit dem siebenfachen Erstrahlen der Sonne eine eschatologische Perspektive aufgenommen, die der Botschaft Jesajas fremd ist. So ist Wildberger und seiner Datierung Recht zu geben: „Es ist somit unverkennbar, daß in diesem Abschnitt nicht Jesaja, sondern ein Prophet der nachexilischen Zeit das Wort hat."[40]

Diese von Wildberger gebotene Datierung weist in einen Zusammenhang, in dem רפא *kal* ein weiteres Mal auftritt, nämlich bei Tritojesaja. In Jes 57,18f. wird die Heilung des Volkes als eine Rückführung auf den rechten Weg beschrieben. Aktiver Part dieser Rückführung ist Jahwe, nur er kann die Heilung bewirken. Das Wohlergehen des Volkes ist also von seinem Handeln abhängig.

Dieses wiederum entspricht dem, was in Jes 6,10bβ über das Herz ausgesagt wird. Ist hier zwar aufgrund der Vorgabe durch Jes 10,20a.bα allein eine aktive Formulierung durch das Anfügen der Verben möglich, so kann die Heilung des Herzens, die mit der Umkehr verbunden ist, nicht vom Volk selbst ausgehen, sondern kann nur von Jahwe kommen. Da die Verstockung des Herzens göttlich gewirkt ist, kann nur Jahwe sie aufheben.

Die Parallelen in Jes 19,22; 30,26 und 57,18f., die durchweg in die nachexilische Zeit weisen, geben die zeitliche Einordnung der Bekehrungs- und Heilungsansage vor. Jes 60,5 nimmt mit der Aussage רחב לבבך explizit wieder das Motiv des Herzens auf und zeigt die Überwindung der Verstockung an. So ist die Erweiterung in Jes 6,10bβ mit der theologischen Position Tritojesajas zu verbinden und als redaktioneller Eingriff im Geiste Tritojesajas zu verstehen. Möglich ist dieser aber nur, weil in Jes 6,11 die Möglichkeit der Umkehr des Volkes impliziert ist: „Mit der chronologischen Zielangabe עד אשר אם (v 11d.e) wird der Zustand des Nicht-Verstehen-Könnens des Volkes als ein nicht irreversibler gekennzeichnet."[41]

6.2.3 *Jes 6,13bβ – Der heilige Samen*

Der Nachtrag in Jes 6,13bβ nimmt das in Jes 6,13a.bα verwendete Motiv des in der Erde verbleibenden Stumpfes auf und schreibt dieses

---

ist eine Gottesstrafe, durch die Jahwe dem Volk die Möglichkeit nimmt, auf kultischem Wege Kontakt zu ihm aufzunehmen.

[40] Wildberger, *Jesaja III*, 1194.

[41] Liss, *Unerhörte Prophetie*, 42.

mit einem neuen Wachstum aus dem Stumpf heraus fort. Die Formulierung זרע קדש nimmt die Vorstellung der Heiligkeit auf, die in Jes 6,1–11 als Beschreibung des Wesens Jahwes verwendet wird.[42]

Wie die Analyse des Grundbestandes von Jes 6 gezeigt hat, wird Jahwe mit קדוש als wesensmäßig vom Volk getrennt dargestellt, da das Volk als unrein (טמא) bezeichnet wird (Jes 6,5). Diese in Jes 6,1–11 nicht auf den Kult, sondern auf die Gesamtsituation des Volkes bezogene Unterscheidung wird mit Jes 6,13bβ aufgehoben. Das aus dem in Juda verbliebenen Rest hervorgehende Volk ist als זרע קדש nicht mehr unrein, sondern stimmt in diesem Aspekt mit Jahwe überein.[43]

Die Heilsweissagung in Jes 6,13bβ geht damit über die Ansage eines Fortbestandes Judas nach der Deportation hinaus.[44] Während Teile der exilisch-nachexilischen Literatur die aus dem Exil zurückkehrende Gruppe als das Volk Israel verstehen (vgl. Esr 2,2), spielt die Erweiterung in Jes 6,13bβ mit der Qualifikation des im Land verbliebenen Volksteils als זרע קדש nicht nur auf eine Existenz Israels nach den Deportationen an, sondern bezieht eine deutliche Position in der Frage, wer als das von Jahwe erwählte Volk zu gelten hat. Die Erweiterung geht also auf eine Konkurrenzsituation nach der Rückkehr der Exilierten ein. Eine einzige Parallele zu זרע קדש in Jes 6,13bβ findet sich in Esr 9,2. Dort wird auf die Frage, wer das ‚wahre' Israel sei, die Antwort gegeben, die aus dem Exil kommende Gruppe sei der זרע הקדש, aus dem das neue Israel hervorgehen wird. Jes 6,13bβ und Esr 9,2 bezeichnen also zwei unterschiedliche Gruppen, die um die Vorherrschaft im nachexilischen Juda konkurrieren. Während sich die im Land befindliche Gruppe mittels der Heilsweissagung in Jes 6,13bβ autorisiert fühlt, versteht sich die aus Babylonien kommende Gruppe als diejenige, der Jahwe in den Jahrzehnten des Exils die Treue gehalten hat und die damit in direkter Nachfolge zum vorexilischen Juda steht. Gerade das Esrabuch legt durchgehend[45] Wert darauf, dass es keine Vermischung zwischen den einzelnen Gruppen gibt. Gegen diese Politik wendet sich die

[42] Zur Spannung im Bild vgl. *2.4.1 Textkohärenz*, 66f.

[43] Vgl. Kaiser, *Buch Jesaja I*, 134.

[44] Vgl. Ahlström, *Isaiah*, 169f.: „Isa vi. 13 is an expression of this prophetic expectation of a new and better future which is to come."

[45] Sowohl der Esrabericht Esr 1–6, als auch die Esramemoiren Esr 7ff. betonen die Tatsache, das keine Vermischung zwischen den Gruppen stattfinden soll.

Ergänzung Jes 6,13bβ. So ist mit Jes 6,13bβ ein *vaticinium ex eventu* aus nachexilischer Zeit gegeben, das mittels einer Geschichtsreflexion eine eschatologische Weissagung bietet.[46] Die Deportationsansage wird als Reinigungsprozess verstanden, in dem die Juda verderbenden Volksteile ausgeschieden werden.[47] Damit entspricht die Erweiterung dem jesajanischen Gerichtsverständnis, das in der Strafe den Neuanfang durch die Rückkehr zum Ursprungszustand sucht.[48]

Demzufolge ist die Erweiterung Jes 6,13bβ zeitlich in die nachexilische Phase einzuordnen, da nur in ihr die Konkurrenzsituation zwischen den Gruppen verständlich ist. Die Frage, wem die Führung des neuen judäischen Volksgebildes obliegt, stellt sich in dem Moment, in dem in das Land kommende Gruppen die Führung beanspruchen.

6.2.4 *Jes 7,21f. – Wirtschaftlicher Aufschwung*

Die Heilsweissagung in Jes 7,21f. verwendet das Motiv des Viehzüchters, um den aus seinem Bemühen hervorgehenden Ertrag zu beschreiben und diesen gleichnishaft auf die im Land verbliebene Bevölkerung zu beziehen.

Das Bild des Essens von חמאה ודבש im Zusammenhang mit dem Verbleiben im Land nimmt ein Motiv auf, mit dem der wirtschaftliche Zustand des Landes beschrieben wird. Vor allem mit חמאה wird die günstige Ernährungslage im Land gedeutet. חמאה stellt als Milchprodukt ein hochwertiges Gut da, das „wertvoller als Milch“[49] ist. Ein direkter Bezug zur Beschreibung Palästinas als ארץ זבת חלב ודבש[50] ist jedoch nicht zu erkennen, auch wenn die Motive sehr ähnlich sind. Es ist allein als Symbol des Reichtums zu deuten: „[. . .],

[46] Vgl. Werner, *Eschatologische Texte*, 102. Auf den Bezug zu Esr 9,2 weisen Barthel, *Prophetenwort*, 177–181; Beuken, *Jesaja 1–12*, 164.210, hin. Anders Sweeney, *Isaiah*, 54, der eine Übereinstimmung der Aussagen und damit eine Unterstützung des Reformprogramms durch Esra sieht.

[47] Ahlström, *Isaiah*, 170f., betont besonders die motivische Entsprechung der abgehauenen Bäume und des aus ihren Wurzeln erwachsenden neuen Triebes. Das aus der Landwirtschaft stammende Motiv beschreibt Juda dabei als ein qualitativ höherwertiges Produkt: „After the devastation Judah will yield a better product, the good crop which Yahweh wants“ (170). Und weiter: „What seems to be totally destroyed becomes actually the ‚seed‘ for new growth“ (171).

[48] Vgl. Hausmann, *Rest*, 161: „So wird mit dem Zusatz (V 13bβ) der nachexilischen Gemeinde zugesagt, dass das, was zunächst als Zeichen der totalen Vernichtung gegolten hat, nun zur Quelle neuen Lebens wird.“

[49] Caquot, *Art.* חלב, Sp.951.

[50] Die Formel erscheint in Ex 3,8.17; 13,5; 33,3; Lev 20,24; Num 14,8; 16,13.14;

the ‚curds and honey' that Immanuel will eat also sustained David and his men in the wilderness during Absalom's revolt (2Sam 17:29), and frequently serve as a symbol of plenty, as in the ‚land flowing with milk and honey'."[51] So wird mit diesem Motiv die Qualität des Landes nach dem Gerichtsschlag Jahwes anders beschrieben, als es die Unheilsweissagungen aus der frühen Phase bieten. Ist in Jes 7,23–25 noch die Nutzung von Dornen und Disteln zur Ernähung des Viehs notwendig, kann sich die Bevölkerung nun von höherwertigen Gütern ernähren. „Die kleine Schar der Überlebenden wird in dem durch eine gewaltige Fruchtbarkeit ausgezeichneten und, das liegt in der Logik des alttestamentlichen Denkens, also auch unbedingt gerecht regierten Land mit einem Minimalbestand an Vieh auskommen und damit viel Mühe und Arbeit sparen, wie sie ein größerer notwendig mit sich führt, und dabei doch soviel Milch gewinnen und Honig im Land finden, daß sie wie ihr König Immanuel das Beste, was ihr Land bietet, Rahm und Honig essen wird."[52]

Damit enthält die Heilsweissagung den heilvollen Aspekt, dass es nach dem Gerichtsschlag eine Fortexistenz in Israel geben wird. Das Land bringt wieder hochwertige Produkte hervor. „Bei der Heilsweissagung von 21f. hängt das Interesse des Ergänzers genauso allein an dem, was die Zukunft bringen wird. Er will trösten, offenbar angesichts einer totalen Verheerung des Landes, die an die Ereignisse von 701 oder noch eher von 587 denken läßt: Es gibt eine Möglichkeit, weiter zu existieren."[53] So stimmt die Erwartung des wirtschaftlichen Aufschwungs mit der Botschaft des Propheten Haggai (Hag 1) überein. Dieser Prophet verbindet die zu Beginn der nachexilischen Zeit wirtschaftlich schlechten Zustände mit der noch nicht erfolgten Wiedererrichtung des Tempels in Jerusalem. Wenn der Tempel rekonstruiert ist, wird sich die Situation im Land entspannen (Hag 2,18f.). Im selben Sinn ist die Erwartung in Jes 7,21f. formuliert. Das zuvor

---

Dtn 6,3; 8,8; 11,9; 26,9.15; 27,3; 31,20; Jos 5,6. In der prophetischen Literatur findet sich die Qualifizierung des Landes vor allem bei Jer (11,5; 32,22) und bei Ez (20,6.15).

[51] Sweeney, *Isaiah*, 155. Die Bescheidenheit des Reichtums betont Wildberger, *Jesaja I*, 307: „Auch wenn man in Rechnung setzt, daß ‚Milch und Honig' Gaben sind, die für Israel das Land Kanaan höchst begehrenswert machen, so fällt doch auf, in was für einem bescheidenen Rahmen sich die Heilserwartung hält."

[52] Kaiser, *Buch Jesaja I*, 173.

[53] Wildberger, *Jesaja I*, 309.

verwüstete Land wird wieder zur Blüte kommen und die Bevölkerung mit hochwertigen Gütern ernähren können.

6.2.5 *Die Heilserweiterungen als Spiegel der nachexilischen Probleme*

Die Analyse der drei Heilserweiterungen in der Denkschrift hat drei unterschiedliche Situationen der nachexilischen Zeit aufgezeigt. Jes 6,10bβ weist mit der Aufnahme von Gedanken der tritojesajanischen Theologie in die frühnachexilische Zeit und zeigt eine Hoffnungsperspektive nach dem geschehenen Gericht auf. Das Herz des Volkes heilt nach dem Gerichtsschlag Jahwes wieder, da das Volk erkennt, von wem dieser Schlag ausgegangen ist. So nimmt der Redaktor zum einen die Heilungsaussagen Tritojesajas, zum anderen die mit Am 4,6–11 verbundene Erkenntnisunwilligkeit des Nordreichvolkes auf, das aus den geschehenen Gerichtsschlägen nicht die Konsequenz der Umkehr zu Jahwe gezogen hat.

In Jes 6,13bβ findet sich mit der Frage, wer das Volk Jahwes sei, eine Problemstellung, die zur Zeit der Abfassung des Esrabuches entscheidend ist. Die Antwort von Jes 6,13bβ ist nicht mit der von Esr 9,2 identisch. Eine literarische Abhängigkeit der beiden Texte lässt sich nicht nachweisen, doch ist schon die Beschreibung der Bevölkerungsteile in Esr 2,2 ein Hinweis auf eine Konkurrenzsituation zwischen der im Lande verbliebenen und der zurückkehrenden Volksteile. Nach Jes 6,13bβ ist der Bevölkerungsanteil, der nach der totalen Zerstörung weiter im Land lebt und dort für den Fortbestand judäischer Kultur gesorgt hat, der heilige Same. Dieser wird in der nachexilischen Zeit zu neuer Blüte kommen.

Jes 7,21f. deutet in dem verwendeten Motiv von Dickmilch und Honig auf die Erwartung von Wohlstand im Land hin. Mit den wirtschaftlichen Produkten wird eine neue Heilszeit anbrechen und das Gericht Jahwes ist als abgeschlossen anzusehen. Da sich ähnliche Erwartungen mit dem Aufbau des Tempels verbinden, wie Hag 1f. zeigt, ist diese Erweiterung aus der frühen nachexilischen Zeit heraus zu verstehen.

Mit der allen drei Erweiterungen immanenten Heilsperspektive wird ein neues Element zur Beschreibung der Gottesherrschaft hinzugefügt. Jahwe, der sich als strafender Gott in der Zeit des Untergangs erwiesen hat, setzt mit dem Gericht keinen Endpunkt der Geschichte. Er lässt nach dem Gericht einen Neuanfang nicht nur zu, sondern legt mit dem in Juda verbliebenen Rest sogar den Grundstein dazu.

Nur dadurch, dass dieser Rest in Juda verblieben ist, kann es ein nachexilisches Israel geben. Das Bild des umfassenden Gerichts, wie es die Gerichtsansagen Jesajas (Jes 5,1–7.20–24; 10,1–4a) vertreten, wird damit revidiert. Ein Neuanfang ist nun möglich. Aber dieses Mal ist es ein Neuanfang, der nicht zu einer Wiederholung der Katastrophe führt, da das aus ihm stammende Volk זרע קדש und nicht mehr עם־טמא שׂפתים ist. Was dem rekonstituierten Juda nun noch fehlt, das ist ein neuer Davidide.

6.3 Die Immanuelerweiterungen

6.3.1 *Der Textumfang*

Neben den Ergänzungen mit Unheils- und Heilsansagen bietet die Denkschrift Erweiterungen, die Bezug auf die Person des Immanuel nehmen. Diese finden sich in Jes 7,15 und in Jes 8,9f. Jes 7,15 ist, wie sich im Folgenden zeigen wird, in das ursprüngliche Immanuelorakel eingeschoben. Mit der Ausbildung der Immanuelperson ist die Vorstellung eines kommenden Herrschers verbunden, der mit dem in Jes 7,14.16f. im Orakel angekündigten Kind identifiziert wird.

6.3.2 *Jes 7,15 – Die Ausweitung des Immanuelorakels*

Die literarkritische Untersuchung zeigte, dass Jes 7,15 sekundär in die Vv14.16f. eingefügt wurde. Während V14 die Geburt ankündigt und die Vv16f. auf die Zeit vor der Ausbildung der Erkenntnisfähigkeit des Kindes Bezug nehmen, schildert V15 die Ausbildung dieser Fähigkeit. Damit ergibt sich zwischen V15 und V16 ein Anachronismus, der eine literarkritische Erklärung des Phänomens nahelegt. Mit der Erweiterung in Jes 7,15 erhält das aus dem 8.Jh. v.Chr. stammende Gotteswort über die Geburt eines Kindes, das als Zeichen zur Bestimmung der Zeit bis zum Untergang der aramäisch-israelitischen Koalition dient, so eine neue Ausrichtung.[54]

[54] Schon Wildberger, *Jesaja I*, 296, stellt zu Jes 7,15 fest: „Der Satz stellt eine Neuinterpretation der Immanuelweissagung dar." Die Frage der Entstehung der Immanuel-Erweiterung hat zu verschiedenen Erklärungsmodellen geführt. Diese müssen aber entweder das Problem einer doppelten Botschaft von Heil für die Davididen und Unheil für Ahas, oder aber eine Interpretation der Vertrauensaufforderung als Unheilsansage (vgl. Dohmen, *Verstockungsvollzug*, 46–48) zugrunde legen (zur Forschungsgeschichte siehe Barthel, *Prophetenwort*, 147–150).

Der Text in Jes 7,15 besteht aus der Kombination von zwei Elementen. Diese sind aus anderen Versen übernommen und in Jes 7,15 zusammengefügt. Aus Jes 7,21f. wird die Formulierung יאכל חמאה ודבשׁ, die dort als Zeichen des Wohlstands des Landes verwendet wird, genommen und mit dem aus V16 stammenden Motiv מאוס ברע ובחור בטוב, was dort wiederum als Zeitbestimmung dient, kombiniert.[55] Damit wird eine Verbindung zwischen dem Kind und der als Heilszeit qualifizierten Zeit geschaffen.

Wie bereits die Analyse der Grundschicht in Jes 7 gezeigt hat, ist die Geburt Immanuels in ihrer Endform der Gattung Geburtsorakel zuzuweisen. Während in der Grundschicht diese Gattung nur ansatzweise zu erkennen ist, wird das Orakel durch die Erweiterung in Jes 7,15 und durch die Hinzufügung der Ankündigung der besonderen Taten und Eigenschaften des Kindes als Heilsorakel verstanden. Die besondere Eigenschaft des Kindes ist das Vermögen, Gutes und Böses voneinander zu unterscheiden.

Diese Fähigkeit gehört als wesentlicher Bestandteil zur judäischen Königsideologie hinzu, wie die Bitte Salomos in 1Kön 3,9 zeigt[56]:

> Darum gib du deinem Knecht ein hörendes Herz, um dein Volk zu richten, um Böses vom Guten zu trennen. Denn wer kann dein Volk, dieses mächtige, richten?

Mit der Bitte Salomos wird die Fähigkeit der Scheidung zwischen Gut und Böse[57] mit dem aus der Weisheit stammenden Motiv des לב שׁמע verbunden und damit als weisheitliche Fähigkeit verstanden: Wer sie besitzt, ist in der Lage, צדק-entsprechend zu entscheiden und damit die göttliche Ordnung umzusetzen.[58] Dieses ist, so die

[55] Vgl. Barthel, *Prophetenwort*, 179.

[56] Vgl. dazu Kaiser, *Buch Jesaja I*, 167; hingegen weicht das deuteronomistische Bild, das Kaiser zum Vergleich anführt, von der Thematik ab. Die Scheidung von Gut und Böse wird hier nicht als Qualifikation der Kinder verstanden, sondern vielmehr als Altersangabe. Der vorliegende Kontext teilt die das Land beziehende Gruppe von der, die nicht in das gelobte Land einziehen darf. Damit entspricht das Bild der ursprünglichen Intention des Immanuelorakels mit der Zeitbestimmung in Jes 7,16, nicht aber dem Bild der Qualifikation des Kindes in Jes 7,15.

[57] Zu dieser Trennung vgl. 2Sam 14,17 (siehe dazu Wildberger, *Jesaja I*, 448).

[58] Zum ägyptischen Hintergrund der Vorstellung vgl. Assmann, *Maat*, 216: „Da die Gerechtgkeit im menschlichen Herzen nicht angelegt ist, muß sie von außen kommen. Nach ägyptischer Vorstellung kommt sie von oben, von Gott, der sie in der Form des Königtums auf Erden einsetzt." Dazu auch Lichtheim, *Maat*, 45: „The king who counsels his successor on statecraft, the sum of which is truth, justice, benevolence, and piety (Merikare)."

Aussage von Jes 7,15, nur in Verbindung mit den überaus reichen Gaben des Landes zu bewältigen. Die Aufrichtung der צדק-entsprechenden Verhältnisse ist so nur unter den Bedingungen des nach dem Gericht wiedererstandenen Juda möglich, da erst in ihm חמאה ודבש als Nahrungsmittel zur Verfügung stehen.

Mit der Bindung der Entwicklung zur צדק-entsprechenden Urteilsfähigkeit an die in Juda zu erhaltenden Heilsgüter חמאה ודבש[59] wird die vorexilische Erwartung eines gerechten Herrschers, wie sie in Jes 9,1–6 beschrieben wird, aufgenommen und auf die nachexilischen Verhältnisse übertragen. Damit wird die Erwartung eines Herrschers, der die göttliche Ordnung umsetzen kann, auf die nachexilische Zeit verlagert. Gegen Jes 11,1–5 wird der Herrscher jedoch nicht als vom Geist Jahwes begabt beschrieben, sondern die Ausprägung seiner Urteilsfähigkeit wird mit der menschlichen Entwicklung in Einklang gebracht.

Durch die Erweiterung Jes 7,15 wird das Heilsorakel Jes 7,14.16f. zur Ansage eines kommenden Herrschers ergänzt. Verbunden mit dieser Ergänzung erhält die עלמה eine neue Bedeutung. Während sie in dem ursprünglichen Orakel eine Frau des Volkes ist, die lediglich als jung beschrieben wird, wird sie mit der Erweiterung des Orakels zur Ankündigung der Geburt eines neuen Herrschers zur Mutter des Thronfolgers und zur Frau des Königs.[60] Damit wird das angekündigte Kind zu Ahas' Nachfolger und ist so mit Hiskija identifizierbar.[61] Die Erweiterung in Jes 7,15 führt zu einer Personifizier-

[59] Zur Heilsbedeutung von חמאה ודבש vgl. Wildberger, *Jesaja I*, 295f. Dort wird die alttestamentliche Diskussion bis zum Beginn der 70er Jahre ausführlich dargelegt. Neuere Literatur findet sich in der Diskussion um dieses Thema in Høgenhaven, *Gott und Volk*, 90f.; Barthel, *Prophetenwort*, 179. Werner, *Eschatologische Texte*, 101, weist darauf hin, dass hinter dem Füttern Immanuels mit חמאה ודבש bereits ein messianisches Verständnis steht.

[60] Vgl. die Diskussion um die Bedeutung der עלמה auf dem Hintergrund von altorientalischen Vergleichstexten bei Hammershaimb, *Immanuel Sign*, 223–244; Høgenhaven, *Gott und Volk*, 88–90, die im besonderen die Position der skandinavischen Forschung darlegen, und Wildberger, *Jesaja I*, 289–292, der die gesamte bis zum Erscheinen seines Buches vorhandene Forschung zusammenfasst; außerdem Kaiser, *Buch Jesaja I*, 153–157. Dass es sich bei der עלמה nicht um eine ‚Jungfrau' handelt, wie es die Übersetzung der LXX nahe legt, zeigt Adamthwaite, *Key*, 71–73, anhand biblischer und außerbiblischer Parallelen.

[61] Vgl. Laato, *Immanuel*, 331f. Die von Laato (271ff.) aufgezeigte Identifikation von Immanuel und Hiskija in 2Chr 32 lässt sich so als eine zeitlichen Umständen entsprechende Aktualisierung von Jes 7,14–17 verstehen. Zwar mit einem andersartigen redaktionskritischen Modell im Hintergrund, in seiner Aussage aber dieser

ung des angekündigten Kindes, die Grundlage für die anderen Immanuelerweiterungen ist.

Fazit: Die Erweiterung in Jes 7,15 fügt verschiedene Elemente in den Text ein. Zum Ersten bildet sie aus dem Heilsorakel ein Geburtsorakel und damit die Hoffnung auf einen kommenden Herrscher. Zum Zweiten bindet sie die kommende Heilszeit an die bestehende Zeit an, indem sie die in der aktuellen Zeit vorfindlichen Heilsgüter als Voraussetzung für die Entwicklung des Herrschers zu einem die göttliche Ordnung erfüllenden Herrscher versteht. Zum Dritten wird durch die Aktualisierung der Erwartung eine Personifizierung der Person Immanuel erreicht. Die Namensbedeutung, die sich auf den Bestand der davidischen Dynastie und des Staates Juda bezogen hat, wird nun auf das nachexilische Israel als Heilszusage Jahwes übertragen, die sich in der Gabe des neuen Herrschers erfüllen wird.

6.3.3 *Jes 8,9f. – Immanuel als Held im Kampf gegen die Völker*

Mit der Ansage in Jes 8,9f. tritt die jesajanische Theologie aus ihrem Bezug zu aktuellen historischen Situationen hinaus und nimmt mit dem Motiv des Völkerkampfes ein verallgemeinerndes Geschichtsbild auf.[62]

Das Völkerkampfmotiv ist für Jes 8,9f. konstitutiv. Wie Huber[63] in seiner Untersuchung über die Stellung Jesajas zu den Völkern zeigt, fehlt in Jes 8,9f. gegenüber der sonstigen Verwendung des Motivs zwar die Erwähnung Jerusalems resp. Judas, doch weist Jes 8,9f. abgesehen davon alle Elemente des Völkerkampfmotivs auf.[64]

Studie verlgeichbar, merkt Clemens, *Immanuel Prophecy*, 235, an, dass es im Jesajabuch eine „broader Isaianic presentation of the figure of Hezekiah" gibt. Anhand seiner typologischen Identifikation kommt Görg, *Hiskija*, 121–124, auch zu dem Ergebnis, dass mit dem angekündeten Kind Hiskija gemeint ist.

[62] Bereits Procksch, *Jesaja*, 134, gibt als Grund für die Anfügung der Vv9f. an V8b die Nennung Immanuels am Ende von V8b an.

[63] Huber, *Völker*, 69–82; ebenso sprechen sich Sæbø, *Traditionsgeschichte*, 132–144; Kaiser, *Buch Jesaja I*, 182f., für eine Datierung in die jesajanische Zeit aus. Sæbø sieht in der Stelle eine Aufforderung an die aramäisch-israelitische Koalition, ruhig einen Angriffsversuch zu unternehmen, der dann allerdings zum Scheitern verurteilt ist. Ihm folgt Høgenhaven, *Gott und Volk*, 102f. Gegen Sæbøs Position haben vor allem Donner, *Israel unter den Völkern*, 26f., und Kaiser, *Buch Jesaja I*, 182, argumentiert, dass es sich bei den in Jes 8,9f. erwähnten „Völkern um einen größeren Kreis von Nationen handelt" (Kaiser, *Buch Jesaja I*, 182).

[64] Vgl. die Definition für das Völkerkampfmotiv bei Wanke, *Zionstheologie*, 75:

Das Völkerkampfmotiv zeichnet sich in seiner eschatologischen Dimension gerade dadurch aus, dass es „keine konkrete historische Situation“[65] spiegelt. Engere Bezüge hat Jes 8,9f. zu Jes 17,12–14.[66] Ziel des Spruches ist, „den Völkern und Israel die Ohnmacht der Nationen und ihrer Götter gegenüber JHWH und seine Treue zu Israel und Zion“[67] zu offenbaren.

Die Person des Immanuel spielt innerhalb des Kampfes eine besondere Rolle. Seine Anwesenheit ist der Grund, warum die Völker den Kampf um Jerusalem nicht aufnehmen können.[68] Dabei ist ein aus jesajanischen Texten bekanntes Motiv verwendet, das als Grund für die Einfügung des Spruches ins Jesajabuch und zwar genau an dieser Stelle angesehen werden kann: das Schmieden eines erfolglosen Plans.[69]

Mit diesem Motiv nimmt der Verfasser von Jes 8,9f. die Ahas von Jesaja verkündete Botschaft aus Jes 7,5–9a auf, dass fremde Herrscher gegen das davidische Königshaus einen Plan ersonnen haben. Sowohl in Jes 7,5 wie in Jes 8,10 wird ein auf יעץ basierendes Wort verwendet (Jes 7,5 יעץ *kal*; Jes 8,10 עצה). In beiden Fällen ist damit ein in kriegerischer Absicht ersonnener Plan gemeint. Da Jes 8,8 auf die Situation des syrisch-ephraimitischen Krieges anspielt, setzt Jes

„Könige, Völker oder Königreiche, die nie näher beschrieben werden, jedoch immer in einer Vielzahl auftreten, versammeln sich, um gegen die Gottesstadt zu ziehen; durch Jahwes Eingreifen wird diese aber vor einer Katastrophe bewahrt“ (ebenso Huber, *Völker*, 69). Seinen Ursprung findet das Völkerkampfmotiv in Ps 46; 48; 76, wo der Gedanke der „Unverletzlichkeit Jerusalems im Völkersturm“ (Kaiser, *Buch Jesaja I*, 183) seine Ausprägung gefunden hat.

[65] Huber, *Völker*, 70.

[66] Vgl. Becker, *Jesaja*, 215–217; ihm ist in seiner Beurteilung der von Steck, *Friedensvorstellungen*, 16–20, vorgelegten Argumentation Recht zu geben. Eine Tradierung des Motivs von der kanaanäisch-jebusitischen Zeit bis in die jüdische Apokalyptik ca. 900 Jahre später, verbunden nur durch die beiden, wie Steck vermutet, aus jesajanischer Zeit stammenden Worte von Jes 8,9f.; 17,12–14 ist wohl kaum realistisch. So ist eine zeitliche Nähe der jesajanischen Texte zur breiten Rezeption des Motivs wesentlich wahrscheinlicher. Werner, *Eschatologische Texte*, 170, macht auf das Problem aufmerksam, dass in Jes 8,9f. kein Zeugnis der Zionstheologie vorliegt. Dass es sich aber um keinen anderen Ort als den Zion handeln kann, wird an der Person Immanuel, die fest mit Jerusalem verbunden ist, deutlich.

[67] Beuken, *Jesaja 1–12*, 226.

[68] Werner, *Eschatologische Texte*, 169, weist m.E. zu Recht darauf hin, dass „die Anstrengungen der Völker schon von vornherein in sich verkehrt und zum Scheitern verurteilt sind“.

[69] Barthel, *Prophetenwort*, 210, folgert daher, dass das Völkerwort eine bewusste Weiterinterpretation von Jes 7,5–7 und Jes 7,14 ist.

8,9f. einen Kontrapunkt zu der dort enthaltenen Vorstellung. Weder die aramäisch-israelitische Koalition, noch das neuassyrische Weltreich waren damals in der Lage, Juda endgültig zu zerstören. Wer also sollte es sonst können?[70] Jerusalem und sein Umland konnten sich in der nachexilischen Zeit unter persischer Herrschaft rekonstituieren. Als Grund für diesen Prozess sieht Jes 8,9f. die mit der Person des Immanuel gegebene Zusage Jahwes an. Er ist es also auch, der die Fremdvölker in die Flucht schlägt.

Neben der Nähe zu den Völkerkampftexten und dem für sie konstitutiven Fehlen eines konkreten Feindes spricht die Personalisierung Immanuels[71] für eine Datierung von Jes 8,9f. in die spätere Zeit. Person und Name werden hier als eine Identität verstanden, die als Schutzgarant auftritt. Damit aber ist die Personalisierung Immanuels, wie sie erst durch die Erweiterung des ursprünglichen Orakels in Jes 7,15 erwirkt wird, vorausgesetzt.[72] Verbürgt ist der dauerhafte Bestand und damit auch die immer wieder kommende Errettung in dem Namen Immanuel. Während er in der Zeit des syrisch-ephraimitischen Krieges das Gegenüber der Nordreich- zur Südreichbevölkerung anzeigt,[73] wird dieses Gegenüber mit der Personalisierung auf Juda gegenüber den Völkern ausgeweitet. Auf diese Weise kommt die Redaktion von einer spezifischen zu einer allgemeingültigen Geschichtsdeutung. Was sich mit der Errettung Judas in den Zeiten des syrisch-ephraimitischen Krieges und bei der Belagerung Jerusalems durch die Assyrer ereignet hat, hat allgemeine Gültigkeit und wird sich daher in den kommenden geschichtlichen Situationen wiederholen.[74] Entscheidend für eine derartige Geschichtsinterpretation ist die

[70] Selbst die Zerstörung des Staates durch die Babylonier war nicht von dauerhaftem Bestand. Ähnlich wie an dieser Stelle überspringt auch die Heilsweissagung Hos 1,7 die babylonische Krise.

[71] Vgl. Fohrer, *Jesaja*, 128; Høgenhaven, *Gott und Volk*, 102f., der allerdings aus der Personalisierung Immanuels keine Konsequenzen für die Datierung des Textes zieht.

[72] Vgl. Barthel, *Prophetenwort*, 210.

[73] Vgl. Am 5,14; einen innerbiblischen Bezug gibt es außerdem zu Ps 6,8.12 (vgl. Kaiser, *Buch Jesaja I*, 153).

[74] Dazu Barthel, *Prophetenwort*, 210f.: „Wahrscheinlich ist allerdings, daß der Verfasser von V.9f. den Zusammenhang von V.5–10 im Sinne der Zionstheologie verstanden hat. Insbesondere das Bild der alles überschwemmenden Flut, mit dem Jesaja in V.7f. die neuassyrische Invasion beschreibt, bot einen Ansatzpunkt für ein Wort gegen die Jerusalem bedrängenden Völker, die auch in der Zionstradition als historische Repräsentation der gegen den Zion anbrechenden Chaoswasser erscheinen."

Einmaligkeit des göttlichen Gerichts. Die Tatsache, dass Juda für seine Vergehen mit der Deportation gebüßt hat und dass die im Land Verbliebenen ein זרע קדש sind, nährt die Zuversicht des dauerhaften Bestands Jerusalems. Gerade weil die Deportierten als die Bestraften verstanden werden, die Zusage Jahwes aber dauerhafte Gültigkeit hat, wird die Geschichte die Unvergänglichkeit des Zion bestätigen. So ist dann auch die Aussage über das Vergehen der Pläne zu verstehen: Es ist egal, welchen Plan ein neuer Angreifer entwickelt. Er wird scheitern. Jegliche kriegstechnische Fortentwicklung, sei sie strategischer oder waffentechnischer Art, findet vor Jerusalem ihr jähes Ende.

Mit der Ankündigung der Uneinnehmbarkeit des Zion[75] wird die Vorstellung der Wirksamkeit der Schutzgottheit ausgedehnt. Das ursprünglich an das Vertrauen auf die Inthronisationszusagen gebundene Heilswort für den Schutz der Dynastie und des Volkes, wird hier erweitert: Der Schutz gilt bedingungslos und für immer. Begründet ist diese Ausweitung in der Einsicht in die Geschichtsmächtigkeit Jahwes. Weil er der die Historie lenkende und bestimmende Gott ist, hat er die Möglichkeit, das Planen der Völker zu durchschauen und zu zerschlagen. Die Inanspruchnahme fremder Herrscher, die sich in der vorexilischen Zeit gegen das eigene Volk gewendet hatte, wurde in nachexilischer Zeit zur Begründung für den dauerhaften Bestand Jerusalems und seiner Bevölkerung weitergeführt.[76]

6.4 Die historisierende Bearbeitung

6.4.1 *Der Textumfang*

Historisierende Bearbeitungen des Textes finden sich vor allem in den als Ein- bzw. Überleitung gestalteten Versen Jes 7,1; 8,5. Weiter hat die literarkritische Untersuchung gezeigt, dass sich über diese hinaus Zusätze in Jes 7,8b und in den Glossen Jes 7,4b.17b.20; 8,7 befinden, mit denen die Texte an historische Ereignisse gebunden werden.

[75] Barthel, *Prophetenwort*, 210f., sieht für Jes 8,9f. aufgrund des Zusammenhangs mit Jes 8,6–8a die anbrandenden Chaoswasser zu, die durch die Völker repräsentiert werden, als traditionsgeschichtlichen Hintergrund.

[76] Für eine Datierung in nachexilische Zeit spricht sich auch Werner, *Eschatologische Texte*, 170, aus, der Jes 8,9f. auf der Bearbeitung von Jes 7 in 2Kön 16,5–9 basiert interpretiert.

6.4.2 *Ziel der historisierenden Bearbeitung*

Eine erste redaktionelle Verbindung findet sich mit der Formulierung von Jes 8,5 nach Jes 7,10 bereits im 8.Jh. v.Chr. Jes 8,5 dient dazu, das zunächst lose aneinanderhängende Spruchgut in Jes 8,1–4.6–8 in eine zeitliche Reihenfolge zu bringen. Als Vorlage für Jes 8,1–8 diente Jes 7,2–17*, so dass Jes 8,1–8 in seiner Endgestalt parallel zu Jes 7,1–17* konstruiert erscheint.[77] Dieses Bemühen, die Texte in eine zeitliche Abfolge zu bringen, findet sich auch mit der Hinzufügung des Jes 7 einleitenden V1. Die Zielsetzung der Redaktoren scheint offensichtlich zu sein: die Einleitungen in Jes 7,1 in Übereinstimmung mit 2Kön 16,5 zu bringen. Die Darstellung des Deuteronomistischen Geschichtswerkes in 2Kön 15f. wird als verbindlich für die Schilderung des geschichtlichen Ablaufs verstanden. In diesen Ablauf werden die in Jes 7f. dargestellten Begebenheiten eingeordnet und erhalten somit einen festen Ort in der Geschichte Jahwes mit seinem Volk.[78]

Mit diesem vergleichbar sind auch die Glossierungen in Jes 7,4b.17b[79].20; 8,7[80]. Während Jes 7,4b das Bild der beiden schwelenden Holzscheite auf die Personen Rezin von Damaskus und Pekach

[77] Vgl. hierzu die Darstellung unter *4.2.4 Die Übereinstimmungen und Unterschiede in der Grundschicht Jes 7,1–8,15*, 192–199.

[78] Zur Datierung Barthel, *Prophetenwort*, 156: „Man wird die historisch erläuternde Bearbeitung von Jes 7 daher nach der literarischen Fixierung von 2Kön 16,5ff. und vor der redaktionellen Verbindung von Proto- und Deuterojesaja, also in der (frühen?) Perserzeit anzusetzen haben."

[79] Zur besonderen Bedeutung der Glosse in Jes 7,17b vgl. Irvine, *Isaiah*, 132: „An anti-Ahaz bias is apparant in the Immanuel passage, but this is largely due to the late addition in 7:17b." Und weiter: „They emphasized the point also by inserting 'the king of Assyria' at the end of v17 as a kind of linchpin between the two blocks of material" (134).

[80] Zur Glossierung in Jes 8,7aβ vgl. Hartenstein, *Schreckensglanz Assurs*, 88f.: „In der Tat spricht manches dafür, daß wir es hier mit Präzisierungen eines vorgegebenen Textes zu tun haben. Jedoch sind sie nicht willkürlich und liegen auch sehr wahrscheinlich auf einer literarischen Ebene: Ein Jesaja-Wort von der hereinströmenden Flut (am ehesten aus der Spätzeit 701 v.Chr., vgl. die Flutmetaphorik in Jes 28) wurde offenbar bewußt an die besondere Perspektive der ‚Denkschrift' angepaßt, die sich folgendermaßen umschreiben lässt:

a) Verortung der abschließenden Gerichtsankündigung Jesajas gegen Juda in der im Rückblick paradigmatischen Situation des syrisch-ephraimitischen Krieges (wie Kap 7–8,4).

b) Verdeutlichung des Zusammenhangs mit der Vision Jes 6 im Sinne der Konkretion der kriegerischen Folgen von JHWHs zorniger Verderbung für ‚dieses Volk da', das die Wasser Schiloachs und damit JHWH selbst ‚verworfen' hat."

von Israel bezieht, explizieren die weiteren Glossierungen die Texte derart, dass sie den König von Assur als den hier bezeichneten eintragen.[81] Das an Israel und Juda ergangene Gericht wird so mit seiner Person identifiziert, wobei es sich aufgrund der zeitlichen Struktur nicht um ein und dieselbe Person handeln kann, sondern verschiedene neuassyrische Könige damit gemeint sind.[82]

Aus der Form der Bearbeitung heraus fällt die in Jes 7,8b gebotene Formulierung ובעוד שׁשׁים וחמשׁ שׁנה יחת אפרים מעם. Sie lässt sich mit keiner bekannten historischen Situation identifizieren, da der Bezugspunkt der angegebenen 65 Jahre nicht deutlich ist. Mit den 65 Jahren würde die geschilderte Situation an das Ende der Herrschaft Assarhaddons weisen (ca. 670 v.Chr.). Auf Veränderungen im Nordreich Israel zu dieser Zeit könnte auch Esr 4,2 weisen.[83] Dort wird berichtet, dass die Bevölkerung zur Zeit Assarhaddons aufhörte, Jahwe zu opfern. Die Negation לא ist jedoch textkritisch nicht gesichert. Vielmehr ist die in der BHS angegebene Variante לו zu lesen. Demzufolge wurde Jahwe ab diesem Zeitpunkt durch die Bevölkerung geopfert. Damit aber wird in Esr 4,2 eine andere Situation geschildert. Der Untergang eines Staates, wie ihn Jes 7,8b schildert, ist nicht zu erkennen.

Bereits Gunkel bemerkte, dass es sich bei der Angabe שׁשׁים וחמשׁ שׁנה nicht um eine additive Zahlenangabe, sondern um einen Zahlenspruch

[81] In ähnlicher Weise haben auch die Deuteronomisten in 1Kön 16 das ihnen über den syrisch-ephraimitischen Krieg vorliegende Material behandelt und mit dem neuassyrischen König verbunden. Vgl. dazu Irvine, *Isaiah*, 81: „Possibly the deuteronomistic editors found them as a redacted whole already in a more immediate source, perhaps the 'Book of the Chronicles of the Kings of Judah' [. . .].They attached the material directly to the account of the Syro-Ephraimitic war in vv 5–9, adding at the same time 'because of the king of Assyria' in v 18b as an interpretative endbracket.“

[82] Vgl. Barth, *Jesaja-Worte*, 198–200, der Jes 7,17.18.20; 8,7 der Assur-Redaktion des 7.Jh.s v.Chr. zuordnet. Dieses ist durchaus denkbar, da die Redaktoren mit den in neuassyrischer Zeit Juda zugefügten Zerstörungen das von Jesaja angesagte Gericht identifiziert haben. Mit der Inthronisation Josias hat sich diese Situation verändert und das Gericht Jahwes, das sich in den historischen Ereignissen zeigt, kann als abgeschlossen angesehen werden. Mit der Einfügung der Glossen wurde von den Redaktoren angezeigt, dass die Botschaft Jesajas sich als wahr erwiesen hat.

[83] Zur Verbindung von Jes 7,8b mit Esr 4,2 vgl. Jenni, *Voraussagen*, 18f.; Fohrer, *Jesaja*, 103 Anm.43; Wildberger, *Jesaja I*, 283; J. Becker, *Isaias*, 52f.; Barthel, *Prophetenwort*, 156. Auffällig ist, dass in Esr 4,1 einer der genannten Führer der Feinde Tabeel heißt. Eine Identifizierung dieses mit dem Vater des in Jes 7,6 genannten Sohn des Tabeel ist spekulativ, außer dem identischen Namen gibt es dafür keine Anzeichen.

handelt.[84] Dieser Zahlenspruch ist als rückwärts schreitende Zahlenreihe zu verstehen, die auch in Ex 21,37; Num 29,13–36; 1Sam 2,21; Est 3,13; 8,12 verwendet wird.[85] Sprachlich handelt es bei שׁשׁים nicht um einen Plural, sondern um eine *Mimation*.[86] Mit der Annahme einer *Mimation* an dieser Stelle wird die Form des Wortes erkennbar: Es handelt sich hier um eine fallende Zahlenfolge. Gunkel und Procksch[87] bieten daher die Übersetzung ‚in sechs oder fünf Jahren'. Die Form einer fallenden Zahlenfolge ist im alttestamentlichen Schrifttum singulär.[88] Diese fallende Zahlenfolge hat jedoch dieselbe Funktion wie sonst die steigenden Zahlenfolgen. In Am 1,3.6.9.11.13; 2,1.4.6 und in Spr 30,15.18.29 drückt die steigende Zahlenfolge eine Steigerung aus. Identisch ist die fallende Zahlenfolge an dieser Stelle zu verstehen, da die Verkürzung der Zeit bis zum Untergang ebenfalls eine Steigerung ist.

Jes 7,8b mit seiner fallenden Zahlenfolge teilt das ursprüngliche Gotteswort in Jes 7,8a.9a. Die mit ולא תהיה gegebene Negation der beiden folgenden Objektsätze ist durch die Einfügung von V8b nicht mehr auf V9a zu beziehen. Ursprünglich aber war das Gotteswort parallel konstruiert.[89] Erst durch die Einfügung von Jes 7,8b wurde diese parallele Konstruktion zerstört. Die Wahl der Anzahl der Jahre für die Zahlenfolge ששים וחמש שנה kann von einer weiteren Textbeobachtung verstanden werden. Die Zeitangabe in Jes 7,16 stimmt mit den genannten Jahren überein. Nach Dtn 1,39 beschreibt sie die zweite Kindheitsphase und ist aufgrund der genannten Fähigkeit, die das Kind in ihr erwerben wird, nämlich Gutes und Böses zu

[84] Vgl. Gunkel, *Einleitung*, XLVII. Im selben Sinn auch Procksch, *Jesaja*, 116.

[85] Vgl. Sauer, *Sprüche Agurs*, 85.

[86] Nach Sauer, *Sprüche Agurs*, 86, handelt es sich um ein *mem encliticum*. Sauer, *Sprüche Agurs*, 18, zeigt, dass dieses *mem encliticum* aus dem kanaanäischen Kulturraum übernommen wurde und in den ugaritischen Texten „häufig zur Verstärkung und Bereicherung einer Form gebraucht werden kann".

[87] Vgl. Procksch, *Jesaja*, 116: „Wenn auch die gewöhnliche Steigerung der Zahl (17,6; Am 1,3.6.9; Mi 5,5) willkommener wäre als die Verminderung, so hat die absteigende Zahl guten Grund, um die Knappheit der Frist anzudeuten. Daß es nach kaum sechs, nein fünf Jahre mit Ephraim zu Ende ist, paßt durchaus in den Gedankenzusammenhang; auch wenn die Athetierung von v.8b das letzte Fünferpaar zerstört."

[88] Nach Sauer, *Sprüche Agurs*, 85, findet man entsprechende Zahlenfolgen in 1Sam 2,21 und Ex 21,37, doch handelt es sich hier nicht um Zahlensprüche, sondern um einfache Aufzählungen.

[89] Vgl. dazu *2.4.1 Textkohärenz*, 71, und *4.1.1 Die Ankündigung des Überfalls*, 142.

unterscheiden, mit dem Alter von ca. fünf bis sechs Jahren zu verbinden.[90] So nimmt der Redaktor hier also die jesajanische Weissagung über den Untergang der aramäisch-israelitischen Koalition auf und verwendet sie als Zahlenfolge. Damit bringt er die Ansagen Jesajas sprachlich in Verbindung. Da Jes 7,8b den ursprünglichen Zusammenhang von Jes 7,8a.9a sprengt und die Zeitangabe aus Jes 7,16 übernommen wird, ist Jes 7,8b als sekundäre Zufügung zu werten, die erst nach der schriftlichen Abfassung beider Texte denkbar ist. Die Intention des Redaktors wird eine Verifizierung der Botschaft Jesajas *ex eventu* gewesen sein.

Notwendig wurde die Verschiebung der Erfüllungsansage aufgrund der historischen Umstände, die zum Untergang Samarias führten. „In 734, 733, and 732 B.C. he [Tiglath-Pileser III. Anm. d.Verf.] campaigned in the area, reducing Galilee and Damascus to the status of border provinces of Assyria. The territory still left to Israel was minuscled (*MBA* 148). The rebellious king was killed and Hoshea (732–722 B.C.) whose policies were most to Assyria's liking was installed as king after paying a heavy tribute. After the death of Tiglath-Pileser, Hoshea was tempted by Egyptian intrigue. In 724 B.C. his capital was under siege. By 721 B.C., the city was captured and destroyed. By late 720 B.C., the first of the inhabitants were on their way to an exile that would never end in Assyria near the Habur River and in Media. The territory of Israel was partitioned into four Assyrian districts: Samaria (including the former district Dor), Megiddo, Gilead, and Karnaim."[91] Während der Spruch Jes 7,8a.9a auf einen gleichzeitigen Untergang Damaskus' und Samarias zielt, wird durch den Eintrag von Jes 7,8b der Untergang Samarias verschoben, was eher dem historischen Ablauf entspricht.[92] Dabei nimmt der Redaktor die Zeitangabe, wie sie Jes 7,16 bietet, auf und zeigt eine Kontinuität in der Botschaft Jesajas an. Gotteswort und Bestätigungszeichen stimmen damit überein.

[90] Vgl. *4.1.3 Das Heilswort Immanuel*, 162–165.

[91] Watts, *Isaiah I*, 82. Vgl. dazu auch Donner, *Geschichte Israel II*, 342–347; Schoors, *Königreiche*, 93–97.

[92] Vgl. Irvine, *Isaiah*, 39, der darauf hinweist, dass die historischen Gegebenheiten, die mit Jes 7,8b geschildert werden, mit 2Kön 15,29 und dem neuassyrischen Papyrus *Layard 29b*, 230–234, übereinstimmt.

6.4.3 *Die historisierende Redaktion als Verifizierung der Botschaft*

So, wie sich für Jes 7,8b durch die historisierende Bearbeitung ein Bemühen um eine Verifizierung der Botschaft Jesajas gezeigt hat, so ist dies auch für die anderen Erweiterungen anzunehmen.

Mit den kompositionell notwendigen Erweiterungen in früher Zeit von Jes 8,5 und dann in späterer Zeit von Jes 7,1, die die einzelnen Überlieferungen in eine chronologische Folge bringen, wird eine Synchronisation mit der deuteronomistischen Geschichtsdarstellung erreicht. Die Textstellen Jes 7f. und 2Kön 15f. lassen sich nach der Eintragung in der Form der gegenseitigen Ergänzung lesen. Ausgelöst vom Bemühen um eine zeitliche Einordnung werden die Glossierungen in Jes 7,4b.17b.20; 8,7 in die Texte eingetragen. Diese zeigen an, dass die dort angekündigten Ereignisse ihre historische Verwirklichung gefunden haben und so als Bestandteil der Geschichte Jahwes mit seinem Volk verstanden werden.[93]

Dasselbe Ziel, aber zu einem früheren Zeitpunkt, verfolgt der Redaktor, der Jes 7,8b in den Text eingefügt hat. Mit der Erweiterung blickt er von einem Zeitpunkt des 7.Jhs v.Chr. auf die Entwicklung im Nordreich zurück und resümiert, dass die Botschaft Jesajas durch den Ablauf der Geschichte ihre Bestätigung gefunden hat.

Ausschlaggebender Grund für die Einfügung der verifizierenden Elemente in den Text ist die Aufnahme prophetischer Aussagen in den Büchern der folgenden Prophetengenerationen. Wie sich die Botschaft Amos' durch den Untergang des Nordreichs verifizierte, so hat auch die Botschaft Jesajas Einfluss auf die ihm folgenden Propheten gehabt.[94] Da mit dem Abzug der Assyrer 701 v.Chr. eine Verifizierung

[93] Dass die historisierende Redaktion im Zusammenhang mit dem Deuteronomistischen Geschichtswerk steht, ist weitestgehend offensichtlich. Es würde aber zu weit führen, im Jesajabuch von einer deuteronomistischen Redaktion zu sprechen. Die in den vergangenen Jahren geäußerten Thesen, eine deuteronomistische Grundschicht bzw. Redaktion sei im Jesajabuch sichtbar, wies Brekelmans, *Deuteronomistic Influence*, weitestgehend zurück. Abschließend formuliert er deshalb: „So my conclusion is that at least in chs. 1–12 of the book of Isaiah I can not find a redaction that could be called deuteronomistic. I am inclined to think that we ascribe too many things to the deuteronomistic movement. The reason for this may be that we seem to know exactly what deuteronomistic means, whereas we seem to know ever less about the prophets and the prophetic literature, which remains nevertheless one of the most characteristic parts of the Old Testament literature" (176).

[94] Vgl. hierzu Hardmeier, *Prophetie im Streit*; Wendel, *Jesaja und Jeremia*; Bosshard-Nepustil, *Zwölfprophetenbuch*.

der Vernichtungsaussagen Jesajas ausgeblieben ist, ist es für die Behandlung seiner Aussagen in der ihm folgenden prophetischen Botschaft notwendig, die Erfüllung in einer späteren Geschichtsphase zu finden. Die mehrfache Eintragung des Königs von Assyrien in die Unheilsweissagungen gegen das Nordreich zeigen an, dass Jesaja mit seiner Verkündigung zur Zeit des syrisch-ephraimitischen Krieges Recht behalten hat.

6.5 Der literarische Abschluss der Denkschrift

6.5.1 *Der Textumfang*

Der ausdrückliche Abschluss der Denkschrift findet sich in Jes 8,16. Im Anschluss an die Notiz über das Verschließen der Botschaft werden die Folgen dieses Abschlusses durch zwei Elemente geschildert: Zunächst wird das Fehlen göttlicher Offenbarung thematisiert (Jes 8,18–20), anschließend der scheinbar hoffnungslose Zustand im Land, der allerdings in der Zusage einer kommenden Heilszeit aufgelöst wird (V23aα^7–b).

6.5.2 *Jes 8,16f. – Das Ende der Worte Jahwes an Jesaja*

Die Abschlussnotiz[95] ist geprägt von der Idee, die Botschaft Jesajas zu bewahren, was aufgrund der sich mit V17 einstellenden Verborgenheit notwendig ist.[96] Dabei bleibt jedoch die in Jes 8,16f. gewählte

[95] Dass es sich hier allein um ein Mittel zur Tradierung der Botschaft handelt und kein literarischer Endpunkt gesetzt wird, zeigt Beuken, *Jesaja 1–12*, 231: „Vom Ende seines prophetischen Auftretens ist aber keine Rede. Die Versiegelung dient gerade der Unterstützung auf lange Zeit."

[96] Vgl. dazu Barthel, *Prophetenwort*, 236–239: Mit Jes 8,17 wird im Stil der Klagepsalmen die Abwesenheit Jahwes und das daraus resultierende Leid thematisiert. Die Gattung weist daraufhin, dass es „immer um die konkrete Erfahrung von Feindesnot, Todesangst, von Nichterhörung (Ps 22,25; Mi 3,4) oder von Verlassen- und Verstoßensein (Ps 27,9; 44,25; 88,15, vgl. Jes 2,6)" (237) geht. Dabei wird jedoch das Klagemotiv aktualisiert. a. Jahwes Verborgenheit charakterisiert das Verhältnis Jahwes zum Volk. Verborgenheit meint hier explizit Jahwes Gerichtswirken; b. Die „Sprache der Klage und die Form des Bekenntnisses [zeigt] einen Vorbehalt gegenüber der Endgültigkeit dieser Feststellung" (238). c. Die von Jesaja ausgesprochene Hoffnung bezieht sich nicht auf eine reine Wiederherstellung des Gottesverhältnisses. „Weder als bloße Verlängerung der Gegenwart noch als Wiederholung der Vergangenheit läßt sich heilvolle Zukunft noch denken. Sie ist ganz in den Gott, der sein Angesicht jetzt vor Israel verbirgt, zurückgenommen" (239). Damit aber bekommt die Heilshoffnung eine neue Ausrichtung: „Die Folge von Gericht und

Terminologie unklar.[97] Deutet צור תעודה חתום תורה בלמדי bereits auf eine schriftlich vorliegende Abfassung der Worte Jesajas hin? Oder sind die Schüler/Anhänger die Gruppe, die bildlich als Gefäß der Botschaft dienen und wird ihnen mit Jes 8,16 ein Schweigegebot auferlegt?[98]

Diese Fragen lassen sich auf dem vorliegenden Textbestand nur schwer aufklären.[99] Letztlich hängen die Antworten an der Datierung des Textes. Versteht man die Denkschrift als von Jesaja verfasste abgeschlossene Sammlung,[100] dann kann es sich durchaus um die Bewahrung einer bereits schriftlich vorliegenden Überlieferung handeln.[101] Versteht man hingegen die Denkschrift als nachjesajanisch von seinen Schülern verfasst, wird also in ihnen die Botschaft bewahrt[102], dann kann gerade in der Abfassung des Textes die angekündigte Bewahrung und Versiegelung der Botschaft liegen. „Es kann kein Zufall sein, daß auch Jes 30,8 der Niederschrift eines prophetischen Symbolnamens und/oder einer ganzen Sammlung prophetischer (Gerichts-) Worte eine solche Zeugnisfunktion zuschreibt".[103] Einen Hinweis auf die Datierung ergeben die Beobachtungen, die zum Alter der Deportationsankündigung in Jes 8,15 gemacht wurden. Stammen diese Worte aus der Zeit zwischen den Deportationen, dann bildet Jes 8,16f. den Abschluss der Worte Jahwes an Jesaja in dieser Zeit. Das angekündigte Unheil ist nicht mehr zu umgehen, da Jahwe sich

---

Heil fügt sich keiner heilsgeschichtlichen Logik, sie ist Gegenstand einer paradoxen Hoffnung, die an Jahwe trotz seiner aktuellen Abwesenheit festhält" (239).

[97] Die Versiegelung ist nach Liss, *Unerhörte Prophetie*, 238, ein eindeutiges Zeichen für eine schriftlich vorliegende Botschaft: „Die mittels der Versiegelung erreichte Unverwechselbarkeit eines Autors führt gleichzeitig dazu, dass der gefaltete / verschnürte und versiegelte Text keiner Willkür durch Dritte ausgesetzt ist. Das Siegel schützt vor Textverfälschungen und garantiert damit die Unversehrbarkeit eines Textes ebenso wie die alleinige Verfügungsgewalt desjenigen, der das Schriftstück versiegelt."

[98] Vgl. Wildberger, *Jesaja I*, 344f.

[99] Vgl. dazu Barthel, *Prophetenwort*, 235: „Der Akt des Einwickelns und der Versiegelung des Schriftstücks dient also nicht der Verbergung der Botschaft in der Gegenwart, sondern ihrer Bewahrung für die Zukunft."

[100] Wie in der Darstellung der Forschungsgeschichte bereits gezeigt. So z.B. Blum, *Testament*.

[101] Vgl. Barthel, *Prophetenwort*, 222, der seinem Thema entsprechend die Bedeutung dieser Stelle für die prophetische Botschaft herausstellt: „Der Gehalt des empfangenen Gotteswortes erschöpft sich nicht im einmaligen sprachlichen Ausdruck, er ist vielmehr offen für die Kommunikation und Interpretation in neuen Kontexten."

[102] Vgl. Wildberger, *Jesaja I*, 344–346.

[103] Barthel, *Prophetenwort*, 234.

nicht mehr an den Propheten wendet und weitere Gottesworte nicht mehr zu erwarten sind. „Ganz auf der Linie von 30,8 darf man den Sinn dieser Vorsorge für die Erhaltung seiner Botschaft darin sehen, daß sie nach dem Eintreffen der von ihr angekündigten Katastrophe den Überlebenden die Macht Jahwes bezeugt und damit zugleich Hoffnung auf eine neue Zukunft ermöglicht: Kein anderer als der Jahwe, der das Unglück lange vor seinem Eintreffen als Strafe für das von den Vätern versagte Gottvertrauen vorausgesagt hat, hat es auch über sein Volk kommen lassen."[104] Dabei ist jedoch die Erfüllung des Strafgerichts zu einem späteren Zeitpunkt als jüngere Entwicklung zu sehen. Wie sich oben zeigte, sind die Unheilsansagen aus dem 8.Jh. v.Chr. entweder an das Nordreich gerichtet, oder sie dienen als Warnung vor falschem Verhalten. Erst durch den historischen Verlauf haben sich die Warnungen Jesajas bewahrheitet. Die einst von Jesaja ausgesprochene Warnung wird zur Drohung gesteigert.

Dass eine Verschriftung der Botschaft Jesajas zu dieser Zeit bereits erfolgt sein muss, lässt sich zwar nicht direkt aus dem Text entnehmen, ist aber aus folgendem Grund wahrscheinlich: Eine Weiterschreibung der Botschaft des Propheten aus dem 8.Jh. v.Chr. ist nur dann möglich, wenn es bereits schriftliche Vorlagen gab, die erweitert werden konnten. Ohne diese ließen sich die sprachlichen Abweichungen, die eine literarkritische Behandlung des Textes möglich machen, nicht feststellen.[105] Zudem führt Liss aus, dass die geschehene Versiegelung ein eindeutiges Zeichen für eine schriftlich vorliegende Botschaft ist.[106]

6.5.3 *Jes 8,18–20 – Wahre und falsche Zeichen*

Verbunden mit der Abwesenheit Jahwes[107] ist die Frage gegenwärtiger und zukünftiger Ereignisvoraussage, die in Jes 8,18–20 thematisiert wird. Dabei zeigt sich eine Interpretation der geschilderten

[104] Kaiser, *Buch Jesaja I*, 189.

[105] In das 8.Jh. v.Chr. datiert Sweeney, *Isaiah*, 181, den Text, in dem er die Motivation des Propheten zum Verschluss seiner Botschaft in dem Hilfsgesuch Ahas' an den assyrischen König sieht, das allerdings im Jesajabuch nicht erwähnt wird.

[106] Vgl. Liss, *Unerhörte Prophetie*, 238.

[107] Vgl. dazu Kaiser, *Buch Jesaja I*, 190f.: „Das besagt nicht weniger, als daß der Prophet jenseits der Katastrophe mit der Möglichkeit einer neuen Heilszuwendung Jahwes rechnet. Das ‚Bis die Städte verödet sind, ohne Einwohner . . .' von 6,11 gewinnt so im Rückblick die Bedeutung eines tatsächlichen Endtermins für den göttlichen Verstockungs- und Vernichtungswillen."

Ereignisse: Jesaja und seine Kinder werden als לאתות ולמופתים בישראל מעם יהוה צבאות bezeichnet. Damit wird das Wirken des Propheten zur göttlichen Offenbarung erklärt und die von ihm gesprochenen Worte als Worte Jahwes legitimiert.[108]

Ebenso erhalten die Namen der Kinder, die mit Jesaja verbunden werden, die Bedeutung göttlicher Zeichen. Diese fiel ihnen bereits in der Grundschicht der Kapitel Jes 7 und Jes 8 zu. „Sie mahnen auf alle Fälle: Israels Zukunft entscheidet sich an Jahwe."[109] Die Bedeutung der Namen für die Botschaft Jesajas wird damit bestätigt.

Der Botschaft des Propheten wird so Zeichencharakter zuerkannt.[110] Die Ablehnung der Ahnen- und Totenverehrung (V19: דרשו אל־האבות ואל־הידענים) gehört offensichtlich in die Zeit des Verbots der Ahnenverehrung.[111] Dass diese in Jerusalem auch nach der josianichen Reform[112] weiterhin praktiziert wurde, darauf weist das in Ez 8,11f. geschilderte und aus priesterlicher Position als תועבה bezeichnete Verhalten hin. Mit dem 6.Jh. v.Chr. finden sich keine weiteren Hinweise auf diese Praxis in Juda, so dass das Exil als *terminus ad quem* gelten kann. Bis zu diesem Zeitpunkt war die Praxis der Toten- und Ahnenverehrung in Jerusalem und Juda unreglementiert

[108] Vgl. hierzu auch Beuken, *Jesaja 1–12*, 49, der in der Bezeichnung יהוה צבאות השכן בהר ציון eine erste Form der nach 701 v.Chr. einsetzenden Zionsgewissheit entdeckt, die in Jes 2,1–5; 4,1–6 weiter ausgebaut wird. Clements, *Deliverance of Jerusalem*, 75, sieht die Interpretation der Ereignisse im Jahr 701 v.Chr. als Ergebnis der in Jerusalem vorhandenen Zionstradition, die sich in der Errettung 701 v.Chr. verwirklicht. Das Motiv der Uneinnehmbarkeit des Zions wird jedoch erst nach 701 v.Chr. ausgeprägt. Als Zeitpunkt für die Ausprägung dieses Gedankens nennt Clement die Zeit Josias (siehe Clements, *Deliverance of Jerusalem*, 84–88).

[109] Wildberger, *Jesaja I*, 348. Früher im selben Sinne schon Procksch, *Jesaja*, 139: „Er warnt seine Jünger, sich dem Volk zuliebe mit Wahrsagekünsten abzugeben; denn nur Gott ist Berater seines Volkes."

[110] Vgl. Wildberger, *Jesaja I*, 348: „Der Prophet ist Zeichen und Mahnung einfach durch seine Existenz. Jedermann in Jerusalem wird bei seinem Erscheinen an seine Botschaft erinnert." Darüber hinaus betont Barthel, *Prophetenwort*, 240, die Bedeutung der Zeichen: „Die Namen stehen als ikonische Zeichen in einem inhaltlichen Zusammenhang mit dem zukünftigen Ereignis."

[111] Mit diesem Text ist der Gesetzeskern des Deuteronomiums schon in vorexilischer Zeit zu datieren. Mit ihm liegt die wohl älteste Version des Totenbefragungsverbots vor, die sich sowohl in den priesterschriftlichen, wie auch in den deuteronomisch-deuteronomistischen Kreisen verbreitet hat (Lev 19,31; 20,6.27; Dtn 18,10f.; 2Kön 21,6; 23,24; 1Chr 10,13; 2Chr 33,6 vgl. Beuken, *Jesaja 1–12*, 241).

[112] Der Darstellung in 2Kön 23,12 zufolge hat Josia die für den Ahnenkult notwendigen Altäre vom Dach des Jerusalemer Tempels entfernen lassen. Vgl. hierzu Albani, *Der eine Gott*, 221ff.

möglich und damit eine Option für die Erfragung von Gottesworten.[113]

Der Datierung der Reglementierung der Ahnen- und Totenverehrung entsprechen sprachliche Beobachtungen. Die Bezeichnung von Jesaja und seinen Kindern als Zeichen und Mirakel בישׂראל weist auf die exilisch-nachexilische Zeit hin, in der die Bezeichnung für das ehemalige Nordreich zur Bezeichnung auch für das Südreich wird. „Die im vorliegenden Text von $8_{19f.}$ Angeredeten befinden sich in einer ähnlichen Lage: Unheil ist über sie hereingebrochen. Und sie nehmen ihre Zuflucht zu ähnlichen Praktiken wie das Volk von Babel; sie wenden sich an die אבות, die ידענים. Der Verfasser aber ruft sie zur Ordnung: Zauberkunst bannt die Not nicht. Nur eines kann helfen, der Weg nämlich, den Jesaja gewiesen hat; es gilt sich hinzuwenden zu תורה und תעודה."[114] Es geht in der Gegenüberstellung der Zeichen damit nicht um eine Verwerfung der kultischen Praktiken, sondern um ihre Nützlichkeit.[115]

Mit der Interpretation Jesajas und seiner Kinder als göttliche Zeichen und der Verwerfung kultischer Praktiken zur Erfragung des göttlichen Willens erhält die Prophetie Jesajas einen neuen Stellenwert. Jahwes Wille offenbart sich allein in der prophetischen Botschaft. Andere Praktiken, ihn zu erfragen, führen nicht zum Ziel. Mit der durch die Versiegelung bekräftigten und abgeschlossenen Botschaft ist dem Volk eine Erkenntnismöglichkeit gegeben, die zu nutzen es aufgefordert wird. Inhalt dieser Botschaft ist die universale Herrschaft Jahwes, die sich vor allem in seinem Geschichtswirken zeigt. Diese zu erkennen und anzunehmen, ist Inhalt wirklicher Gotteserfahrung. Damit erhalten die von Jahwe an Israel gegebenen Zeichen im Zusammenhang mit V17 eine besondere Bedeutung: „Nicht so sehr als Heils- oder Unheilszeichen sind Jesaja und seine Kinder Garanten der Hoffnung über das Gericht hinaus, sondern als Repräsentanten der Anwesenheit Jahwes in Israel."[116] Mit der Präsenz der Zeichen wird aber zugleich auch die Gültigkeit der mit ihnen verbundenen Botschaft ausgesagt. Im Gegenüber zu den anderen Zeichen stellen sie den wahren göttlichen Willen dar.[117]

---

[113] Vgl. Lewis, *Cult of the Deads*, 128–132, der den Text ins 8.Jh. v.Chr. datiert und hier einen weiteren Beleg für praktizierten Ahnenkult vorfindet, der wiederum mit den Erwähnungen in Jes 19,3; 28,15.18; 29,4 übereinstimmt.

[114] Wildberger, *Jesaja I*, 352. Im selben Sinn auch Kaiser, *Buch Jesaja I*, 194f.

[115] Vgl. Tropper, *Nekromantie*, 270–277.

[116] Barthel, *Prophetenwort*, 241.

[117] So auch Berges, *Jesaja*, 120f.: „Nicht diejenigen, die in der Totenbeschwörung

6.5.4 *Jes 8,21–23 – Der Weg in der Finsternis*

Mit Jes 8,21–23 wird die Verheißung des kommenden Herrschers in Jes 9,1–6 redaktionell angebunden und in einen neuen Kontext gesetzt. Wie sich in der Untersuchung von Jes 9,1–6[118] bereits gezeigt hat, weist Jes 8,21–23 eine zweistufige Entwicklung auf. Die literarkritische Untersuchung in *2.4.1 Textkohärenz*, 81–83, wies auf, dass Jes 8,23aα^{7}–b als erste Erweiterung von Jes 9,1–6 bereits in vorexilischer Zeit zu erwarten ist. Mit ihr setzt eine erste Historisierung der Erwartung des neuen Herrschers ein.

Die in Jes 8,23aα^{7}–b erwähnten Gebiete weisen deutlich in die Zeit der Befreiung von ehemaligen Nordreichgebieten und damit in die Zeit Josias.[119] Verbunden mit der Historisierung der Weissagung ist eine Periodisierung der Geschichte: So wie die vergangene Zeit הקל gebracht hat, so wird die kommende Zeit הכביד bringen. Die gegenwärtige Zeit ist noch von der Vergangenheit gezeichnet und steht so unter der Erwartung des kommenden Heils.

Mit Jes 8,21–23aα^{6} wird die in Jes 8,23aα^{7}–b angesprochene ‚erste Zeit' weiter ausgeführt. Bezog sich die Zeitangabe כעת הראשון in Jes 8,23aα^{7}–b auf die Zeit Josias, so wird sie nun mit dem Ausbleiben göttlicher Offenbarung in exilischer Zeit verbunden.[120]

Wie in Jes 9,1 wird hier die Lichtthematik verwendet. So, wie der kommende Herrscher als Licht bezeichnet wird, so ist die Zeit des zerstörten Landes die lichtlose (oder dunkle) Zeit, in der es keine Hoffnung auf eine Besserung gibt. Die Zerstörung des Landes weist bereits auf die exilische Phase hin.[121] In dieser Zeit irrt das Volk im Land umher (V21), da ihm offensichtlich die Orientierung genommen wurde. Gezeichnet ist das Land von Hunger und Not, die schließlich zur Klage gegen König und Gott führen.

Weisung und Lehre suchen, werden das Licht sehen, sondern nur die, die sich trotz drückender Not allein an das verschriftete Gotteswort halten."

[118] Vgl. *5. Die Grundschicht in Jes 9*, 207–246.

[119] Vgl. Emerton, *Problems*, 156; Eshel, *Isaiah VIII 23*, 106f., und Barth, *Jesaja-Worte*, 176f.; zur Konstruktion גליל הגוים vgl. Greger, „galyl der Völker", 11f.

[120] Dass Jes 8,23b aus zwei parallelen Einheiten besteht, die jeweils wiederum aus drei Elementen aufgebaut sind, zeigt Høgenhaven, *Structure*, 219f. Aus dieser Konstuktion ergibt sich ein zeitliches Schema: „[. . .] the first sentence in viii 23b looking back upon the past Assyrian occupation of the territories, and the second envisaging their future liberation" (219). Die Wiederaufnahme dieser Thematik in Deutero- und Tritojesaja zeigt Gosse, *Isaiah 8.23b*, auf.

[121] Vgl. Langer, *Gott als ‚Licht'*, 52ff., die ausführt, dass חשך als Symbol für Exil, Gefangenschaft und Unfreiheit zu verstehen ist.

Die Einordnung in die exilische Phase ist aus zwei Gründen wahrscheinlich. Zum einen ist mit der in Jes 8,23aα^7–b gegebenen Zeit Josias eine neue Blütezeit in Juda anzunehmen, die mit dem Einfall der neubabylonischen Truppen und der Zerstörung Jerusalems ihr Ende nahm. Zum anderen weisen die Motive des Herumirrens und der Dunkelheit auf die Beschreibung der exilischen Zeit hin, wie sie in Jes 42,16 zu finden ist:

> Aber die Blinden lasse ich gehen auf dem Weg ‚sie kennen nicht', und auf den Steigen ‚sie kennen nicht' führe ich sie. Ich wechsele die Finsternis vor ihrem Angesicht zu Licht und das Hügelige zur Ebene. Diese Dinge mache ich für sie und verlasse sie nicht.

Jes 42,16 berichtet über das Ende der exilischen Zeit. Jahwe wendet sich seinem Volk wieder zu und führt es auf den rechten und erleuchteten Weg zurück. Dieses ist in Jes 8,21–23 und in Jes 8,23aα^7–b zu erkennen. So beschreibt Jes 8,21–23aα^6 die auch in Jes 42,16 angesprochene Zeit, in der das Volk im Land umherirrt. In beiden Texten wird also der Wandel des Volkes auf verfinsterten Wegen ausgeführt und eine kommende Heilszeit in Aussicht gestellt, in der das Licht wieder für Israel erstrahlen wird.

Für Jes 42,16 ist festzuhalten, dass im Gegensatz zur sonstigen Verwendung der Lichtmetaphorik in Deuterojesaja sich hier das Bild der Finsternis und des aufstrahlenden Lichts auf die angesprochene Exilsgemeinde bezieht.[122] Das Bild der Glättung des Gebirges zur Ebene nimmt die in Jes 40,4 angesagte Veränderung der Topographie auf, mit der das Kommen der כבוד יהוה vorbereitet wird.

Dass die Lichtmetaphorik in Bezug auf Jahwe schon in vorexilischer Zeit gebräuchlich ist,[123] zeigt ihre Verwendung in der Untergangsansage an Assur in Jes 10,17:

> Und es wird das Licht Israels ein Feuer sein und sein Heiliger eine Flamme, und sie wird seine Dornen und Disteln entzünden und an einem Tag verzehren.

[122] Neben dieser Stelle wird die Lichtmetaphorik vor allem in den Gottesknechtsliedern (Jes 42,6; 49,6; 51,4) verwendet, in denen der Gottesknecht als אור גוים bezeichnet wird. Damit aber wird er zum Herrscher über die Völker erkoren. Diese universale Perspektive ist in Jes 8,21–23aβ^6 nicht zu erkennen (vgl. Elliger, *Deuterojesaja I*, 263–265; Baltzer, *Deutero-Jesaja*, 196f.).

[123] Zur Kehrseite der Lichtmetaphorik ‚Finsternis' und ihrer vorexilischen Verwendung vgl. Beuken, *Jesaja 1–12*, 243f.

Das Motiv des Entflammens Jahwes wird in diesem Zusammenhang als Ausdruck seiner Kriegsmächtigkeit verwendet, mit der er Israel gegen seine Bedränger schützt. Dabei wird entsprechend den Unheilsansagen in Jes 7,23–25 die Verwüstung des Landes durch das Bild der Dornen und Disteln ausgedrückt, das erstmals in Jes 5,6 als Gerichtsbild erscheint.

Der kriegerische und verwüstende Aspekt, den das Motiv im Jesajabuch ansonsten trägt, ist in Jes 8,21–23aα[6] nicht zu finden. Vielmehr wird entsprechend Jes 42,16 mit ihm das Kommen Gottes vorbereitet. Nach Jes 10,17 bringt dieses Kommen Jahwes eine kriegerische Auseinandersetzung mit sich (vgl. Jes 9,3f.). Erst im Anschluss an sie ist die Installation des neuen Königs möglich. Da dieses Element Jes 8,21–23aα[6] durch die bereits bestehende Grundschicht vorgegeben ist, ist die Arbeit der Redaktoren an dieser Stelle deutlich von zwei Seiten geprägt: Zum einen wird mit dem Kommen Jahwes ein kriegerisches Eingreifen verbunden, wie es sich in Jes 10,17 und dann auch in Jes 9,3f. zeigt, zum anderen wird die Tradition der Rückkehr Jahwes zu seinem Volk im Bild der sich zum Licht kehrenden Finsternis ähnlich der exilischen Botschaft Deuterojesajas dargestellt. Nach Jes 8,18–20 hängt die heilvolle Wendung mit der dann möglichen rechten Gotteserkenntnis zusammen. „The 'former' and the 'latter' refer to the two contrasting positions that have been noted this context. The 'former' designates the position of the mediums and sorcerers whose views lead to 'darkness' and rebellion against God (vv.20b–22). The 'latter' refers to those who rely on the torah and testimony that explain the meaning of Isaiah's signs (v.23aα)."[124]

Wie bereits oben für die Abschlussnotiz in Jes 8,16f. und die an sie anschließende Auseinandersetzung mit wahren und falschen Zeichen in Jes 8,18–20 gezeigt, so lässt sich auch Jes 8,21–23aα[6] mit der exilischen bzw. frühnachexilischen Phase als erzählte Zeit in Verbindung bringen. Die Finsternis-Licht-Thematik, die in Deuterojesaja im Zusammenhang mit der Rückwendung Jahwes zu seinem Volk gebraucht wird, wird hier in derselben Funktion verwendet. Durch die Wendung wird der Beginn der neuen Heilszeit markiert, in der

---

[124] Sweeney, *Isaiah*, 186. Im selben Sinn zuvor auch Vermeylen, *Isaiae*, 231: „Si le peuple marche aujourd'hui dans la nuit, c'est parce qu'il n'a pas recherché la vraie lumière, celle de Yahvé, mais les reflets trompeurs de la divination et de la nécromancie."

Jahwe seinem Volk nicht nur Schutz gewähren wird, sondern in der er dessen neuen Führer zum Herrscher über die Völker machen wird. Dieses Element findet sich sowohl in Jes 9,5f., als auch in der Verwendung der Lichtmetaphorik in den Gottesknechtsliedern wieder (vgl. Jes 42,6; 49,6). Dass mit Deuterojesaja Jahwe als Herr über Licht und Finsternis verstanden wird, die synonym zu Frieden und Unheil zu verstehen sind, ist aus Jes 45,6b.7 zu entnehmen.

Die breite Verwendung der Licht-Finsternis-Metaphorik für die kommende Herrschaft Jahwes über Israel in Deuterojesaja und in Jes 8,21–23aα[6] deutet auf die Nähe dieses Abschnitts zur deuterojesajanischen Theologie hin.

6.5.5 *Auf dem Weg zur kommenden Gottesherrschaft*

Die redaktionelle Anbindung der Verheißung des kommenden Herrschers in Jes 9,1–6 durch die drei Elemente: a. Abschluss der jesajanischen Botschaft, b. wahre und falsche Zeichen und c. der Weg von der Finsternis zum Licht spiegeln eine Fortentwicklung im Gedankengut über die Form der Gottesherrschaft wider, wie sie sich im bisherigen Verlauf der Untersuchung noch nicht gezeigt hat.

Der Abschluss der Botschaft nimmt das Element des sich offenbarenden Gottes auf, dessen Zuwendung für das von ihm geschützte Volk Wohlergehen bedeutet. Das Ausbleiben von Gottesworten wird mit der Abkehr Gottes von Königtum und Volk gleichgesetzt. Mit dem Warten des Propheten auf die Rückkehr Jahwes, d.h. auf die Rückkehr der Offenbarungen Gottes, wird die gegenwärtige Schutzlosigkeit des Volkes verdeutlicht. Damit verbleibt die Aussage über die Herrschaft Gottes im Rahmen der bisher festgestellten Motive der Schutzgottheit für Land und Königtum, die sich durch Worte verschiedenster Art offenbart und mit ihnen in die Realpolitik eingreift.

Eine neue Wendung erhält das Verständnis Gottes durch die Bezeichnung Jesajas und seiner Kinder als Zeichen und Mirakel und der Verwerfung der Ahnen- und Totenbefragung. Aus der Weitergabe göttlicher Zeichen und deren Interpretation durch den Propheten wird ein zusammenhängendes Gotteswort. Das heißt, die Interpretation des Propheten wird zum göttlichen Wort erhoben. Die neu gewonnene Deutung der prophetischen Wirksamkeit führt damit zur Aufwertung der Prophetie als einzig legitime Offenbarung Gottes an Volk und Königtum.

Mit der Nähe zur Botschaft Deuterojesajas wird die Kontinuität göttlicher Offenbarung betont, die exilisch-nachexilisch unter der Perspektive der heilvollen Zukunft steht. Unter diesem Aspekt wird die einst in hiskijanischer Zeit gegebene Ansage des kommenden Herrschers zur Hoffnung auf die in Deuterojesaja verkündete Wiederherstellung Judas in exilisch-nachexilischer Zeit ausgeweitet (vgl. Jes 49,7ff.[125]).

6.6 Fazit: Die Erweiterungen

Die analysierten jüngsten Ergänzungen der Denkschrift spiegeln verschiedene Phasen der Geschichte Judas wider, die zu einer Fortschreibung der Botschaft Jesajas Anlass gegeben haben.

Als erste Erweiterung hat sich die Verwüstungsansage in Jes 7,20 als Unheilsansage gegen das Nordreich Israel gezeigt, die nur aus der Zeit des 8.Jh.s v.Chr. heraus verständlich ist, d.h. aus der Zeit vor dem Untergang Samarias. Der Grund für die redaktionelle Anfügung dieses Wortes an die Zusagen des Bestandes der davidischen Dynastie und den Untergang der aramäisch-israelitischen Koalition ist ihre thematische Übereinstimmung.

Aus dem ausgehenden 7. und dem beginnenden 6.Jh. v.Chr. stammen die Verwüstungsansagen in Jes 7,18f.23–25, wobei sie unterschiedliche Intentionen aufzeigen. Jes 7,18f. führt zu einer Reinterpretation von Jes 7,14.16f., die aus dem Heils- ein Unheilsorakel werden lässt. Jes 7,23–25 spiegeln die Situation der Besetzung Judas durch die Babylonier wieder und beschreiben deren Folgen.

So zeigt sich in dieser Gruppe von Erweiterungen eine Empfehlung für den Umgang mit der babylonischen Herrschaft: Juda wird vor Koalitionen gewarnt. Ohne eine schlagkräftige Koalition aber ist eine Aufstandsbewegung wohl kaum aussichtsreich. Damit wendet sich die Redaktion gegen eine antibabylonische Haltung, die zu einer Rebellion gegen die fremde Obermacht führen könnte. Die Deportationsankündigungen Jes 6,12.13a.bα und Jes 8,11–15 sind als Ausführung der Verwüstungsansagen zu verstehen.

[125] Siehe dazu die Analyse von Kiesow, *Exodustexte*, 90f.

Über einen längeren Zeitraum eingetragen wurden die historisierenden Bearbeitungen. Die Erweiterung von Jes 7,8a.9a durch Jes 7,8b ist aus vorexilischer Zeit verständlich. Sie beschreibt aus der Perspektive des Redaktors den Untergang des Nordreichs. Dabei nimmt der Redaktor die Zeitbestimmung aus dem Gotteswort Jes 7,14.16f. auf. Er sprengt das ursprüngliche Gotteswort so auf, dass seine parallele Konstruktion verloren geht. Durch die eingetragene Unheilsansage bleibt jedoch der ursprüngliche Sinn erhalten.

Die weiteren historisierenden Bearbeitungen, die sich entweder als kompositionelle Verbindungen von Texten und damit als Chronologisierung der Texte oder als Glossierungen zeigen, sind erst nach der Abfassung des Deuteronomistischen Geschichtswerks verständlich. Ihr Ziel ist eine Synchronisierung der Denkschrift mit den in 2Kön 15ff. geschilderten Ereignissen.

Eindeutig nachexilisch sind in die Denkschrift die Heilsweissagungen Jes 6,10bβ.13bβ; 7,21f. eingefügt, die drei verschiedene Phasen dieser Zeit aufweisen. Jes 6,10bβ ist eine Heilsweissagung im Sinne Tritojesajas und spiegelt damit die frühnachexilische Zeit wieder. Jes 6,13bβ mit der Auseinandersetzung um die Frage, wer das ‚wahre' Israel ist, ist aus einem der Entstehung des Esrabuches vergleichbaren Zeitabschnitt zu verstehen. Jes 7,21f. dagegen wirbt für eine Rückkehr aus dem Exil, in dem die Qualität des Landes herausgestellt wird. Die relative Chronologie der Erweiterungen ist schwierig, da sie davon abhängig ist, zu welchem Zeitpunkt die Probleme zwischen der aus der Golah zurückkehrenden Gruppe und den im Land Verbliebenen aufgetreten sind. Dieses ist aufgrund der bis heute bekannten Texte m.E. nicht nachzuvollziehen.

Ihren literarischen Abschluss findet die Denkschrift mit der Ausgestaltung der Immanuel-Person. Abhängig von Jes 7,21f. wird in nachexilischer Zeit das Gotteswort Jes 7,14.16f. um Jes 7,15 erweitert. Aus dem vormaligen Heilsorakel wird damit ein Geburtsorakel. Das wird im Kontext mit Jes 9,1–6 zur Ankündigung eines kommenden Herrschers, der in der Lage ist, die göttliche Ordnung in der judäischen Gesellschaft umzusetzen. Ist Jes 9,1–6 ursprünglich auf einen kommenden Davididen bezogen und lässt sich der Text mit der hiskijanischen Zeit ohne Weiteres in Einklang bringen, so ist die Immanuelerweiterung als Teil einer Eschatologisierung der Hoffnung auf einen künftigen Herrscher zu verstehen.

Mit der Analyse der Immanuelerweiterung zeigt sich ein Konzept der Reinterpretation jesajanischer Texte, das sich strukturell auch auf andere Erweiterungen übertragen lässt. Dieses Konzept ist als eine Form der Eschatologisierung zu verstehen, d.h. als eine Verschiebung der Erfüllung prophetischer Botschaft in eine spätere Zeit. Diese Erfüllung der Botschaft zeigt sich nun innerhalb der Denkschrift in zweifacher Form: Entweder wird das Eintreten der angekündigten Ereignisse weiterhin erwartet, oder ein historisches Ereignis wird als Erfüllung einer bisher noch nicht erfüllten Ankündigung gedeutet.

Als Verschiebung der Erfüllung haben sich neben den zur Immanuelerweiterung gehörenden Texten die Unheilsansagen über Juda gezeigt. In der Erweiterung der Vision Jes 6 durch Jes 6,12.13a.bα ist dieses Element sehr deutlich zu sehen. Ist im 7.Jh. v.Chr. die Zerstörung des Landes, die während der Belagerung Jerusalems durch die neuassyrischen Truppen 705–701 v.Chr. geschah, die verkündete Strafe, so wird sie aufgrund der sich verändernden historischen Ereignisse um Deportationsankündigungen erweitert. Gerade die zweifache Erweiterung der Vision Jes 6 zeigt, in welch starkem Maße die historischen Ereignisse die Fortschreibung des Textes prägen und wie sich mit dem Fortgang der Ereignisse die Interpretation der Texte verändert.

Die andere Seite der Eschatologisierung weisen die historisierenden Glossen und das deutende Wort in Jes 7,8b auf. Sie zeigen an, dass mit einem bestimmten historischen Ereignis die Botschaft des Propheten erfüllt ist. Dieses wiederum hat eine zweifache Wirkung: Zum einen ist damit ein erneutes Verschieben der Erfüllungserwartung unterbunden, zum anderen dient die Historisierung zur Verifizierung der Botschaft: Was sich einmal historisch als zutreffend erwiesen hat, ist von nachfolgenden (Propheten-) Generationen nicht mehr zu bezweifeln.[126]

Unterstützt durch die Verifizierung der prophetischen Botschaft bleibt das Bild der Gottesherrschaft in den Erweiterungen konstant. Jahwes universale Herrschaft zeigt sich weiterhin in der Spannung von schützendem und strafendem Handeln, wobei die Unheilsansage gegen das Nordreich zur Strafansage gegen das Volksganze wird.

[126] Die Tradierung prophetischer Worte war von Beginn an für eine solche Weiterschreibung offen, wie Barth, *Jesaja-Worte*, 307, betont: „Hinter der Tradierung der Prophetenworte steht die Grundüberzeugung, dass diese – ob noch nicht erfüllt, gerade nicht erfüllt oder schon erfüllt – ‚als Weissagung über Israel stehen' bleiben ‚und immer neue Inhalte aus sich zu entlassen imstande' sind."

Fortgeschrieben wird diese Gerichtsbotschaft in der Wiederaufnahme der Bestands- und Schutzzusage in nachexilischer Zeit. Beeinflusst von der Heilsbotschaft Deuterojesajas findet sich in der Denkschrift mit den Erweiterungen in Jes 6,13bβ; 7,21f. die Perspektive des sich wieder dem Volk zuwendenden Gottes, die in der Erweiterung Jes 8,21–23aα[6] mittels der Licht-Finsternis-Metaphorik angekündigt wird. Weist Jes 8,17 als aus exilischer Zeit stammende redaktionelle Verbindung der Denkschrift mit der Ansage des kommenden Herrschers in Jes 9,1–6 noch das sich Verbergen Jahwes vor dem Volk auf, so verändert sich die Situation. Die begangene Schuld wird in den Heil ankündenden Erweiterungen als gesühnt angesehen und somit wendet sich Jahwe wieder seinem Volk zu. Die Zusagen Jahwes sind damit wieder in vollem Maße gültig. Eingeschlossen in die Zusagen ist auch die Bestandszusage für das davidische Königshaus. Ist die Hoffnung auf einen neuen Herrscher, der in der Lage ist, die göttliche Ordnung zu bewahren, gegeben, so wird mit der Ausgestaltung des Orakels Jes 7,14.16f. zum Geburtsorakel die Hoffnung auf einen neuen Davididen zum Ausdruck gebracht. Mit ihm wird die Gottesherrschaft in Israel an ihr Ziel kommen: Die Umsetzung der göttlichen Ordnung in einem Königtum, dem alle anderen Völker machtlos gegenüberstehen (Jes 8,9f.). Letztlich werden sie einsehen, dass sich hinter diesem König der von Gott auserwählte Weltherrscher verbirgt. Mittel der Offenbarung ist allein das prophetische Wort, neben dem andere Offenbarungsquellen in nachexilischer Zeit nicht mehr als legitim gelten.

KAPITEL 7

ZUSAMMENFASSUNG UND ERGEBNISSE

„Ich sah den Herrn sitzen auf seinem Thron . . .“ Mit diesen Worten leitet der Prophet Jesaja in Jes 6,1 seine Vision Jahwes ein und mit ihnen wurde auch diese Untersuchung der Denkschrift begonnen. Mit welch unterschiedlichen Motiven die *Herrschaft Gottes* in diesem Textabschnitt beschrieben wird, zeigte die anschließende Analyse. Dabei konnte nachgewiesen werden, dass die Gottesherrschaft das das Bewusstsein und die Verkündigung des Propheten Jesaja und des Jesajabuches prägende theologische Motiv ist.

Bereits aus der Forschungsgeschichte wurden zwei für die Form dieser Untersuchung entscheidende Voraussetzungen sichtbar: Zum einen zeigte die Darstellung der alttestamentlichen Erforschung der Gottesherrschaft im 20.Jh. n.Chr., dass sich die Vorstellung im Laufe der Jahrhunderte aufgrund der historischen Ereignisse und den aus diesen resultierenden Motiven veränderte (vgl. *1.2 Das Thema Gottesherrschaft in der alttestamentlichen Forschung des 20. Jahrhunderts*, 2–12). Zum anderen wurde anhand der Forschungsgeschichte zur Denkschrift sichtbar, dass die Denkschrift ein aus verschiedenen redaktionellen Schichten gewachsener Text ist. Der Umfang der redaktionellen Bearbeitung ist in der Forschung umstritten (vgl. *1.4 Die Denkschrift als Thema der alttestamentlichen Forschung*, 18–39), so dass die Zuordnung der Textabschnitte zu verschiedenen literarischen Schichten ein Teil dieser Untersuchung ist.

Zur Erhebung der Redaktionsstufen wurde die Denkschrift zunächst literarkritisch in Grund- und Erweiterungsschichten getrennt (vgl. *2.4 Die literarische Schichtung von Jes 6,1–9,6*, 64–83). Die Grundschichten wurden daran anschließend auf das in ihnen enthaltene Bild der *Herrschaft Gottes* hin analysiert und anschließend zeitlich eingeordnet (vgl. die Kapitel 3–5). Abschließend wurden die Erweiterungsschichten untersucht. Diese wurden anhand der in ihnen behandelten Themen zusammengefasst (vgl. *6. Die Erweiterungen*, 247–290).

Die Bilder, die das in der Denkschrift enthaltene Verständnis der Gottesherrschaft beschreiben, wurden jeweils im Anschluss an die

Textinterpretation beschrieben und werden im Folgenden abschließend zusammengestellt. Doch vor der Darstellung des theologischen Gehalts dieser Untersuchung, wird zunächst das in der Analyse aufgezeigte literarische Wachstum der Denkschrift dargeboten. Die Zusammenfassung setzt sich also aus zwei Teilen zusammen: 1. der Beschreibung der redaktionellen Gestaltung der Denkschrift, und 2. der Darstellung der Entwicklung der Vorstellungen über *Gottes Herrschaft*.

7.1 Das literarische Wachstum der Denkschrift

7.1.1 *Entwicklungslinien*

Die Untersuchung der Texte der Denkschrift hat ein literarisches Wachstum aufgezeigt, das vom 8.Jh. v.Chr. bis hinein in das 5.Jh. v.Chr. reicht. Am Anfang der Sammlung stehen drei formgeschichtlich unterschiedliche Texte, die durch redaktionelle Tätigkeit zusammengefügt wurden.

Den literaturhistorisch frühesten Zeitpunkt bilden die Prophetenworte in Jes 7,2–8a.9–14.16f.; 8,1–4.6–8 (vgl. *4. Die Grundschicht in Jes 7,1–8,15*, 125–205). Diese sind historisch mit dem syrisch-ephraimitischen Krieg in den Jahren 733/2 v.Chr. verbunden. Sie wurden redaktionell durch den historisierenden Bearbeiter in eine zeitliche Reihenfolge gebracht (vgl. *6.4 Die historisierenden Bearbeitungen*, 272–278), wobei die Redaktion Jes 8,1–8* an Jes 7,1–17* anpasst. Die Textfolge nimmt zum einen die ihr immanente Zeitstruktur auf, die sich vor allem durch die unterschiedlichen Zeitangaben bis zum Untergang der aramäisch-israelitischen Koalition zeigen (vgl. *4.2.5 Zum Zusammenhang der Gottesworte*, 200–202), und zum anderen werden die Texte mit der Eintragung von Jes 7,1 mit den Angaben des Deuteronomistischen Geschichtswerks in 2Kön 15f. synchronisiert und somit in den bekannten Ablauf der Königszeit eingeordnet.

Direkt auf diese Prophetenworte ist die Grundschicht von Jes 6,1–10bα.11 bezogen, deren Sinn vor allem in der Erklärung zu suchen ist, warum die prophetische Botschaft nicht ihr Ziel erreicht hat (vgl. *3.2 Die Gattung von Jes 6*, 115–118, und *3.3 Der Ursprung der Vision in Jes 6,1–10bα.11*, 118–122). Sie nimmt mit ihrer Unheilsansage der Zerstörung des Landes zwei Überlieferungen auf, die aufgrund der historischen Ereignisse unausgeglichen nebeneinander stehen. Bedingt durch den Abzug der Assyrer 701 v.Chr. ist die Unheilsansage des Propheten, wie sie außerhalb der Denkschrift in ihrer vollen

Intensität in Jes 5,1–7 zu finden ist, nicht bestätigt worden. Der Zeitpunkt der Zerstörung wird so in die Zukunft verschoben. Geprägt von dieser Perspektive erhalten die Prophetenworte in Jes 7,2–8a.9–14.16f.; 8,1–4.6–8 einen anderen Inhalt. Sie zeigen nur noch eine vorläufige Bewahrung an. Nicht die aramäisch-israelitische Koalition, und mit Jes 10,5–15 auch nicht das neuassyrische Heer, sondern ein anderes Heer wird sich als Gerichtsmacht Jahwes erweisen. Mit der Zusammenfügung der Vision Jes 6,1–10bα.11 und dem Bericht aus der Zeit des syrisch-ephraimitischen Krieges ist ein erster Umfang der Denkschrift gegeben. Die Grundschicht der Denkschrift ist demnach in das frühe 7.Jh. v.Chr. zu datieren.

Unabhängig von diesem Textkorpus ist zunächst die Grundschicht von Jes 9 überliefert (vgl. *5. Die Grundschicht in Jes 9*, 207–246). Sie ist nicht mehr mit der Zeit des syrisch-ephraimitischen Krieges verbunden. Für die Entwicklung der Denkschrift bleibt jedoch festzuhalten, dass Jes 9 ihr erst im 6.Jh. v.Chr. und nach der Abfassung von Jes 8,19–23aα[6] hinzugefügt wurde (vgl. *6.5 Der literarische Abschluss der Denkschrift*, 278–287). In dieser Zeit wurde die Herrscherweissagung als Hoffnung auf einen neuen Davididen verstanden.

Ihre erste Erweiterung erhielt die Denkschrift mit dem Spruch Jes 7,20, der sich als Unheilsansage gegen das Nordreich wendet und aus der Zeit des syrisch-ephraimitischen Krieges stammt (vgl. *6.1.2 Die Ansage der Verwüstung des Landes*, 248–252). Die einleitende Formel ביום ההוא deutet auf den redaktionellen Charakter der Verbindung hin. Die um Jes 7,20 angesiedelten Sprüche Jes 7,18f.21f.23–25 nehmen diese Formel in erweiterter Form auf (והיה ביום ההוא). In den ersten Teil des 7.Jh.s v.Chr. fallen ebenfalls die Glosse in Jes 7,4b und die Erweiterungen in Jes 7,8b, die das endgültige Ende Samarias verlagert. Historisch fallen Samarias Eroberung und der Untergang Damaskus' auseinander, was wiederum dem ursprünglichen Prophetenwort Jes 7,8a.9a nicht entspricht. Als Zeitangabe wird dazu die in Jes 7,16 verwendete Angabe der zweiten Kindheitsphase (das Alter von ca. 5–6 Jahren) verwendet (vgl. *6.4.2 Ziel der historisierenden Bearbeitung*, 273–276). Ebenfalls in die Zeit des 7.Jh.s v.Chr. fallen die zur Assur-Redaktion zu rechnenden Glossierungen in Jes 7,17b.20; 8,7.

Mit den Unheilsansagen in Jes 6,12.13a.bα; 7,18f. 23–25; 8,8a.11–15 hat die Denkschrift ihr vorläufiges Ende gefunden. Jes 8,11–15 weist mit dem Auftrag zum Versiegeln der Botschaft und dem Verbergen Jahwes in die exilische Zeit (vgl. *6.5.2 Jes 8,16f. – Das Ende der Worte Jahwes an Jesaja*, 278–280).

7.1.2 *Schematische Darstellung des literarischen Wachstums der Denkschrift*

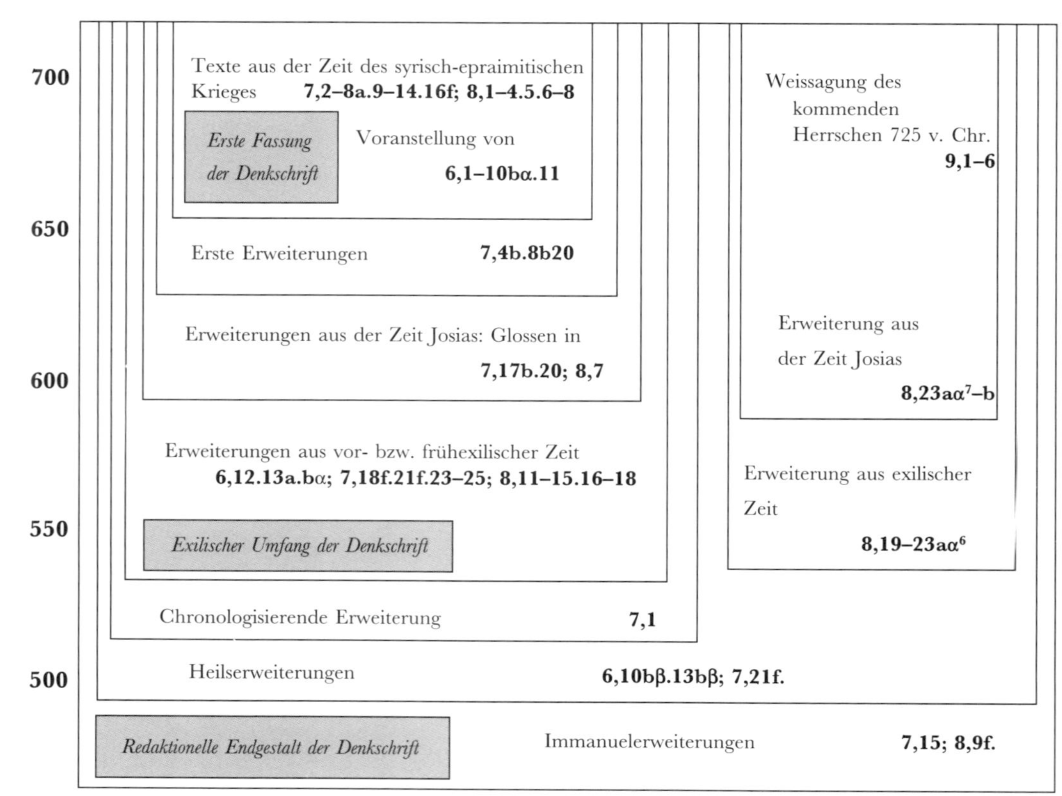

Der Auftrag zum Versiegeln der Botschaft hat die Denkschrift jedoch nicht vor weiteren Ergänzungen schützen können. In der exilisch-nachexilischen Zeit wurde die Jes 7 einleitende Erweiterungen in Jes 7,1 hinzugefügt, mit der die Denkschrift mit dem Deuteronomistischen Geschichtswerk in Übereinstimmung gebracht wurde.

Ebenfalls in diese Zeit fällt die Anbindung der Herrscherweissagung in Jes 8,23aα[7]–9,6 durch die Brückentexte Jes 8,19–23aα[6]. Mit der Anbindung von Jes 8,19–9,6 wurde die Perspektive des wiederkehrenden Heils und die Reinstitutionalisierung der davidischen Herrschaft in die Denkschrift eingetragen (vgl. *6.5.5 Auf dem Weg zur kommenden Gottesherrschaft*, 286f.). Diese Heilsperspektive hat sich in der Denkschrift dann in zweifacher Weise fortgesetzt: Zum einen werden mit ihr die in das 5.Jh. v.Chr. fallenden Erweiterungen Jes 6,10bβ.13bβ und 7,21f. ermöglicht (vgl. *6.2 Die Erweiterungen mit Heilsansagen*, 259–266), zum anderen wird nach der Abfassung von Jes 7,21f. das Immanuelorakel zu einem Geburtsorakel ausgeweitet und der Name Immanuel zum Synonym für den kommenden Herrschers erhoben. Dies zeigt sich in der Zufügung von Jes 7,15 und 8,9f. (vgl. *6.3 Die Immanuelerweiterungen*, 266–278). Mit diesen Ergänzungen erhielt die Denkschrift bis zum 5.Jh. v.Chr. ihre bis heute überlieferte Gestalt.

7.2 Die Entwicklung der Gottesherrschaft

Die Analyse der Denkschrift hat gezeigt, dass sich das theologische Bild der Gottesherrschaft auf zwei Grundelemente reduzieren lässt: die Heiligkeit Jahwes und sein Gericht an Juda. Diese beiden Elemente scheinen sich gegenseitig auszuschließen, wie es das folgende Zitat vermuten lässt: „Welchen Sinn hätte die Aussage, die Herrlichkeit JHWHs Zebaot erfülle die ganze Erde, wenn sein Volk gottgewollt und gotterzwungen verstockt bliebe?“[1]

Diese Frage drückt nicht nur die theologische Breite, die sich in der Denkschrift findet, sondern auch die Problemstellung dieser Untersuchung prägnant aus. Die Füllung der Erde mit dem כבוד Jahwes, den die Seraphen in Jes 6,3 verkünden, wird in Jes 6,4ff. offensichtlich widersprüchlich ausgeführt. Kann die Aussage der Seraphen anders verstanden werden, als dass die sich ereignende

[1] Berges, *Jesaja*, 98.

Geschichte der Erweis des כבוד Jahwes wäre? Nur wann und wie sich der Erweis des כבוד Jahwes darstellt, ist mit ihrer Aussage nicht festgelegt. Der כבוד Jahwes meint nichts anderes als Jahwes irdisches Wirken: Das, was auf Erden geschieht, geschieht nur auf seinen Willen hin und ist so als Sinn erfüllte Geschichte zu verstehen.

Die ersten Zeugnisse finden sich innerhalb der Denkschrift mit den Prophetenworten des 8.Jh.s v.Chr., in der Zeit des syrisch-ephraimitischen Krieges. Jesaja tritt während des sich abzeichnenden Krieges als Prophet auf, der Geschichte unter dem Kriterium des göttlichen Willens interpretiert (vgl. *4.3 Das Bild der Gottesherrschaft in der Grundschicht Jes 7,1–8,15*, 202–205). Mit seinen Prophetensprüchen bringt er die theologische Perspektive in die politischen Zusammenhänge seiner Zeit ein, was sich nach Jes 7 in der Außenpolitik niederschlägt. Er fordert den König auf, seine außenpolitischen Aktionen gemäß den Zusagen Jahwes auszurichten. Der Glaubensruf dient dabei zu nichts anderem, als den König an diese Zusagen zu erinnern (vgl. *4.1.2 Der Glaubensruf*, 143–155). Jahwe wird in diesem Zusammenhang als Schutzgottheit der davidischen Dynastie und deren judäischen Reiches verstanden. Dieses zeigt sich vor allem an der vom Propheten verwendeten Formel אל־תירא (Jes 7,14), die altorientalisch als Erneuerung der von Gott verliehenen Herrschaft verstanden wird und die mehrfach in Krisensituationen belegt ist (vgl. *4.1.1 Die Ankündigung des Überfalls*, 125–142). Der Sinn der Ausrichtung der Politik nach der prophetischen Botschaft ist ein zweifacher: Zum einen greift Jahwe damit direkt in das politische Geschehen ein, indem er den Propheten mit der Ausrichtung dieser Worte beauftragt, und wird damit zum bestimmenden Faktor politischer Willensbildung. Zum anderen zeigt sich Jahwe dem Herrscher und damit Juda wohlgesonnen. Im umgekehrten Fall wird er durch die Ausübung seines Zorns dem Land den Schutz und damit den historischen Fortbestand entziehen. Ohne den Schutz Jahwes aber kann Juda dem Ansturm der Großmächte nicht standhalten.

Die in Jes 7,14 an Ahas ergangene Aufforderung, nicht aktiv zu werden, sondern allein auf das Handeln Jahwes zu vertrauen, weist auf eine israelitische Tradition hin, die sich in der Aufnahme der Midian-Tradition in Jes 9,3 findet: Jahwe ist derjenige, der für seinen König und sein Land streitet, womit dem König die Aufgabe der Sicherung Gott gewollter Zustände zukommt (vgl. *5.6 Zur Herrschaft Gottes in Jes 9,1–6*, 243–246).

Mit der Perspektive der Durchsetzung dieser Zustände wird der weisheitliche Hintergrund der jesajanischen Theologie sichtbar. Die Vision in Jes 6 als frühe redaktionelle Reflektion der prophetischen Tätigkeit ist traditionsgeschichtlich von weisheitlichen Gedanken geprägt (vgl. *3.4 Die Aspekte göttlicher Herrschaft in der Grundschicht Jes 6*, 122–124). Ähnlich der ägyptischen *mꜢʿt*-Theologie wird unter judäischen Bedingungen die in vordavidischer Zeit verehrte Gottheit צדק, die durch Synkretismus zu einer speziellen Ausprägung Jahwes wurde, zur Ordnungsgröße. Der von Jahwe erwählte Herrscher wird zu demjenigen, der die Einhaltung צדק-entsprechender Zustände zu sorgen hat (vgl. *Exkurs 2: Die Jerusalemer* צדק*-Tradition*, 208–227). Sollte er versagen, wirkt sich das göttliche Gericht als Mittel zur Rekonstituierung der dieser Ordnung entsprechenden Zustände aus (vgl. Jes 1,21–26). *So verwirklicht sich Gottes Herrschaft in der Durchsetzung und Einhaltung dieser Ordnung.*

Hauptgegenstand der Jerusalemer Tempeltheologie ist die Verehrung des thronenden Gottes יהוה צבאות. Dieses zeigen zum einen die Ausstattung des Jerusalemer Tempels mit dem Kerubenthron und zum anderen das Prädikat צבאות. Der leere Kerubenthron wird als Symbol einer Königsgottheit verstanden. Diese Vorstellung stimmt mit dem Gedanken eines Ordnung gebenden und diese Ordnung durchsetzenden Gottes überein (vgl. *3.1.2 Das Gottesepitheton* צבאות, 95–99). Die Tempeltheologie bildet den religionsgeschichtlichen Hintergrund der Vision Jes 6. Ihr Ziel ist aber nicht die Darstellung des Tempelkults, sondern eine Begründung für das Scheitern der jesajanischen Botschaft. Sie vertritt die These, Jesaja hätte von Anfang an nie die Chance besessen, auf das Volk einzuwirken, da das Volk verstockt ist. Mit Verstockung wird die Unfähigkeit, צדק-entsprechend zu handeln, ausgedrückt. Dem Volk wird damit zugleich der Schutz Jahwes entzogen. Statt sein Volk und sein Königtum zu schützen wird Jahwe zu einem Gerichtsschlag ausholen, von dem es kein Entrinnen mehr gibt. Das Volk hat nicht mehr die Möglichkeit, sein Verhalten zu verändern (vgl. *3.1.4 Der Verstockungsauftrag*, 110–114).

Die Spannung zwischen dem schützenden und dem strafenden Gott kann in der Denkschrift nur festgestellt werden. Es gibt jedoch keinen textlichen Anhalt, mit dem begründet werden könnte, warum sich die Perspektive der Autoren auf das Volk in der Zeit vom syrisch-ephraimitischen Krieg über die Ansage eines kommenden Herrschers, der die göttliche Ordnung umsetzen kann, bis zur Abfassung der

Vision Jes 6 im frühen 7.Jh. v.Chr. veränderte. Die Entwicklung ist aber außerhalb der Denkschrift in dem ersten sie umgebenden redaktionellen Rahmen zu finden, in den Unheilsansagen Jes 5,1–24; 10,1–4a.

Die Unheilsansagen zeigen eine Entwicklung hin zu einer unbedingten Unheilsprophetie. Die Strafaktionen Jahwes bestehen in Zerstörung, Deportation und Tötung. Was mit dem Jahr 722 v.Chr. für das Nordreich eingetreten ist, wird auch Juda ereilen. Das in der Vision Jes 6 angesagte Unheil wird demnach als zukünftiges verstanden (vgl. *6.1.4 Zur Motivation der unheilstheologischen Redaktion*, 258f.). *Aus der Dynastie- und Schutzgottheit Jahwe, deren Herrschaft sich in der (Re)Konstitution der von ihr gegebenen Ordnung erweist, wird der aktiv strafende Gott, der seine Macht in der Zerstörung der bestehenden Zustände verwirklicht.*

Die Vision in Jes 6 nimmt dieses Bild auf, doch steht sie unter dem Eindruck, dass sich die jesajanische Gerichtsankündigung noch nicht verwirklicht hat (so die Frage Jesajas עד־מתי אדני). Erst mit dem Untergang und der Zerstörung wird sich die Situation verändern. Eine Rekonstitution צדק-entsprechender Zustände ist danach nicht mehr möglich. Mit der Verschiebung der Erfüllungserwartung tritt bereits im 7.Jh. v.Chr. eine erste ‚Eschatologisierung' der jesajanischen Botschaft ein, in dem Sinne, dass die Verifizierung weiterhin erwartet wird. Dieses schlägt sich vor allem in den redaktionellen Unheilsansagen nieder, die aus der jesajanischen Ankündigung der Landeszerstörung (vgl. vor allem Jes 5,1–7) Deportationsankündigungen werden lassen (vgl. *6.1.3 Die Deportationsankündigun*, 252–257).

Dass Deportation als Mittel göttlichen Gerichts verstanden werden kann, hängt eng mit der Fortentwicklung des Gottesbildes zusammen. Jahwe tritt in Jes 7* zunächst als Dynastie- und Schutzgott auf. In Jes 8,6–8 wird er aber bereits als ein Gott dargestellt, der aktiv in den geschichtlichen Ablauf eingreift (vgl. *4.2.3 Der Auftrag Jahwes an fremde Herrscher*, 175–177, 190–199). Dieses drückt sich in Jes 6 im Ruf der Seraphen aus, die Jahwe als קדוש bezeichnen und als Auswirkung dieser Eigenschaft die Füllung der Erde mit seinem כבוד erkennen. Eben darin erweist sich Jahwes Geschichtsmächtigkeit. Das zeigt sich vor allem in der unterschiedlichen Darstellung des Untergangs des Nordreichs Israel in Am 4,6–11 und dem Kehrversgedicht Jes 9,7–20. Während Am 4,6–11 das Bild eines zürnenden, seinen Schutz entziehenden Gottes zeichnet, versteht Jes 9,7–20 Jahwe als geschichtsmächtigen Gott, der sich fremder Herrscher bedient, um das von ihm für notwendig erachtete Gericht durchzuführen. Die Geschichte wird damit zu dem Geschehen, an dem sich der göttliche Wille ablesen lässt (vgl. *Exkurs 1: Jes 9,7–20*, 178–190). *So wird aus der Dynastie- und Schutzgottheit ein geschichtsmächtiger Gott, dessen Wille sich in den realpolitischen Ereignissen erkennen lässt.* Damit tritt der judäische Jahwe-Glaube auf ein neues Feld, auf dem vor allem Schöpfungsaussagen eine zusätzliche Bedeutung erhalten. Schöpfung wird zu einem Geschehen, das ein Mehr als der zumeist mythisch beschriebenen Chaosbeseitigung und Installierung göttlicher Ordnung umfasst. Schöpfung wird als Anfang und als Teil der Geschichte verstanden (vgl. hier vor allem die Verknüpfung von Schöpfung und geschichtlich gewirkter Erlösung in der exilischen Theologie Deuterojesajas (Jes 54,5ff.)). Der Teil der Geschichte, den die Denkschrift reflektiert, ist zunächst der Niedergang des judäischen Königtums und mit ihm auch des Landes Judas (vgl. *6.1 Die Erweiterungen mit Unheilsansagen*, 247–259).

Die nachexilische Bearbeitung der Denkschrift verändert das Bild zunächst nur in einer Richtung: Aus dem eingetretenen Unheil, das als Verifizierung der Botschaft Jesajas zu verstehen ist, wird die Ansage kommenden Heils für die nachexilische Gemeinde. Dabei wird vor allem der Wert des Landes betont, was die Erweitungen in Jes 6,10bβ.13bβ und 7,21f. zeigen. Das Volk, das in diesem Land wohnt, wird nun in der Lage sein, die göttliche Ordnung einzuhalten und damit die göttliche Herrschaft zu ihrer Vollendung zu bringen. Mit der Gabe des neuen Königs wird Jahwe dazu beitragen, dieses umzusetzen (vgl. *6.2.5 Die Heilserweiterungen als Spiegel der nachexilischen Probleme*, 265f.).

Mittels der redaktionellen Anfügung des alten Textstücks Jes 9,1–6 wird die Perspektive der jesajanischen Heilserwartung um die eines kommenden Herrschers ausgeweitet, der als erster König die göttliche Ordnung zu ihrer vollen Geltung bringen und mit seiner Weltherrschaft universal verwirklichen wird. Mit dieser Sicht gewinnt die ‚Eschatologisierung' ihren Endpunkt in der Denkschrift und endet mit der Erwartung des kommenden Herrschers (*6.5 Der literarische Abschluss der Denkschrift*, 278–287).

Nach der Anfügung der Herrscherverheißung Jes 9,1–6 und von der in ihr enthaltenen Erwartung beeinflusst, wird das Immanuelorakel des 8.Jh.s v.Chr. um Jes 7,15 erweitert (vgl. *6.3.2 Jes 7,15 – Die Ausweitung des Immanuelorakels*, 266–269). Durch diese Ergänzung wird aus dem einstmals als Zeitangabe gedachten Wort über das Lebensalter eines neugeborenen Kindes die Ansage des kommenden Herrschers, der die göttliche Ordnung umsetzen wird. Dass er als Herrscher Symbol seines Volkes und des kommenden Heils ist, zeigt vor allem die letzte Erweiterung in Jes 8,9f. (vgl. *6.3.3 Jes 8,9f. – Immanuel als Held im Kampf gegen die Völker*, 269–272), mit der Jerusalem zum uneinnehmbaren Mittelpunkt der Völkerwelt wird. *Mit dem kommenden König wird Gott seine universale Herrschaft vollenden, deren Zeichen der Schutz der Bedürftigen (Jes 14,32)*[2] *und der Weltfrieden (Jes 9,5f.) sind.*

Neben der Verschiebung der Erfüllung der Botschaft Jesajas, die durch die angeführten Redaktionselemente zum Ausdruck kommt, setzte mit der historisierenden und chronologisierenden Redaktion eine zweite Bewegung innerhalb der redaktionellen Tätigkeit an der Denkschrift ein. Ihr Ziel ist deutlich die Synchronisierung des Textes mit den in 2Kön 15ff. dargestellten Ereignissen. Dabei wird schon die Belagerung und Verheerung Judas durch die Assyrer als Teilerfüllung verstanden, was vor allem die Glossierungen in Jes 7,4b.17b.20 und 8,7 zeigen. Dass damit zwar nur ein Teil der Botschaft Jesajas erfüllt wurde, nämlich durch eine erhebliche Zerstörung des agrarischen Infrastruktur, die eine mehrjährige Belagerung durch ein feindliches Heer mit sich bringt, verifizierte die Botschaft Jesajas nur partiell. Da sich aber die Botschaft des Propheten mit der Zerstörung Jerusalems, der Verwüstung des Landes, der Deportation breiter Jerusalemer Kreise und der Tötung von vielen in Jerusalem und Juda befindlichen Menschen (vgl. hier die schreckliche Darstellung in Ez 9, die zwar die Zerstörung Jerusalems idealisiert wiedergibt, wohl aber den neubabylonischen Gepflogenheiten entspricht) bestätigt hat, ist eine weitere Verifizierung nicht von Nöten. Vielmehr geht es dem Redaktor um historische Genauigkeit (vgl. *6.4.3 Die historisierende Redaktion als Verifizierung der Botschaft*, 277f.).

Die Herrschaft Jahwes erweist sich so in der Denkschrift als seine Form des göttlichen Königtums. Jahwe ist nicht nur Herr über die Götter, sondern seine Herrschaft erstreckt sich von der Götterwelt über Juda bis zu den von anderen Göttern inthronisierten irdischen Machthabern. Mit der Herrschaft über alle Machthaber der Welt wird die Geschichte zum Zeichen des Willens Jahwes. Dass Jahwes כבוד die Erde füllt, zeigt das Allumfassende seiner Herrschaft, durch die er sich als der erweist, der er ist: der קדוש ישראל.

[2] Zur Bedeutung des Schutzes bedürftiger Menschen im Buch Jesaja vgl. Berges, *Die Armen*. Er betont die in der alttestamentlichen Theologie zunehmende Bedeutung dieser Bevölkerungsgruppe, die im historischen Verlauf verstärkt mit dem עם יהוה identifiziert wird (161). Der Anfang dieser Entwicklung ist im Jesajabuch erkennbar.

LITERATURVERZEICHNIS

Die im Folgenden verwendeten Abkürzungen richten sich nach: Siegfried Schwertner, Internationales Abkürzungsverzeichnis für Theologie und Grenzgebiete (IATG[2]), Berlin/New York [2]1992.

Text- und Bildausgaben

N. Avigad/B. Sass, Corpus of West Semitic Stamp Seals, Jerusalem 1997.

W. Beyerlin (hg.), Religionsgeschichtliches Textbuch zum Alten Testament (GAT 1) Göttingen 1975.

P. Bordreuil, Catalogue des sceaux ouest-sémitiques inscrits de la Bibliothèque Nationale, du Musée du Louvre et du Musée biblique de Bible et Terre Sainte, Paris 1987.

H. Çambel, Corpus of Hieroglyphic Luwian Inscriptions. Vol. II Karatepe-Aslantaş, The Inscriptions: Facsimile Edition, Berlin/New York 1999.

——/A. Özyar, Karatepe – Aslantaş Azatiwataya Die Bildwerke, Mainz 2003.

R. Deutsch , Messages from the Past. Hebrew Bullae from the Time of Isaiah Through the Destruction of the First Temple, Shlomo Moussaieff Collection and an Up to Date Corpus, Tel Aviv 1999.

——/A. Lemaire, Biblical Period Personal Seals in the Shlomo Moussaieff Collection, Tel Aviv 2000.

——, Biblical Period Hebrew Bullae. The Josef Chaim Kaufman Collection, Tel Aviv 2003.

H. Donner/W. Röllig, Kanaanäische und aramäische Inschriften. Band I: Texte, Band II: Kommentar; Band III: Glossar – Indizes – Tafeln, Wiesbaden 1962–1964.

E. Ebeling, Keilschrifttexte aus Assur religiösen Inhalts. Bd.1 (WVDOG XXVIII) Leipzig 1919.

A. Erman, Die Literatur der Ägypter. Gedichte, Erzählungen und Lehrbücher aus dem 3. und 2. Jahrtausend v.Chr., Leipzig 1923.

A. Falkenstein/W. von Soden, Sumerische und akkadische Hymnen und Gebete, Zürich/Stuttgart 1953.

M.H. Goshen-Gottstein (hg.), The Book of Isaiah. Vol. I/II (The Hebrew University Bible) Jerusalem 1975/1981.

H. Gressmann, Altorientalische Texte und Bilder zum Alten Testament. Erster Band: Texte, Tübingen 1909.

W.W. Hallo (hg.), The Context of Scripture. Volume I Canonical Compositions from the Biblical World, Volume II Monumental Inscription from the Biblical World, Leiden/Boston/Köln 1997/2000.

O. Kaiser (hg.), Texte aus der Umwelt des Alten Testaments (TUAT) Gütersloh 1993–1997.

L. Kataja/R. Whiting, Grants, Decrees and Gifts of the Neo-Assyrian Period (SAA XII) Helsinki 1995.

M. Lichtheim, Ancient Egyptian Literature. Volume I The Old and Middle Kingdom; Volume II The New Kingdom; Volume III The Late Period, Berkeley/Los Angeles/London 1973–1978.

A. Livingstone, Court Poetry and Literary Miscellanea (SAA III) Helsinki 1989.

D.D. Luckenbill, Annals of Sennacherib (UCOIP II) Chicago 1924.

——, Ancient Records of Assyria and Babylonia. Vol. II Historical Records from Assyria, from Sargon to the End, Chicago 1927.
R. Mattila, Legal Transactions of the Royal Court of Niniveh, Part II. Assurbanipal trough Sin-šarru-iškun (SAA XIV) Helsinki 2002.
S. Parpola, The Correspondence of Sargon II, Part I. Letters from Assyria and the West (SAA I) Helsinki 1987.
——, Assyrian Prophecies (SAA IX) Helsinki 1997.
——/K. Watanabe, Neo-Assyrian Treaties and Loyalty Oaths (SAA II) Helsinki 1988.
J.B. Pritchard, The Ancient Near Eastern in Pictures. Relating to the Old Testament, Princeton 1954.
——, The Ancient Near Eastern Texts. Relating to the Old Testament, Princeton [2]1955.
——, The Ancient Near East. Volume I, An Anthology of Texts and Pictures, Volume II, A New Anthology of Texts and Pictures Princeton [6]1973 ([1]1958)/1975.
W. v.Soden, Das Gilgamesch-Epos. Übersetzt und mit Anmerkungen versehen von Albert Schott (Reclams Universal-Bibliothek 7235) Stuttgart 1994.
I. Starr, Queries to the Sungod. Divination and Politics in Sargonid Assyria (SAA IV) Helsinki 1990.
H. Tadmor, The Inscriptions of Tiglath-Pileser III King of Assyria. Critical Edition, with Introductions, Translations and Commentary, Jerusalem 1994.

Kommentare

K. Baltzer, Deutero-Jesaja (KAT X_2) Gütersloh 1999.
A. Benzten, Jesaja. Bind I Jes. 1–39, København 1944.
W.A.M. Beuken, Isaiah (Vol. II–III) (Historical Commentary on the Old Testament) Leuven 2000.
——, Jesaja 1–12 (HThKAT) Freiburg i.Br./Basel/Wien 2003.
J. Blenkinsopp, Isaiah 1–39 (AncB 19) New York/London/Toronto/Sydney/Auckland 2000.
W. Brueggemann, Isaiah 1–39 (WBC) Louisville 1998.
B.S. Childs, Isaiah. A Commentary (OTL) Louisville 2001.
A. Deissler, Psalmen, Düsseldorf [4]1971.
F. Delitzsch, Commentar über das Buch Jesaja (Biblischer Commentar über das Alten Testament 3/1) Leipzig [4]1889.
B. Duhm, Das Buch Jesaja (HK III/1) Göttingen [4]1922.
W. Eichrodt, Der Heilige in Israel. Jesaja 1–12, Die Botschaft des Alten Testaments (Erläuterungen alttestamentlicher Schriften 17/1) Stuttgart 1960.
G. Fohrer, Das Buch Jesaja. I. Band (ZBK) Zürich/Stuttgart [2]1966.
W. Gesenius, Philologisch-kritischer und historischer Commentar über den Jesaia, Leipzig 1821.
J. Goldingay, Isaiah (NIC) Peabody 2001.
A.S. Herbert, The Book of the Prophet Isaiah. Chapters 1–39 (CNEB) Cambridge 1973.
H.-J. Hermisson, Deuterojesaja 40,1–45,7 (BK.AT XI/1) Neukirchen-Vluyn 1978.
V. Herntrich, Der Prophet Jesaja. Kapitel 1–12 (ATD 17) Göttingen 1950.
V. Heyman, Jesajas Bok. I tolkning från hebreiskan, Lund 1977.
P. Höffken, Das Buch Jesaja Kapitel 1–39 (NSK.AT 18/1) Stuttgart 1993.
E. Jacob, Esaie 1–12 (CAT 8a) Genève 1987.
S. Japhet, 2 Chronik (HThKAT) Freiburg/Basel/Wien 2003.
J. Jensen, Isaiah 1–39 (Old Testament Message 8) Wilmington 1984.
J. Jeremias, Der Prophet Amos (ATD 24/2) Göttingen 1995.

A. Jirku, Altorientalischer Kommentar zum Alten Testament, Leipzig/Erlangen 1923
O. Kaiser, Der Prophet Jesaja. Kapitel 1–12 (ATD 17) Göttingen 1960.
——, Das Buch des Propheten Jesaja. Kapitel 1–12 (ATD 17) Göttingen [5]1981.
——, Das Buch des Propheten Jesaja. Kapitel 13–39 (ATD 18) Göttingen [3]1983.
R. Kilian, Jesaja 1–39 (EdF 200) Darmstadt 1983.
——, Jesaja 1–12 (NEB.AT 17) Würzburg 1986.
E.J. Kissane, The Book of Isaiah. Vol. I (I–XXXIX), Dublin 1960.
H.-J. Kraus, Psalmen (BK.AT XV/1.2) Neukirchen-Vluyn [5]1978.
S.D. Luzzatto, Il Profeta Isaia volgarizzato e commentato ad uso degl'Israeliti, Padua 1867.
K. Marti, Das Buch Jesaja (KHC X) Tübingen 1900.
S. Mowinckel, Psalmenstudien I. Åwän und die individuellen Klagepsalmen, Kristiania 1921.
——, Psalmenstudien II. Das Thronbesteigungsfest Jahwäs und der Ursprung der Eschatologie, Kristiania 1922.
——, Psalmenstudien. Buch I–II, Amsterdam 1961.
——, Psalmenstudien. Buch III–IV, Amsterdam 1961.
M. Noth, Könige I. 1–16 (BK.AT IX/1) Neukirchen-Vluyn 1968.
J.N. Oswalt, The Book of Isaiah. Chapter 1–39 (NICOT) Grand Rapids 1986.
O. Plöger, Sprüche Salomos (Proverbia) (BK.AT XVII) Neukirchen-Vluyn 1984.
O. Procksch, Jesaja I (KAT IX) Leipzig 1930.
H. Seebass, Numeri 10,11–22,1 (BK.AT IV/2) Neukirchen-Vluyn 2002.
C.R. Seitz, Isaiah 1–66. Making Sense of the Whole, in: ders. (hg.), Reading and Preaching the Book of Isaiah, Philadelphia 1988, 105–126.
——, Isaiah 1–39. Interpretation, Louisville 1993.
M.A. Sweeney, Isaiah 1–39. With an Introduction to Prophetic Literature (FOTL XVI) Grand Rapids 1996.
J. Vermeylen, Du prophète Isaie à l'apocalyptique. Isaie, I–XXXV, miroir d'un demi-millénaire d'expérience religieuse en Israel, tome I+II, Paris 1977/8.
John D.W. Watts, Isaiah 1–33 (WBC 24) Waco 1985.
C. Westermann, Genesis 1–11 (BK.AT I/1) Neukirchen-Vluyn 1974.
——, Genesis 12–36 (BK.AT I/2) Neukirchen-Vluyn 1981.
S.H. Widyapranawa, The Lord is Saviour. Faith in National Crisis – A Commentary on the Book of Isaiah 1–39 (ITC) Grand Rapids 1990.
H. Wildberger, Jesaja. 1. Teilband Jesaja 1–12 (BK.AT X/1) Neukirchen-Vluyn 1972.
——, Jesaja. 2. Teilband Jesaja 13–27 (BK.AT X/2) Neukirchen-Vluyn 1978.
——, Jesaja. 3. Teilband Jesaja 28–39 (BK.AT X/3) Neukirchen-Vluyn 1982.
H.W. Wolff, Amos (BK.AT XIV) Neukirchen-Vluyn 1969.
E. Würthwein, Die Bücher der Könige. 1 Kön 17–2 Kön. 25 (ATD 11/2) Göttingen 1984.
——, Die Bücher der Könige. 1 Kön 1–16 (ATD 11/1) Göttingen [2]1985.
W. Zimmerli, Ezechiel 1–24 (BK.AT XIII) Neukirchen-Vluyn 1960.
——, Ezechiel 25–48 (BK.AT XIII/2) Neukirchen-Vluyn 1969.

Lexikonartikel

P.R. Ackroyd, Art. יד II, ThWAT III (1982) Sp. 425–455.
——, Art. Hand, NBL II (1995) Sp. 25–27.
B.F. Batto, Art. Zedeq (DDD[2]) Leiden 1998, 929–934.
J. v.Beckerath, Art. Königsnamen und -titel, LÄ III (1980) Sp. 540–542.
A. Caquot , Art. חלב, ThWAT II (1977) Sp. 945–951.
O. Eißfeld, Art. אדון, ThWAT I (1973) Sp. 62–78.

H.-J. Fabry, Art. כסא, ThWAT IV (1984) Sp. 247–272.
——, Art. נס, ThWAT V (1986) Sp. 468–473.
——, Art. שׂוש/שׂיש, ThWAT VII (1993) Sp. 721–729.
H. Groß, Art. משׁל, ThWAT V (1986) Sp. 73–77.
E. Jenni, Art. בחן, HAT 1 (1971) Sp. 272–275.
A. Jepsen, Art. אמן, THWAT I (1973) Sp. 313–348.
J. Jeremias, Art. Königtum Gottes, NBL II (1995) Sp. 520–522.
B. Johnson, Art. משׁפט, ThWAT V (1986) Sp. 93–107.
——, Art. צדק, ThWAT VI (1989) Sp. 898–924.
O. Kaiser, Art. חרב, ThWAT III (1982) Sp. 164–176.
——, Art. Jesaja/Jesajabuch, TRE 16 (1987) Sp. 636–658.
A.S. Kapelrud, Art. שׁן, ThWAT VIII (1995) Sp. 315–318.
D. Kellermann, Art. ירק, ThWAT III (1982) Sp. 948–954.
——, Art. עטר, ThWAT VI (1989) Sp. 21–31.
H. Kosmala, Art. גבר, ThWAT I (1973) Sp. 901–919.
S. Kreuzer, Art. Schilo, NBL III (2001) Sp. 474–476.
K. Martin, Art. Sedfest, LÄ V (1984) Sp. 782–790.
G. Mayer, Art. יכשׁ, ThWAT III (1982) Sp. 620–628.
T.N.D. Mettinger, Art. Yahwe Zebaoth (DDD[2]) Leiden 1999, 920–924.
D. Michel, Art. Deuterojesaja, TRE 8 (1981) Sp. 510–530.
J.C. De Moor, Art. בעל I., ThWAT I (1973) Sp. 706–711.
M.J. Mulder, Art. בעל III. Baal im AT, ThWAT I (1973) Sp. 718–727.
H. Niehr, Art. שׁפט, ThWAT VIII (1995) Sp. 408–428.
H.P. Müller, Art. קדשׁ, THAT II (1976) Sp. 589–610.
M. Ottosson, Art. ארץ I.2–II, ThWAT I (1973), Sp. 421–436.
H.D. Preuß, Art. מלחמה, ThWAT IV (1984) Sp. 914–926.
H. Ringgren, Art. אב, ThWAT I (1973) Sp. 1–19.
——, Art. גאל, ThWAT I (1973) Sp. 884–890.
——, Art. יקשׁ, ThWAT III (1982) Sp. 866–868.
——, Art. נטה, ThWAT V (1986) Sp. 409–415.
——, Art. קדשׁ II/2–III, ThWAT VI (1989) Sp. 1188–1201.
——, Art. ריב, ThWAT VII (1993) Sp. 495–501.
M. Sæbø, Art. אור, THAT I (1978) Sp. 84–90.
J.F.A. Sawyer, Art. ישׁע, ThWAT () Sp. 1035–1059.
J. Scharbert, Art. קלל, ThWAT VII (1993) Sp. 40–49.
H. Seebass, Art. Jesaja, NBL II (1995) Sp. 315f.
——, Art. Jesaja (Buch), NBL II (1995) Sp. 316–318.
C.R. Seitz, Art. Isaiah, Book of (First Isaiah), AncBD 3 (1992) Sp. 472–488.
H. Simian-Yofre, Art. מטה, ThWAT IV (1984) Sp. 818–826.
J.A. Soggin, Art. שׁוב, THAT II (1976) Sp. 884–891.
U. Struppe, Art. Herrlichkeit (AT), NBL II (1995) Sp. 131–133.
E. Teeter, Art. Maat, in: D.B. Redford (hg.), The Oxford Encyclopedia of Ancient Egypt, Vol. II, Oxford 2001, 319–321.
K. v.d. Toorn, Art. Sun, AncBD 6 (1992) Sp. 237–239.
M. Tsevat, Art. בחן, ThWAT I (1973) Sp. 588–592.
S. Wagner, Art. דרשׁ, ThWAT II (1977) Sp. 313–329.
C. Westermann, Art. כבד, THAT I (1971) Sp. 794–812.
A.S. van der Woude, Art. צבא, THAT II (1976) Sp. 498–507.
E. Zenger, Art. Herrschaft Gottes/Reich Gottes II. Altes Testament, TRE 15 (1986) Sp. 176–189.
H.-J. Zobel, Art. צבאות, ThWAT VI (1989) Sp. 876–892.
——, Art. שׁבט, ThWAT VII (1993) Sp. 966–974.

Weitere Literatur

M.G. Abegg Jr., 1QIsa[superscript a] and 1QIsa[superscript b]. A Rematch, in: E.D. Herbert/E. Tov (hgg.), The Bible as book. The Hebrew Bible and the Judean desert discoveries, New Castle 2002, 221–228.

P.R. Ackroyd, Isaiah I–XII. Presentation of a Prophet (VT.S 29) Leiden 1978.

——, The Biblical Interpretation of Reigns of Ahaz and Hezekiah, in: W.B. Barrik/J.R. Spencer, In the Shelter of Elyon (FS Ahlström) (JSOT.S 31) Sheffield 1984, 247–259.

M.R. Adamthwaite, Isaiah 7:16. Key to the Immanuel prophecy, RTR 59 (2000) 65–83.

Y. Aharoni/Miriam Aharoni, The Stratification of Judahite Sites in the 8th and 7th Centuries B.C.E., BASOR 224 (1976) 73–90.

G.W. Ahlström, Isaiah VI.13, JSS 19 (1974) 169–172.

——, Royal Administration and National Religion in Ancient Palestine (Studies in the History of the Ancient Near East I) Leiden 1982.

M. Albani, Der eine Gott und die himmlischen Heerscharen. Zur Begründung des Monotheismus bei Deuterojesaja im Horizont der Astralisierung des Gottesverständnis im Alten Orient (Arbeiten zur Bibel und ihrer Geschichte 1) Leipzig 2000.

R. Albertz, Religionsgeschichte Israels in alttestamentlicher Zeit, Bd.1 (GAT 8/1) Göttingen 1992.

B. Albrektson, History and the Gods. An Essay on the Idea of Historical Events as Divine Manifestation in the Ancient Near East and in Israel (CB.OT 1) Lund 1967.

A. Alt, Die Deutung der Weltgeschichte im Alten Testament, ZThK 56 (1959) 129–137.

——, Das System der Assyrischen Provinzen auf dem Boden des Reiches Israel, in: ders., Kleine Schriften zur Geschichte des Volkes Israel II, München 1959, 188–205.

——, Jesaja 8,23–9,6. Befreiungsnacht und Krönungstag, in: ders., Kleine Schriften zur Geschichte des Volkes Israel II, München 1959, 206–225.

——, Gedanken über das Königtum Jahwes, in: ders., Kleine Schriften zur Geschichte des Volkes Israel II, München 1959, 345–357.

B.W. Anderson, „God with Us" – in Judgement and in Mercy. The Editorial Structure of Isaiah 5–10(11), in: G.M. Tucker/D.L. Petersen/R.R. Wilson, Canon, Theology, and Old Testament Interpretation (FS Childs) Philadelphia 1988, 230–245.

A. Auret, Hiskia – die oorspronklike Immanuel en messias von Jesaja 7:14. 'n Bron von heil en onheil, NGTT 32 (1991) 5–18.

——, Jesaja 6:1a? meer as 'n historiese nota?, NGTT 32 (1991) 368–377.

J. Assmann, Ma'at. Gerechtigkeit und Unsterblichkeit im Alten Ägypten, München 1990.

——/B. Janowski/M. Welker, Richten und Retten in der abendländischen Tradition und ihren altorientalischen Ursprüngen (Reihe Kulte, Kulturen) München 1998.

——, Herrschaft und Heil. Politische Theologie in Altägypten, Israel und Europa, München/Wien 2000.

R. Bartelmus, Jes 7,1–7 und das Stilprinzip des Kontrastes. Syntaktisch-stilistische und traditionsgeschichtliche Anmerkungen zur ‚Immanuel-Perikope', ZAW 96 (1983) 50–66.

H. Barth, Die Jesaja-Worte in der Josia-Zeit. Israel und Assur als Thema einer produktiven Neuinterpretation der Jesajaüberlieferung (WMANT 48) Neukirchen-Vluyn 1977.

J. Barthel, Prophetenwort und Geschichte. Die Jesajaüberlieferung in Jes 6–8 und 28–31 (FAT 19) Tübingen 1997.

D. Barthélemy, Critique textuelle de l'Ancient Testament. 2. Isaïe, Jérémie, Lamentations (OBO 50/2) Fribourg/Göttingen 1986.
A.H. Barthelt, The Book around Immanuel. Style and Structure in Isaiah 2–12 (Biblical and Judaic Studies 4) Winona Lake 1996.
J. Barton, Ethics in Isaiah of Jerusalem, JThSt NS 32 (1981) 1–18.
G.K. Beale, Isaiah VI 9–13. A retributive taunt against idolatry, VT 41 (1991) 257–278.
J. Becker, Isaias – der Prophet und sein Buch (SBS 30) Stuttgart 1968.
——, Messiaserwartung im Alten Testament (SBS 83) Stuttgart 1977.
U. Becker, Jesaja – von der Botschaft zum Buch (FRLANT 178) Göttingen 1997.
——, Jesajaforschung (Jes 1–39), ThR 64 (1999) 1–37.117–152.
U. Berges, Das Buch Jesaja. Komposition und Endgestalt (HBS 16) Freiburg/Basel/Wien/Barcelona/Rom/New York 1998.
——, Die Armen im Buch Jesaja. Ein Beitrag zur Literaturgeschichte des AT, Bib. 80 (1999) 153–177.
——, Die Zionstheologie des Buches Jesaja, Estudios bíblicos 58 (2000) 167–198.
K.-H. Bernhardt, Das Problem der altorientalischen Königsideologie im Alten Testament. Unter besonderer Berücksichtigung der Geschichte der Psalmenexegese dargestellt und kritisch gewürdigt (VT.S 8) Leiden 1961.
R. Bickert, König Ahas und der Prophet Jesaja. Ein Beitrag zum Problem des syrisch-ephraimitischen Krieges, ZAW 99 (1987) 361–384.
A.J. Bjørndalen, Zur Einordnung und Funktion von Jes 7,5f., ZAW 95 (1983) 260–263.
——, Untersuchungen zur allegorischen Rede der Propheten Amos und Jesaja (BZAW 165) Berlin/New York 1986.
S.H. Blank, The current misinterpretation of Isaiah's *She'ar Yashub*, JBL 67 (1948) 211–215.
E. Blum, Jesaja und der דבר des Amos. Unzeitgemäße Überlegungen zu Jes 5,25; 9,7–20; 10,1–4, DBAT 28 (1992/93) 75–95.
——, Jesajas prophetisches Testament. Beobachtungen zu Jes 1–11 (Teil I), ZAW 108 (1996) 547–568.
——, Jesajas prophetisches Testament. Beobachtungen zu Jes 1–11 (Teil II), ZAW 109 (1997) 12–29.
H.J. Boecker, Redeformen des Rechtslebens im Alten Testament (WMANT 14) Neukirchen-Vluyn ^{2}1970.
E. Bosshard-Nepustil, Rezeptionen von Jesaja 1–39 im Zwölfprophetenbuch. Untersuchungen zur literarischen Verbindung von Prophetenbüchern in babylonischer und persischer Zeit (OBO 154) Freiburg/Göttingen 1997.
C.H.W. Brekelmans, Deuteronomistic Influence in Isaiah 1–12, in: J. Vermeylen (hg.), The Book of Isaiah (BEThL 81) 1989, 167–176.
M.Z. Brettler, God is King. Understanding an Israelite Metaphor (JSOT.S 76) Sheffield 1989.
F. Bron, Recherches sur les inscriptions phéniciennes de Karatepe (HEO 11) Genève/Paris 1979.
W.P. Brown, The So-Called Refrain in Isaiah 5:25–30 and 9:7–10:4, CBQ 52 (1990) 432–443.
W.H. Brownlee, The text of Isaiah vi 13 in the light of DSIa, VT 1 (1951) 296–298.
——, The Meaning of the Qumrân Scrolls for the Bible with Special Attention of the Book of Isaiah, New York 1964.
W. Brueggemann, Amos IV 4–13 and Israel's covenant worship, VT 15 (1965) 1–15.
H. Brunner, Das hörende Herz, ThLZ 79 (1954) 697–700.
——, Gerechtigkeit als Fundament des Thrones, VT 8 (1958) 426–428.

——, Die Weisheitsbücher der Ägypter. Lehren für das Leben, Zürich/München [2]1991.
A. Bruno, Jesaja. Eine rhythmische und textkritische Untersuchung, Stockholm 1953.
M. Buber, Königtum Gottes, Heidelberg [3]1956.
K. Budde, Über die Schranken, die Jesajas prophetischer Botschaft zu setzen sind, ZAW 41 (1923) 165–187.
——, Jesajas Erleben. Eine gemeinverständliche Auslegung der Denkschrift des Propheten (Kap. 6,1–9,6) (Bücherei der christlichen Welt 23) Gotha 1928.
——, Jes 8,6b, ZAW 44 (1926) 65–67.
——, Das Immanuelzeichen und die Ahaz-Begegnung Jesaja 7, JBL 52 (1933) 22–54.
H. Cancik, Grundzüge der hethitischen und alttestamentlichen Geschichtsschreibung (ADPV) Wiesbaden 1976.
A. Caquot/M. Sznycer, Ugaritic Religion (IoR XV, 8) Leiden 1980.
R.A. Carlson, The Anti-Assyrian Character of the Oracle in Is IX:1–6, VT 24 (1974) 130–135.
D.M. Carr, What can we say about the Tradition History of Isaiah? A Response to Christopher Seitz's *Zion's Final Destiny*, SBL.SP 31 (1992) 583–597.
——, Reaching for Unity in Isaiah, JSOT 57 (1993) 61–80.
H. Cazelles, De l'idéologie royale, The Journal of the Ancient Near Eastern Society of Columbia University 5 (1973) 59–73.
——, Jesajas kallelse och kungaritualet, SEÅ 39 (1974) 38–58.
——, Problèmes de la guerre syro-ephraimite, in: M. Haran (hg.), H.L. Ginsberg Volume (Eretz-Israel 14) Jerusalem 1978, 70*–78*.
B.S. Childs, Isaiah and the Assyrian Crisis (SBT II/1) London 1967.
D.L. Christensen, Transformation of the War Oracle in Old Testament Prophecy. Studies in the Oracles against the Nations (HDR 3) Missoula 1975.
R.E. Clements, Isaiah and the Deliverance of Jerusalem. A Study of the Interpretation of Prophecy in the Old Testament (JSOT.S 13) Sheffield 1980.
——, The Unity of the Book of Isaiah, Interp. 36 (1982) 117–129.
——, The Immanuel Prophecy of Isa. 7:10–17 and Its Messianic Interpretation, in: E. Blum (u.a. hgg.), Die hebräische Bibel und ihre zweifache Nachgeschichte (FS Rendtorff) Neukirchen-Vluyn 1990, 225–240.
R.H. O'Connell, Concentricity and Continuitiy. The Literary Structure of Isaiah (JSOT.S 188) Sheffield 1994.
E.W. Conrad, Fear Not Warrior. A Study of 'al tira' Pericopes in the Hebrew Scriptures (BJS 75) Chico 1985.
——, The Royal Narratives and the Structure of the Book of Isaiah, JSOT 41 (1988) 67–81.
A. Cooper, Ps 24:7–10: Mythology and Exegesis, JBL 102 (1983) 37–60.
J.L. Crenshaw, YHWH *Ṣĕbaʾôt Šĕmô*. A Form-Critical Analysis, ZAW 81 (1969) 156–175.
——, 'A Liturgy of Wasted Opportunity' (Am. 4:4–12; Isa. 9:7–10:4, 5:25–29), Semitics 1 (1970) 27–37.
F. Crüsemann, Studien zur Formgeschichte von Hymnus und Danklied in Israel (WMANT 32) Neukirchen-Vluyn 1969.
K. Pfisterer Darr, Isaiah's Vision and the Family of God (Literary Currents in Biblical Interpretation) Louisville 1994.
——, Ezekiel among the Critics, CR.BS 2 (1994) 9–24.
A. Davies, Double Standards in Isaiah. Re-evalutating Prophetic Ethics and Divine Justice (Biblical Interpretation Series 46) Leiden/Boston/Köln 2000.
E.W. Davies, Prophecy and Ethics. Isaiah and the Ethical Tradition of Israel (JSOT.S 16) Sheffield 1981.
J. Day, Echoes of Baal's Seven Thunders and Lightnings in Psalm XXIX and

Habakkuk III 9 and the Identity of the Seraphim in Isaiah VI, VT 29 (1979) 143–151.
——, Shear-jashub (Isaiah vii 3) and 'the Remnant of Wrath', VT 31 (1981) 76–78.
A. Dearman, The Son of Tabeel (Isaiah 7.6), in: S.B. Reid (hg.), Prophets and paradigms. Essays in honor of Gene M. Tucker (FS Tucker) (JSOT.S 229) Sheffield 1996, 33–47.
S. Deck, Die Gerichtsbotschaft Jesajas: Charakter und Begründung (FzB 67) Würzburg 1991.
W. Dietrich, Jesaja und die Politik (BEvTh 74) München 1976.
——, Jesaja – ein Heilswort, ThR 64 (1999) 324–337.
——, Gott als König. Zur Frage nach der theologischen und politischen Legitimität religiöser Begriffsbildung, in: ders., ‚Theopolitik'. Studien zur Theologie und Ethik des Alten Testaments, Neukirchen-Vluyn 2002, 58–70.
P.E. Dion, The 'Fear not' Formula and Holy War, CBQ 32 (1970) 565–570.
——, Sennacherib's Expedition to Palestine, EeT 20 (1989) 5–26.
C. Dohmen, Verstockungsvollzug und prophetische Legitimation. Literarkritische Beobachtungen zu Jes 7,1–17, BN 31 (1986) 37–56.
——, Das Immanuelzeichen. Ein jesajanisches Drohwort und seine inneralttestamentliche Rezeption, Bib. 68 (1987) 305–329.
H. Donner, Israel unter den Völkern. Die Stellung der klassischen Propheten des 8. Jahrhunderts v.Chr. zur Außenpolitik der Könige von Israel und Juda (VT.S 11) Leiden 1964.
——, „Forscht in der Schrift Jahwes und lest!" Ein Beitrag zum Verständnis der israelitischen Prophetie, ZThK 87 (1990) 285–298.
——, Adoption oder Legitimation? Erwägungen zur Adoption im Alten Testament auf dem Hintergrund der altorientalischen Rechte, in: ders., Aufsätze zum Alten Testament aus vier Jahrzehnten (BZAW 224) Berlin/New York 1994, 34–66.
——, Geschichte des Volkes Israel und seiner Nachbarn in Grundzügen, Bd.1.2 (GAT 4/1.2) Göttingen [2]1995,
M. Dunand, Nouvelle inscription phénicienne archaique, RB 39 (1930) 321–331.
W. Eichrodt, Theologie des Alten Testaments, Teil II/III Stuttgart/Göttingen 1933 ([4]1961).
O. Eißfeld, Jahwe Zebaoth (MAB II/2) Berlin 1950, 128–150 = Kleine Schriften 3, Tübingen 1966, 103–123.
J.A. Emerton, Some Linguistic and Historical Problems in Isaiah VIII.23, JSS 14 (1969) 151–175.
——, The Translation and Interpretation of Isaiah VI, 13. Interpreting the Hebrew Bible, in: ders./S.C. Reif (hgg.), Essays in honour of E.I.J. Rosentahl (FS Rosentahl) Cambridge 1982, 85–118.
——, New Light on Israelite Religion: The Implications of the Inscriptions from Kuntillet 'Ajrud, ZAW 94 (1982) 2–20.
I. Engnell, Profetia och tradition. Några synonkter på ett gammaltestamentligt centralproblem, SEÅ 12 (1947) 110–139.
——, The Call of Isaiah. An Exegetical and Comparative Study (UUÅ 4) Uppsala/Leipzig 1949.
H. Eshel, Isaiah 8:23, an historical-geographical analogy, VT 40 (1990) 105–109.
L. Eslinger, The infinitive in a finite organical perception (Isaiah vi 1–5), VT 45 (1995) 145–173.
C.A. Evans, The Text of Isaiah 6,9–10, ZAW 94 (1982) 415–418.
——, An Interpretation of Isa 8,11–15 Unemended, ZAW 97 (1985) 112f.
——, On the Unity and Parallel Structure of Isaiah, VT 38 (1988) 129–147.
——, To See and not Perceive. Isaiah 6.9–10 in Early Jewish and Christian Interpretation (JSOT.S 64) Sheffield 1989.

K.H. Fahlgren, ṣedākā nahe stehende und entgegengesetzte Begriffe im Alten Testament, Uppsala 1932.
——, haʿalma. En undersökning till Jes 7, SEÅ 4 (1939) 13–24.
R. Fey, Amos und Jesaja. Abhängigkeit und Eigenständigkeit des Jesaja (WMANT 12) Neukirchen-Vluyn 1963.
J. Fichtner, Jesaja unter den Weisen, ThLZ 78 (1953) Sp.75–80, jetzt in: ders., Gottes Weisheit. Gesammelte Studien zum Alten Testament (AzTh II,3) Stuttgart 1965, 18–26.
I. Finkelstein (hg.), Shiloh. The Archaeology of a Biblical Site (Monograph Series of the Institute of Archaeology Tel Aviv University 10) Tel Aviv 1993.
I. Fischer, Tora für Israel – Tora für die Völker. Das Konzept des Jesajabuches (SBS 164) Stuttgart 1995.
P.W. Flint, The Book of Isaiah in the Dead Sea Scrolls, in: E.D. Herbert/E. Tov (hgg.), The Bible as book. The Hebrew Bible and the Judean desert discoveries, New Castle 2002, 229–252.
G. Fohrer, Zu Jesaja 7_{14} im Zusammenhang von Jesaja 7_{10-22} (BZAW 99) Berlin/New York 1967, 167–169.
H. Frankfort, Kingship and the Gods. A Study of Ancient Near Eastern Religion as the Integration of Society and Nature, Chicago 1948, Paperback London 1978.
V. Fritz, Die Entstehung Israels im 12. und 11. Jahrhundert v.Chr. (BE 2) Stuttgart/Berlin/Köln 1996.
K. Fullerton, Isaiah's Earliest Prophecy against Ephraim, AJSL 33 (1916) 9–39.
——, The Stone of Foundation, AJSL 37 (1920/21) 1–50.
——, The Interpretation of Isaiah 8_{5-10}, JBL 43 (1924) 253–289.
——, Isaiah's Attitude in the Sennacherib Campaign, AJSL 42 (1925) 1–25.
K. Galling, Die Ausrufung des Namens als Rechtsakt in Israel, ThLZ 81 (1956) Sp. 65–70.
H. Gese, Der Davidsbund und die Zionserwählung, ZThK 61 (1964) 10–26.
——, Natus ex virgine, in: H.W. Wolff, Probleme biblischer Theologie (FS vRad) München 1971, 73–89.
H.L. Ginsberg, Isaiah and his Audience. The Structure and Meaning of Isaiah 1–12 (SSN 30) Assen/Maastricht 1991.
Y. Gitay, Isaiah and the Syro-Ephraimite War, in: J. Vermeylen, The Book of Isaiah (BEThL 81) Leuven 1989, 217–230.
——, Prophetic criticism – 'what are they doing?'. The Case of Isaiah – a methodological assessment, JSOT 96 (2001) 101–127.
G.Y. Glazow, The Bridling of the Tongue and the Opening of the Mouth in Biblical Prophecy (JSOT.S 311) Sheffield 2001.
J. Goldingay, The Compound Name in Isaiah 9:5(6), CBQ 61 (1999) 239–244.
F.J. Gonçalves, Isaie, Jérémie et la politique internationale de Juda, Bib. 76 (1995) 282–298.
M. Görg, Gott-König-Reden in Israel und Ägypten (BWANT 105) Stuttgart/Berlin/Köln/Mainz 1975.
——, Die Funktion der Serafen bei Jesaja, BN 5 (1978) 28–39.
——, Hiskija als Immanuel. Plädoyer für eine typologische Identifikation, BN 22 (1983) 107–125.
——, *Ṣb'wt* – ein Gottestitel, BN 30 (1985) 15–18.
——, Die Beziehungen zwischen dem Alten Israel und Ägypten. Von den Anfängen bis zum Exil (EdF 290) Darmstadt 1997.
——, Gott als König. Die Bedeutung einer komplexen Metapher für das Gottesverständnis in den Psalmen, in: H. Irsigler (hg.), Mythisches in biblischer Bildsprache. Gestalt und Verwandlung in Prophetie und Psalmen (QD 209) Freiburg/Basel/Wien 2004, 64–102.

B. Gosse, Isaiah 8.23b and the Three Great Parts of the Book of Isaiah, JSOT 70 (1996) 57–62.
——, L'etablissment du droit (mšpt) et da la justice (sdqh), et les relations entre les rédactions d'ensemble des livres d'Isaie et des Proverbes, SJOT 14 (2000) 275–292.
N.K. Gottwald, Immanuel as the Prophet's Son, VT 8 (1958) 36–47.
S. Grätz, Der strafende Wettergott. Erwägungen zur Traditionsgeschichte des Adad-Fluchs im Alten Orient und im Alten Testament (BBB 114) Bodenheim 1998.
A.K. Grayson/W.G. Lambert, Akkadian Prophecies, JCS 18 (1964) 7–30.
J.C. Greenfield, The Zakir Inscription and the *Danklied*, in: Pinchas Peli (hg.), Proceedings of the Fifth World Congress of Jewish Studies, Jerusalem 1969, 174–191.
B. Greger, Das "galyl der Völker" – Jes 8,23, BN 51 (1990) 11f.
K. Gross, Menschenhand und Gotteshand in Antike und Christentum, Stuttgart 1985.
W. Gross, Israel und die Völker. Die Krise des YHWH-Volk-Konzepts im Jesajabuch, in: E. Zenger (hg.), Der Neue Bund im Alten. Studien zur Bundestheologie der beiden Testamente (QD 146) Freiburg 1993, 149–167.
A.H.J. Gunneweg, Mündliche und schriftliche Tradition der vorexilischen Prophetenbücher als Problem der neueren Prophetenforschung (FRLANT 73) Göttingen 1959.
——, Sinaibund und Davidbund, VT 10 (1960) 335–341.
——, Heils- und Unheilsverkündigung in Jes VII, VT 15 (1965) 27–34.
——, Biblische Theologie des Alten Testaments. Eine Religionsgeschichte Israels in biblisch-theologischer Sicht, Stuttgart/Berlin/Köln 1993.
E. Haag, Das Immanuelzeichen in Jesaja 7, TThZ 100 (1991) 3–22.
W.W. Hallo, Akkadian Apokalypses, IEJ 16 (1966) 231–242.
E. Hammershaimb, The Immanuel Sign, DTT 8 (1945) 223–244, auch in: StTh 4 (1949) 124–142.
C. Hardmeier, Gesichtspunkte pragmatischer Erzähltextanalyse. „Glaubt ihr nicht, so bleibt ihr nicht" – ein Glaubensappell an schwankende Anhänger Jesajas, WuD 15 (1979) 33–54.
——, Jesajas Verkündigungsabsicht und Jahwes Verstockungsauftrag in Jes 6, in: J. Jeremias/L. Perlitt, Die Botschaft und die Boten (FS Wolff) Neukirchen-Vluyn 1981, 235–251.
——, Jesajaforschung im Umbruch, VF 31 (1986) 3–31.
——, Prophetie im Streit vor dem Untergang Judas. Erzählkommunikative Studien zur Entstehungssituation der Jesaja- und Jeremiaerzählungen in IIReg 18–20 und Jer 37–40, (BZAW 187) Berlin/New York 1990.
F. Hartenstein, Die Unzugänglichkeit Gottes im Heiligtum. Jesaja 6 und der Wohnort JHWHs in der Jerusalemer Kulttradition (WMANT 75) Neukirchen-Vluyn 1997.
——, Wolkendunkel und Himmelfeste. Zur Genese und Kosmologie der Vorstellung des himmlischen Heiligtums JHWHs, in: B. Janowski/B. Ego, Das biblische Weltbild und seine altorientalischen Kontexte (FAT 32) Tübingen 2001, 125–180.
——, JHWH und der ‚Schreckensglanz' Assurs (Jesaja 8,6–8). Traditions- und religionsgeschichtliche Beobachtungen zur ‚Denkschrift' Jesaja 6–8*, in: ders./J. Krispenz/A. Schart, Schriftprophetie (FS Jeremias) Neukirchen-Vluyn 2004, 83–102.
——, Tempelgründung als ‚fremdes Werk'. Beobachtungen zum ‚Ecksteinwort' Jesaja 28,16–17, in: M. Witte (hg.), Gott und Mensch im Dialog, Band 1 (FS Kaiser) (BZAW 345/I) Berlin/New York 2004, 491–516.
B. Harvey, On seeing. Isaiah 6,1–12, RExp 97 (2000) 97–104.
J. Hausmann, Israels Rest. Studien zum Selbstverständnis der nachexilischen Gemeinde (BWANT 124) Stuttgart 1987.
J.H. Hayes, The Tradition of Zion's Inviolability, JBL 82 (1963) 419–426.
G. Hentschel, Gott, König und Tempel. Beobachtungen zu 2 Sam 7,1–17 (EthS 22) Leipzig 1992.

H.-J. Hermisson, Zukunftserwartung und Gegenwartskritik in der Verkündigung Jesajas, in: ders., Studien zu Prophetie und Weisheit. Gesammelte Aufsätze (FAT 23) Tübingen 1998, 81–104.
S. Herrmann, Prophetie in Israel und Ägypten. Recht und Grenze eines Vergleichs, in: ders., Geschichte und Prophetie. Kleine Schriften zum Alten Testament (BWANT 157) Stuttgart 2002, 173–189.
F. Hesse, Das Verstockungsproblem im Alten Testament. Eine frömmigkeitsgeschichtliche Untersuchung (BZAW 74) Berlin 1955.
C.E. L'Heureux, The Redactional History of Isaiah 5.1–10.4, in: W. Boyd Barrick/John R. Spencer (hgg.), In the Shelter of Elyon (FS Ahlström) (JSOT.S 31) Sheffield 1984, 99–119.
T. Hirth, Überlegungen zu den Serafim, BN 77 (1995) 17–19.
P. Höffken, Notizen zum Textcharakter von Jesaja, ThZ 36 (1980) 321–337.
——, Grundfragen von Jesaja 7,1–17 im Spiegel neuerer Literatur, BZ 33 (1989) 25–42.
——, Jesaja. Der Stand der theologischen Diskussion, Darmstadt 2004.
H.W. Hoffmann, Die Intention der Verkündigung Jesajas (BZAW 136) Berlin 1974.
J. Høgenhaven, On the Structure and Meaning of Isaiah VIII 23b, VT 37 (1987) 218–220.
——, Gott und Volk bei Jesaja. Eine Untersuchung zur biblischen Theologie (AThD XXIV) Leiden/New York/København/Köln 1988.
——, Die symbolischen Namen in Jesaja 7 und 8 im Rahmen der sogenannten „Denkschrift" des Propheten, in: J. Vermeylen, The Book of Isaiah – Le Livre d'Isaie. Les Oracles et leurs relectures unité et complexité de l'ouvrage (BEThL LXXXI) Leuven 1989, 231–235.
——, The prophet Isaiah and Judaean foreign policy under Ahaz and Hezekiah, JNES 49 (1990) 351–354.
J.S. Holladay Jr., Assyrian Statecraft and the Prophets of Israel, HTR 63 (1970) 29–51.
W.L. Holladay, Isaiah. Scroll of a Prophetic Heritage, Grand Rapids 1981.
E. Hornung, Komposite Gottheiten in der ägyptischen Ikonographie, in: C. Uehlinger (hg.), Images as media. Sources for the cultural history of the Near East and the Eastern Mediterranean (Ist millennium BCE) (OBO 175) Fribourg/Göttingen 2000, 1–20.
——/O. Keel (hgg.), Studien zu altägyptischen Lebenslehren (OBO 28) Fribourg/Göttingen 1979.
W. Horowitz, Mesopotamien Cosmic Geographic, Winona Lake 1998.
P.R. House, Isaiah's Call and Its Context in Isaiah 1–6, Criswell Theological Review 6 (1993) 207–222.
F. Huber, Jahwe, Juda und die anderen Völker beim Propheten Jesaja (BZAW 137) Berlin/New York 1976.
F.D. Hubmann, Randbemerkungen zu Jes 7,1–17, BN 26 (1985) 27–46.
H.B. Huffmon, A Company of Prophets: Mari, Assyria, Israel, in: M. Nissinen (hg.), Prophecy in Its Ancient Near Eastern Context. Mesopotamian, Biblical, and Arabian Perspectives (SBL.SS 13) Atlanta 2000, 47–70.
P. Humbert, Mahēr Šalāl Hāš Baz, ZAW 50 (1932) 90–92.
V. Hurowitz, Isaiah's Impure Lips and Their Purification in Light of Accadian Sources, HUCA 60 (1989) 39–89.
H. Irsigler, Zeichen und Bezeichnetes in Jes 7,1–17. Notizen zum Immanueltext, BN 29 (1985) 75–114.
——, Gott als König in Berufung und Verkündigung Jesajas, in: F.V. Reiterer (hg.), Ein Gott – eine Offenbarung. Beiträge zur biblischen Exegese, Theologie und Spiritualität (FS Füglister) Würzburg 1991, 155–197.
S.A. Irvine, Isaiah, Ahaz and the Syro-Ephraimitic Crisis (SBL.DS 123) Atlanta 1990.

——, The Isaianic *Denkschrift*: Reconsidering an Old Hypothesis, ZAW 104 (1992) 216–231.
——, Isaiah's *She'ar-Yashub* and the Davidic House, BZ 37 (1993) 78–88.
B. Janowski, Das Königtum Gottes in den Psalmen. Bemerkungen zu einem neuen Gesamtentwurf, ZThK 86 (1989) 389–454.
——, Keruben und Zion. Thesen zur Entstehung der Ziontradition. In: D.R. Daniels/U. Gleßmer/M. Rösel (hgg.), Ernten, was man sät (FS Koch) 1991, 231–264.
——, JHWH und der Sonnengott. Aspekte der Solarisierung JHWHs in vorexilischer Zeit, in: ders., Die rettende Gerechtigkeit. Beiträge zur Theologie des Alten Testaments 2, Neukirchen-Vluyn 1999, 192–219.
——, Die heilige Wohnung des Höchsten. Kosmologische Implikationen der Jerusalemer Tempeltheologie, in: O. Keel/E. Zenger (hgg.), Gottesstadt und Gottesgarten. Zu Geschichte und Theologie des Jerusalemer Tempels (QD 191) Freiburg/Basel/Wien 2002, 24–68.
D. Janthial, L'oracle de Nathan et l'unité du livre d'Isaïe (BZAW 343) Berlin/New York 2004.
E. Jenni, Jesajas Berufung in der neueren Forschung, ThZ 15 (1959) 321–339.
H. Jensen, Old Testament and Literature, SJOT 7 (1993) 3–87.
J. Jensen, The Use of *tôrâ* by Isaiah. His Debate with the Wisdom Tradition (CBQ.MS 3) Washington 1973.
——, The Age of Immanuel, CBQ 41 (1979) 220–239.
K. Jeppesen, Call and Frustration. A New Understanding of Isaiah viii 21–22, VT 32 (1982) 145–157.
——, The Cornerstone (Isa. 28:16) in Deutero-Isaianic Rereading of the Message of Isaiah, StTh 38 (1984) 93–99.
A. Jepsen, צדק und צדקה im Alten Testament, in: H. Graf Reventlow (hg.), Gottes Wort und Gottes Land, Göttingen 1965, 78–89.
——, Die Nebiah in Jes 8,3, ZAW 72 (1960) 267f.
J. Jeremias, Theophanie. Die Geschichte einer alttestamentlichen Gattung (WMANT 10) Neukirchen-Vluyn [2]1977.
——, Lade und Zion. Zur Entstehung der Zionstradition (PBT) München 1971, 183–198.
——, Das Königtum Gottes in den Psalmen. Israels Begegnung mit dem kanaanäischen Mythos in den Jahwe-König-Psalmen (FRLANT 141) Göttingen 1987.
——, „Zwei Jahre vor dem Erdbeben" (Am 1,1), in: P. Mommer/W. Thiel, Altes Testament – Forschung und Wirkung (FS Reventlow) Frankfurt a.M./Berlin/Bern/New York/Paris/Wien 1994, 15–31.
A. Jirku, Zu "Eilebeute" in Jes 8,1.3, ThLZ 75 (1950) 118
K.R. Joines, Winged Serpents in Isaiah's Inaugural Vision, JBL 86 (1967) 410–415.
——, Serpent Symbolism in the Old Testament, Haddonfield 1974.
B.C. Jones, Isaiah 8.11 and Isaiah's Vision of Yahweh, in: M.P. Graham/W.P. Brown/J.K. Kuan (hgg.), History and Interpretation (FS Hayes) (JSOT.S 173) Sheffield 1993, 145–159.
J. Joosten, La prosopopée, les pseudo-citations et la vocation d'Isaie (Is 6,9–10), Bib. 82 (2001) 232–243.
H.-W. Jüngling, Das Buch Jesaja, in: Erich Zenger, Einleitung in das Alte Testament (KStTh 1,1) Stuttgart/Berlin/Köln [3]1998, 381–404.
O. Kaiser, Literarkritik und Tendenzkritik. Überlegungen zur Methode der Jesajaexegese, in: J. Vermeylen (hg.), The Book of Isaiah (BEThL 81) Leuven 1989, 55–71.
M. O'Kane, Isaiah. A Prophet in the Footsteps of Mose, JSOT 69 (1996) 29–51.
M. Kaplan, Isaiah 6:1–11, JBL 45 (1926) 251–259.
J.W. McKay, The interpretation of Isaiah vii 14–25, VT 17 (1967) 208–219.

——, Religion in Judah under the Assyrians. 732–609 BC (SBT II, 26) London 1973.
O. Keel, Die Welt der altorientalischen Bildsymbolik und das Alte Testament. Am Beispiel der Psalmen, Zürich/Einsiedeln/Köln/Neukirchen-Vluyn [2]1977.
——, Jahwe-Vision und Siegelkunst. Eine neue Deutung der Majestätsschilderungen in Jes 6, Ez 1 und 10 und Sach 4 (SBS 84/85) Stuttgart 1977.
——/C. Uehlinger, Göttinnen, Götter und Gottessymbole. Neue Erkenntnisse zur Religionsgeschichte Kanaans und Israels aufgrund bislang unerschlossener ikonographischer Quellen (QD 134) Freiburg 1992.
——,/C. Uehlinger, Jahwe und die Sonnengottheit von Jerusalem, in W. Dietrich/M.A. Klopfstein (hgg.), Ein Gott allein? JHWH-Verehrung und biblischer Monotheismus im Kontext der israelitischen und altorientalischen Religionsgeschichte (OBO 139) Freiburg/Göttingen 1994, 269–306.
——, „Das Land der Kanaanäer mit der Seele suchend“, ThZ 57 (2001) 245–261.
——, Der salomonische Tempelweihspruch. Beobachtungen zum religionsgeschichtlichen Kontext des Ersten Jerusalemer Tempels, in: O. Keel/E. Zenger (hgg.), Gottesstadt und Gottesgarten. Zu Geschichte und Theologie des Jerusalemer Tempels (QD 191) Freiburg/Basel/Wien 2002, 9–23.
E. Kellenberger, Heil und Verstockung. Zu Jes 6,9f. bei Jesaja und im Neuen Testament, ThZ 48 (1992) 268–275.
R. Kessler, Staat und Gesellschaft im vorexilischen Juda. Vom 8. Jahrhundert bis zum Exil (VT.S 47) Leiden 1992.
A.F. Key, The Magical Background of Isaiah 6:9–13, JBL 86 (1967) 198–204.
K. Kiesow, Exodustexte im Jesajabuch. Literarkritische und motivgeschichtliche Analysen (OBO 24) Fribourg/Göttingen 1979.
R. Kilian, Die prophetischen Berufungsberichte, in: J. Ratzinger (hg.), Theologie im Wandel, Freiburg 1967, 356–376.
——, Die Verheißung Immanuels Jes 7,14 (SBS 35) Stuttgart 1968.
——, Der Verstockungsauftrag Jesajas, in: H.-J. Fabry, Bausteine Biblischer Theologie (FS Botterweck) (BBB 50) Köln/Bonn 1977, 209–225.
H. Klein, Freude an Rezin. Ein Versuch, mit dem Text Jes. viii 6 ohne Konjektur auszukommen, VT 30 (1980) 229–234.
M. Klingbeil, Yahweh Fighting from Heaven. God as Warrior and as God of Heaven in the Hebrew Psalter and Ancient Near Eastern Iconography (OBO 169) Freiburg/Göttingen 1999.
R.P. Knirim, The vocation of Isaiah, VT 18 (1968) 47–68.
——, Old Testament Form Criticism Reconsidered, Int 27 (1973) 435–468.
K. Koch, Geschichte der ägyptischen Religion. Von den Pyramiden bis zu den Mysterien der Isis, Stuttgart/Berlin/Köln 1993.
L. Köhler, Theologie des Alten Testaments, Tübingen 1936 ([3]1953).
——, Zum Verständnis von Jes 7,14, ZAW 67 (1955) 48–50.
S. Kreuzer, Der lebendige Gott. Bedeutung, Herkunft und Entwicklung einer alttestamentlichen Gottesbezeichnung (BWANT 116) Stuttgart/Berlin/Köln 1983.
——, Die Frühgeschichte Israels in Bekenntnis und Verkündigung des Alten Testaments (BZAW 178) Berlin/New York 1989.
——, Gottesherrschaft als Grundthema der alttestamentlichen Theologie, in: ders./K. Lüthi (hgg.), Zur Aktualität des Alten Testaments (FS Sauer) Frankfurt a.M/Bern/New York/Paris 1992, 57–72.
——, Die Verbindung von Gottesherrschaft und Königtum Gottes im Alten Testament, in: John A. Emerton (Ed.), Congress Volume Paris 1992 (VT.S 61) Leiden 1995, 145–161.
——, Die Religion der Aramäer auf dem Hintergrund der frühen aramäischen Staaten, in: P.W. Haider/M. Hutter/ders. (hgg.), Religionsgeschichte Syriens. Von der Frühzeit bis zur Gegenwart, Stuttgart/Berlin/Köln 1996, 101–115.

——, Die Mächtigkeitsformel im Deuteronomium. Gestaltung, Vorgeschichte und Entwicklung, ZAW 109 (1997) 188–207.

H.A.J. Kruger, Infant Negotiator? God's Ironical Strategy for Peace. A perspective on Child-figures in Isaiah 7–11, with special reference to the Royal Figure in Isaiah 9:5–6, Scriptura 44 (1993) 66–88.

P.A. Kruger, Another Look at Isa 9:7–20, JNWSL 15 (1989) 127–141.

E. Kutsch, Die Dynastie von Gottes Gnaden. Probleme der Nathanweissagung in 2. Sam 7, ZThK 58 (1961) 339–352.

A. Laato, Hezekiah and the Assyrian Crisis in 701 B.C., SJOT 2 (1987) 49–86.

——, Who is Immanuel? The Rise and the Foundering of Isaiah's Messianic Expectations, Åbo 1988.

——, Immanuel – Who is with us? – Hezekiah or Messiah?, in: M. Augustin/K.-D. Schunck, "Wünschet Jerusalem Frieden" (BEAT 13) Frankfurt a.M. u.a. 1988, 313–322.

——, "About Zion I will be silent". The Book of Isaiah as an Ideological Unity (CB.OT 44) Stockholm 1998.

A. Labahn, Die Erwählung Israels in exilischer und nachexilischer Zeit, EThL 75 (1999) 395–406.

F. Landy, Vision and Voice in Isaiah, JSOT 88 (2000) 19–36.

——, Strategies of concentration and diffusion in Isaiah 6, in: ders., Beauty and the enigma. And other essays on the Hebrew Bible (JSOT.S 312) Sheffield 2001, 298–327.

A. Lange, Vom prophetischen Wort zur prophetischen Tradition. Studien zur Traditions- und Redaktionsgeschichte innerprophetischer Konflikte in der Hebräischen Bibel (FAT 34) Tübingen 2002.

B. Langer, Gott als ‚Licht' in Israel und Mesopotamien. Eine Studie zu Jes 60,1–3.19f. (ÖBS 7) Klosterneuburg 1989.

C. Lattey, „Did God Harden the Heart of Israel (Isaiah 6:10)?", Scr 3 (1948) 48–50.

J.L. McLaughlin, Their Hearts *Were* Hardened. The Use of Isaiah 6,9–10 in the Book of Isaiah, Bib. 75 (1994) 1–25.

T.L. Leclerc, Yahweh is exalted in justice. Solidarity and conflict in Isaiah, Minneapolis 2001.

A. Lemaire, Prophètes et rois dans les inscriptions ouest-sémitiques (IXe–VIe siècle av. J.-C.), in: ders. (hg.), Prophètes et rois. Bible et Proche-Orient (Lectio Divina hors série) Paris 2001, 85–115.

É. Lipinski, Études sur des Textes ‚messianiques' de l'Ancien Testament, Semitica 20 (1970) 41–57.

T. Lescow, Das Geburtsmotiv in den messianischen Weissagungen bei Jesaja und Micha, ZAW 79 (1967) 172–207.

——, Jesajas Denkschrift aus der Zeit des syrisch-ephraimitischen Krieges, ZAW 85 (1973) 315–331.

T.J. Lewis, Cults of the Dead in Ancient Israel and Ugarit (HMS 39) Atlanta 1989.

M. Lichtheim, Maat in Egyptian. Autobiographies and Related Studies (OBO 120) Fribourg/Göttingen 1992.

L.J. Liebreich, The Position of Chapter Six in the Book of Isaiah, HUCA 25 (1954) 37–40.

——, The Compilation of the Book of Isaiah. I, JQR 46 (1955/56) 259–277.

——, The Compilation of the Book of Isaiah. II, JQR 47 (1956/57) 114–138.

J. Lindblom, Der Eckstein in Jes 28.16, in: A. Kapelrud, Interpretationes ad Vetus Testamentum (FS Mowinckel) Oslo 1955, 123–132.

——, A Study of the Immanuel Section in Isaiah (Isa. vii,1–ix6) (SMHVL 4) Lund 1957/58.

H. Liss, Undisclosed speech. Patterns of communication in the book of Isaiah, Journal of Hebrew Scrpitures 4 (2002/03) 1–51.

——, Die unerhörte Prophetie. Kommunikative Strukturen prophetischer Rede im Buch Yesha'yahu (Arbeiten zur Bibel und ihrer Geschichte 14), Leipzig 2003.
R. Liwak, Die Rettung Jerusalems im Jahr 701 v.Chr. Zum Verhältnis und Verständnis historischer und theologischer Aussagen, ZThK 83 (1986) 137–166.
N. Lohfink, Isaias 8,12–14, BZ 7 (1963) 98–104.
——, Der Begriff des Gottesreichs vom Alten Testament her gesehen, in: J. Schreiner (hg.), Unterwegs zur Kirche. Alttestamentliche Konzeptionen (QD 110) Freiburg 1987, 33–86.
B.L. Long, Prophetic Call Traditions and Reports of Visions, ZAW 84 (1972) 494–500.
——, Reports of Visions Among the Prophets, JBL 95 (1976) 353–365.
O. Loretz, Die *twrh*-Stellen in Jesaja I, UF 8 (1976) 450f.
——, Die Königspsalmen. Die altorientalisch-kanaanäische Königstradition in jüdischer Sicht, Teil I Ps 20, 21, 72, 101 und 144 (UBL 6) Münster 1988.
——, Ugarit-Texte und Thronbesteigungspsalmen. Die Metamorphose des Regenspenders Baal-Jahwe (Ps 24,7–10; 47; 93; 95–100 sowie Ps 77,17–20; 114), erweiterte Neuauflage von „Psalm 29. Kanaanäische El- und Baaltraditionen in jüdischer Sicht" (UBL2.1984) (UBL 7) Münster 1988.
H.-M. Lutz, Jahwe, Jerusalem und die Völker. Zur Vorgeschichte von Sach 12,1–8 und 14,1–5 (WMANT 27) Neukirchen-Vluyn 1968.
W. Ma, Until the spirit comes. The spirit of God in the Book of Isaiah (JSOT.S 271) Sheffield 1999.
A. Malamat, History of Biblical Israel. Major Problems and Minor Issues (Culture and History of the Ancient Near East 7) Leiden/Boston/Köln 2001.
K. Marti, Der jesajanische Kern in Jes 6,1–9,6, in: ders., Beiträge zur alttestamentlichen Wissenschaft (FS Budde) (BZAW 34) Gießen 1920, 113–212.
B. Meissner, Babylonien und Assyrien. Band 2 (Kulturgeschichtliche Bibliothek 4) Heidelberg 1925.
Roy F. Melugin, Figurative Speech and the Reading of Isaiah as Scripture, in: ders./M.A. Sweeney (hgg.), New Visions of Isaiah (JSOT.S 214) Sheffield 1996.
——, Reading the Book of Isaiah as Christian Scripture, SBL.SP 35 (1996) 188–203.
G.W. Menzies, To What Does Faith Lead? The Two-Stranded Textual Tradition Of Isaiah 7.9b, JSOT 80 (1998) 111–128.
Z. Meshel, Was There a 'Via Maris'?, IEJ 23 (1973) 162–166.
T.N.D. Mettinger, King and Messiah. The Civil and Sacral Legitimation of the Israelite Kings (CB.OT 8) Lund 1976.
——, Härskarornas Gud, SEÅ 44 (1979) 7–21.
——, The Dethronement of Sabaoth. Studies in the Shem and Kabod theologies (CB.OT 18) Lund 1982.
——, In Search of God. The Meaning and Message of the Everlasting Names, Philadelphia 1988.
——, The Riddle of Resurrection. "Dying and Rising Gods" in the Ancient Near East (CB.OT 50) Stockholm 2001.
M. Metzger, Königsthron und Gottesthron. Thronformen und Throndarstellungen in Ägypten und im Vorderen Orient im dritten und zweiten Jahrtausend vor Christus und deren Bedeutung für das Verständnis von Aussagen über den Thron im Alten Testament (AOAT 15) Neukirchen-Vluyn 1985.
——, Jahwe, der Kerubenthroner, die von Keruben flankierte Palmette und Sphingenthrone aus dem Libanon, in: I. Kottsieper (u.a. hgg.), „Wer ist wie du, HERR, unter den Göttern?". Studien zur Theologie und Religionsgeschichte Israels (FS Kaiser) Göttingen 1994, 75–90.
W. Metzger, Der Horizont der Gnade in der Berufungsvision Jesajas. Kritische Bedenken zum masoretischen Text von Jesaja 6,13, ZAW 93 (1981) 281–284.

M. v.d. Mierop, A History of the Ancient Near East. Ca. 3000–323 B.C. (Blackwell history of the ancient world 1) Oxford 2004.
J. Milgrom, Did Isaiah prophecy during the Reign of Uzziah?, VT 14 (1964) 164–182.
P.D. Miscall, Isaiah. The labyrinth of images, Semeia 54 (1991) 103–121.
B. Mogensen, ṣ^c^dāqā in the Scandinavian and German Research Traditions, in: K. Jeppesen/B. Otzen, The Productions of Time. Tradition History in Old Testament Scholarship, Sheffield 1984, 67–80.
S. Mowinckel, Jesaja. En Bibelstudiebok, Oslo 1925.
——, Jesaja-Disiplene. Profetien fra Jesaja til Jeremia, Oslo 1926.
——, Die Komposition des Jesajabuches Kap. 1–39, AcOr 11 (1933) 267–292.
——, Han som kommer. Messiasforventningen i Det gamle Testament of på Jesu tid, København 1951.
S. Morenz, „Eilebeute", ThLZ 74 (1949) Sp. 697–699.
J. Muilenburg, Form Cirticism and Beyond, JBL 88 (1969) 1–18.
——, The Linguistic and Rhetorical Usages of the Particle *kî* in the Old Testament, HUCA 32 (1961) 135–160.
H. Müller, Die formale Entwicklung der Titulatur der ägyptischen Könige (ÄF 7) Glückstadt/Hamburg/New York 1938.
H.-P. Müller, „Uns ist ein Kind geboren . . . Jes 9,1–6 in traditionsgeschichtlicher Sicht", EvTh 21 (1961) 408–419.
——, Glauben und Bleiben. Zur Denkschrift Jesajas Kapitel VI 1 – VIII 18, in: G.W. Anderson/P.A.H. de Boer/G.R. Castellino/H. Cazelles/J.A. Emerton/W.L. Holladay/R.E. Murphy/E. Nielsen/W. Zimmerli, Studies on Prophecy. A Collection of twelve Papers (VT.S XXVI) Leiden 1974, 25–54.
——, Das Wort von den Totengeistern Jes. 8,19f., WO 8 (1975) 65–76.
——, Das Motiv für die Sintflut. Die hermeneutische Funktion des Mythos und seiner Analyse, ZAW 97 (1985) 295–316.
——, Sprachliche und religionsgeschichtliche Beobachtungen zu Jes 6, ZAH 5 (1992) 163–185.
A. Negev, Archäologisches Bibellexikon, Jerusalem 1986.
T.R. Neufeld, Put on the armour of God. The Divine Warrior from Isaiah to Ephesians (JSOT.S 140) Sheffield 1997.
H. Niehr, Zur Intention von Jes 6,1–9, BN 21 (1983) 59–65.
——, Herrschen und Richten. Zur Bedeutung der Wurzel špt im Alten Orient und im Alten Testament (FzB 54) 1986.
K. Nielsen, For et trae er der håb. Om traeet som metafor i Jes 1–39 (BoH 8) København 1985.
——, Is 6,1–8,18* as Dramatic Writing, StTh 40 (1986) 1–16.
——, There is Hope for a Tree. The Tree as Metaphor in Isaiah (JSOT.S 65) Sheffield 1989.
M. Nissinen, Die Relevanz der neuassyrischen Prophetie für die alttestamentliche Forschung, in: M. Dietrich/O. Loretz, Mesopotamica – Ugaritica – Biblica (FS Bergerhof) (AOAT 232) Kevelaer/Neukirchen-Vluyn 1993, 209–216.
——, The Socioreligious Role of the Neo-Assyrian Prophets, in: ders. (hg.), Prophecy in Its Ancient Near Eastern Context. Mesopotamian, Biblical, and Arabian Perspectives (SBL.SS 13) Atlanta 2000, 89–114.
——, Prophets and Prophecy in the Ancient Near East (Writings from the Ancient World 12) Atlanta 2003.
M. Nobile, Jes 6 und Ez 1.1–3,15: Vergleich und Funktion im jeweiligen redaktionellen Kontext, in: J. Vermeylen (hg.), The Book of Isaiah. Le Livre d'Isaie, Les oracles et leurs relectures unité et complexité de l'ouvrage (BEThL 81) Leuven 1989, 209–216.

M. Noth, Die israelitischen Personennamen im Rahmen der gemeinsemitischen Namengebung, Stuttgart 1928.
——, Überlieferungsgeschichtliche Studien. Die sammelnden und bearbeitenden Geschichtswerke zum Alten Testament, Tübingen ²1957.
——, Überlieferungsgeschichte des Pentateuch, Stuttgart ²1960.
B. Oded, The historical Background of the Syro-Ephraimite War reconsidered, CBQ 34 (1972) 153–165.
M.S. Odell, You are what you eat. Ezekiel and the Scroll, JBL 117 (1998) 229–248.
G.S. Ogden, „Within sixty-five years . . ." – Problem or emphasis? (Isaiah 7.7–9), BiTr 51 (2000) 445–447.
J.P.J. Olivier, The Day of Midian and Isaiah 9:3b, JNWSL 9 (1981) 143–149.
J.W. Olley, "Hear the word of YHWH". The structure of the Book of Isaiah in 1QISAa, VT 43 (1993) 19–49.
——, "No Peace" in a Book of Consolation. A Framework for the Book of Isaiah?, VT 49 (1999) 351–370.
——, "Trust in the Lord". Hezekiah, Kings and Isaiah, TynB 50 (1999) 59–77.
A.T.E. Olmstead, Assyrian Historiography. A Source Study (UMS.S III, 1) Columbia 1916.
——, History of Assyria, New York 1923.
——, History of the Persian Empire, Chicago 1959.
M. Ottosson, Temples and Cult Places in Palestine (Uppsala Studies in Ancient Mediterranean and Near Eastern Civilizations 12) Uppsala 1980.
S.B. Parker, Possession trance and prophecy in pre-exilic Israel, in: David E. Orton (hg.), Prophecy in the Hebrew Bible. Selected studies from Vetus Testamentum (Brill's readers in biblical studies 5) Leiden/Boston 2000, 124–138.
J.B. Payne, Right Questions About Isaiah 7:14. The Living and Active Word of God, in: M. Inch/R. Youngblood, The Living and Active Word of God. Studies in honor of Samuel L. Schultz (FS Schultz) Winona Lake 1983, 75–84.
L. Perlitt, Jesaja und die Deuteronomisten, in: V. Fritz/K.-F. Pohlmann/H.-C. Schmitt, Prophet und Prophetenbuch (FS Kaiser) (BZAW 185) Berlin/New York 1989, 133–149.
R.F. Person, The Kings-Isaiah and Kings-Jeremiah recension (BZAW 252) Berlin/New York 1997.
H.-M. Pfaff, Die Entwicklung des Restgedanken in Jesaja 1–39 (EHR 23, 561) Frankfurt a.M./Berlin/Bern/New York/Paris/Wien 1996.
N. Podhoretz, Learning from Isaiah, JBQ 29 (2001) 211–225.
H.D. Preuß, Theologie des Alten Testaments. Band 1 JHWHs erwählendes und verpflichtendes Handeln, Band 2 Israels Weg mit JHWH, Stuttgart/Berlin/Köln 1991/2.
P. Provençal, Regarding the Noun שׂרף in the Hebrew Bible, JSOT 29 (2005) 371–379.
G. von Rad, „Das judäische Krönungsritual", ThLZ 72 (1947) 211–216.
——, Theologie des Alten Testaments. Band I Die Theologie der geschichtlichen Überlieferung Israels, Band II Die Theologie der prophetischen Überlieferung Israels, München 1960 (⁹1987).
——, Weisheit in Israel, Neukirchen-Vluyn 1970 (²1982).
H. Räisäanen, The Idea of Divine Hardening, Helsinki 1972.
H. Rechenmacher, Jes 8,16–18 als Abschluss der Jesaja-Denkschrift, BZ 43 (1999) 26–48.
D.B. Redford, Egypt, Canaan, and Israel in Ancient Times, Princeton 1993.
E. Reiner, Die akkadische Literatur, in: W. Röllig (hg.), Altorientalische Literaturen (NHL 1) Wiesbaden 1978, 151–210.

R. Rendtorff, Jesaja 6 im Rahmen der Komposition des Jesajabuches, in: J. Vermeylen (hg.), The Book of Isaiah. Le Livre d'Isaie, Les oracles et leurs relectures unité et complexité de l'ouvrage (BEThL 81) Leuven 1989, 73–82.
——, The Book of Isaiah: A Complex Unity. Synchronic and Diachronic Reading, in: R.F. Melugin/M.A. Sweeney (hgg.), New Visions of Isaiah (JSOT.S 214) Sheffield 1996, 32–49.
H. Graf Reventlow, Das Amt des Propheten bei Amos (FRLANT 80) Göttingen 1962.
——, A Syncretistic Enthronement Hymn in Is. 9,1–6, UF 3 (1971) 321–325.
——, Das Ende der sog. „Denkschrift" Jesajas, BN 38/39 (1987) 62–67.
G. Rice, The Interpretation of Isaiah 7:15–17, JBL 96 (1977) 363–369.
——, A Neglected Interpretation of the Immanuel Prophecy, ZAW 90 (1978) 220–227.
L.G. Rignell, Das Orakel 'Mahar-salal Has-bas'. Jesaja 8, StTh 10 (1956) 40–52.
——, Das Immanuelzeichen. Einige Gesichtspunkte zu Jes 7, StTh 11 (1957) 99–119.
H. Ringgren, Word and Wisdom. Studies in the Hypostatization of Divine Qualities and Functions in the Ancient Near East, Lund 1947.
——, Siloas vatten, TAik 60 (1955) 67–73.
I.D. Rithcie, The Nose Knows. Bodily Knowing in Isaiah 11.3, JSOT 87 (2000) 59–73.
J.J.M. Roberts, Isaiah and His Children, in: A. Kort/S. Morschauser (hgg.), Biblical and Related Studies Presented to Samuel Iwry (FS Iwry) Winona Lake 1985, 193–203.
——, Yahweh's Foundation in Zion (Jes 28:16), JBL 106 (1987) 27–45.
——, Whose Child is this? Reflections on the Speaking Voice in Isaiah 9:5, HThR 90 (1997) 115–129.
R. Rollinger, Herodot (II 75f, III 107–109), Asarhaddon, Jesaja und die fliegenden Schlangen Arabiens, aus: http://www.achemenet.com/ressources/souspresse/annonces/RollingerFliegendeSchlangen.pdf, 1–21.
M. Rösel, Adonaj – warum Gott ‚Herr' genannt wird (FAT 29) Tübingen 2000.
R.A. Rosenberg, The God Sedeq, HUCA 36 (1965) 161–177.
W. Rudolph, Amos 4,6–13, in: H.J. Stoebe (hg.), Wort – Gebot – Glaube. Beiträge zur Theologie des Alten Testaments (FS Eichrodt) (AThANT 59) Zürich 1970, 27–38.
U. Rüterswörden, Die Beamten der israelitischen Königszeit (BWANT 117) Stuttgart/Berlin/Köln/Mainz 1985.
M. Sæbø, Formgeschichtliche Erwägungen zu Jes 7:3–9, StTh 14 (1960) 54–69.
——, Zur Traditionsgeschichte von Jesaja 8,9–10. Klärungsversuch einer alten *crux interpretum*, ZAW 76 (1964) 132–144.
Benjamin Sass, The Pre-Exilic Hebrew Seals: Iconism vs. Aniconism, in: ders./Christoph Uehlinger (hgg.), Studies in the Iconography of Northwest Semitic Inscribed Seals (OBO 125) Fribourg/Göttingen 1993, 194–256.
J.M. Sasson, The Lord of hosts, seated over the cherubs, in: Steven L. McKenzie/T. Römer/H.H. Schmid (hgg.), Rethinking the foundations. Historiography in the ancient world and in the Bible (FS Seters) (BZAW 294) Berlin/New York 2000, 227–234.
G. Sauer, Die Sprüche Agurs. Untersuchungen zur Herkunft, Verbreitung und Bedeutung einer biblischen Stilform unter besonderer Berücksichtigung von Proverbia c.30 (BWANT 84) Stuttgart 1963.
J. DeSavignac, Les 'Seraphim', VT 22 (1972) 320–325.
J. Scharbert, Die Propheten Israels bis 700 v.Chr., Köln 1965.
A. Schenker, Gerichtsverkündigung und Verblendung bei den vorexilischen Propheten, RB 93 (1986) 563–580.
B.U. Schipper, Israel und Ägypten in der Königszeit. Die kulturellen Kontakte von Salomo bis zum Fall Jerusalems (OBO 170) Freiburg/Göttingen 1999.

D.G. Schley, Shiloh. A Biblical City in Tradition and History (JSOT.S 63) Sheffield 1989.

H.H. Schmid, Wesen und Geschichte der Weisheit. Eine Untersuchung zur altorientalischen und israelitischen Weisheitsliteratur (BZAW 101) Berlin 1966.

——, Gerechtigkeit als Weltordnung (BHTh 40) Tübingen 1968.

J.M. Schmidt, Gedanken zum Verstockungsauftrag Jesajas (Is VI), VT 21 (1971) 68–90.

W.H. Schmidt, Wo hat die Aussage: Jahwe „der Heilige" ihren Ursprung?, ZAW 74 (1962) 62–66.

——, Königtum Gottes in Ugarit und Israel. Zur Herkunft der Königsprädikation Jahwes (BZAW 80) Berlin 1961 ([2]1966).

——, Alttestamentlicher Glaube, Neukirchen 1968 ([8]1996).

——, Zukunftsgewissheit und Gegenwartskritik. Grundzüge prophetischer Verkündigung (BSt 64) Neukirchen-Vluyn 1973.

——, Die Einheit der Verkündigung Jesajas. Versuch einer Zusammenschau, EvTh 37 (1977) 260–272.

——, Jesaja 6,1–13, GPM 41 (1986/87) 279–286.

——, Prophetie und Wirklichkeit. Ein Gespräch mit S. Herrmann, in: R. Liwak (hg.), Prophetie und geschichtliche Wirklichkeit im alten Israel (FS Herrmann) Stuttgart/Berlin/Köln 1991, 348–363.

——, Die Ohnmacht des Messias. Zur Überlieferungsgeschichte der messianischen Weissagungen im Alten Testament, in: ders., Vielfalt und Einheit alttestamtlichen Glaubens, Bd. 1 Hermeneutik und Methodik, Pentateuch und Prophetie, Neukirchen-Vluyn 1995, 154–170.

J. Schnocks, Vergänglichkeit und Gottesherrschaft. Studien zu Psalm 90 und dem vierten Psalmenbuch (BBB 140) Berlin/Wien 2002.

A. Schoors, The Immanuel of Isaiah 7,14, OloP 18 (1987) 67–77.

——, Die Königreiche Israel und Juda im 8. und 7. Jahrhundert v.Chr. Die assyrische Krise (BE 5) Stuttgart/Berlin/Köln 1998.

J. Schreiner, Zur Textgestalt von Jes 6 und 7,1–17, BZ 22 (1978) 92–97.

O. Schroeder, ומשׂושׂ eine Glosse zu רצון, ZAW 32 (1912) 301f.

K.-D. Schunk, Der fünfte Thronnahme des Messias (Jes IX,5–6), VT 23 (1973) 108–110.

D. Schwemer, Die Wettergottgestalten Mesopotamiens und Nordsyriens im Zeitalter der Keilschriftkulturen. Materialien und Studien nach den schriftlichen Quellen, Wiesbaden 2001.

R. Scoralick, Trishagion und Gottesherrschaft. Psalm 99 als Neuinterpretation von Tora und Propheten (SBS 138) Stuttgart 1989.

A. Scriba, Die Geschichte des Motivkomplexes Theophanie. Seine Elemente, Einbindungen in Geschehensabläufe und Verwendungshinweise in altisraelitischer, frühjüdischer und frühchristlicher Literatur (FRLANT 167) Göttingen 1995.

J.J. Scullion, An Approach to the Understanding of Isaiah 7:10–17, JBL 87 (1987) 288–300.

H. Seebass, Herrscherverheißungen im Alten Testament (BThSt 19) Neukirchen-Vluyn 1992.

C.R. Seitz, On the Question of Divisions Internal to the Book of Isaiah (SBL.SP 32) Atlanta 1993, 260–266.

K. Seybold, Die Psalmen. Eine Einführung, Stuttgart/Berlin/Köln 1986.

——, Die Psalmen (HAT I/15) Tübingen 1996.

G.T. Sheppard, The Anti-Assyrian Redaction and the Canonical Context of Isaiah 1–39, JBL 104 (1985) 193–216.

——, The Book of Isaiah. Competing Structures according to a Late Modern Description of Its Shape and Scope, SBL.SP 31 (1992) 549–582.

R. Smend, Elemente alttestamentlichen Geschichtsdenken (ThSt 95) Zürich 1968.

——, Zur Geschichte von האמין [1967], in: ders., Die Mitte des Alten Testaments. Gesammelte Studien 1 (BEvTh 99) München 1986, 186–199.
R.L. Smith, A selected bibliography on Isaiah, SWJT 34 (1991) 257–278.
J.A. Soggin, Der prophetische Gedanke über den heiligen Krieg, als Gericht gegen Israel, VT 10 (1960) 79–83.
——, Der Beitrag des Königtums zur israelitischen Religion (VT.S 23) Leiden 1972, 9–26.
H. Spieckermann, Juda unter Assur in der Sargonidenzeit (FRLANT 128) Göttingen 1982.
——, Heilsgegenwart. Eine Theologie der Psalmen (FRLANT 148) Göttingen 1989.
R. Stahl, „Immanuel" – Gott mit uns?, in: Mitteilungen und Beiträge 8, hg.v. der Forschungsstelle Judentum an der Theologischen Fakultät Leipzig, Leipzig 1994, 19–36.
J.J. Stamm, Die Immanuel-Weissagung: Ein Gespräch mit E. Hammershaimb, VT 4 (1954) 20–33.
——, Neuere Arbeiten zum Immanuel-Problem. Beiträge zum Verständnis von Jes 7,14, ZAW 68 (1956) 46–53.
——, Die Immanuel-Weissagung und die Eschatologie des Jesaja, TZ 16 (1960) 439–455.
——, Die Immanuel-Perikope im Lichte neuerer Veröffentlichungen (ZDMG.S 1) Stuttgart 1969, 281–290.
——, Die Immanuel-Perikope. Eine Nachlese, ThZ 30 (1974) 11–22.
G. Stansell, Micah and Isaiah. A Form and Tradition Historical Comparison (SBL.DS 85) Atlanta 1988.
O.H. Steck, Bemerkungen zu Jesaja 6, BZ 16 (1972) 188–206; jetzt in: ders., Wahrnehmungen Gottes im Alten Testament. Gesammelte Studien (TB 70) München 1982, 148–166.
——, Friedensvorstellungen im alten Jerusalem. Psalmen – Jesaja – Deuterojesaja (ThSt(B) 111) Zürich 1972.
——, Rettung und Verstockung. Exegetische Bemerkungen zu Jesaja 7,3–9, EvTh 33 (1973) 77–90; jetzt in: ders., Wahrnehmungen Gottes im Alten Testament. Gesammelte Studien (TB 70) München 1982, 171–186.
——, Beiträge zum Verständnis von Jesaja 7,10–17 und 8,1–4, ThZ 29 (1973) 161–178; jetzt in: ders., Wahrnehmungen Gottes im Alten Testament. Gesammelte Studien (TB 70) München 1982, 187–203.
——, Die erste Jesajarolle von Qumran (1QIs[a]). Schreibweisen als Leseanleitung für ein Prophetenbuch (SBS 173/1) Stuttgart 1998.
——, Die erste Jesajarolle von Qumran (1QIs[a]). Textheft (SBS 173/2) Stuttgart 1998.
F.-J. Steiert, Die Weisheit Israels – ein Fremdkörper im Alten Testament? Eine Untersuchung zum Buch der Sprüche auf dem Hintergrund der ägyptischen Weisheitslehren, Freiburg i.Br./Basel/Wien 1990.
H. Strauß, Messianisch ohne Messias (EHS Rh. 23,232) Frankfurt a.M. 1984.
D.D. Stuhlmann, A Variant Text from the Isaiah Scroll, JBQ 25 (1997) 177–184.
M.A. Sweeney, Isaiah 1–4 and the Post-Exilic Understanding of the Isaianic Tradition (BZAW 171) Berlin/New York 1988.
——, On ûm[e]śôś in Isaiah 8.6, in: P.R. Davies/D.J.A. Clines, Among the Prophets. Language, Image and Structure in the Prophetic Writing (JSOT.S 144) Sheffield 1993, 42–54.
——, The Book of Isaiah in Recent Research, CR.BS 1 (1993) 141–162.
——, Multiple settings in the Book of Isaiah, SBL.SP 32 (1993) 267–273.
——, A Philiological and Form-Critical Reevaluation of Isaiah 8:16–9:6, HAR 14 (1994) 215–231.
——, Reevaluating Isaiah 1–39 in Recent Critical Research, CR.BS 4 (1996) 79–113.

K.A. Tångberg, Die prophetische Mahnrede. Form- und traditionsgeschichtliche Studien zum prophetischen Umkehrruf (FRLANT 143) Göttingen 1987.
M.E.W. Thompson, Isaiah's Ideal King, JSOT 24 (1982) 79–88.
——, Situation and Theology. Old Testament Interpretations of the Syro-Ephraimite War (Prophets and Historians Series 1) Sheffield 1982.
J. Tropper, Nekromantie. Totenbefragung im Alten Orient und im Alten Testament (AOAT 223) Neukirchen-Vluyn 1989.
——, Die Inschriften von Zincirli. Neue Edition und vergleichende Grammatik des phönizischen, sam'alischen und aramäischen Textkorpus (ALASP 6) Münster 1993.
C. Uehlinger, Introduction to Images as media, in: ders. (hg.), Images as media. Sources for the cultural history of the Near East and the eastern Mediterranean (1st millennium BCE) (OBO 175) Fribourg/Göttingen 2000, XV–XXXII.
E. Ulrich, An Edition of 4QIsa e, Including the Former 4QIsa I, RdQ 17 (1996) 23–36.
D. Ussishkin, The Water System of Jerusalem during Hezekiahs Reign, M. Weippert/ S. Timm (hgg.), Meilenstein (FS Donner) (ÄAT 30) Wiesbaden 1995, 289–307.
A. Vanel, Tâbe'él en Is.VII 6 et le roi Tubail de Tyr, in: G.W. Anderson/P.A.H. de Boer/G.R. Castellino/H. Cazelles/J.A. Emerton/W.L. Holladay/R.E. Murphy/ E. Nielsen/W. Zimmerli, Studies on Prophecy. A Collection of twelve Papers (VT.S 26) Leiden 1974, 17–24.
S. Vargon, Isaiah 7:18–25. Prophecy of Rebuke or Consolation?, JANES 26 (1998) 107–120.
K.R. Veenhof, Geschichte des Alten Orients bis zur Zeit Alexanders des Großen (GAT 11) Göttingen 2001.
T. Veijola, Die ewige Dynastie. David und die Entstehung seiner Dynastie nach der deuteronomistischen Darstellung (AASF B 193) Helsinki 1974.
——, Das Königtum in der Beurteilung der deuteronomistischen Historiographie. Eine redaktionsgeschichtliche Untersuchung (AASF B 198) Helsinki 1977.
D. Vieweger, Die Spezifik der Berufungsberichte Jeremias und Ezechiels im Umfeld ähnlicher Einheiten des Alten Testaments (BEAT 6), Frankfurt a.M./Bern/New York 1986.
——, „Das Volk, das durch das Dunkel zieht . . .". Neue Überlegungen zu Jes (8,23a?b) 9,1–6, BZ 36 (1992) 77–86.
P. Villard, Les prophéties à l'époque néo-assyrienne, in: A. Lemaire (hg.), Prophètes et Rois. Bible et Proche-Orient (Lectio Divina hors série) Paris 2001, 55–84.
W. Vischer, Die Immanuel-Botschaft im Rahmen des königlichen Zionsfestes (ThSt(B) 45) Zürich 1955.
E. Vogt, „Eilig tun" als adverbielles Verb und der Name des Sohnes Isaias' in Is 8,1, Bib. 48 (1967) 63–69.
J. Vollmer, Zur Sprache von Jesaja 9,1–6, ZAW 80 (1968) 343–350.
——, Geschichtliche Rückblicke und Motive der Prophetie des Amos, Hosea und Jesaja (BZAW 119) Berlin 1971.
T.C. Vriezen, Prophecy and Eschatology (VT.S 1) Leiden 1953, 199–229.
——, Theologie des Alten Testaments in Grundzügen, Wageningen 1957.
R. Wagner, Textexegese als Strukturanalyse. Sprachwissenschaftliche Methode zur Erschließung althebräischer Texte am Beispiel des Visionsberichtes Jes 6,1–11 (ATSAT 32) St. Ottilien 1989.
J.H. Walton, Isa 7:14. What's in a Name?, JETS 30 (1987) 289–306.
E.-J. Waschke, Das Verhältnis alttestamentlicher Überlieferungen im Schnittpunkt der Dynastiezusage und die Dynastiezusage im Spiegel alttestamentlicher Überlieferungen, ZAW 99 (1987) 157–179.
——, Die Stellung der Königstexte im Jesajabuch im Vergleich zu den Königspsalmen 2, 72 und 89., ZAW 110 (1998) 348–364.
B.G. Webb, Zion in Transformation. A Literary Approach to Isaiah, in: D.J. Clines/

S.E. Fowl/S.E. Porter, The Bible in Three Dimensions (JSOT.S 87) Sheffield 1990, 65–84.
P.D. Wegner, Another look at Isaiah 8,23b, VT 41 (1991) 481–484.
——, A re-examination of Isaiah ix 1–6, VT 42 (1992) 103–112.
M. Weinfeld, Ancient Near Eastern patterns in prophetic literature, in: D.E. Orton (hg.), Prophecy in the Hebrew Bible. Selected studies from Vetus Testamentum (Brill's readers in biblical studies 5) Leiden/Boston 2000, 84–103.
H. Weippert, Palästina in vorhellenistischer Zeit. Mit einem Beitrag von L. Mildenberg, Handbuch der Archäologie. Vorderasien II/1, München 1988.
M. Weippert, Zur Syrienpolitik Tiglatpileser III., in: H.-J. Nissen/J. Renger, Mesopotamien und seine Nachbarn. XXV. Recontre Assyriologique Internationale Berlin 3.–7. Juli 1978 (Berliner Beiträge zum Vorderen Orient) Berlin ^{2}1987, 395–408.
——, Jahwe und die anderen Götter. Studien zur Religionsgeschichte des antiken Israel in ihrem syrisch-palästinischen Kontext (FAT 18) Tübingen 1997.
——, „Ich bin Jahwe" – „Ich bin Ištar von Arbéla". Deuterojesaja im Lichte der neuassyrischen Prophetie, in: B. Huwyler (hg.), Prophetie und Psalmen (FS Seybold) Münster 2001, 31–59.
——, „König, fürchte Dich nicht!" Assyrische Propehtie im 7. Jahrhundert v.Chr., Or. 71 (2002) 1–54.
M.H.E. Weippert, De herkomst van het heilsorakel voor Israel bij Deutero-Isaiah, NedTT 36 (1982) 1–11.
M. Weiss, The Contribution of Literary Theory to Biblical Research. Illustrated by the Problem of She'ar-Yashub, in: Sara Japhet, Studies in Bible 1986 (ScrHie 31) Jerusalem 1986, 373–386.
P. Welten, Die Königs-Stempel. Ein Beitrag zur Militärpolitik Judas unter Hiskia und Josia (ADPV) Wiesbaden 1969.
U. Wendel, Jesaja und Jeremia. Worte, Motive und Einsichten Jesajas in der Verkündigung Jeremias (BTS 25) Neukirchen-Vluyn 1995.
R. Wenning/E. Zenger, Die verschiedenen Systeme der Wassernutzung im südlichen Jerusalem und die Bezugnahme darauf im biblischen Texten, UF 14 (1982) 279–294.
J. Werlitz, Studien zur literarkritischen Methode. Gericht und Heil in Jesaja 7,1–17 und 29,1–8 (BZAW 204) Berlin/New York 1992.
——, Noch einmal Immanuel – gleich zweimal! Rudolf Kilian in Dankbarkeit zugeeignet, BZ 40 (1996) 254–263.
W. Werner, Eschatologische Texte in Jesaja 1–39. Messias, Heiliger Rest, Völker (FzB 46) Wiesbaden 1982.
——, Vom Prophetenwort zur Prophetentheologie. Ein redaktionskritischer Versuch zu Jes 6,1–8,18, BZ 29 (1985) 1–30.
C. Westermann, Boten des Zorns. Der Begriff des Zornes Gottes in der Prophetie, in: ders., Erträge der Forschung am Alten Testament. Gesammelte Studien III (TB 73) München 1984, 96–106.
——, Prophetic Oracles of Salvation in the Old Testament, Louisville 1991.
W. Whedbee, Isaiah and wisdom, Nashville 1971.
G. Widengren, The King and the Tree of Life (UUÅ) Uppsala 1951.
A.L.H.M. van Wieringen, The implied reader in Isaiah 6–12 (Biblical interpretation series 34) Leiden/Boston 1998.
H. Wildberger, Die Thronnamen des Messias. Jes 9,5b, ThZ 16 (1960) 314–332.
——, Jesajas Verständnis der Geschichte, in: G.W. Anderson/P.A.H. De Boer/G.R. Castellino/H. Cazelles/E. Hamershaimb/H.G. May/W. Zimmerli, Congress Volume Bonn 1962 (VT.S 9) Leiden 1963, 83–117.
——, "Glauben". Erwägungen zu האמין, in: G.W. Anderson/P.A.H de Boer/G.R.

Castellino/H. Cazelles/E. Hammershaimb/H.G. May/W. Zimmerli, Hebräische Wortforschung (FS Baumgartner) (VT.S 16) Leiden 1967, 372–386.

J.G. Williams, The Ahas-Oracles of the Eighth Century Prophets, HUCA 38 (1967) 75–91.

H.G.M. Williamson, Synchronic and Diachronic in Isaian Perspective, in: J.C. de Moor (hg.), Synchronic or Diachronic? A Debate on Method in Old Testament Exegesis (OTS 34) Leiden 1995, 211–226.

——, Variations on the Theme. King, Messiah and Servant in the Book of Isaiah (Didsbury lectures) Carlisle 1998.

——, Isaiah 8:21 and a new inscription from Ekron, Bulletin of the Anglo-Israel Archaeological Society 18 (2000) 51–55

G.C.I. Wong, Is "God with Us" in Isaiah VIII 8, VT 49 (1999) 426–432.

——, Faith in the present from Isaiah vii 1–17, VT 51 (2001) 535–547.

E. Würthwein, Jesaja 7,1–9. Ein Beitrag zu dem Thema: Prophetie und Politik, in: ders., Theologie als Glaubenswagnis (FS Heim) Hamburg 1954, 47–63.

K.L. Younger Jr., The Phoenician Inscription of Azatiwada: An Integrated Reading, JSSt 60 (1998) 11–47.

E. Zenger, Einleitung in das Alte Testament (KStTh 1,1) Stuttgart [5]2004.

A. Zeron, Die Anmaßung des Königs Usia im Lichte von Jesajas Berufung, ThZ 33 (1977) 65–68.

W. Zimmerli, Grundriß der alttestamentlichen Theologie (Kohlhammer Theologische Wissenschaft 3,1) Stuttgart/Berlin/Köln 1972 ([6]1989).

——, Vier oder fünf Thronnamen des messianischen Herrschers von Jes IX,5b.6, VT 22 (1972) 249–252.

——, Jesaja und Hiskija, in: H. Gese/H.P. Rüger (hgg.), Wort und Geschichte (FS Elliger) (AOAT 18) Neukirchen-Vluyn 1973, 199–208.

F. Zimmermann, The Immanuel Prophecy, JQR 52 (1961/62) 154–159.

REGISTER

Die nachfolgenden Angaben beziehen sich auf die Seiten der vorliegenden Studie. Angaben, die mit einem A versehen sind, geben die Fußnote auf der vorstehenden Seite an. Steht die Angabe der Fußnote in Klammern, so erscheint der Begriff sowohl im Fließtext der Seite, als auch in der angegebenen Fußnote. Erscheinen aus einem Kapitel mehrere Stellen, so wurden diese unter der Kapitelnummer subsumiert (mit Ausnahme der Angaben innerhalb der Denkschrift).

1 BIBELSTELLEN

2 AUßERBIBLISCHE BELEGE

2.1 Qumrantexte

2.2 Ugaritische Texte

2.3 Phönizische Texte

2.4 Aramäische Texte

2.4.1 Aus Hamath

2.4.2 Aus Moab

2.4.3 Aus Sam'al

2.5 Ägyptische Texte

2.6 Assyrische Texte

2.7 Babylonische Texte

2.8 Griechische Texte

3 SCHLAGWÖRTER